为了我人生中美好的第一步

中学生选课走班指导教材

封玲 娄炳毅 舒明 魏永生 主编

学科与专业选修指南

——根据教育部高校本科、高职（高专）专业目录编注

山东大学出版社

《学科与专业选修指南》编委会

主　编　封　玲　娄炳毅　舒　明　魏永生

副主编　秦晓华　刘晓勇　邹　拓　丁　曼

编　委　（以姓氏笔画为序）

丁　曼　马业诚　王　燕　孔　娜　刘邦治

刘学斌　刘晓勇　李　媛　邹　拓　金正昊

金男皓　封　玲　娄炳毅　秦晓华　郭　欢

崔　珊　舒　明　翟艳辉　魏永生

前言

人生需要规划，精彩的人生更需要规划，这已成为越来越多教育工作者的共识。由于多年从事中外国际教育交流工作，我对此认识更为深刻。美、加、日、韩等发达国家从20世纪70年代起就开始在中小学开设生涯指导课程，而我国对中小学生进行系统的生涯教育起步较晚。2014年3月，教育部在关于全面深化课程改革的文件中明确指出："加强课程管理，建立普通高中学生发展指导制度，指导学生学会选择课程，做好生涯规划。"这吹响了在我国中学生中开展生涯教育的进军号。

由于对生涯教育的热爱，2014年我在江苏省徐州高级中学参与并主持了生涯指导课的项目研发工作。在教学过程中发现，学生对生涯课有很高的兴趣，但是对如何树立正确的生涯发展目标有些茫然。尤其是在实行选课走班制改革后，学生有了自己选择学科科目和课程的权利，但只有让学生了解学科和专业内涵，他们才能扬长避短、发挥自己的优势，这就需要让学生掌握生涯规划的知识与技能。鉴于这种情况，我们团队决定编写一本关于指导学生生涯课的书籍，帮助学生科学地选课。本书既是指导学生理性选择科目进而选择专业与职业方向的参考书，又是学生高考选报志愿的专业工具书。

2020年全国将实行"3＋3"新的高考改革方案，采用"专业(类)＋学校"的志愿填报方式，而不是以往的"学校＋专业"的志愿填报方式和录取模式，这一改变无疑加大了学生对专业的选择权。在新的高考形式下，如果考生对感兴趣的专业和学校一无所知或知之甚少，再延续以往大多数高考指南读本只简单介绍招考学校与专业招生名额，是远远不够的。知已知彼，方能百战不殆。充分了解专业和学校是填报高考志愿的前提，我们编写的这本书，不仅能清晰地解释专业的内涵，包括教育目标和课程设置，而且能明确地回答专业的就业发展方向和专业优势学校。当你尚在志愿填报的路口徘徊张望时，如能认真地阅读此书，就会提前摸透各个专业的"命相"之后作出理性选择，就会在数百个形形色色的专业名称中找到一个真正符合自己心意并且擅长的学科。

本书根据教育部2012版最新公布的高校本科专业目录和2015版高职高专专业目录编注，如有调整和变化请以新的公布信息为准。在本书的编写过程中参考了部分相关资料，在此谨向这些资料的作者致以诚挚的谢意。由于编者水平有限，书中难免有不足之处，敬请专家、同行、读者不吝赐教。

封玲

2016年11月20日

目　录

本科篇

高职(高专)篇

本科篇

第一章 哲 学

哲学类

专业	教育目标	课程设置	就业发展方向	专业优势院校
哲学	培养具有一定马克思主义哲学理论素养，掌握系统的专业基础知识、有进一步培养潜质的哲学类专门人才以及能在国家机关、文教事业、新闻出版、企业等部门从事实际工作的应用型、复合型高级专门人才	第一外国语、科学社会主义理论与实践、马列经典著作选读、中国哲学原著及研究文献导读、中国哲学史专题、中国思想通史专题、中国哲学研究方法、西方哲学史、中国哲学前沿讲座、道家哲学研究、佛学思想史、儒学思想史、逻辑学与哲学、中西哲学与文化案例比较、伦理学原著选读	可在国家机关、文教、新闻出版等部门或企业工作	中国人民大学、北京大学、中山大学、武汉大学、复旦大学、南京大学、四川大学、吉林大学、南开大学、北京师范大学
逻辑学	培养具备系统的逻辑学基础知识、一定的数学素养以及计算机理论和操作能力，能在高等院校、科研单位、国家机关及企事业管理部门从事逻辑学的教学、科研和应用方面的工作，并能从事计算机科学和语言学的科研和应用工作的逻辑学高级专门人才	数学分析、高等代数、抽象代数、概率统计、逻辑导论、数理逻辑、集合论、模态逻辑、归纳逻辑、应用逻辑、逻辑史、逻辑哲学、中国逻辑史、西方逻辑史、现代逻辑思想史、程序语言设计、操作系统	从事学术研究工作，也可以在很多实际应用领域工作，主要包括国家机关、新闻出版、科研单位、企事业管理部门和高等院校的逻辑学应用、科研、管理与教学等方面的工作以及计算机科学和语言学的科研与应用等方面的工作	中山大学、南开大学
宗教学	培养具有一定的马克思主义理论素养，具备较全面的宗教学知识，了解世界知名宗教的历史与现状，熟悉我国宗教法规和政策，能在高等院校、研究机构或政府部门从事教学、研究、宗教事务管理、理论宣传、政策调研等工作的宗教学高级专门人才	第一外国语、科学社会主义理论与实践、马列经典著作选读、宗教学原著及研究文献导读、宗教学理论、中国宗教史专题、世界宗教史专题、中国宗教学学术前沿讲座、佛教思想史、道教思想史、儒学思想史、中世纪文化及基督教思想、中西文化比较专题、经学思想史、形而上学和认识论原著选读	可到高等院校、研究机构或政府部门从事教学、研究、宗教事务管理、理论宣传、政策调研等工作	中国人民大学、北京大学、中央民族大学

续表

专业	教育目标	课程设置	就业发展方向	专业优势院校
伦理学(T)	培养德、智、体全面发展并能从事伦理学、德育原理的教学与研究工作,处理文化、宣传、出版部门以及党政机关、社会团体等部门的实际工作的高级专门人才	马克思主义哲学原理、中国哲学概论、西方哲学概论、伦理学、数理逻辑、美学原理、科学技术哲学、宗教学基础、马克思主义哲学发展史原著选读、中国伦理思想史、西方伦理思想史	国家各机关部门、各教学科研单位以及宣传、新闻媒体、出版等相关部门	中国人民大学

注:1. 专业名后加(T)表示该专业为教育部特级专业,该类专业是针对不同高校办学特色或为适应近年来人才培养的特殊需求设置的专业,是具有广阔发展潜力的新兴专业。

2. 专业名后加(K)表示该专业为教育部国家控制布点专业,该类专业的社会需求数量相对较低,学生数量受控制。

3. 专业名后加(TK),表示该专业既为教育部特级专业,又为教育部国家控制布点专业。

第二章　经济学

第一节　经济学类

专业	教育目标	课程设置	就业发展方向	专业优势院校
经济学	培养具备比较扎实的马克思主义经济学理论基础，熟悉现代西方经济学理论，熟练掌握现代经济分析方法，知识面较宽，具有向经济学相关领域扩展渗透的能力，能在综合经济管理部门、政策研究部门，金融机构和企业从事经济分析、预测、规划和经济管理工作的高级专门人才	经济学基础、中级微观经济学、中级宏观经济学、政治经济学、财政学、货币银行学、国际经济学、金融经济学、计量经济学、公司理财、经济史、经济思想史、当代中国经济、劳动经济学、产业经济学、网络经济学、会计学、统计学、国际贸易、国际金融、公司财务、市场营销、企业经济学	可在综合经济管理部门、政策研究部门，金融机构和企业从事经济分析、预测、规划和经济管理工作	中国人民大学、北京大学、南开大学、复旦大学、中央财经大学、武汉大学、厦门大学、上海财经大学、西南财经大学、西北大学
经济统计学	培养具有良好的数学与经济学素养，掌握统计学的基本理论和方法，能熟练地运用计算机分析数据，能在企业、事业单位和经济、管理部门从事统计调查、统计信息管理、数量分析等开发、应用和管理工作，或能在科研、教育部门从事研究和教学工作的高级专门人才	数理统计、描述统计、国民经济核算、宏观经济统计分析、抽样调查原理、多源统计分析、计算机应用、政治经济学、会计学、货币银行学	可在政府统计部门、经济管理部门，银行、证券公司、保险公司等金融机构或信息咨询公司等从事研究和教学工作，或者到企业、工厂及沿海经济开发区求职	对外经济贸易大学、东北财经大学、北京工业大学、西南财经大学、江西财经大学、新疆财经大学、山东财经大学、上海财经大学、南京财经大学、中南财经政法大学
国民经济管理(T)	培养具有扎实、广博的经济学、管理学理论基础，熟练掌握宏观经济学管理知识和专业技能，能在各级政府部门、大中型企业、社会中介机构或研究机构从事经济分析、预测、决策、规划、咨询和经济管理等工作的复合型高级专门人才	经济学基础、中级微观经济学、中级宏观经济学、财政学、货币银行学、国际经济学、金融经济学、计量经济学、统计学、会计学、政治经济学、国民经济管理学、发展战略与规划、投入产出分析、产业经济学、管理学基础	可就职为市场公关及营销人员、咨询顾问或从事对外贸易和房地产建筑等方面的工作	中国人民大学、辽宁大学、四川大学、中央财经大学

续表

专业	教育目标	课程设置	就业发展方向	专业优势院校
资源与环境经济学(T)	培养具有资源与环境经济学专业特长,具有较强的从事相关领域科学研究和实践工作能力,能在各级政府部门或环境资源管理部门或农、林、牧、渔产业及各类大中型企业、跨国公司以及相关科研机构等部门工作的复合型高层次专业人才	自然资源学、环境学概论、资源与环境经济学、资源开发与管理、产业经济学、发展经济学、生态经济学、资源环境定量分析方法、经济地理学、可持续发展理论与实践、环境认证与审计、环境会计学	在资源与环境管理部门、大中型企业、跨国公司、科研机构从事资源与环境行业的政策研究和日常管理、资源与环保产品的市场推广、资源与环境项目的评估及绩效管理、资源与环保产业的资本化运作工作	北京大学、中国人民大学、南京大学、山东财经大学、安徽理工大学
商务经济学(T)	培养具备经济、贸易、文化、传播、法律、管理等方面的基础知识,熟悉当代国际文化贸易的现状、发展趋势以及通行的国际文化贸易规则、惯例和中国对外文化贸易的政策法规,了解文化产业的发展特点和运行机制,能在广播电视机构或其他文化机构、涉外经济贸易部门、企事业单位以及政府机构从事对外文化贸易、管理、研究、发行和策划等方面工作的专门人才	逻辑学概要、财务会计原理、英语、微积分、统计、微电子应用、经济理论、商务管理会计原理、信息技术、世界文明史、营销原理、道德规范、电脑调研、管理学原理、管理心理学、中级微观经济学、数理经济学、货币银行学、公共金融学、商务调研方法、中级宏观经济学、经济计量学基础、国际贸易、管理经济学、国际宏观经济学、战略经济学	在综合经济管理部门、政策研究部门、金融机构和企业从事经济分析、预测、规划和经济管理工作	兰州财经大学
能源经济(T)	培养掌握经济学、管理学、能源经济学等方面的基本理论与方法,了解能源技术与环境科学等方面的基础知识,具备从事能源政策研究、能源产业发展规划、能源技术经济评价、能源金融及国际能源合作等方面工作能力的能源经济师	能源经济学、能源市场与价格、能源安全、低碳经济与能源政策、能源经济数量模型、能源产业管理、自然资源与环境经济学、能源企业管理、能源金融	国家发改委、政策研究室、国家能源局等政府机关或大型国企	中国人民大学、重庆大学、银川能源学院、江苏大学、山西财经大学

第二节　财政学类

专业	教育目标	课程设置	就业发展方向	专业优势院校
财政学(K)	培养具备财政、税务等方面的理论知识和业务技能,能在财政、税务及其他经济管理部门和企业从事相关工作的高级专门人才	政治经济学、西方经济学、货币银行学、国际经济学、财政学、国家预算、税收管理、国际税收、国有资产管理	可从事财政局和税务局的税收规划、审计、资产管理工作	中国人民大学、厦门大学、中央财经大学、中南财经政法大学、上海财经大学、东北财经大学、北京大学、辽宁大学、南开大学、江西财经大学
税收学	培养掌握税收基本知识和实际操作技能,能够从事财政、税务及其他经济管理工作的高级管理人才	税收学、中国现行税制、税务管理、国际税收、西方税收、纳税检查、比较税制、财政学、外国财政、预算会计、企业财务管理、审计、货币银行学基础、国际金融、国际贸易	可从事国家税务部门、公司企业、中介机构的税收、财会等工作	中央财经大学、中国人民大学、江西财经大学、吉林财经大学、西南财经大学、东北财经大学、中南财经政法大学、上海立信会计学院、浙江财经大学、广东财经大学

第三节　金融学类

专业	教育目标	课程设置	就业发展方向	专业优势院校
金融学(K)	培养具备金融学方面的理论知识和业务技能,能在银行、证券、投资、保险及其他经济管理部门和企业从事相关工作的专门人才	政治经济学、西方经济学、财政学、国际经济学、货币银行学、国际金融管理、证券投资学、保险学、商业银行业务管理、中央银行业务、投资银行理论与实务	可在商业银行、证券公司、信托投资公司、金融投资控股公司、投资咨询顾问公司、大型企业财务公司、金融控股集团、资产管理公司、金融租赁公司、担保公司、保险公司、保险经纪公司、金融业监督管理机构、政策性银行、社保基金管理中心或社保局工作	中国人民大学、中央财经大学、厦门大学、南开大学、西南财经大学、中南财经政法大学、复旦大学、武汉大学、暨南大学、辽宁大学
金融工程	培养掌握现代金融基本理论和方法,具备运用金融分析工具、计算机和外语的能力,能够在国内外金融机构、企事业单位从事金融投资及营销等实际工作或在教育科研部门进行教学研究工作,富有实践操作能力和一定创新能力的中高级复合应用型专门人才	金融学、金融经济学、金融数学、随机过程、金融工程学、证券投资学、公司理财、金融风险管理、信用管理学、固定收益证券、金融衍生工具、金融数据库及应用、金融软件应用、财务报表分析	可在跨国公司、金融机构和高等院校从事金融、财务管理以及教学、科研等工作	南开大学、中国人民大学、中央财经大学、武汉大学、西南财经大学、山东大学、对外经济贸易大学、东北财经大学、中南财经政法大学、上海财经大学

续表

专业	教育目标	课程设置	就业发展方向	专业优势院校
保险学	培养具有较强的从事保险经营管理工作能力及扎实的现代经济、金融、保险及精算等方面的理论基础的专门人才	微观经济学、宏观经济学、国际经济学、货币银行学、金融市场学、计量经济学、会计学、统计学、财政学、管理学、保险学、经济法、保险学原理、保险精算、财产与责任保险、保险公司财务管理	可在中外商业性保险公司从事保险业务的营销、经营管理，或在社会保障机构、中央银行、相关监管机构和政府其他经济管理部门从事宏观保险管理工作，也可到外贸公司和其他企事业单位从事相关管理和研究工作	中央财经大学、南开大学、中国人民大学、北京大学、武汉大学、复旦大学、西南财经大学、中南财经政法大学、对外经济贸易大学、山东大学
投资学	培养适应社会主义市场经济建设需要，德、智、体、美全面发展，能系统掌握投资学的理论方法和专业技能，具有较高的综合素质、开拓创新精神，较强的组织、决策、协作能力的高级应用型、复合型专门人才	政治经济学、西方经济学、计量经济学、货币银行学、财政学、会计学、投资学、国际投资、跨国公司经营与案例分析、公共投资学、创业投资、投资项目评估、证券投资学、投资基金管理、投资银行学、公司投资与案例分析、项目融资、投资估算、投资项目管理、房地产金融、家庭投资理财、投资管理信息系统、模拟投资运作的实训课程	在证券、信托投资公司和投资银行从事证券投资工作，或在投资中介机构、咨询公司、财务公司、基金公司、资产管理公司、金融控股公司、房地产公司等参与实际投资操作、协助决策或给予专业建议，或在企业的投资部门从事企业投资工作，或在各大企业的财会或审计部门、税务部门参与企业的投资策划与决策、理财、风险管理与控制等工作	中央财经大学、中南财经政法大学、上海财经大学、对外经济贸易大学、江西财经大学、南京农业大学、西南财经大学、郑州财经学院、广东金融学院、广东财经大学
金融数学(T)	培养德、智、体全面发展，具有良好的数学素养，掌握数学与金融学的基本理论、基本方法与基本技能，能够运用所学的数学与金融分析方法进行经济、金融信息的分析与数据处理，并解决金融及其相关领域的实际问题，具备在金融行业、企事业单位和金融管理部门等工作的中高级专业技术人才，或具备在基础教育部门从事数学教育及学生管理工作的合格师资	数学分析、高等代数、解析几何、运筹学、最优化理论与方法、数学模型与数学实验、会计学原理、西方经济学、投资学原理、常微分方程、复变函数、金融学概论、证券投资分析、计量经济学、财务管理、人文社会科学基础	可在投资银行工作，或者在进行商品贸易或国际贸易的公司(能源公司、航空公司、大型钢铁公司、矿业公司等)处理涉及商品价格风险及外汇风险的工作	安徽财经大学、西南财经大学、北京化工大学、济南大学、西交利物浦大学、山东财经大学、河南财经政法大学、南京师范大学、北京大学、新疆财经大学

续表

专业	教育目标	课程设置	就业发展方向	专业优势院校
信用管理(T)	培养德、智、体全面发展，掌握信用管理专业知识，理论功底扎实，创新能力、管理能力较强，并熟悉相关的国际惯例和法则，掌握信用风险管理技术，能在国际经济活动中进行沟通和交流的高层次金融管理人才	管理信息系统、经济法、市场调查与分析、会计学、财务管理、国家信用管理体系、信用和市场风险管理、企业和个人信用管理、征信数据库应用开发、资信评估、客户关系管理	可在国家财政部、工商管理局、海关、征信局，商业银行、保险公司、信用卡公司、企业信用管理部门、研究单位，高等院校及信用评级机构、资产评估机构、会计师事务所、风险管理部门和资金借贷部门，大型企业的会计审计部门、风险控制部门、政府监管部门等工作	中国人民大学、上海财经大学、上海立信会计学院、吉林大学、上海金融学院、广东金融学院、上海第二工业大学、南京审计大学、天津财经大学
经济与金融(T)	培养熟悉经济与金融方面的知识及理论，能应用所学知识进行相关工作，能在经济和金融活动中进行实际工作的高层次金融人才	数学分析、线性代数、概率论与数理统计、微观经济学、宏观经济学、货币银行学、投资学、国际金融学、金融衍生产品市场、金融随机分析、金融经济学	可在国家经济管理部门、证券公司、投资银行、商业银行、保险公司、各类投资基金及管理公司或管理与财务咨询公司和大型工商企业等工作	清华大学、对外经济贸易大学、黄冈师范学院、安徽外国语学院、安徽新华学院、汉口学院、东莞理工学院、闽南师范大学、齐鲁师范学院

第四节　经济与贸易类

专业	教育目标	课程设置	就业发展方向	专业优势院校
国际经济与贸易	培养具有较强国际贸易能力，能够从事进出口业务、外贸企业管理、国际经济技术合作、跨国经营等对外经济和对外贸易活动的应用型高级技术专门人才	政治经济学、微观经济学、宏观经济学、国际经济学、计量经济学、世界经济概论、国际金融、国际贸易、国际贸易理论与政策、国际贸易实务、财务管理、国际结算、国际商务英语、国际市场营销、微积分、线性代数、概率论与数理统计、货币银行学、财政学、会计学、统计学、管理学原理	可在专业外贸公司、各类自营进出口生产企业、科研机构、外资企业等从事涉及进出口业务的工作，或各类专业的报关、承运货物等国际物流方面的工作，也可在各类涉外型企业、机构从事初级财务及业务管理工作，或调解国际市场调研、策划及国际贸易纠纷	厦门大学、对外经济贸易大学、湖南大学、上海交通大学、南开大学、浙江大学、中国人民大学、武汉大学、江西财经大学、复旦大学

续表

专业	教育目标	课程设置	就业发展方向	专业优势院校
贸易经济	培养系统掌握马克思主义经济学基本原理和国际经济、国际贸易的基本理论，掌握国际贸易的基本知识与基本技能，了解当代国际经济贸易的发展现状，熟悉现行的国际贸易规则和惯例及中国对外贸易的政策法规，了解主要国家与地区的社会经济情况，能在涉外经济贸易部门、外资企业及政府机构从事实际业务、管理、调研和宣传策划工作的高级专门人才	政治经济学、西方经济学、国际经济学、计量经济学、世界经济概论、国际贸易理论与实务、国际金融、国际结算、货币银行学、财政学、会计学、统计学	在商业（包括粮食、供销）、外贸系统、国民经济综合部门、大型工贸公司（企业）、涉外企业、合资企业等部门从事经营管理、市场调查与预测、经济活动分析、理论政策研究等工作，也可以从事科学研究和教学工作	中国人民大学、南京财经大学、西安交通大学、成都师范学院、北京联合大学、中南财经政法大学、首都经济贸易大学、重庆工商大学、北京第二外国语学院、北京工商大学

第三章　法　学

第一节　法学类

专业	教育目标	课程设置	就业发展方向	专业优势院校
法学(K)	以法律专门化教育为主要内容、兼顾通识教育，培养复合型高素质人才	宪法、法理学、民法、刑法、中国法制史、科学社会主义理论与实践、经济法、金融法、国际经济法、财税法、保险法、知识产权法、证券法、外商投资法、诉讼法、婚姻家庭法、公司法、合同法前沿讲座	可在立法机关、行政机关、检察机关、审判机关、仲裁机构和法律服务机构从事法律工作	中国政法大学、中国人民大学、武汉大学、北京大学、西南政法大学、中南财经政法大学、华东政法大学、吉林大学、厦门大学、对外经济贸易大学
知识产权(T)	培养能在律师事务所、专利事务所、商标事务所等从事商标代理、专利代理等知识产权事务，同时也能在公、检、法等部门从事专门的知识产权司法审判及其他法律事务，或者在版权局、商标局、专利局、科技局等部门从事知识产权管理事务的知识产权专门人才	法理学、宪法学、民法学、刑法学、刑事诉讼法、行政法与行政诉讼法、国际私法、国际法、著作权法(版权法)、专利法、商标法、知识产权国际公约、专利文献检索、知识产权损害赔偿、合同法、知识产权法原理、网络环境下的知识产权保护、企业知识产权战略、反不正当竞争法、知识产权代理实务	在知识产权管理机构、大型企业、科研院所等单位从事知识产权管理工作，或在知识产权中介服务机构、律师事务所或人民法院等单位从事知识产权服务工作或审判工作，也可在研究单位从事知识产权相关的研究工作	西南政法大学、中国计量大学、华东政法大学、重庆理工大学、华南理工大学、烟台大学、大连理工大学、湘潭大学、暨南大学、重庆工商大学
监狱学(T)	培养能够熟练掌握马克思主义理论及侦查学基本知识、技能和各种法律知识，能够综合使用各种侦察手段和方法，掌握射击、驾驶、自卫、擒敌等特种技能，具有较强的文字、口头表达能力和计算机操作能力，能够胜任监狱及其他司法部门的侦查工作、刑事执法工作以及本专业教学、科研工作的高级专门人才	法学基础理论、宪法学、刑法学、刑事诉讼法学、民法学、行政法学、经济法学、犯罪学、犯罪心理学、监狱学基础理论、监狱刑罚学、狱政管理学、监狱教育学、狱内侦查学、罪犯改造心理学、监狱经济管理学、比较监狱学、法律文书、劳动教养学、刑事照相、审讯学、计算机技术、射击技术、警察实战技能训练	可以在公、检、法司和其他机关从事执法工作，或在监狱、劳教所、看守所等机关从事管理、罪犯教育和心理矫正工作，也可以在机关或企业或事业单位从事法律和安全保卫工作	中央司法警官学院、上海政法学院、山东政法学院

第二节　政治学类

专业	教育目标	课程设置	就业发展方向	专业优势院校
政治学与行政学	培养具有政治学、行政学方面的基本理论知识，能在党政机关、新闻出版机构、企业或事业单位、社会团体等从事教学科研、行政管理等方面工作的高级专门人才	政治学原理、行政学概论、中国政治制度史、当代中国政治制度、比较政治制度、中国政治思想史、当代西方政治思潮、中国社会政治分析、比较政党制度、市政学、公共政策概论、行政法学、人事行政学、社会调查与社会统计	在中央和地方各级党政机关、军队、企业或事业单位及公司、社会团体、新闻出版机构、教育及其他企业或事业单位从事科研、教学、行政管理、政策研究以及其他相关的专门业务工作	北京大学、武汉大学、复旦大学、吉林大学、南开大学、天津师范大学、中国政法大学、中山大学、浙江大学、云南大学
国际政治	培养具有马克思主义理论素养和国际政治、国际法、政治学等方面的基本理论知识，能在党政机关、企业或事业单位、高校和科研等部门从事外交、外事、对外宣传、教学和研究等工作的高级专门人才	政治学原理、国际政治概论、国际法与国际组织、国际关系史、当代国际关系、近现代中国外交、国际关系概论、西方国际关系理论、国际政治经济学、美国外交政策、各国政治与经济、经济外交	可在各级党政机关、外事部门、新闻单位和教学科研机构工作，也可在企业或事业单位、进出口公司和金融机构从事外交政策研究、对外宣传、国际新闻采编、教学科研和行政项目管理等工作	北京大学、中国人民大学、复旦大学、华中师范大学、山东大学、吉林大学、上海外国语大学、暨南大学、南开大学、南京大学
外交学	培养具有一定的马克思主义理论素养和强烈的爱国心，对国际事务和中国外交有系统全面的了解，有交际和谈判的能力，在政治、业务、作风、纪律和语言方面具有较高的综合素质，能在外交和其他外事部门从事实际工作、国际问题研究和教学工作的高级专门人才	外交学、国际关系理论、当代中国外交、国际政治导论、国际关系史、当代国际政治与多边外交、国际法与国际组织、外国政治制度、宗教与国际政治、谈判学、现代政治学理论与方法、中国对外关系专题研究、国际组织与国际政治、国际关系史专题研究、国际关系专题研究、外交学理论与实践、外交决策研究、外交思想史研究、国际政治与环境外交、中日关系专题研究、美国外交与中美关系、科研方法论、欧洲一体化政治与经济研究、国际公共关系	可在外交和其他外事部门、党政机关、各地方外办、科研机构、大学、新闻媒体等从事外交工作、国际问题研究和教学工作	外交学院、北京外国语大学、武汉大学、吉林大学

续表

专业	教育目标	课程设置	就业发展方向	专业优势院校
国际事务与国际关系(T)	培养具有马克思主义理论素养和政治学、行政学方面的基本理论和专门知识，能在外企公司、大型企业等从事国际事务等方面工作的高级专门人才	比较政治学导论、资本主义的起源、全球关系认识、全球关系课题、国际政治经济、国际组织、中国与世界、发展政治学、中国和世界	可在专业外贸公司、金融机构等单位从事国际贸易工作及国际化经营管理活动或相关政策研究	清华大学、宁波诺丁汉大学、湖北大学、湘潭大学
政治学、经济学与哲学(T)	培养具备良好的政治思想、道德品质、文化修养，掌握基本的哲学、政治学和经济学知识，具有一定的认识和研究方法论基础，能够实现自我的可持续发展，为政府机关、社会管理部门、财富创造部门和国内外哲学社会科学研究机构服务的优秀人才	逻辑与批判性思维、微积分、线性代数、概率统计、社会调查的理论与方法、学术规范与论文写作、政治学原理、政治哲学、政治经济学导论、比较政治学概论、中国近现代政治发展史、经济学原理、中级微观经济学、中国经济专题、中国哲学史、西方哲学史、宗教学导论、全球化问题研究	可在政府机关、社会管理部门、财富创造部门和国内外哲学社会科学研究机构从事相关的学术研究、教学、销售经营、管理、咨询策划服务等工作	北京大学

第三节 社会学类

专业	教育目标	课程设置	就业发展方向	专业优势院校
社会学	培养具备较全面的社会学理论知识、较熟练的社会调查技能，能在教育、科研机构、党政机关、企业或事业单位、社会团体从事社会研究与调查、政策研究与评估、社会规划与管理、发展研究与预测等工作的高级专门人才	社会学概论、社会研究方法、社会心理学、中外社会思想史、古典及现代社会学理论、社会统计与计算机应用、中国社会	可在教育或科研机构、党政机关、新闻出版、企业或事业单位、社会团体等从事社会研究与调查、政策研究与评估、社会规划与管理、发展研究与预测等工作	北京大学、中国人民大学、南京大学、上海大学、中山大学、清华大学、吉林大学、华东师范大学、复旦大学、厦门大学
社会工作	为民政、劳动、社会保障和卫生管理部门及工会、青年、妇女等社会组织和其他社会福利、服务、公益团体等机构培养熟悉国内外社会工作及社会政策的历史和现状，了解政府管理各类社会事务的运行机制、程序和制度，能够胜任政府部门的社会政策研究和公共行政管理工作及为各地区福利保障机构提供管理服务的专业人才	社会统计学、农村社会学、社会保障概论、社会工作概论、社会人类学、社区工作、个案与团体工作、人力资源管理学、公共政策学、西方社会思想史、中国社会思想史、社会心理学、民族社会学、政治社会学、城市社会学、经济社会学、社会福利思想与理论	可在民政、妇联、慈善机构、社会团体机构、社区服务机构、街道办事处、专业社工机构等工作	中国人民大学、北京师范大学、华东理工大学、华中师范大学、四川大学、南京大学、吉林大学、复旦大学、华北电力大学、北京大学

续表

专业	教育目标	课程设置	就业发展方向	专业优势院校
人类学(T)	培养兼修文化人类学、考古人类学、语言人类学、体质人类学四方面的课程以及相关学科的基础课程，掌握社会经济文化调查方法和相关研究技能及进行应用研究的能力，同时具备其他交叉学科、实用性课程知识的专门人才	人类学概论、文化人类学、考古人类学、体质人类学、语言人类学、中国民族史、中国民族志、世界民族志、民俗学、经济人类学、政治人类学、宗教人类学、心理人类学、医学人类学、性别人类学、影视人类学、旅游人类学、应用人类学、文化遗产学、文化产业学、商务人类学、人类学田野调查法、博物馆人类学、民族理论与民族政策	可在党政机关、社会团体、企业或事业单位、公共组织和私有机构担任行政、文秘和各项管理工作，可胜任民族、宗教、博物、文化、民政、旅游、宣传、政策研究等方面的工作	中山大学、厦门大学、山东大学
女性学(T)	培养德、智、体、美、劳全面发展，能从事妇女发展、性别与政策方面的分析、进行女性学教学与管理等相关工作的复合型专业人才	社会学概论、社会政策与制度分析、社会科学研究方法、法学概论、管理学和行政管理学、教育学概论、社会心理学、女性学理论、女性史、女性心理学、女性与健康、女性领导学、性别与发展、妇女与NGO组织	可在党政机关、团体组织、企业或事业单位、民间组织、国际组织、社区和大专院校等部门从事妇女工作，进行性别与发展、性别与政策分析、性别与文化传播、女性学的研究与教学工作	中华女子学院、湖南女子学院
家政学(T)	培养具备系统的家政学基本理论和相关专业知识，掌握家政管理、家庭教育、营养饮食、社区服务、服装织物、家庭理财、生涯指导、老人护养、婚姻指导、消费策划等范围的知识及技能，能够在公司、企业或事业单位、社区等部门从事产业管理、人员培训工作以及为中小学家政课授课，并能进行相关行业的研究、人员推广，具有宽厚扎实的知识基础及市场调查、家庭生活指导、产业经营等实际操作技能的高素质创新型、复合型和应用型的家政人才	家政学概论、家庭社会学、家庭营养学、家政管理学、家庭教育学、家庭护理学、家庭心理学、服饰美学、实际社交礼仪基础、饮食文化概论、中西方烹饪基础、婚姻家庭生活指导、居室装潢与设计、花卉艺术与花卉栽培	可从事家政培训、管理及家政学的教学和研究等工作，或可从事与家庭需求有关的产业策划、开发、营销和推广等工作	吉林农业大学、湖南女子学院

第四节　民族学类

专业	教育目标	课程设置	就业发展方向	专业优势院校
民族学	培养具备系统的民族学基本知识，有进一步培养潜能的民族学专门人才以及能在国家机关、文教事业、新闻出版、社会团体和各类企业或事业部门从事实际工作的应用型、复合型高级专门人才	人类学、民族学导论、文化人类学、民族学、人类学史、生态人类学、民族学调查方法、中国民族概论、世界民族概论、民族考古学、民族经济学、族群与家族、民族理论与政策、民族学概论、社会学概论、民俗学概论、中国文化史、世界文化史	可在国家机关、文教事业、新闻出版、社会团体和各类企业或事业单位和部门工作	中央民族大学、云南大学、兰州大学、中南民族大学、西南民族大学、广西民族大学、内蒙古大学、云南民族大学、中山大学、西藏民族大学

第五节　马克思主义理论类

专业	教育目标	课程设置	就业发展方向	专业优势院校
科学社会主义	培养具有科学社会主义和国际共产主义运动知识，能在党政机关、外事部门、高等院校从事理论宣传、教学研究和实际工作的高级专门人才	科学社会主义原理、马列主义经典著作选读、国际政治学、社会主义思想史、政治学、行政管理学、中共党史	可在党政机关、外事部门、高等院校从事理论宣传、教学研究和实际工作	山东大学
中国共产党历史	培养能从事中国革命史、中国共产党党史的教学与研究工作，能够完成理论宣传、党务工作的高级专门人才	中国通史、世界通史、国际共产主义运动史、中共党史、中国革命史、“中华民国”史、中国近代经济史、政治学概论、当代中国政治、中国共产党文献与无产阶级革命家著作选读	可在教育局、政策研究室、党史研究室、党政机关等政府部门或机构从事党校教师、党务干事、党建管理等工作	中国人民大学、湘潭大学、延安大学
思想政治教育	培养具备马克思主义、毛泽东思想、邓小平理论以及思想政治教育专业的基本理论和基本知识，受到思想政治教育专业技能与方法的基本训练，掌握从事思想政治工作的基本能力，能在党政机关、学校、企业或事业单位从事思想政治工作的专门人才	马克思主义思想政治教育理论基础、马克思主义哲学、中国哲学史、西方哲学史、中国古代思想政治教育史、西方社会思潮、伦理学、教育学、管理学、心理学基础、思想政治教育学原理、思想政治教育方法论、思想政治教育史、比较思想政治教育、刑法、国际法、法学概论、思想政治道德观教育、中华人民共和国史	可进入国家机关、高等院校、科研单位、新闻或出版等事业单位以及有关企业负责党务、宣传、行政、组织方面的党团工作和管理工作	武汉大学、东北师范大学、华中师范大学、南京师范大学、复旦大学、北京师范大学、南开大学、华南师范大学、广西师范大学、河海大学

第六节　公安学类

专业	教育目标	课程设置	就业发展方向	专业优势院校
治安学(K)	培养具有坚定正确的政治方向、严格的组织纪律观念、良好的职业道德,有为维护国家安全、社会安定而献身的精神,熟悉我国公安工作的路线、方针、政策和治安管理法律、法规,系统掌握治安学专业的基本理论、基本知识和基本技能,能在公安、边防、国家安全等部门从事治安管理、出入境管理、道路交通管理、安全保卫、预防和控制犯罪以及治安学教学、科研等工作的高级专门人才	刑法学、民法学、刑事诉讼法学、刑事侦查学、行政法学、行政诉讼法学、治安管理学基础、治安案件查处、治安管理处罚、交通管理、消防管理、出入境外事管理、保卫学、刑事照相、痕迹检验、文件检验、稽查战术、擒敌技术、射击、汽车驾驶	可在公安、边防、国家安全等部门从事治安管理、出入境管理、道路交通管理、安全保卫、预防和控制犯罪以及治安学教学、科研等方面的工作	新疆警察学院、中国人民公安大学、江苏警官学院、山东警察学院、浙江警察学院、南京森林警察学院、铁道警察学院、吉林警察学院、云南警官学院、西南政法大学
侦查学(K)	培养具有坚定正确的政治方向、严格的组织纪律观念、良好的职业道德,有为维护国家安全、社会安定而献身的精神,熟悉我国公安工作的路线、方针、政策和相关法律、法规,系统掌握侦查学专业的基本理论、知识和技能,能在公安、检察、国家安全等部门从事侦查工作、刑事执法工作、预防和控制犯罪工作以及侦查学教学、科研等方面工作的高级专门人才	公安学基础理论、犯罪学、公安管理学、刑法、刑事诉讼法、行政法与行政诉讼法、自卫擒敌、射击、刑事侦查学、物证技术学、法医学、侦查讯问学、现场勘查学	可在检察、国家安全、军队、保卫以及公安、工商、税务、审判、海关、纪检、监察等部门从事侦查、稽查、刑事、执法工作,预防和控制的工作以及侦查学教学、科研等方面的工作	中国人民公安大学、新疆警察学院、中国刑事警察学院、西北政法大学、山东警察学院、湖北警官学院、甘肃政法学院、西南政法大学、南京森林警察学院、铁道警察学院
边防管理(K)	培养具备国(边)境管理、部队管理和出入境边防检查等的知识和能力,能在公安边防部队和出入境管理部门从事国(边)境管理和出入境边防检查等方面工作的高级专门人才	国际法、刑法、刑事诉讼法、当代世界政治经济法、边防公安法规、公安学概论、治安管理学、刑事侦查学、边境管理学、边防勤务学、边防战术学、边防情报学、边防检查学、护照见证	可在边防部队、人民警察和武警部队中的出入境管理部门和出入境边防检查部门从事国境管理和出入境边防检查等方面的工作,也可在政府外事部门、安全、海关、金融、税务部门及高等院校、科研机构工作	中国人民武装警察部队学院、华东政法大学、中南财经政法大学

续表

专业	教育目标	课程设置	就业发展方向	专业优势院校
禁毒学(TK)	培养具有坚定正确的政治方向、严格的组织纪律观念、良好的职业道德，熟悉公安业务，了解我国和世界毒品问题现状、趋势及应对策略，系统地掌握禁毒学的基础理论、基本知识和基本技能，具有毒品犯罪案件侦查及其他禁毒工作实践和理论研究能力的专门人才	禁毒学导论、毒品学（含检验）、禁毒法学、禁毒情报、戒毒学、毒品公开查缉、毒品犯罪案件侦查（含措施、预审）、毒品预防、国外禁毒概论（双语）、艾滋病与职业防护	可在公安、检察、国家安全等部门从事侦查工作、刑事执法工作、预防和控制犯罪以及侦查学教学、科研等工作	云南警官学院、云南大学、中国刑事警察学院
警犬技术(TK)	培养熟悉我国公安工作的方针政策和相关的法律法规，掌握警犬技术的基本知识和技能，能从事警犬技术的高级技术应用型专门人才	政治理论、大学英语、公安文书写作、计算机应用、公安法规、刑法、刑诉法、刑事案件侦查、临场查缉战术、犯罪现场勘查、痕迹检验、刑事照相、警犬学概论、犬解剖生理、犬病学、养犬学、警犬训练学、警犬使用学、犬行为学、警察体育、擒拿格斗、射击	主要在公安机关的警犬技术部门工作	中国刑事警察学院
经济犯罪侦查(TK)	培养熟悉我国公安工作的基本路线、方针、政策和相关的法律法规，掌握经济犯罪侦查工作的基本知识和技能，系统掌握职务犯罪侦查方面的基本理论和基本知识，具备检察、纪检、公安及企业或事业等相关工作岗位上所需的侦查技术能力，能在检察、纪检、公安及企业或事业相关工作单位从事职务犯罪侦查工作的高级应用型人才	政治理论、法律、高等数学、大学语文、大学英语、计算机基础、社会学、犯罪学、心理学、逻辑学、痕迹检验、刑事摄影、文件检验、公安文书写作、犯罪现场勘查、侦查措施、刑事特情、预审学、查缉战术、会计学原理、经济犯罪案件侦查概论、会计资料勘验、金融犯罪案件侦查、涉税犯罪案件侦查、走私犯罪案件侦查、射击、驾驶、擒拿格斗	可在检察或纪检部门、公安部门以及企业或事业单位的相关岗位工作	广东警官学院、西南政法大学、云南警官学院、江西警察学院、中国刑事警察学院
边防指挥(TK)	培养熟悉我国公安工作的方针政策和相关的法律法规，掌握部队管理、作战指挥等方面的基本知识和技能，能胜任部队管理、作战指挥等任务的高级技术应用型专门人才	部队基层政治工作、部队基层行政管理、参谋业务基础、公安学概论、边境管理学、边防情报学、边防勤务学、边防战术学、公安边防部队实习、社会调查	公安边防部队	中国人民武装警察部队学院

续表

专业	教育目标	课程设置	就业发展方向	专业优势院校
消防指挥(TK)	培养熟悉我国公安工作的方针政策和相关的法律法规，能从事部队管理、灭火救援指挥、训练组织等方面工作的高级技术应用型专门人才	基层消防部队管理、基层消防部队政治工作、消防技术装备、灭火战术、抢险救援及救助技术、灭火技能训练、火场供水、火灾调查、消防战训参谋工作、消防通信调度指挥、防火工程概论、消防监督管理、公安消防部队实习、社会调查	公安消防部队	中国人民武装警察部队学院
警卫学(TK)	培养在公安警卫部队从事党和国家领导人、来访重要外宾及重要会议、重大活动的安全警卫工作以及执勤训练、管理教育等工作的应用型高级专门人才	治安管理学、散打、驾驶技术、防暴技术、警卫基础理论、警卫参谋学、警卫勤务学、警卫战术学、警卫指挥学、部队管理科学基础、治安管理学、汽车驾驶	可在公安、检察、国家安全等部门从事侦查工作、刑事执法工作、预防和控制犯罪以及侦查学教学、科研等方面的工作	中国人民武装警察部队学院
公安情报学(TK)	培养具备扎实的公安情报学理论基础，掌握情报收集、处理、分析、评估、判断和管理的方法与技术，具备使用现代信息技术开展公安情报活动的能力，能在公安部门的各警种从事情报收集、分析、研判和管理的应用型高级专门人才	情报学导论、公安情报学、公安情报技术、公安情报管理信息系统、公安情报分析与研判、公安情报组织与利用、公安情报工作实务、公安情报政策与法规	可从事公安情报工作，包括国内安全保卫、各类刑事犯罪侦查、社会治安管理情报的搜集及整理和分析使用等工作，或从事相关专业的教学、科研工作	中国人民公安大学、中国刑事警察学院
犯罪学(TK)	培养适应社会主义和谐社会建设需要，掌握马克思主义基本原理，具有良好的科学素质与人文素质及警察的基本素质和技术技能，既有较高的执法能力和管理水平，又有强烈的公共服务意识，全面系统地掌握犯罪学基础理论、基本知识和基本技能，能在公安保卫部门从事犯罪预防、犯罪分析与预测及罪犯矫治等业务工作，在检察、法院、司法行政部门从事相关工作，或在相关领域从事犯罪学教学、科研工作的高级复合型专门人才	犯罪学原理、西方犯罪学、刑事政策学、犯罪被害人学、犯罪预防学、犯罪心理学、罪犯矫治学、犯罪评估导论、犯罪学研究方法、犯罪统计学、公安学概论、刑事侦查学、治安管理学、刑事科学技术、刑法学、刑事诉讼法学、社会学概论、社会工作概论、普通心理学、社会心理学、人格心理学、变态心理学	可从事科研、教育或培训工作，或成为公务员，对口岗位主要有刑事犯罪鉴定员、犯罪心理研究员、犯罪调查员、执法人员、警务人员、狱警、感化主任、假释官、社会工作者等	中国人民公安大学

续表

专业	教育目标	课程设置	就业发展方向	专业优势院校
公安管理学(TK)	培养能在公安机关综合管理、政治工作、法制工作、后勤保障等部门从事管理、法制工作,或在公安业务部门从事警务指挥、组织管理、信息调研工作,在相关领域从事教学、科研工作的高级复合型专门人才	政治学、管理学、公安管理学、公安决策学、公安指挥学、公安政工学、警察人力资源管理、警察组织行为学、公安信息系统管理、警察公共关系、法理学、中国法制史、宪法学、刑法学、刑事诉讼法学、行政法与行政诉讼法学、民法学、民事诉讼法学、商法学、国际法、国际经济法学、警察法学、犯罪学、刑事侦查学、治安管理	可在公安、检察、国家安全等部门从事侦查工作、刑事执法工作、预防和控制犯罪以及侦查学教学、科研等工作	中国人民公安大学、南京森林警察学院、北京警察学院
涉外警务(TK)	培养具备扎实的涉外警务基础理论及知识,具备出入境管理、涉外案件处置、国际警务执法合作等方面的专业技能,业务素质高,实战能力强,具有较高的外语水平,能在公安机关从事出入境管理、边防检查、国际社区管理、涉外案件查处、维和警务、涉外警务联络等工作,或在相关领域从事教学、科研工作的应用型高级专门人才	涉外警务法律基础、涉外警务概论、出入境管理、涉外案件处置、国际警务合作概论、跨国犯罪对策、国际移民概论、国际关系概论、外交学、警务英语口译、警务英语笔译	可在公安机关出入境管理部门、武警边防检查机构或其他涉外警务工作部门从事出入境管理、国际警务合作、联合国维和警务、边防检查、涉外案件处置、跨国犯罪调查、跨国罪犯追捕与遣返、国际执法联络、国际警务合作、司法协助、中国驻外使领馆警务联络工作	中国人民公安大学、新疆警察学院、江苏警官学院
国内安全保卫(TK)	培养熟悉新形势下国内安全保卫工作的规律、特点,掌握维护国家安全和社会稳定方面的综合技能,能够胜任国内安全保卫的实际工作需要,能够进行本专业教学、科研工作的高级专门人才	国际关系学、刑事侦查学、治安管理学	基层公安机关和行政、企业或事业单位安全保卫部门	中国人民公安大学

续表

专业	教育目标	课程设置	就业发展方向	专业优势院校
警务指挥与战术（TK）	培养适应社会主义和谐社会建设需要，掌握马克思主义基本原理，具有良好的科学素质、人文素质与警察基本素质，既有较高的执法能力和指挥辅助决策能力，又有较强的警务实战训练组织能力，全面系统地掌握警务指挥学基本知识和技能，能在公安一线从事警务指挥辅助以及警务实战训练组织的应用型高级专门人才	侦查学、治安管理学、警务指挥学、警务战术学、警察谋略学、警务实战训练、警务实战心理学、警务战例研究、警务实战技能、警务指挥与战术总论、公安作战指挥、运筹学基础、警务指挥信息系统、警务参谋、警用武器使用、警用装备使用、警务战术学、警务实战心理应用、警务实战法律法规应用、警务实战训练指导法、危机谈判、攀降越障技术	公安机关	中国人民公安大学、南京森林警察学院、湖北警官学院、重庆警察学院

第四章　教育学

第一节　教育学类

专业	教育目标	课程设置	就业发展方向	专业优势院校
教育学	培养具有良好的思想道德品质、较高的教育理论素养和较强的教育实际工作能力的中、高等师范院校师资、中小学校教育科研人员、教育科学研究单位研究人员、各级教育行政管理人员和其他教育工作者	普通心理学、教育心理学、中国教育史、外国教育史、教育通论、教学论、德育原理、教育社会学、教育统计测量评价、教育哲学、中小学语文或数学教学法	中小学校教育科研人员、教育科学研究单位研究人员、各级教育行政管理人员和其他教育工作者	北京师范大学、西南大学、浙江大学、华中师范大学、东北师范大学、山东师范大学、西北师范大学、华南师范大学、河南大学、湖南师范大学
科学教育	培养具有现代教育理念，能适应21世纪社会经济发展和现代化建设需要，掌握科学教育及相关学科专业的基本理论、知识和实验技能，具有良好的科学素养，知识面宽、能力强、素质高，富有时代特征、探究精神和实践能力的基础教育领域的应用型、复合型专门人才	普通心理学、教育心理学、中国教育史、外国教育史、教育通论、教学论、德育原理、教育社会学、教育统计测量评价、教育哲学、中小学语文或数学教学法、高等数学、大学物理、大学化学、生命科学及实验、现代科技概论、工程制图、手工工艺技术、应用力学、机械技术、电子电工技术、技术设计与制作、信息技术、自动化技术基础、综合实践活动教学论、科技创新教育概论	可在学校任教，也可在报社、广电系统、科技站等大众媒体科普栏目作为科技传播者，或可成为信息网络环境下大众科普产品的制作人	浙江师范大学、华南师范大学、长春师范大学、东南大学、河北师范大学、广西师范大学、上海师范大学、四川师范大学、杭州师范大学、贵州师范大学
人文教育	培养基础扎实、知识结构合理，具有现代教育思想和技能，具有一定理论素养、创新精神和实践能力，既能胜任中学综合文科“人文与社会”课程的教学需要，又能适应历史、中文、政治分科教学需要，德、智、体、美全面发展的高级应用型人才	中国历史、中国文学史（含中国现当代文学史）、马克思主义哲学原理、世界历史、古代汉语、政治经济学、文学基本原理、史学理论与方法、法学理论与实践、中国古代文献教程、中学人文学科教学论、人文科学概论、中外历史比较研究、中国思想文化史、社会学、现代汉语、地理学概论、心理学、教育学、专业论文写作	可成为公务员或基础教育文科教师，或在政府机关、企业或事业单位从事新闻、秘书等社会工作	浙江师范大学、长春师范大学、杭州师范大学、怀化学院、宁波大学、丽水学院、保定学院、云南师范大学、百色学院

续表

专业	教育目标	课程设置	就业发展方向	专业优势院校
教育技术学	培养能够在新技术教育领域从事教学媒体和教学系统的设计、开发、运用、管理和评价等工作的高级专门人才，主要向各级师范院校和中等学校输送教育技术教师以及向各级电教馆、高校输送教育技术人员	教育技术学、教学系统设计、计算机教育基础、网络教育应用、远距离教育、电视教材设计与制作、教育技术研究方法、教育传播学、计算机网络、多媒体设计、信息技术与课程整合、教育学、计算机科学与技术	可在学校、部委机关、部队、厂矿企业、外资企业的宣传部或教育部门以及各级各类电视台、广播电台站从事教育节目制作等工作	华东师范大学、华南师范大学、南京师范大学、华中师范大学、西南大学、陕西师范大学、浙江师范大学、浙江工业大学、东北师范大学、渤海大学
艺术教育	培养德、智、体全面发展，具有先进教育理念，综合艺术特长的人才，为学前教育、基础教育、特殊教育学校与机构输送从事儿童综合艺术教育的教师和社会工作者	艺术概论、学前教育概论、特殊教育概论、艺术教育、现代教育技术培训、中外音乐史、中外美术史、艺术欣赏、中外文学名篇欣赏、综合艺术创作原理与实践、艺术康复与治疗、乐理、视唱练耳、声乐基础、钢琴基础、钢琴合奏、和声学、曲式学、歌曲伴奏写作、歌曲创作、乐器基础、合唱与指挥、学校乐队编配与排练、舞蹈、儿童舞蹈表演与创作、素描、色彩、中国画、书法、写生、美术创作、美术设计、艺术专业外语	可在基础教育、特殊教育及儿童艺术教育服务机构从事教育教学工作	华东师范大学、云南师范大学、广西艺术学院、太原师范学院、重庆师范大学
学前教育	培养具备学前教育专业知识，能在托幼机构从事保教和研究工作的教师及学前教育行政人员和其他有关机构的教学、研究人才	教育学、教育史、教育学概论、普通心理学、人体解剖生理学、教育社会学、学前卫生学、儿童发展心理学、声乐、舞蹈、美术、学前教育学、幼儿心理学、幼儿教育心理学、幼儿保健学、幼儿教育研究方法，教育统计学，人体解剖生理学，游戏学原理、教师口语	可在托幼机构从事保教和研究工作或可成为教师及学前教育行政人员，也可在其他有关机构从事教学、研究工作	北京师范大学、华东师范大学、南京师范大学、西南大学、浙江师范大学、华中师范大学、上海师范大学、四川师范大学、华南师范大学、杭州师范大学
小学教育	培养德、智、体全面发展的，具有较高的教育理论素养和较强的教育实际工作能力（语、数、英）的小学教师及教育科研、各级教育行政管理人员和其他教育工作者	近现代史、马克思主义基本原理、英语（二）、心理卫生与心理辅导、课程与教学论、发展与教育心理学、中外教育简史、中小学教育管理、比较教育、小学艺术教育、现代教育测量与评价、中小学教师信息技术、学校管理心理学、教学设计、德育原理、教育社会学、学习心理学、教育哲学	可在小学任教或在各级教育机构工作	南京师范大学、东北师范大学、首都师范大学、湖南第一师范学院、上海师范大学、南阳理工学院、天津师范大学、华南师范大学、湖州师范学院、浙江师范大学

续表

专业	教育目标	课程设置	就业发展方向	专业优势院校
特殊教育	培养具备普通教育和特殊教育的知识和能力，能够在特殊教育机构及与特殊教育相关的机构从事特殊教育实践、理论研究、管理等方面的工作的高级专门人才	特殊教育导论、盲童心理与教育、聋童心理与教育、弱智儿童心理与教育、残疾儿童生理与病理、残疾儿童康复、特殊教育技术	可在各种特殊教育学校以及与特殊教育相关的机构从事特殊教育实践、理论研究、管理等工作，也可以到企业进行特殊儿童、特殊人群的用品开发，还可以到大、中、小学心理咨询室以及各类特殊教育学校进行咨询或教学工作，或到学前儿童特殊教育机构、儿童福利院以及各类特殊学校或普通学校从事教学工作，或到各地的康复机构从事康复训练工作，也可从事手语翻译工作或到民政、残联等机构从事行政管理工作	北京师范大学、华东师范大学、华中师范大学、西南大学、邯郸学院、浙江师范大学、新疆师范大学、北京联合大学、安顺学院、四川师范大学
华文教育(T)	培养具备系统的教育学、心理学知识和第二语言教学理论，具有扎实的汉语言语能力与言语交际能力，掌握汉语基础理论与基本知识、熟悉中国国情与社会文化，能够胜任华文教育工作的师范型人才	教育学、心理学、第二语言教学论、综合汉语、汉语听力、汉语口语、汉语阅读、汉语写作、汉英语言对比、英语听说与写作、现代汉语、古代汉语、中国古代文学、中国现当代文学、中华文化、外国文学、对外汉语教学法、现代教育技术	可在海外华文教育机构、海外华文媒体、华人社团等机构从事汉语教师、编辑、记者等工作	暨南大学、重庆师范大学、湖北师范大学、韶关学院、肇庆学院、宜春学院

第二节 体育学类

专业	教育目标	课程设置	就业发展方向	专业优势院校
体育教育	培养具备系统的体育教育基本理论、知识和技能，掌握学校体育教育工作规律，具有较强的实践能力，在全面发展的基础上有所专长，能在中等学校等从事体育教学、课外体育活动及课余体育训练和竞赛的组织工作，并能从事学校体育科学研究、学校体育管理、社会体育指导等工作的高级专门人才	教育学、心理学、人体科学、学校体育学、体育锻炼、训练与竞赛	可在中等学校等从事体育教学及课外体育活动、课余体育训练和竞赛的组织工作，或可从事学校体育科学研究、学校体育管理、社会体育指导等工作	北京体育大学、上海体育学院、华东师范大学、华中师范大学、北京师范大学、武汉体育学院、福建师范大学、天津体育学院、成都体育学院、华南师范大学
运动训练(K)	培养具备与竞技运动相关的理论和知识，掌握组织和参与竞技运动相关的社会、体育活动的基本能力，可从事竞技运动教学、科研、管理等方面工作的高级专门人才	体育新闻、体育英语、体育旅游、体育管理、体育教育、古代文学史、现当代文学史、文学鉴赏、新闻学概论、传播学、基础英语、高级英语、报刊选读、视听、口语、英语写作、旅游管理学、旅游政策与法规、公共管理、公共政策、运动训练学、主修项目理论与实践	可从事竞技运动教学、科研、管理等方面的工作	华南师范大学、天津体育学院、上海体育学院、沈阳体育学院、南京体育学院、河北体育学院、福建师范大学、首都体育学院、山东体育学院、华南理工大学
社会体育指导与管理	培养具有社会体育基本理论、知识与技能，能在社会体育领域中从事群众性体育活动的组织管理、咨询指导、经营开发以及教学科研等方面工作的高级专门人才	社会体育概论、社会体育管理学、健身概论、中华体育养生学、大众健身娱乐体育项目的理论与方法	可在社会体育领域从事群众性体育活动的组织管理、咨询指导、经营开发以及教学科研等方面的工作	北京体育大学、华南师范大学、上海体育学院、华东师范大学、武汉体育学院、山东大学、吉林大学、南京师范大学、山西大学、湖南师范大学
武术与民族传统体育(K)	培养具备民族传统体育教学、训练、科研的基本知识与技能的，能从事武术、传统体育养生及民族民间体育工作的高级专门人才	武术、传统体育养生、民族民间体育	武术馆、校教练员，企业、机关、传统健身机构体育指导员，保安机构、各级体校管理人员	上海体育学院、天津体育学院、首都体育学院、集美大学、吉首大学、山东师范大学、吉林体育学院、河北体育学院、江西师范大学、洛阳师范学院

续表

专业	教育目标	课程设置	就业发展方向	专业优势院校
运动人体科学	培养具备运动人体科学理论和实验研究能力，能在中等以上学校、体育科研机构、运动训练基地和保健康复等部从事运动人体科学方面的教学、科研、竞技运动和康复指导等方面工作的高级专门人才	生物科学、临床医学、体育学、人体解剖学、人体生理学、生物化学、生物力学、临床医学基础、中医基础、运动训练学、运动心理学、运动实践与分析、教育学、心理学	可在中等以上学校、体育科研机构、运动训练基地和保健康复部门等工作	北京体育大学、上海体育学院、广州体育学院、苏州大学、西安体育学院、首都体育学院、天津体育学院、沈阳体育学院、南京体育学院、吉林体育学院
运动康复(T)	培养具有从事本专业领域实际工作的能力和基本技能，适应康复治疗技术生产、建设、管理、服务第一线需要的德、智、技全面发展的高素质技能型专门人才	运动康复学、人体解剖学、运动解剖学、人体生理学、运动生理学、生物化学、运动生物化学、康复心理学、医学统计学、组织学、药理学、病理学(含病理物理学)、免疫学	运动训练基地、医药卫生系统、社区康复机构的治疗师，体育科研机构工作人员、各级各类教学单位师资	北京体育大学、武汉体育学院、上海体育学院、天津体育学院、首都体育学院、大连理工大学、西安体育学院、广州体育学院、吉林体育学院、哈尔滨体育学院
休闲体育(T)	培养德、智、体全面发展，适应新世纪社会发展需要，具有休闲体育的基本理论、知识与技能，能够从事休闲体育研究、体育旅游、休闲体育产品策划与设计工作的高素质、应用型专门人才	运动专项训练、运动休闲产业概论、休闲体育原理与方法、运动休闲业服务流程与规范、社区休闲体育规划与指导、休闲体育设施规划与管理、运动休闲业生产与运作管理、休闲俱乐部经营管理、中西疗养健身法、运动休闲管理学、休闲体育行销、运动健身原理、人力资源开发与管理	可在休闲体育类企业(如休闲度假村、高尔夫会所、健身休闲俱乐部、星级酒店康乐部、SPA休闲会所、温泉度假饭店、户外与拓展训练机构、体育旅游公司等)、政府或公益机构(城市公共游憩空间、主题公园、全民健身中心、公共体育活动与竞赛场所等)、休闲体育事业机构(高等院校、研究所)等单位从事相关工作	北京体育大学、上海体育学院、武汉体育学院、成都体育学院、常州大学、首都体育学院、广州体育学院、沈阳体育学院、西安体育学院、湖北大学

第五章　文　学

第一节　中国语言文学类

专业	教育目标	课程设置	就业发展方向	专业优势院校
汉语言文学	培养具备一定的文艺理论素养和系统的汉语言文学知识，能在新闻、文艺、出版部门、高校、科研机构和机关、企业或事业单位从事文学评论、汉语言文学教学与研究工作，具有文化、宣传方面的实际工作能力的高级专门人才	文艺学、中国古代文学、中国现代文学、中国当代文学、比较文学与世界文学、语言学及应用语言学、古代汉语、现代汉语、中国古典文献学、逻辑学、中国语言文学	可在新闻出版系统如报社、杂志社、出版社及电视台、广播电台等单位从事记者、编辑等工作，或可在中小学或其他教学单位、民营及私营企业工作	四川大学、北京师范大学、南京大学、复旦大学、北京语言大学、北京大学、南开大学、武汉大学、山东大学、华东师范大学
汉语言	培养具备汉语及语言学、中国文学等方面的系统知识和专业技能，能在高校、科研机构和机关、企业或事业单位的相关部门从事有关汉语言文学的教学科研、对外汉语教学、语言文字管理及语言应用方面实际工作的高级专门人才	语言学概论、现代汉语、古代汉语、文学概论、中国文学史、中国语言学史、计算语言学、汉语史、汉语方言调查、逻辑学、欧美语言学、实验语音学、中文信息处理	教师、媒体从业人员、助理、文秘、文案策划人员、政府公务员、市场营销及客户服务人员	复旦大学、北京大学、四川大学、华中师范大学、鲁东大学、暨南大学、中国人民大学、延边大学、厦门大学、江苏师范大学
汉语国际教育	培养具有熟练地将汉语作为第二语言进行教学的技能和良好的文化传播技能、跨文化交际能力，能适应汉语国际推广工作、胜任多种教学任务的高层次、应用型、复合型、国际化专门人才	政治、外语、汉语作为第二外语教学、第二语言习得、国外汉语课堂教学案例、中华文化与传播、跨文化交际、汉外语言对比、汉语语言要素教学、课程设计	可在国内外有关部门、各类学校、新闻出版、文化管理和企业或事业单位从事对外汉语教学及中外文化交流等相关工作	南京大学、北京语言大学、华东师范大学、南开大学、暨南大学、上海外国语大学、武汉大学、四川大学、山东大学、华中师范大学

续表

专业	教育目标	课程设置	就业发展方向	专业优势院校
中国少数民族语言文学	培养具备少数民族语言文学的全面系统知识，能在少数民族教育文化部门及相关单位从事有关少数民族语、文字、文学、文献的教学、研究、编辑、翻译、新闻、文学创作等工作的高级专门人才	中国语言文学、语言学概论、有关民族语言史、古代汉语、有关民族现代语言、现代汉语、汉语-民族语语法对比、文学概论、有关民族文学史、中国文学史、有关民族历史	可在少数民族教育文化部门及相关单位从事有关少数民族语言文字、文学、文献的教学、研究、编辑、翻译、新闻、文学创作等工作	中央民族大学、内蒙古大学、新疆大学、西南民族大学、青海师范大学、伊犁师范学院、云南民族大学、甘肃民族师范学院、广西民族大学、青海民族大学
古典文献学	培养具备中国古籍整理与古典文献学的全面系统知识，能在教育、文化、出版部门从事古籍整理及传统文化方面的实际工作、古典文献教学与研究工作的高级专门人才	中国语言文学、中国古典文献学、目录学、版本学、校勘学、文字学、音韵学、训诂学、文科工具书使用、出土文献概论、古代文化概论、古文献学史、古代汉语、中国古代文学史	可以进入大学、科研机构、出版社、图书馆、文化产业等相关部门从事古典文献研究及教学工作	北京大学、浙江大学、陕西师范大学、南京师范大学
应用语言学(T)	培养具备文艺理论素养和系统的汉语言文学知识，能在新闻文艺出版部门、高校、科研机构和机关、企业或事业单位从事文学评论、汉语言文学教学与研究工作以及文化、宣传方面的实际工作的高级专门人才	语言理论、语言研究方法、应用语言学、对外汉语教学概论、语法理论、语义理论、词汇理论、实验语音学、汉语语用学、汉语方言与方言调查、语言与文化、跨文化交际	可在高等院校、研究、出版机构等从事相关专业的教学及研究，或进入国家机关和公司、企业从事语言应用方面的工作	北京大学、西安外国语大学、甘肃民族师范学院
秘书学(T)	为企业或事业单位和其他社会组织培养能够全面协助领导工作的高层次人才	秘书学、文书学、公共关系学、社会心理学、教育学、行政管理学、传播学、管理学概论、档案与信息管理、写作、现代汉语、中国文化概论、中国古代文学作品选读、中国现当代文学作品选读、中国通史、办公自动化、会计学原理、市场营销、计算机基础与应用、计算机程序设计	可在企业或事业单位和其他社会组织中全面协助领导工作的高层次秘书工作	安徽师范大学、四川师范大学、南京师范大学、扬州大学、忻州师范学院、陕西师范大学、云南农业大学、广西师范大学、西北师范大学、山东师范大学

第二节　外国语言文学类

专业	教育目标	课程设置	就业发展方向	专业优势院校
英语	培养具有扎实的英语语言基础和比较广泛的科学文化知识基础，能在外事、经贸、文化、新闻出版、教育、科研、旅游等部门从事翻译、研究、教学、管理工作的高级专门人才	精读、泛读、听力、语法、口语、英语写作、翻译理论与实践、语言理论、语言学概论、英语国家文学史及文学作品选读、英语国家国情	可在外经贸各部委、贸易公司、涉外机构、外商投资企业、跨国公司、金融国贸等单位就职为业务人员、行政管理人员，或从事文秘、翻译工作，也可在各级政府涉外部门、科研部门及各类外向型企业或公司以及银行、保险、海关、边防、高等院校等单位工作	北京大学、北京外国语大学、清华大学、武汉大学、湖南大学、中央民族大学、南开大学、天津大学、中国海洋大学、上海财经大学、山东大学、西安外国语大学、上海外国语大学、扬州大学、山西师范大学
俄语	培养适应我国对俄经贸、旅游、文化、教育、科技等领域的合作发展需要，熟练掌握俄语听、说、读、写、译技能，了解俄罗斯文化国情知识，熟悉国际商务、旅游实务、交际礼仪的应用型高级专门人才	俄语实践、俄语实践语法、旅游俄语、商务俄语、国际贸易实务、俄语口语、俄罗斯概况、第二外语、模拟商务洽谈、模拟外事洽谈、模拟会议翻译、模拟旅游翻译	可在对俄经贸、电商、外企、旅游、外事、文化、教育、体育、卫生、新闻等部门从事俄语翻译及相关业务工作	上海外国语大学、黑龙江大学、北京师范大学、南京大学、北京外国语大学、苏州大学、浙江大学、山东大学、北京大学、华东师范大学、广东外语外贸大学、南京师范大学
德语	培养具有扎实的德语语言基础知识和文化素质，能在外事、经贸、金融、德资企业、文化、教育、科研、港务、旅游等部门从事翻译、商务、教学、研究、管理工作，具有社会责任感和高尚思想品德的复合型、应用型高级专门人才	基础德语、高级德语、报刊选读、德语视听、德语口语、德语写作、翻译理论与实践、语言理论、语言学概论、德国国家文学史及文学作品选读、德语国家国情	可在外事、经贸、文化、新闻出版、教育、科研、旅游等行业从事翻译、研究、教学、管理等工作	北京外国语大学、上海外国语大学、西北工业大学、北京大学、北京语言大学、南京大学、四川外语学院、复旦大学、黑龙江大学、天津外国语大学、中国人民大学、华东师范大学

续表

专业	教育目标	课程设置	就业发展方向	专业优势院校
法语	培养具有扎实的法语语言基础和语言应用能力，具有比较广泛的文化知识储备和国际视野的专门人才	基础法语、高级法语、报刊选读、视听、口语、相应语写作、翻译理论与实践、语言理论、语言学概论、法语国家文学史及文学作品选读、法语国家国情	可在科技、外事、经贸、文化、新闻出版、教育、科研、旅游等行业从事公关、翻译、业务、教学、管理、研究、销售工作，或在教育、科研、文化管理、商务管理等领域进一步深造	北京大学、北京外国语大学、北京语言大学、复旦大学、华东师范大学、上海外国语大学、天津外国语学院、南开大学、四川外国语大学、大连外国语学院
西班牙语	培养具有扎实的西班牙语语言技能和较广泛的相关学科知识，能在外事、经贸、文化、新闻、教育、旅游等领域从事翻译、教学、研究和管理工作的高级专门人才	基础西班牙语、高级西班牙语、西班牙语口语、西班牙语听力、西班牙语阅读、西班牙语笔译、西班牙语口译、西班牙语视听说、西班牙语报刊阅读、西班牙语基础写作、西班牙语国家概况、基础西班牙语语言学、西班牙语外台听力、西班牙语应用文写作	可在外事、经贸、文化、新闻出版、教育、科研、旅游等行业从事西班牙语翻译、外贸业务、海外销售、教学等工作	北京大学、北京外国语大学、广东外语外贸大学、南京大学、天津外国语大学、吉林大学、西安外国语大学、大连外国语学院、上海外国语大学、北京语言大学、临沂大学、西南科技大学
阿拉伯语	培养掌握阿拉伯语基本词汇和语法以及听、说、读、写、译等基本语言技能，具有较宽的知识面，有较强的自学能力、工作能力和较高的综合素质，能从事以阿拉伯语为工具的各项工作的复合型人才	阿拉伯语语法、阿拉伯语视听说、翻译理论与实践、泛读、阿拉伯国情、阿拉伯文学、中阿文化比较、阿拉伯经济与社会、伊斯兰文化、国际礼仪、第二外语	可在外交部、商务部、中联部、文化部、国防部、安全部等国家部委以及新华社、国际广播电台、外文出版机构、对外友协、社会科学院、高等院校、各大进出口公司、外交人员服务机构、旅行社等单位工作	上海外国语大学、北京大学、北京外国语大学、北京第二外国语学院、西安外国语大学、大连外国语大学、天津外国语大学、对外经济贸易大学、北京语言学院、河北外国语学院、浙江越秀外国语学院、青海民族大学、西北民族大学
日语	培养适应区域经济社会发展需要，德才兼备，具有扎实的日语语言基础、广博的文化知识、较高的人文修养、较强的专业实践能力和创新精神，能在外事、经贸、教育、科技、企业等部门从事以日语为工具的翻译、商务、教学、研究等工作的复合应用型高级人才	基础日语、高级日语、视听说、口语、翻译理论与实践、写作、语言理论、日本文学史、日本文学选读、日本概况（文化）	可在各级政府的涉外部门、企业或事业单位、科研机关、学校、三资企业等从事外事、国际文化交流等环节的接待服务和管理工作	北京外国语大学、上海外国语大学、清华大学、浙江大学、山东大学、北京大学、吉林大学、南开大学、华东师范大学、广东外语外贸大学、黑龙江大学、中国海洋大学、北京邮电大学

续表

专业	教育目标	课程设置	就业发展方向	专业优势院校
波斯语	培养具有一定的马克思主义基本理论修养，掌握波斯语基本理论和翻译技巧，有扎实的笔译、口译能力和正确的翻译方法，能从事外交、外贸、国际文化交流、涉外企业管理、新闻、出版、外语教学和研究等工作的德才兼备的应用型专门人才	波斯语精读、波斯语泛读、波斯语听说训练、波斯语翻译、波斯语国家概况、商务波斯语	可在各涉外部门(如外交部、大使馆、领事馆、商务部、文化部、中联部、各地外办、公安、海关、边检)，大型国企、民企(如上海外经公司、中国航空进出口公司)，涉外传媒(如新华社、中国国际广播电台、凤凰卫视)，科研教学院校(大专院校、社科院)等单位工作	西安外国语大学、北京外国语大学、北京大学、上海外国语大学
韩国语(朝鲜语)	培养适应经济和社会发展需要，具有扎实的韩国语(朝鲜语)语言基础和听、说、读、写、译技能，同时又能够系统地掌握国际商务沟通技能的应用型高级专门人才	基础韩国语、高级韩国语、韩国语精读、韩国语听力、韩国语语法、韩国语泛读、韩国语写作、韩国文学史、韩国文学作品选读、朝鲜韩国概况、韩国报刊选读、韩国语翻译、韩国语修辞学、韩国语词汇学、汉语与韩国语语法比较	可在科技、经贸、旅游、外交、文化、宣传、劳务等部门从事翻译、商务管理、教学科研等方面的工作	北京外国语大学、清华大学、北京大学、延边大学、广东外语外贸大学、南通大学、浙江大学、上海交通大学、上海外国语大学、湖南大学、北京科技大学、大连外国语学院、华东师范大学
菲律宾语	培养具有扎实的菲律宾语语言基础和比较广泛的科学文化知识，能在外事、经贸、文化、新闻出版、教育、科研、旅游等行业从事翻译、研究、教学、管理工作的高级专门人才	基础菲律宾语、菲律宾语视听说、菲律宾语写作、英语与菲律宾语对译、菲律宾概况、菲律宾历史、菲律宾文化、菲律宾文学	可在各级政府涉外部门、企业或事业单位、科研机关、学校、三资企业等部门从事外事、国际文化交流等环节的接待服务和管理工作	北京大学、北京外国语大学
梵语、巴利语	培养具有扎实的梵语及巴利语语言基础和广泛的科学文化知识，能在外事、经贸、文化、新闻出版、教育、科研、旅游等行业从事翻译、研究、教学、管理工作的专门人才	基础梵语、梵语语法、梵语文学作品选读、佛教梵语文献选读、梵语文学史、印度历史、佛教史、基础巴利语、中印文化关系史、语言学理论	可从事翻译、研究、教学、管理工作	北京大学、北京外国语大学

续表

专业	教育目标	课程设置	就业发展方向	专业优势院校
印度尼西亚语	培养能适应我国社会经济文化发展和对外开放需要，具有扎实的印尼语语言文化基础和比较广泛的科学文化知识，综合素质高，能在外事、经贸、文化、新闻出版、教育、科研、旅游等行业从事翻译、研究、教学、管理工作的高级复合型人才	基础印尼语、高级印尼语、语音、语法、视听说、写作、翻译理论与实践、文选、文学史、概况、中国与印尼关系的历史与现状	可在政府机关、大型央企的外派机构、大型外国跨国公司的驻中国办事机构、国内的各种外贸进出口公司等单位工作	广东外语外贸大学、天津外国语大学、云南民族大学、上海外国语大学、广西民族大学、广西民族大学相思湖学院
印地语	培养能从事外交、外贸、国际文化交流、外语教学和国际问题研究等工作的德才兼备的应用型人才	基础印地语、高级印地语、报刊选读、视听、口语、印地语写作、翻译理论与实践、语言理论、语言学概论、印地语国家文学史及文学作品选读、印地语国家国情	可在各级政府涉外部门、新闻出版单位、旅游行业、企业或事业单位、科研机关、学校等从事翻译、研究、教学、管理等工作	北京大学、上海外国语大学、西安外国语大学、北京外国语大学、云南民族大学、广东外语外贸大学
柬埔寨语	培养具有良好的综合素质，既具有良好的思想品德修养又具有较扎实的柬埔寨语听、说、读、写、译等方面的技能，基本掌握柬埔寨的政治、经济、文化等领域的基本知识的应用型人才	基础柬埔寨语、高级柬埔寨语、语音、语法、视听说、写作、翻译理论与实践、文选、文学史、概况、中国与柬埔寨关系的历史与现状	可在中国或东南亚地区的企业或事业单位从事翻译、经济贸易、文秘和对外汉语教学工作	北京外国语大学、广西民族大学、云南民族大学、云南师范大学
老挝语	培养具有扎实的老挝语言文化基础和比较广泛的科学文化知识，适应社会主义经济建设及科学发展需要，能在外事、经贸、文化、新闻出版、教育、科研、旅游等部门从事翻译、研究、教学、管理工作的复合应用型人才	基础老挝语、高级老挝语、报刊选读、视听、口语、老挝语写作、翻译理论与实践、语言理论、语言学概论、老挝国家文学史及文学作品选读、老挝语国家国情	可在外事、经贸、文化、新闻出版、教育、科研、旅游等行业从事翻译、研究、教学、管理等工作	北京外国语大学、云南师范大学、广西民族大学、云南民族大学
缅甸语	培养具有扎实的缅甸语语言基础及广泛的科学文化知识，能在外事、经贸、文化、新闻出版、教育、科研、旅游等行业从事翻译、研究、教学、管理工作的高级专门人才	基础缅甸语、高级缅甸语、报刊选读、视听、口语、缅甸语写作、翻译理论与实践、语言理论、语言学概论、主要缅甸语国家文学史及文学作品选读、主要缅甸语国家国情	可从事从事翻译、研究、教学、管理工作	北京大学、北京外国语大学、云南大学、天津外国语大学、广东外语外贸大学、云南民族大学
马来语	培养具有扎实的马来语听、说、读、写、译能力，掌握英语基础知识，能够从事翻译、研究、教学、管理工作的较高素质和较强能力的专业人才	基础马来语、高级马来语、马来语口译、马来语笔译、马来语写作、马来概况、马来文学赏析、马来语报刊选读、马来语视听说	可从事翻译、研究、教学、管理工作	北京外国语大学、天津外国语大学、广西民族大学

续表

专业	教育目标	课程设置	就业发展方向	专业优势院校
蒙古语	培养具有扎实的蒙古语语言基础及广泛的科学文化知识，能在外事、经贸、文化、新闻出版、教育、科研、旅游等部门从事翻译、研究、教学、管理工作的高级专门人才	基础蒙古语、高级蒙古语、报刊选读、视听、口语、蒙古语写作、翻译理论与实践、语言理论、语言学概论、主要蒙古语国家文学史及文学作品选读、主要蒙古语国家国情	可从事翻译、研究、教学、管理工作	内蒙古大学、青海民族大学
僧伽罗语	培养具有扎实的僧伽罗语听、说、读、写、译等方面的能力，掌握英语基础知识，能够从事翻译、研究、教学、管理工作，具有较高素质和较强能力的专业人才	基础僧伽罗语、高级僧伽罗语、僧伽罗语口译、僧伽罗语笔译、僧伽罗语写作、僧伽罗文学赏析、僧伽罗语报刊选读、僧伽罗语视听说	可从事翻译、研究、教学、管理工作	北京外国语大学
泰语	培养具有较扎实的语言基础及较强的语言综合实践能力，具备较全面的泰国政治、经济、文化、历史等方面的知识的专业人才	口译、笔译、写作、视听说、泰国现代文学选读、泰国古代文学选读、泰国文学简史、泰国概况、泰国报刊阅读、演讲技巧	外交部、商务部、文化部、新华社、国际广播电台、旅行社、外国公司	北京大学、北京外国语大学、上海外国语大学、云南大学、广西大学
乌尔都语	培养具有扎实的乌尔都语语言基础及广泛的科学文化知识，能在外事、经贸、文化、新闻出版、教育、科研、旅游等部门从事翻译、研究、教学、管理工作的高级专门人才	基础乌尔都语、高级乌尔都语、报刊选读、视听、口语、乌尔都语写作、翻译理论与实践、语言理论、语言学概论、主要乌尔都语国家文学史及文学作品选读、主要乌尔都语国家国情	可从事翻译、研究、教学、管理工作	北京大学
希伯来语	培养具有扎实的希伯来语语言基础及广泛的科学文化知识，能在外事、经贸、文化、新闻出版、教育、科研、旅游等行业从事翻译、研究、教学、管理工作的高级专门人才	基础希伯来语、高级希伯来语、报刊选读、视听、口语、希伯来语写作、翻译理论与实践、语言理论、语言学概论、主要希伯来语国家文学史及文学作品选读、主要希伯来语国家国情	可从事翻译、研究、教学、管理工作	北京大学、北京外国语大学
越南语	培养具有扎实的越南语语言基础及广泛的科学文化知识，能在外事、经贸、文化、新闻出版、教育、科研、旅游等行业从事翻译、研究、教学、管理工作的高级专门人才	基础越南语、高级越南语、报刊选读、视听、口语、越南语写作、翻译理论与实践、语言理论、语言学概论、主要越南语国家文学史及文学作品选读、主要越南语国家国情	可从事翻译、研究、教学、管理工作	北京大学、对外经济贸易大学、广西大学、云南大学、广东外语外贸大学

续表

专业	教育目标	课程设置	就业发展方向	专业优势院校
豪萨语	培养具有扎实的豪萨语语言基础及广泛的科学文化知识，能在外事、经贸、文化、新闻出版、教育、科研、旅游等行业从事翻译、研究、教学、管理工作的高级专门人才	基础豪萨语、高级豪萨语、报刊选读、视听、口语、豪萨语写作、翻译理论与实践、语言理论、语言学概论、主要豪萨语国家文学史及文学作品选读、主要豪萨语国家国情	可从事翻译、研究、教学、管理工作	中国传媒大学
斯瓦希里语	本专业培养具有扎实的斯瓦希里语语言基础及广泛的科学文化知识，能在外事、经贸、文化、新闻出版、教育、科研、旅游等行业从事翻译、研究、教学、管理工作的高级专门人才	基础斯瓦希里语、高级斯瓦希里语、报刊选读、视听、口语、斯瓦希里语写作、翻译理论与实践、语言理论、语言学概论、主要斯瓦希里语国家文学史及文学作品选读、主要斯瓦希里语相应国家国情	可从事翻译、研究、教学、管理工作	中国传媒大学
阿尔巴尼亚语	培养具有扎实的阿尔巴尼亚语语言基础及广泛的科学文化知识，能在外事、经贸、文化、新闻出版、教育、科研、旅游等行业从事翻译、研究、教学、管理工作的高级专门人才	基础阿尔巴尼亚语、高级阿尔巴尼亚语、报刊选读、视听、口语、阿尔巴尼亚语语言写作、翻译与实践、阿尔巴尼亚语语言理论、阿尔巴尼亚语语言学概论、阿尔巴尼亚语相应国家文学史及文学作品选读、阿尔巴尼亚语相应国家国情	可从事外事、经贸、文化、新闻出版、教育、科研、旅游等行业的管理和翻译工作	北京外国语大学
保加利亚语	培养具有扎实的保加利亚语语言基础及广泛的科学文化知识，能在外事、经贸、文化、新闻出版、教育、科研、旅游等行业从事翻译、研究、教学、管理工作的高级专门人才	基础保加利亚语、高级保加利亚语、报刊选读、视听、口语、保加利亚语语言写作、翻译与实践、保加利亚语语言理论、保加利亚语语言学概论、保加利亚语国家文学史及文学作品选读、保加利亚语国家国情	可从事翻译、研究、教学、管理工作	北京外国语大学
波兰语	培养具有扎实的波兰语语言基础及广泛的科学文化知识，能在外事、经贸、文化、新闻出版、教育、科研、旅游等行业从事翻译、研究、教学、管理工作的高级专门人才	基础波兰语、高级波兰语、报刊选读、视听、口语、波兰语写作、翻译与实践、波兰语语言理论、波兰语语言学概论、波兰语国家文学史及文学作品选读、波兰语国家国情	可从事翻译、研究、教学、管理工作	北京外国语大学、哈尔滨师范大学、广东外语外贸大学
捷克语	培养具有扎实的捷克语语言基础及广泛的科学文化知识，能在外事、经贸、文化、新闻出版、教育、科研、旅游等行业从事翻译、研究、教学、管理工作的高级专门人才	基础捷克语、高级捷克语、报刊选读、视听、口语、捷克语语言写作、翻译与实践、捷克语语言理论、捷克语语言学概论、捷克语国家文学史及文学作品选读、捷克语国家国情	可从事翻译、研究、教学、管理工作	北京外国语大学

续表

专业	教育目标	课程设置	就业发展方向	专业优势院校
斯洛伐克语	培养具有扎实的斯洛伐克语语言基础及广泛的科学文化知识，能在外事、经贸、文化、新闻出版、教育、科研、旅游等行业从事翻译、研究、教学、管理工作的高级专门人才	基础斯洛伐克语、高级斯洛伐克语、报刊选读、视听、口语、斯洛伐克语言写作、翻译与实践、斯洛伐克语语言理论、斯洛伐克语语言学概论、斯洛伐克语国家文学史及文学作品选读、斯洛伐克语国家国情	可从事翻译、研究、教学、管理工作	北京外国语大学
罗马尼亚语	培养具备扎实的罗马尼亚语听、说、读、写、译基本技能，掌握罗马尼亚语及与其相关的文学、历史、政治、经济、文化、宗教、社会等方面的知识，能从事外交、经贸、文化交流、新闻出版、教育、科研等工作的德才兼备、具有国际视野的复合型人才	基础罗马尼亚语、高级罗马尼亚语、报刊选读、视听、口语、罗马尼亚语写作、翻译理论与实践、语言理论、语言学概论	可在外事、经贸、文化、新闻出版、教育、科研、旅游等部门从事翻译、研究、教学、管理等工作	北京外国语大学
葡萄牙语	培养具有扎实的葡萄牙语语言基础和比较广泛的科学文化知识，能在外事、经贸、文化、新闻出版、教育、科研、旅游等行业从事翻译、研究、教学、管理工作的高级专门人才	基础葡萄牙语、高级葡萄牙语、报刊选读、视听、口语、葡萄牙语写作、翻译理论与实践、语言理论、语言学概论、基础葡萄牙语、高级葡萄牙语、葡萄牙语汉语互译、葡萄牙语系统语法、葡萄牙语写作、葡萄牙历史、葡萄牙文学史、葡语国家文化	可在外交、外贸、旅游、对外文化交流机构、研究和教育部门等从事口译、笔译或科研、教学工作	上海外国语大学、西安外国语大学、北京外国语大学、北京语言大学、天津外国语大学、中国传媒大学
瑞典语	培养具备扎实的瑞典语听、说、读、写、译技能，掌握瑞典语及与其相关的文学、历史、政治、经济、文化、宗教、社会等方面的知识，能从事外交、外经贸、文化交流、新闻出版、教育、科研等工作的德才兼备、具有国际视野的复合型人才	基础瑞典语、高级瑞典语、瑞典语视听说、瑞典语语法、瑞典语社会与文化、瑞典文学选读、瑞典文学史	可在外交、外贸、旅游、对外文化交流机构、研究和教育等部门从事口译、笔译或科研、教学工作	北京外国语大学、上海外国语大学、中国传媒大学、中国人民解放军外国语学院
塞尔维亚语	培养具备扎实的塞尔维亚语听、说、读、写、译技能，掌握塞尔维亚语及与其相关的文学、历史、政治、经济、文化、宗教、社会等方面的知识，能从事外交、外经贸、文化交流、新闻出版、教育、科研等工作的德才兼备、具有国际视野的复合型人才	基础塞尔维亚语、高级塞尔维亚语、塞尔维亚语视听说、塞尔维亚语汉语互译、塞尔维亚语写作、塞尔维亚历史、前南地区社会与文化	可在外事、经贸、文化、新闻出版、教育、科研、旅游等部门从事翻译、研究、教学、管理等工作	北京外国语大学

续表

专业	教育目标	课程设置	就业发展方向	专业优势院校
土耳其语	培养具备扎实的土耳其语听、说、读、写、译技能，掌握土耳其语及与其相关的文学、历史、政治、经济、文化、宗教、社会等方面的知识，能从事外交、外经贸、文化交流、新闻出版、教育、科研等工作的德才兼备、具有国际视野的复合型人才	基础土耳其语、高级土耳其语、土耳其语视听说、土汉互译、土耳其语语法、土耳其文学、土耳其社会与文化、突厥史	可在外交、外贸、旅游、对外文化交流机构、研究和教育等部门从事口译、笔译或科研、教学等工作	北京外国语大学、上海外国语大学、西安外国语大学、中国传媒大学
希腊语	培养具备扎实的希腊语听、说、读、写、译技能，掌握希腊语及与其相关的文学、历史、政治、经济、文化、宗教、社会等方面的知识，能从事外交、外经贸、文化交流、新闻出版、教育、科研等工作的德才兼备、具有国际视野的复合型人才	基础希腊语、高级希腊语、希腊语汉语互译、希腊语系统语法、希腊语写作、希腊语视听说、希腊现代文学史、希腊现代文学作品选读、希腊神话	可在外事、经贸、文化、新闻出版、教育、科研、旅游等部门从事翻译、研究、教学、管理等工作	北京外国语大学、上海外国语大学
匈牙利语	培养具备扎实的匈牙利语听、说、读、写、译技能，掌握匈牙利语及与其相关的文学、历史、政治、经济、文化、宗教、社会等方面的知识，能从事外交、外经贸、文化交流、新闻出版、教育、科研等工作的德才兼备、具有国际视野的复合型人才	基础匈牙利语、高级匈牙利语、匈牙利语视听说、匈牙利语写作、匈汉互译、匈牙利文学、匈牙利历史、匈牙利社会与文化	可在外事、经贸、文化、新闻出版、教育、科研、旅游等部门从事翻译、研究、教学、管理等工作	北京外国语大学、中国传媒大学
意大利语	培养具备扎实的意大利语听、说、读、写、译技能，掌握意大利语及与其相关的文学、历史、政治、经济、文化、宗教、社会等方面的知识，能从事外交、外经贸、文化交流、新闻出版、教育、科研等工作的德才兼备、具有国际视野的复合型人才	基础意大利语、高级意大利语、意大利语视听说、意汉互译、意大利语写作、意大利文学、意大利历史、意大利社会与文化	可在外交、外贸、旅游、对外文化交流机构、研究和教育等机构从事口译、笔译或科研、教学等工作	上海外国语大学、西安外国语大学、北京外国语大学、北京语言大学、中国传媒大学

续表

专业	教育目标	课程设置	就业发展方向	专业优势院校
泰米尔语	培养具备扎实的泰米尔语听、说、读、写、译技能，掌握泰米尔语及与其相关的文学、历史、政治、经济、文化、宗教、社会等知识，能从事外交、外经贸、文化交流、新闻出版、教育、科研等工作的德才兼备、具有国际视野的复合型人才	基础泰米尔语、高级泰米尔语、泰米尔语会话、泰米尔语汉语互译、泰米尔语视听说、泰米尔语高级听力、泰米尔语写作、泰米尔语国家社会与文化	可在外事、经贸、文化、新闻出版、教育、科研、旅游等部门从事翻译、研究、教学、管理等工作	中国传媒大学
普什图语	培养具备扎实的普什图语听、说、读、写、译技能，掌握普什图语及与其相关的文学、历史、政治、经济、文化、宗教、社会等知识，能从事外交、外经贸、文化交流、新闻出版、教育、科研等工作的德才兼备、具有国际视野的复合型人才	基础普什图语、高级普什图语、普什图语视听说、普什图语口语、普什图语汉语互译、普什图语写作、普什图语高级视听、普什图语文学选读、普什图语国家社会与文化	可在外事、经贸、文化、新闻出版、教育、科研、旅游等部门从事翻译、研究、教学、管理等工作	北京外国语大学、中国传媒大学
世界语	培养具备扎实的世界语听、说、读、写、译技能，掌握相关的语言、文学、文化等基础知识，能从事外交、外经贸、文化交流、新闻出版、教育、科研等工作的德才兼备、具有国际视野的复合型人才	基础世界语、高级世界语、世界语视听说、世界语汉语互译、中国文学、中国历史	可在外事、经贸、文化、新闻出版、教育、科研、旅游等部门从事翻译、研究、教学、管理等工作	中国传媒大学
孟加拉语	培养具备扎实的孟加拉语听、说、读、写、译技能，掌握孟加拉语及与其相关的文学、历史、政治、经济、文化、宗教、社会等知识，能从事外交、外经贸、文化交流、新闻出版、教育、科研等工作的德才兼备、具有国际视野的复合型人才	基础孟加拉语、高级孟加拉语、孟加拉语视听说、孟加拉语汉语互译、孟加拉语写作、孟加拉语文学选读、孟加拉语国家社会与文化、南亚文化	可在外事、经贸、文化、新闻出版、教育、科研、旅游等部门从事翻译、研究、教学、管理等工作	北京外国语大学、中国传媒大学
尼泊尔语	培养具备扎实的尼泊尔语听、说、读、写、译技能，掌握尼泊尔语及与其相关的文学、历史、政治、经济、文化、宗教、社会等相关知识，能从事外交、外经贸、文化交流、新闻出版、教育、科研等工作的德才兼备、具有国际视野的复合型人才	基础尼泊尔语、高级尼泊尔语、尼泊尔语口语、尼泊尔语视听说、尼泊尔语高级听力、尼泊尔语汉语互译、尼泊尔语写作、尼泊尔社会与文化	可在外事、经贸、文化、新闻出版、教育、科研、旅游等部门从事翻译、研究、教学、管理等工作	北京外国语大学、中国传媒大学

续表

专业	教育目标	课程设置	就业发展方向	专业优势院校
克罗地亚语	培养具备扎实的克罗地亚语听、说、读、写、译基本技能，掌握克罗地亚语及与其相关的文学、历史、政治、经济、文化、宗教、社会等知识，能从事外交、外经贸、文化交流、新闻出版、教育、科研等工作的德才兼备、具有国际视野的复合型人才	基础克罗地亚语、高级克罗地亚语、克罗地亚语视听说、克汉互译、克罗地亚语写作、克罗地亚文学、克罗地亚社会与文化	可在外事、经贸、文化、新闻出版、教育、科研、旅游等部门从事翻译、研究、教学、管理等工作	北京外国语大学
荷兰语	培养具备扎实的荷兰语听、说、读、写、译技能，掌握荷兰语及与其相关的文学、历史、政治、经济、文化、宗教、社会等知识，能从事外交、外经贸、文化交流、新闻出版、教育、科研等工作的德才兼备、具有国际视野的复合型人才	基础荷兰语、高级荷兰语、荷兰语视听说、荷汉互译、荷兰语语法、荷兰文学、荷兰社会与文化	可在外事、经贸、文化、新闻出版、教育、科研、旅游等部门从事翻译、研究、教学、管理等工作	北京外国语大学、上海外国语大学、中国传媒大学
芬兰语	培养具有扎实的芬兰语语言基础和比较广泛的科学文化知识，能在外事、经贸、文化、新闻出版、教育、科研、旅游等行业从事翻译、研究、教学、管理工作的高级专门人才	芬兰语视听说、演讲、精读、泛读、文学选读、报刊阅读、写作、笔译、口译；英语精读、泛读、视听说，写作；对外传播概论、国际贸易与金融、西方文化与社会	可在外事、经贸、文化、新闻出版、教育、科研、旅游等部门工作	北京外国语大学
乌克兰语	培养具有扎实的乌克兰语语言基础及比较广泛的科学文化知识，能在外事、经贸、文化、新闻出版、教育、科研、旅游等行业从事翻译、研究、教学、管理工作的高级专门人才	基础乌克兰语、高级乌克兰语、报刊选读、视听、口语、乌克兰语写作、翻译理论与实践、语言理论、语言学概论、主要乌克兰语国家文学史及文学作品选读、主要乌克兰语国家国情	可在国家机关以及外贸、外事、旅游、新闻出版、教学科研等行业工作	上海外国语大学
挪威语	培养具有扎实的挪威语语言基础和比较广泛的科学文化知识，能在外事、经贸、文化、新闻出版、教育、科研、旅游等行业从事翻译、研究、教学、管理工作的高级专门人才	基础挪威语、高级挪威语、报刊选读、视听、口语、挪威语写作、翻译理论与实践、语言理论、语言学概论、主要挪威语国家文学史及文学作品选读、主要挪威语国家国情	可在外事、经贸、文化、新闻出版、教育、科研、旅游等行业从事翻译、研究、教学、管理工作	北京外国语大学

续表

专业	教育目标	课程设置	就业发展方向	专业优势院校
丹麦语	培养具有扎实的丹麦语语言基础和比较广泛的科学文化知识，能在外事、经贸、文化、新闻出版、教育、科研、旅游等行业从事翻译、研究、教学、管理工作的高级专门人才	基础丹麦语、高级丹麦语、丹麦语视听说、丹汉互译、丹麦语语法、丹麦文学史与文学选读、丹麦社会与文化	专业翻译、商务翻译、同声传译、外贸业务人员、外语教师、对外汉语教师、涉外导游、记者、编辑	北京外国语大学、大连外国语大学、北京大学、中国人民大学
冰岛语	培养具有扎实的冰岛语语言基础和比较广泛的科学文化知识，能在外事、经贸、文化、新闻出版、教育、科研、旅游等行业从事翻译、研究、教学、管理工作的高级专门人才	基础冰岛语、高级冰岛语、报刊选读、视听、口语、冰岛语写作、翻译理论与实践、语言理论、语言学概论、冰岛语国家文学史及文学作品选读、冰岛语国家国情	专业翻译、商务翻译、同声传译、外贸业务人员、外语教师、对外汉语教师、涉外导游、涉外护理、记者、编辑	北京外国语大学
爱尔兰语	培养具有扎实的爱尔兰语语言基础和比较广泛的科学文化知识，能在外事、经贸、文化、新闻出版、教育、科研、旅游等行业从事翻译、研究、教学、管理工作的高级专门人才	基础爱尔兰语、高级爱尔兰语、报刊选读、视听、口语、爱尔兰语写作、翻译理论与实践、语言理论、语言学概论、主要爱尔兰语国家文学史及文学作品选读、主要爱尔兰语国家国情	专业翻译、商务翻译、同声传译、外贸业务人员、外语教师、对外汉语教师、涉外导游、记者、编辑	北京外国语大学
拉脱维亚语	培养具有扎实的拉脱维亚语语言基础和比较广泛的科学文化知识，能在外事、经贸、文化、新闻出版、教育、科研、旅游等行业从事翻译、研究、教学、管理工作的高级专门人才	基础拉脱维亚语、高级拉脱维亚语、报刊选读、视听、口语、拉脱维亚语写作、翻译理论与实践、语言理论、语言学概论、主要拉脱维亚语国家文学史及文学作品选读、主要拉脱维亚语国家国情	专业翻译、商务翻译、同声传译、外贸业务人员、外语教师、对外汉语教师、涉外导游、记者、编辑	北京外国语大学
立陶宛语	培养具有扎实的立陶宛语语言基础和比较广泛的科学文化知识，能在外事、经贸、文化、新闻出版、教育、科研、旅游等行业从事翻译、研究、教学、管理工作的高级专门人才	基础立陶宛语、高级立陶宛语、报刊选读、视听、口语、立陶宛语写作、翻译理论与实践、语言理论、语言学概论、主要立陶宛语国家文学史及文学作品选读、主要立陶宛语国家国情	专业翻译、商务翻译、同声传译、外贸业务人员、外语教师、对外汉语教师、涉外导游、记者、编辑	北京外国语大学
斯洛文尼亚语	培养具有扎实的斯洛文尼亚语语言基础及比较广泛的科学文化知识，能在外事、经贸、文化、新闻出版、教育、科研、旅游等行业从事翻译、研究、教学、管理工作的相应语言高级专门人才	基础斯洛文尼亚语、高级斯洛文尼亚语、报刊选读、视听、口语、斯洛文尼亚语写作、翻译理论与实践、语言理论、语言学概论、主要斯洛文尼亚语国家文学史及文学作品选读、主要斯洛文尼亚语国家国情	专业翻译、商务翻译、同声传译、外贸业务人员、外语教师、对外汉语教师、涉外导游、记者、编辑	北京外国语大学

续表

专业	教育目标	课程设置	就业发展方向	专业优势院校
爱沙尼亚语	培养具有扎实的爱沙尼亚语语言基础和比较广泛的科学文化知识，能在外事、经贸、文化、新闻出版、教育、科研、旅游等行业从事翻译、研究、教学、管理工作的高级专门人才	基础爱沙尼亚语语、高级爱沙尼亚语、报刊选读、视听、口语、爱沙尼亚语写作、翻译理论与实践、语言理论、语言学概论、主要爱沙尼亚语国家文学史及文学作品选读、主要爱沙尼亚语国家国情	专业翻译、商务翻译、同声传译、外贸业务人员、外语教师、对外汉语教师、涉外导游、记者、编辑	北京外国语大学、外交学院
马耳他语	培养具有扎实的马耳他语语言基础和比较广泛的科学文化知识，能在外事、经贸、文化、新闻出版、教育、科研、旅游等行业从事翻译、研究、教学、管理工作的高级专门人才	基础马耳他语、高级马耳他语、报刊选读、视听、口语、马耳他语写作、翻译理论与实践、语言理论、语言学概论、主要马耳他语国家文学史及文学作品选读、主要马耳他语国家国情	翻译、研究、教学、管理工作	北京外国语大学
哈萨克语	培养能从事哈萨克语语言、文学实际工作的应用型专门人才	基础哈萨克语、高级哈萨克语、报刊选读、视听、口语、哈萨克语写作、翻译理论与实践、语言理论、语言学概论、哈萨克语国家国情	翻译、研究、教学、管理工作	北京外国语大学、中央民族大学外国语学院
乌兹别克语	培养具有扎实的乌兹别克语语言基础和比较广泛的科学文化知识，能在外事、经贸、文化、新闻出版、教育、科研、旅游等行业从事翻译、研究、教学、管理工作的高级专门人才	基础乌兹别克语、高级乌兹别克语、报刊选读、视听、口语、乌兹别克语写作、翻译理论与实践、语言理论、语言学概论、乌兹别克语国家国情	翻译、研究、教学、管理工作	北京外国语大学、中央民族大学外国语学院、上海外国语大学
祖鲁语	培养具备扎实的祖鲁语听、说、读、写、译技能，掌握祖鲁语国家和地区的文学、历史、政治、经济、文化、宗教、社会等相关知识，能从事外交、外经贸、文化交流、新闻出版、教育、科研等工作的德才兼备、具有国际视野的复合型人才	基础祖鲁语、高级祖鲁语、报刊选读、视听、口语、祖鲁语写作、翻译理论与实践、语言理论、语言学概论、祖鲁语国家国情	专业翻译、商务翻译、同声传译、外贸业务人员、外语教师、对外汉语教师、涉外导游、记者、编辑	北京外国语大学
拉丁语	培养具有扎实的拉丁语语言基础和比较广泛的科学文化知识，能在外事、经贸、文化、新闻出版、教育、科研、旅游等行业从事翻译、研究、教学、管理工作的高级专门人才	基础拉丁语、高级拉丁语、报刊选读、视听、口语、拉丁语写作、翻译理论与实践、语言理论、语言学概论、拉丁语国家国情	翻译、研究、教学、管理工作	北京外国语大学

续表

专业	教育目标	课程设置	就业发展方向	专业优势院校
翻译	培养具有扎实的语言基础，广博的文化知识，娴熟的口笔译技能，能够胜任外事、商贸、科技、文化、教育等部门翻译工作的应用型人才	英汉翻译技巧、汉英翻译技巧、文学翻译、商务笔译、科技翻译、法律翻译、旅游翻译、新闻翻译、计算机辅助翻译、视听译、随同口译、政务口译、商务口译、同声传译入门	可从事政府部门和企业或事业单位的外事接待、商务、旅游等环节的口笔译工作，或可在科研院所等事业单位从事外语翻译教学及与翻译有关的科研、管理等工作	北京外国语大学、对外经济贸易大学、天津外国语大学、华东师范大学、上海外国语大学、外交学院、北京语言大学、北京第二外国语学院
商务英语	培养具有扎实的英语语言基础和较系统的国际商务管理理论知识，具有较强的实践技能，能在外贸、外事、文化、新闻出版、教育、科研、旅游等行业从事翻译、管理、教学、研究工作的高级专门人才	中国近现代史纲要、马克思主义基本原理概论、第二外语(日语)、高级英语、口译与听力、商务英语翻译、英语写作、外刊经贸知识选读、国际贸易实务(一)、外贸函电、国际商务英语、商务英语阅读、商务英语写作、商务英语口语、商务英语听力	国际贸易业务人员、商务翻译、商务助理、英文导游、涉外宾馆的接待及管理人员、外企高级文员、外向型企业管理员	对外经济贸易大学、中南财经政法大学、西南财经大学、天津财经大学、浙江工商大学、东北师范大学、四川外国语大学、天津外国语大学

第三节　新闻传播学类

专业	教育目标	课程设置	就业发展方向	专业优势院校
新闻学	培养记者、编辑、管理人才以及新闻教学和研究人才	新闻传播学、新闻学概论、中国新闻事业史、外国新闻事业、新闻采访与写作、新闻编辑与评论、马列新闻论著选读、中国历代文学作品选读、大众传播学、新闻法规与新闻职业道德、新闻摄影、广播电视学、新闻事业管理、广告学与公共关系学	高校教师、记者、编辑、影视节目制作公司高级编导、广告和传媒行业的策划、公关	中国人民大学、复旦大学、中国传媒大学、武汉大学、清华大学、暨南大学、华中科技大学、浙江大学、南京师范大学、四川大学
广播电视学	培养具有广播电视新闻学基本理论和宽广的文化科学知识，能在广播电视新闻宣传部门从事编辑、采访、节日主持与管理等工作的高级专门人才	新闻传播学、广播电视概论、广播电视技术基础、广播电视新闻采访与写作、广播电视编辑与节目制作(或广播编辑与节目制作、电视编辑与节目制作)、电视专题与电视栏目、电视摄像、广播电视史、广播电视法规与广电职业道德、播音主持艺术	可在广播电视新闻宣传部门从事编辑、采访、节目主持与管理等工作	中国传媒大学、中国人民大学、华中科技大学、武汉大学、暨南大学、复旦大学、郑州大学、福建师范大学、四川大学、浙江大学

续表

专业	教育目标	课程设置	就业发展方向	专业优势院校
广告学	培养具备广告学理论与技能、宽广的文化与科学知识，能在新闻媒介广告部门、广告公司、市场调查及信息咨询行业以及企业或事业单位从事广告经营管理、广告策划创意和设计制作、市场营销策划及市场调查分析工作的高级专门人才	传播学、广告学概论、广告策划与创意、广告史、广告文案写作、广告法规与管理、广告媒体研究、广告摄像与摄影、实用美术与广告设计、电脑图文设计、广告调查、公共关系学、广告效果评估	可在新闻媒介的广告部门、广告公司、市场调查及信息咨询行业以及企业或事业单位从事广告经营管理、广告策划创意和设计制作、市场营销策划及市场调查分析工作	中国传媒大学、华中科技大学、中国人民大学、武汉大学、厦门大学、北京大学、暨南大学、复旦大学、山东大学、四川大学
传播学	培养具备现代媒体传播的基础理论和知识，适应信息化社会与知识经济时代的要求，掌握使用现代电子媒体，特别是电视媒体与网络多媒体进行信息传播的基本技能，有志从事影视传播、新闻传播、网络传播、广告及媒介经营管理的高素质专门人才	中外新闻传播史、传播学概论、新闻学概论、新闻采访与写作、舆论学、文艺美学、基础摄影、影视导论、影视脚本创作、电视节目制作、摄像技术与艺术、电视新闻与纪录片、科教片编导创作、电视节目编辑、媒体动画与制作、网络传播与文化、多媒体应用技术、网络媒体设计、网页设计与制作、广告学通论、广告视觉设计、媒介组织学、传播学研究方法	可在新闻媒体机构、出版机构、中央和地方政府及企业或事业单位的宣传部门、广告公司、教育部门、农业技术推广等部门从事编导、记者、主持、制作、广告与文化经济活动策划、计算机网络课件的开发制作等工作	中国传媒大学、中国人民大学、复旦大学、武汉大学、华中科技大学、上海交通大学、北京大学、北京师范大学、山东大学、深圳大学
编辑出版学	培养具备系统的编辑出版理论知识与技能、宽广的文化与科学知识，能在书刊出版、新闻宣传和文化教育部门从事编辑、出版、发行的业务与管理工作以及教学科研工作的高级专门人才	图书学、编辑学、出版学、中国编辑出版史、知识产权法、书业营销学、编辑实务、计算机网络基础、多媒体与网络出版	可在出版社、杂志社、报社从事记者、编辑、编务、策划、发行等工作，也可在出版公司或网络公司从事网络编辑工作	武汉大学、北京印刷学院、四川大学、浙江大学、北京大学、华南师范大学、陕西师范大学、上海理工大学、安徽大学、河南大学
网络与新媒体(T)	培养掌握网络与新媒体信息传播的理论知识与实践技能，能熟练运用网络与新媒体进行信息采写、策划、传播，兼具新媒体组织运营和管理能力，拥有宽广的国际视野和进取心及创新精神的复合型、应用型传媒人才	策划学概论、专业通识、新媒体数据分析与应用、新媒体技术与运用、数字图像采集与制作、视频合成与剪辑、数字时代著作导读、新闻采访与写作、媒体活动策划、新媒体创意与策划、新媒体产品设计与运营、网页策划与编辑、互动营销、微电影创作、整合营销传播、电子商务、媒介经营管理概论、网络与新媒体实务、新媒体舆情监测与分析、新媒体前沿	可在各级党政机关、部队、院校、企业等从事网络新闻宣传与媒介传播优化等工作，或在各级报社、广播电台、电视台及其网络平台、大中型网络媒体等从事媒介内容生产与媒介经营管理等工作	中国传媒大学、四川师范大学、上海外国语大学、辽宁传媒学院、中山大学、西北大学、河南工业大学、北京联合大学、南京财经大学、陕西师范大学

续表

专业	教育目标	课程设置	就业发展方向	专业优势院校
数字出版(T)	培养能在网上编辑出版内容,把传统印刷物进行数字化处理的复合型人才	信息管理与传播导论、出版学基础、数字出版概论、数字媒介传播、出版营销学、出版法律与政策、媒介经营与管理、网络受众分析、高级语言程序设计、数据结构、图书出版史、网络传播、数字书刊编辑学、数字出版技术、编辑出版概论、网页编辑、多媒体编辑、出版法规与版权贸易、媒介经营与管理、社会学概论	可从事新闻出版行业的书刊、杂志、报纸的数字化出版与传播工作	武汉大学、中南大学、北京印刷学院、湘潭大学

第六章 历史学

历史学类

专业	教育目标	课程设置	就业发展方向	专业优势院校
历史学	培养具有一定的马克思主义基本理论素养和系统的专业基本知识，有进一步培养潜能的史学专门人才以及能在国家机关、文教事业、新闻出版、文博档案及各类事业单位从事实际工作的应用型、复合型高级专门人才	中国通史、世界通史、史学导论、中国史、西方史学史、考古学通论、历史地理学、古代汉语、中外历史文化原典导读与选读、中国断代史	可在各类学校、文博科研单位、党政机关、新闻出版部门、企业就业	北京大学、南开大学、武汉大学、华中师范大学、复旦大学、北京师范大学、南京大学、中国人民大学、东北师范大学、中山大学
世界史	培养具备全面系统的世界历史知识，能在学术研究、文化教育、外交外贸、国际文化交流和新闻出版部以及各类企业、事业单位从事教学、科研和实际工作的高级专门人才	世界通史、中国通史、世界文明史、史学概论、西方史学史、中国史学史、历史地理学、古代汉语、专业外语、中外历史文献、以及史学名著选读	在高等院校、科研部门、国家机关、新闻出版等文化机构或文物考古研究、博物馆等单位任职	南开大学、北京大学、武汉大学、首都师范大学、山东大学、山东师范大学
考古学	培养具备考古学基础知识与基本技能，有进一步培养潜能的高层次专门人才和能在考古、文物、博物馆等事业单位及国家机关从事研究、教学、管理等实际工作的考古学高级专门人才	中国通史、世界上古史、中国考古学史、考古学导论、旧石器时代考古、新石器时代考古、夏商周考古、战国秦汉考古、三国两晋南北朝考古、隋唐考古、宋元明考古、田野考古	可在大学或科研单位从事教学或科学研究工作，也可以到博物馆、拍卖行、文物商店或海关从事文物保护、古玩鉴定以及拍卖等工作	北京大学、吉林大学、西北大学、四川大学、武汉大学、南京大学、安徽大学、首都师范大学、山东大学、中山大学

续表

专业	教育目标	课程设置	就业发展方向	专业优势院校
文物与博物馆学	培养具备文物学、博物馆学的系统知识，能在政府文物管理和研究机构、各类博物馆和陈列展览单位、考古部门、文物与艺术品经营单位、海关、新闻出版、教育等单位从事文物与博物馆管理、研究工作的高级专门人才	博物馆学概论、博物馆陈列设计、博物馆藏品管理、博物馆经营管理、物质文化史、文化人类学、文物学概论、文物管理与法规、中国历史地理、古代工艺美术、民俗学、艺术史、考古学通论、文物与考古技术、文物保护基础	可在政府文物管理和研究机构、各类博物馆和陈列展览单位、考古部门、文物与艺术品经营单位、旅游部门、新闻出版和教育单位从事文物陈列与保护、博物馆管理和研究工作，或在公安、海关、商检、拍卖典当、珠宝行等从事文物鉴定、评估和保护工作	南开大学、陕西师范大学、南京师范大学、复旦大学、河南大学、浙江大学、四川大学、中央民族大学、天水师范学院、西北大学
文物保护技术(T)	培养既掌握数理化和历史、文物考古的一般知识，又掌握文物保护材料的合成、分析、文物修复等实际技能，能在考古、博物馆、文物管理机构从事文物保护与研究工作的高级专门人才	文物保护导论、无机化学及实验、有机化学及实验、分析化学及实验、普通物理学、中国考古学通论、中国古代史、文物学概论、博物馆学概论、科技考古学(国家精品课程、陕西省精品课程)、无机质文物保护、有机质文物保护、土遗址保护、文物保护材料学、文物修复与保护实验、古建保护与维修、文物分析技术、文物与环境	可到文化、文物、博物、环保、建设、公安、海关、旅游、科研、高校等部门从事教育、科研、设计、开发、管理等工作	西北大学、南京大学、哈尔滨师范大学
外国语言与外国历史(T)	培养素质高、学识宽广、基础扎实、适应力强的国际文化交流人才，并为相关学科输送高质量的研究人才	人类文明的一般发展历程和世界历史研究的基本方法、学术史和最新动态，主修国家和地区的历史、文化、政治、社会、军事、经济的概貌与特点	翻译、教员	北京大学

第七章　理　学

第一节　数学类

专业	教育目标	课程设置	就业发展方向	专业优势院校
数学与应用数学	培养掌握数学基本理论与方法，具备运用数学知识、使用计算机解决实际问题的能力，受到科学研究的初步训练，能在科技、教育和经济部门从事研究、教学工作或在生产经营及管理部门从事实际应用、开发研究和管理工作的高级专门人才	分析学、代数学、几何学、概率论、物理学、数学模型、数学实验、计算机基础、数值方法、数学史	可在国际经济与贸易、工商管理、化工制药、通信工程、建筑设计等行业进行科研数据分析、软件开发、三维动画制作或从事金融保险工作	复旦大学、北京师范大学、南开大学、北京大学、清华大学、四川大学、浙江大学、吉林大学、中国科学技术大学、山东大学
信息与计算科学	培养具有良好的数学知识和方法，受到科学研究的初步训练，能运用所学知识和熟练的计算机技能解决实际问题，能在科技、教育和经济部门从事研究、教学和应用开发和管理工作的高级专门人才	数学基础课（分析、代数、几何）、物理学、计算机基础（计算概论、算法与数据结构、软件系统基础）、信息科学基础、理论计算机科学基础、数值计算方法、计算机图形学、运筹与优化	可在信息与计算科学、计算机信息处理、经济、金融等部门从事研究、教学、应用软件开发工作，或可在管理部门从事一些实际应用、开发研究或者管理工作	南开大学、吉林大学、复旦大学、浙江大学、西安交通大学、中国科学技术大学、四川大学、山东大学、南京大学、大连理工大学
数理基础科学(T)	培养能从事数学、物理等基础学科的教学和科研工作的有发展潜力的优秀人才，尤其是在数学、物理领域具有创新能力的人才，同时也为对数理基础有较高要求的其他学科培养有良好的数理基础的新型人才	数学分析、高等代数、解析几何、力学、热学、常微分方程、电磁学、理论力学、光学、实变函数、普通物理实验、数理统计、量子力学、数学物理方法、概率论、原子物理学	可在物理学或数学领域、信息与计算科学、计算机信息处理、经济、金融等部门从事研究、教学、应用软件开发，或可在管理部门从事实际应用、技术开发、研究或管理工作	清华大学、北京大学、云南大学

第二节　物理学类

专业	教育目标	课程设置	就业发展方向	专业优势院校
物理学	培养掌握物理学基本理论与方法，具有良好的数学基础和实验技能，能在物理学或相关的科学技术领域从事科研、教学、技术和相关管理工作的高级专门人才	高等数学、力学、热学、光学、电磁学、原子物理学、数学物理方法、理论力学、热力学与统计物理、电动力学、量子力学、固体物理学、结构和物性、计算物理学入门	可在高校从事教学工作，或到研究所从事理论研究、实验研究和技术开发与应用工作，还可以到企业从事材料科学与工程、电子信息技术等领域的技术开发及应用研究工作	北京大学、复旦大学、清华大学、中国科学技术大学、南京大学、浙江大学、吉林大学、北京师范大学、华中师范大学、上海交通大学
应用物理学	培养掌握物理学的基本理论与方法，能在物理学或相关的科学技术领域从事科研、教学、技术开发和相关管理工作的高级专门人才	高等数学、普通物理学、电子线路、理论物理、结构与物性、材料物理、固体物理学、机械制图	可从事科研、教学、技术开发和相关的管理工作	中国科学技术大学、南京大学、山东大学、华中科技大学、电子科技大学、中南大学、西安交通大学、大连理工大学、北京理工大学、哈尔滨工业大学
核物理	培养具有扎实、宽厚的核物理与核科学技术理论基础、熟练的实验技能，获得过科学研究的系统训练，具有较强的工作适应能力和后劲，能在工业、农业、国防、医学、环保及其相关领域从事核物理专业基础研究、应用研究、教学、管理等工作的高级专门人才	普通物理、电子技术基础、数学物理方法、理论力学、热力学与统计物理、电动力学、量子力学、固体物理、原子核物理学、核电子学、核物理实验方法、辐射剂量与防护、核技术基础	可在相关科研部门、高等学校从事科学研究和教学工作，或到原子核物理及核技术相关的厂矿、企业或事业单位的技术和行政管理部门从事应用研究、科技开发、生产技术管理工作，也可以继续攻读原子核物理学、核技术应用及相关学科的硕士学位	吉林大学、四川大学、哈尔滨工业大学
声学(T)	培养掌握坚实宽广的基础理论和系统深入的专门知识，了解有关声学发展的国际前沿领域发展动态，具有一定的分析问题和解决问题的能力和较强的独立从事科学研究的能力，能在科学研究和专门技术上取得创造性成果的专门人才	科学社会主义理论与实践、自然辩证法概论、英语、现代数字信号处理、信号处理中的数学方法、固体中声传播理论和应用、非线性声学、声学进展、近代声学实验、声辐射原理、光声学、声电子学、声学基础、音频声学进展	可在高等院校、科研院所和高科技公司从事音频工程、建筑声学、噪声控制、超声电子器件、超声医疗仪器以及 IT 行业等领域的相关工作	南京大学、安徽建筑大学

第三节 化学类

专业	教育目标	课程设置	就业发展方向	专业优势院校
化学	培养具备化学基础知识、理论和技能，能在化学及与化学相关的科学技术和其他领域从事科研、教学、技术及相关管理工作的高级专门人才	无机化学、分析化学（含仪器分析）、有机化学、物理化学（含结构化学）、化学工程基础	在化学及与化学相关的科学技术和其他领域从事科研、教学技术及相关管理工作的高级专门人才	浙江大学、厦门大学、北京大学、吉林大学、中国科学技术大学、南京大学、南开大学、复旦大学、清华大学、四川大学
应用化学	培养具备化学的基本理论、知识和较强的实验技能，能在科研机构、高等学校及企业或事业单位等从事科学研究、教学工作及管理工作的高级专门人才	无机化学、分析化学、有机化学、物理化学、仪器分析、结构化学基础、精细有机品化学、高分子化学、波谱分析、应用电化学、稀土化学、功能材料、化工原理、现代分离技术	在化工、炼油、冶金、能源、轻工、医药、环保和军工等部门从事工程设计、技术开发、生产技术管理和科学研究等方面的工作	南京大学、北京大学、吉林大学、复旦大学、南京理工大学、北京理工大学、武汉大学、中山大学、北京化工大学、大连理工大学
化学生物学(T)	培养具有坚实的化学与生物学基础知识和较广泛的化学、生物学交叉领域的知识，具有熟练的化学与相关生物学的实验技能，创新意识强，综合素质高，能在化学生物学、化学、生命、医药、材料、化工、环保等相关领域从事教学、科研、技术开发及管理工作的复合型应用人才	无机化学、分析化学、有机化学、物理化学、结构化学、生物无机化学、生物有机化学、仪器分析、高分子化学、细胞生物学、生物化学、分子生物学、生物信息学导论、化学生物学、化学工程基础及化工制图、化学基础实验、生物化学实验、化学生物学综合实验	可到科研部门、高等学校从事研究工作和教学工作或到化学、药学、医疗、生化制药、生物工程、无机新材料、化工、轻工、能源等行业以及厂矿企业、事业单位的技术和行政部门从事应用研究、科技开发和管理工作	南开大学、厦门大学、北京大学、中山大学、安徽工业大学、中南民族大学、西北大学
分子科学与工程(T)	培养具有良好的人文素质和宽广深厚的化学、化工基础，具有较强的创新意识、基础科学研究能力和功能性化学新产品的研发与产业化能力的复合型高素质人才	无机化学、有机化学、分析化学、物理化学、结构化学、仪器分析与技术、生物化学、高分子化学、高分子物理、高等无机化学、高等有机化学、无机材料化学	可到相关行业或部门从事科研、教学、开发、设计、管理等工作，或进入研究生阶段深造，主要从事科学研究与新技术开发工作	南开大学、天津大学

第四节 天文学类

专业	教育目标	课程设置	就业发展方向	专业优势院校
天文学	培养具备良好的数学、物理和天文等方面的基本知识和基本能力的高级专业人才	大学数学、大学物理、理论力学、数学物理方法、电动力学、普通天文学、实体天体物理、恒星物理基础、计算天文学入门	可在天文学及相关学科单位从事科研、教学和技术工作	南京大学、北京大学、中国科学技术大学

第五节 地理科学类

专业	教育目标	课程设置	就业发展方向	专业优势院校
地理科学	培养掌握地理科学的基本理论、基础知识和基本方法,德、智、体全面发展,具有地理科学思维的基础扎实、适应面广,创新意识与实践能力强的高素质中学地理教育和环境教育师资及其相关专业的后备人才	地图与遥感、自然地理学、人文地理学、经济地理学、中国地理、世界地理、地理信息系统、地理教学论、区域分析与规划、环境保护与可持续发展	中学教师(初中、高中地理教师)、大学教师(城乡规划、旅游方向,大部分要求地理专业学士及以上学位),编辑(在地图出版社从事地图的绘制、编辑工作),公务员(在地质局、国土规划局、环境保护局、水文水利厅或水文水利局、气象局、城乡规划研究院工作),工程测量人员(在大型建设集团从事与建筑、土地测量等相关的工作)	北京大学、北京师范大学、华东师范大学、兰州大学、中山大学、南京师范大学、武汉大学、陕西师范大学、华南师范大学、福建师范大学

续表

专业	教育目标	课程设置	就业发展方向	专业优势院校
自然地理与资源环境	培养具备自然地理与资源环境的基本理论、知识和技能，具有创新意识和实践能力，接受过严格的科学思维和和良好的专业技能训练，具有一定的开展科学研究的能力的高级专业人才	地质学、自然地理学、国土规划、地图学、遥感应用、管理科学、环境科学、环境监测、环境经济学、土地评价与土地管理、资源学、水资源计算与管理、景观生态学、生态环境规划、环境化学、地理信息系统、计量地理学、地质学、地貌学、地理信息系统、遥感与数字图像处理	可从事国土资源整治、自然资源开发利用与规划管理、环境保护与治理、生态环境规划以及城市规划与管理等方面的科研及管理工作，也可以报考土地资源管理、环境工程、自然地理等专业的研究生继续深造	南京大学、中国地质大学、北京大学、北京师范大学、西北大学、南京师范大学、衡阳师范大学、北京林业大学、长沙理工大学
人文地理与城乡规划	培养掌握地理学、经济学、管理学、城乡规划等学科的基本理论、知识和技能，掌握城乡规划设计、土地资源利用和规划、旅游资源规划等专业的基本技能，熟悉资源与环境、城乡规划的有关政策和法规，了解资源环境与城乡规划管理领域的发展动态，能够从事城乡规划设计、城建管理、土地规划和管理、旅游规划和开发及相关领域工作的高级应用型人才	城乡规划原理、区域规划、城市设计、居住区规划、小城镇规划、村庄规划、控制性详细规划、城市道路与交通、CAD规划设计、城市地理学、地理信息系统、地图学、城市园林绿地系统规划、人文地理学、经济地理学、城乡规划管理与法规、建筑制图、自然地理学	可在各级政府规划管理部门、国土管理部门、环境保护部门、建设部门、公司及研究机构从事规划设计、国土资源评价及资源信息化管理、环境评价及管理等方面的工作，也可进一步深造，报考地理学、城乡规划和区域规划、土地利用规划和管理等专业的硕士学位	北京大学、南京师范大学、北京师范大学、华东师范大学、兰州大学、福建师范大学、南京大学、西北师范大学、武汉大学、浙江大学
地理信息科学	培养具备地理学基础知识，掌握地理信息科学、数据库原理、遥感原理与技术、制图学、地理科学、资源与环境学的基础理论和基本知识，具备集成及应用全球定位系统和遥感系统，进行相关信息处理和分析的能力，能在科研机构、高等学校从事科学研究与开发，在城市、区域、资源、环境、交通、人口、土地、房地产、基础设施和规划管理等领域从事地理信息科学开发、管理等工作的高素质复合型人才	地理学、地图学、计算机科学与技术、自然地理学、经济地理学、遥感原理与技术、数据库结构、地理信息系统原理、地理信息系统设计与应用、工程数学、高级语言程序设计、数据库管理系统、摄影测量学、遥感技术与应用、地理信息系统原理、GPS 理论与应用、GIS 设计与开发、网络GIS、计算机图形学	可在与城市、区域、资源、环境、交通、人口、住房、土地、基础设施和规划管理等领域相关的部门从事与地理信息系统有关的应用研究、技术开发、生产管理和行政管理等工作，也可在科研机构或高等学校从事科学研究或教学工作	华东师范大学、北京师范大学、武汉大学、南京师范大学、中山大学、兰州大学、首都师范大学、南京大学、浙江大学、陕西师范大学

第六节　大气科学类

专业	教育目标	课程设置	就业发展方向	专业优势院校
大气科学	培养具有大气科学等学科的基本理论和知识，熟悉科学思维与科学实验(包括野外实习和室内实验)，具备良好的科学素养，能够进行人文科学基础研究或应用研究，具有理论分析、数据处理和计算机应用等基本技能，具有较强的知识更新能力和较广泛的科学适应能力的高级专门人才	大气科学概论(地球科学概论)、大气物理学、大气探测学、天气学、大气动力学基础、近代气候学基础	在大气物理、大气环境、大气探测、气象学、气候学、应用气象及相关学科从事科研、教学、科技开发及相关管理工作的高级专门人才	北京大学、南京大学、南京信息工程大学、中国海洋大学、云南大学
应用气象学	培养掌握应用气象学专业的基础知识、理论和技能，能够在农业气象及生态环境监测调控、信息分析处理、资源开发利用和防灾减灾等科研、教学和业务部门工作的应用型高级专门人才	大气物理学、大气探测学、天气学原理、产业工程气象学、气象信息服务、应用气象学方法、农业气象学、遥感原理及应用、气候资源学、生态学、环境科学概论、微气象学	可在气象、环保、海洋、民航、国防、高校以及相关科研部门等就业	南京信息工程大学、南京大学、中国农业大学

第七节　海洋科学类

专业	教育目标	课程设置	就业发展方向	专业优势院校
海洋科学	培养具备海洋科学的基本理论、知识和技能，能在海洋科学及相关领域从事科研、教学、管理及技术工作的高级专门人才	高等数学、大学物理及实验、大学化学及实验、海洋科学导论、生物海洋学、海洋地质学、海洋调查与观测技术(含出海实习)	海洋科学家(研究有关海洋各种现象的演变规律)，海洋预报员(提供海洋天气和海浪预报服务)，海洋污染专家(研究海洋污染物运动和变化规律)，海洋导航员(开展航海气象等导航工作)	中国海洋大学、厦门大学、中山大学、南京大学、浙江大学、广东海洋大学、上海海洋大学、天津科技大学、浙江海洋大学、大连海事大学

续表

专业	教育目标	课程设置	就业发展方向	专业优势院校
海洋技术	培养具备海洋科学的基本知识及海洋高新技术开发研究的能力，能从事海洋高科技、海洋资源开发及海洋工程工作的高级专门人才	高等数学、VB程序设计、大学英语、海洋科学导论、物理海洋学、化学海洋学、生态海洋学、海洋测量学、卫星海洋学、微波遥感、海洋遥感应用技术、海洋地质学、地理信息系统原理与应用、卫星定位与导航、声学基础、声呐技术、海洋管理信息系统、数字海洋工程、海上实习	可在水产、饲料、鱼药、生物技术等相关行业从事生产、经营管理、技术开发与推广工作，或从事海洋遥感监测、遥感影像处理与分析、遥感编程开发、水声信号处理、声呐及水声对抗系统与设计工作，也可在国防工业领域和国民经济各部门中从事环境遥感应用与建模、应用水声技术与设备研制等工作	中国海洋大学、厦门大学、淮海工学院、浙江工业大学、浙江海洋大学、上海海洋学院、盐城工学院、大连理工大学
海洋资源与环境(T)	培养具备海洋生物资源管理、经营、政策制定、水域环境监测以及解决海洋资源可持续利用和海洋生态环境保护中的实际问题的能力的复合型专业人才	高等数学、化学、计算机应用基础、海洋科学导论、环境微生物学、海洋生物学、海洋资源与利用、海洋微生物学技术、海洋天然产物化学、海洋环境化学、海洋防污染与环境保护、海洋滩涂土地资源开发、环境影响评价、海水养殖、海洋浮游生物学	可到高等院校或海洋、水产、环保系统的中央及地方级科研、管理机构和企业从事与海洋、水产、生物资源与环境保护等相关的教学、科研、应用技术开发等工作，工作内容包括海洋生物资源调查和开发利用、海洋环境保护和监测、资源增养殖、海洋生物技术等；也可从事海域区划管理、海洋环境监测与保护、海洋生物资源开发利用与保护等职能部门的行政管理工作	中国海洋大学、浙江海洋大学、山东大学、宁波大学、大连海洋大学
军事海洋学(T)	培养具有良好的科学素养和海洋科学技术理论知识，忠诚为部队建设服务，能从事海洋战场环境建设与研究，德、智、军、体全面发展的高级专业技术人才	流体力学、海洋学、海洋物理学、军事海洋学、海浪预报理论及方法、海洋声学、海洋动力学、海洋天气学、海战战场海洋环境评估与预测、卫星遥感及海洋遥测、军事思想、军事运筹学、军事基层管理	可从事海洋水文气象等相关领域的研究工作，或从事海洋战场环境建设	中国海洋大学、解放军理工大学、海军工程大学、海军大连舰艇学院

第八节　地球物理学类

专业	教育目标	课程设置	就业发展方向	专业优势院校
地球物理学	培养具备坚实的数理基础和较系统的地球物理学基本理论、知识和技能，熟悉基础研究和应用基础研究工作，具有较好的科学素养及初步的教学、研究能力，能在科研机构、高等学校或相关的技术和行政部门从事科研、教学、技术开发和管理工作的高级专门人才	地球物理学(地震学、重力学、地磁学、地电学)、地球物理观测、地质学、连续介质力学、计算机及信息处理	可在科研机构、高等学校或相关的技术和行政部门从事科研、教学、技术开发和管理工作	中国科学技术大学、南京大学、武汉大学、北京大学、成都理工大学、吉林大学、同济大学、中国地质大学(武汉)、中国地质大学(北京)
空间科学与技术	培养具有坚实的数学、物理基础，深厚的外语与计算机知识，了解并掌握现代空间科学与技术的基础知识，具有很强的从事空间科学与技术研究的能力，能适应现代社会多方面工作的需要的新型科技与管理人才	太空探索、地球科学概论、遥感概论、测量与地图学、城市与区域科学、操作系统原理、数据结构、结晶学与矿物学、普通地质学、X射线粉末衍射分析、近代地层学、石油地质学、构造地质学、脊椎动物进化史、古海洋学与全球变化、空间探测与空间环境模拟、地震学与地球内部物理学、智能交通系统概论、空间探测信息处理技术	可在科研机构及高等院校或能源与资源、航天与通信部门和国家机关等从事科研、教学和高级管理工作	北京大学、山东大学、南京航空航天大学

第九节　地质学类

专业	教育目标	课程设置	就业发展方向	专业优势院校
地质学	培养具备地质学基本理论、知识、技能和相关学科基础知识，具有较好的科学素养及初步的研究、教学和管理能力的高级专门人才	地质学、结晶矿物学、古生物学、地史学、岩石学、构造地质学、矿床学、地球物理及勘探方法、地球化学、遥感技术等	可在科研机构、学校从事地质科学研究或教学工作，或在地矿、冶金、建材、石油、煤炭、材料、环境、基础工程、旅游开发行业从事技术开发与技术管理工作，也可在行政部门从事管理工作	成都理工大学、西北大学、长安大学、北京大学、同济大学、中国地质大学(武汉)、吉林大学、中国地质大学(北京)、合肥工业大学、中山大学

续表

专业	教育目标	课程设置	就业发展方向	专业优势院校
地球化学	培养具备地球化学和地质学的基本理论、知识和技能，熟悉基础研究、应用基础研究和技术开发工作，具有较好的科学素养及初步的教学、研究、开发和管理能力，能在科研机构、学校从事地球化学研究或教学工作，在资源、能源、材料、环境、基础工程等方面从事生产、测试、技术管理等工作以及在行政部门从事管理工作的高级专门人才	地球科学概论、构造地质学、结晶学与矿物学、岩石学、矿床学、地球化学、同位素地球化学、环境地球化学、地球物理学	可在科研机构、高等院校进行地球化学研究或教学工作，或在资源、能源、材料、环境、基础工程等领域从事生产、测试、技术管理工作，也可从事行政部门的管理工作	南京大学、中国科学技术大学、成都理工大学、中国地质大学（北京）、东北石油大学
地球信息科学与技术(T)	培养基础理论扎实，系统掌握现代信息科学与技术的理论和方法，能从事地球空间信息工程、3S(GPS、GIS、RS)集成、空间数据无线网络传输、数据信息可视化等领域的科学研究、应用研究以及教学和运行管理等方面的工作，有较强的独立工作能力和创新精神，德、智、体全面发展的高级科技人才	数学、物理学、地球动力学、空间测地学、地球物理学、工程设计学、信息工程学、遥感学、全球定位系统、数字地形模拟、卫星摄像与空间摄影测量学、地理信息系统、计算机信息传输与处理、系统工程管理学	可到政府机关、城市建设、国土资源、国防、信息产业、财政金融、公共事业管理、交通、电力、能源、环境保护、气象等部门和领域从事科研、教学、生产及管理工作	中国地质大学、中南大学、浙江大学、北京大学
古生物学(T)	培养具有良好的科学素养和古生物学理论知识，能从事科研、教学、生产及管理等工作，德、智、体全面发展的高级专业技术人才	高等数学、普通物理学、综合物理实验、普通化学、植物生物学、普通地质学、古生物学、生物进化论	可从事科学研究、高等教育、科技开发和行政管理等工作	南京大学、沈阳师范大学

第十节 生物科学类

专业	教育目标	课程设置	就业发展方向	专业优势院校
生物科学	培养具备生物科学的基本理论、知识和较强的实验技能，能在科研机构、高等学校及企业或事业单位等从事科学研究、教学及管理工作的高级专门人才	动物生物学、植物生物学、微生物学、生物化学、细胞生物学、遗传学、发育生物学、神经生物学、分子生物学、生态学	可在科研机构、高等院校以及国家机关等从事科研、教学和高级管理工作	中山大学、复旦大学、武汉大学、北京大学、中国科学技术大学、南京大学、浙江大学、上海交通大学、厦门大学、四川大学

续表

专业	教育目标	课程设置	就业发展方向	专业优势院校
生物技术	培养具备生命科学的基本理论和较系统的生物技术的基本理论、知识、技能，能在科研机构或高等学校从事科学研究或教学工作，能在工业、医药、食品、农、林、牧、渔、环保、园林等行业的企业、事业和行政管理部门从事与生物技术有关的应用研究、技术开发、生产管理和行政管理等工作的高级专门人才	无机化学、有机化学、分析化学、植物学、动物学、生物化学、微生物学、药理学、药物分析学、遗传学、分子生物学、细胞生物学、免疫学、植物组织培养、生化分离技术、基因工程、细胞工程、酶工程、发酵工程	可在各类生物制品公司如生物制药、酒水饮料食品、保健品企业等单位工作	武汉大学、复旦大学、中国科学技术大学、中山大学、南京大学、南开大学、广西大学、上海交通大学、中国农业大学、西北农林科技大学
生物信息学	培养德、智、体、美全面发展，具有较好的分子生物学、计算机科学与技术、数学和统计学素养，掌握生物信息学基本理论和方法，具备生物信息收集、分析、挖掘、利用等方面的基本能力，能在科研机构、高等学校、医疗医药、环境保护等相关部门与行业从事教学、科研、管理、疾病分子诊断、药物设计、生物软件开发、环境微生物监测等工作的高级科学技术人才	普通生物学、生物化学、分子生物学、遗传学、生物信息学、计算生物学、基因组学、生物芯片原理与技术、蛋白质组学、模式识别与预测、数据库系统原理、Linux 基础及应用、生物软件及数据库、Perl 编程基础	可在各级生物信息学的研究机构、高等学校、企业或事业单位以及在研究和成果产业化过程中涉及生物信息学的部门从事科学研究、教学和管理工作	上海交通大学、华中农业大学、同济大学、东南大学、哈尔滨医科大学、浙江大学、华中科技大学、南方医科大学、中南大学、天津医科大学
生态学	培养具备生态学方面的基础理论、基本知识，受到科学思维和科学实验的训练，具有较好的科学素养，掌握现代生态学理论和计算机模拟等实验技能，初步具备教学、研究、开发和管理能力的专门人才	普通生态学、农业生态学、生态工程与设计、生态管理工程、土壤/植物营养与环境分析、田间实验设计和生物统计、资源环境与信息技术、景观生态规划与设计、绿色食品与有机食品、保护生物学、污染生态学、普通生物学、生物化学、微生物学、植物生理学、城市生态学、项目投资与评估	可从事农业、环保、计划、国土资源等部门的行政管理工作或高等院校的教学科研工作、科研单位及生产部门的科技工作、各级技术推广单位的技术管理和推广工作以及各层次的生态农业、生态工程的设计和建设工作，也可从事区域农业开发的规划、设计、实施及管理工作	北京大学、南京大学、兰州大学、云南大学、华北师范大学、华东师范大学、南京林业大学、内蒙古大学、中南林业科技大学、四川大学

第十一节　心理学类

专业	教育目标	课程设置	就业发展方向	专业优势院校
心理学	培养掌握心理学的基本理论、知识、技能，能在科研部门、高等和中等学校、企业或事业单位等从事心理学科学研究、教学工作和管理工作的高级专门人才	心理学研究方法、心理学基本理论与流派、实验心理学专题、认知心理学专题生理心理学专题、比较心理学专题、心理测量专题、认知科学导论、人工智能概论、认知神经科学、脑成像技术、比较神经解剖学、高级统计学、高级计算机语言	可在高校的心理咨询中心或公安局、劳教所、监狱、边检站、企业从事猎头(人才中介)、企业咨询、人力资源管理、市场调研的工作，也可从事心理咨询工作，还可以去医院或心理诊所从事心理咨询和治疗的工作	北京师范大学、华东师范大学、北京大学、西南大学、东北师范大学、陕西师范大学、浙江大学、华南师范大学、内蒙古师范大学、华中师范大学
应用心理学	培养掌握心理学方面的理论和基本知识，熟悉心理学科学思维和科学实验，具有良好的科学素养，具备进行心理学实验和心理测量的基本能力，能够将心理学理论、技术应用于某一相关领域，解决实际问题的高级专门人才	普通心理学、实验心理学、心理统计学、学习心理学、社会心理学、心理测量、工业心理学、教育心理学、临床心理学、发展心理学、变态心理学、人格心理学、认知心理学、SPSS原理及应用、心理健康教育、管理心理学、精神分析	可在情报机关、学校、医院和诊所、监狱、企业的人力资源部、公安司法机关、心理咨询中心、婚姻介绍所、人才市场的事业规划服务中心等需要做人群心理分析的企业或事业机关单位供职，或从事房地产客户的消费心理分析、快速消费品购买心理分析、网站用户点击习惯分析、广告客户发展需求分析等工作	浙江大学、华南师范大学、天津师范大学、华东师范大学、北京大学、南京师范大学、西南大学、华中师范大学、上海师范大学、辽宁师范大学

第十二节 统计学类

专业	教育目标	课程设置	就业发展方向	专业优势院校
统计学	培养具有良好的数学或数学与经济学素养，掌握统计学的基本理论和方法，能熟练地运用计算机分析数据，能在企业、事业单位和经济、管理部门从事统计调查、统计信息管理、数量分析等开发、应用和管理工作，或在科研、教育部门从事研究和教学工作的高级专门人才	数学分析、几何代数、数学实验、常微分方程、复变函数、实变与泛函、概率论、数理统计、抽样调查、随机过程、多元统计、计算机应用基础、程序设计语言、数据分析及统计软件、回归分析、可靠性数学、实验设计与质量控制、计量经济学、经济预测与决策、金融数学、证券投资的统计分析、数值分析、数据结构与算法、数据库管理系统、计算机网络系统、系统分析与软件设计	可供职于政府部门（统计局等）、银行、保险公司、证券公司等金融部门及市场调查公司及其他咨询公司、各公司的市场研究部门、工业企业的质量检测部门等企业或事业单位	复旦大学、北京师范大学、四川大学、山东大学、南开大学、吉林大学、南京大学、西南财经大学、中国科学技术大学、厦门大学
应用统计学	培养具有良好的数学或数学与经济学素养，掌握统计学的基本理论和方法，能熟练地运用计算机分析数据，能在企业、事业单位和经济、管理部门从事统计调查、统计信息管理、数量分析等开发、应用和管理工作，或在科研、教育部门从事研究和教学工作的高级专门人才	数学基础课、概率论、数理统计、运筹学、描述统计、抽样调查原理、多源统计分析、计算机基础、应用随机过程	可在教育部门、科研部门、政府部门、金融系统、计算机软件公司、通信公司等企业或事业单位从事教学、研究、计算机软件开发等工作	中山大学、浙江工商大学、中国人民大学、上海财经大学、西安财经学院、中央财经学院、南方医科大学、南京医科大学、南京邮电大学、嘉兴学院

第八章　工　学

第一节　力学类

专业	教育目标	课程设置	就业发展方向	专业优势院校
理论与应用力学	培养掌握扎实的数学和力学基础知识，能够进行复杂建筑结构的设计、解决施工中的力学分析、计算问题，能从事建筑工程领域设计、施工、管理等方面的工作并具有俄语交流能力的高级工程技术人才	理论力学、材料力学、结构力学、弹性力学、结构动力学、实验力学、流体力学、房屋建筑学、土木工程材料、混凝土结构、钢结构、土力学与基础工程、工程结构抗震设计、有限单元法、建筑工程施工和项目管理	可在力学及相关科学领域从事科学研究工作，或从事建筑工程领域的设计、施工、管理等工作	北京大学、上海大学、兰州大学、中国科学技术大学、西北工业大学、复旦大学、重庆科技学院
工程力学	培养具备力学基础理论知识、计算和试验能力，能在各种工程（如机械、土建、材料、能源、交通、航空、船舶、水利、化工等）领域从事与力学有关的科研、技术开发、工程设计工作和力学教学工作的高级技术人才	理论力学、材料力学、弹性力学、塑性力学、流体力学、振动力学、计算力学、实验力学、结构力学、电工与电子技术、计算机基础知识、程序设计	可到土木水利、机械控制、微电子技术、能源交通、航空航天等部门从事科学研究、技术开发和工程计算机软件的开发应用等工作，也可到相关的高新技术领域工作（如信息科学、生命科学、新型材料等），还可从事教学工作	清华大学、大连理工大学、上海交通大学、北京航空航天大学、哈尔滨工业大学、北京大学、天津大学、西北工业大学、河海大学、浙江大学

第二节　机械类

专业	教育目标	课程设置	就业发展方向	专业优势院校
机械工程	培养具备机械设计、制造、机电工程及自动化基础知识与应用能力，能在科研院所、企业、高新技术公司利用计算机的辅助进行设计、制造及技术分析，能够从事各种机械、机电产品及系统、设备、装置的研究、设计、制造、控制、编程，进行数控设备的开发、计算机辅助编程以及工业机器人及精密机电装置、智能机械、微机械、动力机械等高新技术产品与系统的设计、制造、开发、应用研究，能够从事技术管理工作的高级工程技术人才	机械工程制图、电工与电子技术应用、机电设备自动检测、机械结构分析、液压系统应用与维护、机械制造技术、数控设备操作与维护、机械系统安装与调试、设备电气控制与修理、现代设备管理、机电设备故障诊断与维修、金工实训、维修电工实训、机修钳工综合实训、机床排故与检修实训、高级职业资格技能实训及鉴定、顶岗实习	可在国家有关部门、科研院所、高等院校、企业、高新技术公司应用CAD及分析软件从事各种机电产品及机电自动控制系统或设备的研究、设计、制造开发、试验与研究工作，如工业机器人、微机电系统、智能装置等高新技术产品与系统等	北京理工大学、北京航空航天大学、清华大学、西安交通大学、上海交通大学、浙江大学、吉林大学、东北大学、南京航空航天大学、北京科技大学
机械设计制造及其自动化	培养具备机械设计制造基础知识与应用能力，具有机电新产品开发与管理企业所需的知识结构及潜能，具有适应科研、教育、经贸及行政管理等部门工作或继续深造的素质和能力，能在机械工程及其自动化领域内从事设计制造、科技开发、应用研究、运行管理和经营销售等方面工作的高级工程技术人才	高等数学、线性代数、概率论与数理统计、大学物理、大学物理实验、普通化学及实验、工程图学、理论力学、材料力学、电路基础、机械原理、机械零件、电子技术、互换性与技术测量、工程材料、金属工艺学、测试与传感技术、制造技术基础、液压与气动技术、机电传动控制、机械工程综合实验、微机原理与结构技术、CAD/CAM、单片机原理及应用	可从事机械设计与制造加工工艺规程的编制与实施工作，机械、电气、液压、气压等控制设备的维护维修工作，工艺工装的设计、制造工作，数控机床、加工中心等高智能设备的编程及操作工作，机械CAD/CAM技术的应用工作，机械设计与制造的现场技术管理工作等	华中科技大学、哈尔滨工业大学、西南交通大学、燕山大学、中南大学、浙江大学、湖南大学、重庆大学、大连理工大学

续表

专业	教育目标	课程设置	就业发展方向	专业优势院校
材料成型及控制工程	培养具备材料科学与工程的理论基础、材料成型加工及其控制工程、模具设计制造等专业知识，能在机械、模具、材料成型加工等领域从事科学研究、应用开发、工艺与设备的设计、生产及经营管理等方面工作的高级工程技术人才和管理人才	高等数学、大学物理、基础外语、马克思主义哲学原理、计算机应用、机械制图、理论力学、材料力学、机械原理、电工电子技术、金属学、金属工艺学、材料冶金与成型工艺、材料成型设备及方法、材料成型微机应用、先进制造技术、检测技术与控制工程、技术经济、CAD/CAM 基础、表面工程学、焊接冶金学、金属材料焊接、焊接方法与焊接设备、焊接检验、塑性成型理论、橡塑材料成型工艺学、橡塑成型模具、金属冲压工艺与模具设计、模具制造技术	可进入钢铁企业、机械制造业、汽车及船舶制造业、金属及橡塑材料加工业等领域从事与焊接材料成型、模具设计与制造等相关的生产过程控制、技术开发、科学研究、经营管理、贸易营销等工作，与机械类专业有着类似的就业方向及成长路线	华中科技大学、东北大学、哈尔滨工业大学、吉林大学、燕山大学、华南理工大学、湖南大学、武汉理工大学、西南交通大学、四川大学
机械电子工程	培养具备仪器设计制造及测量与控制方面的基础知识与应用能力，能在测控技术、电子信息技术、自动化仪表、智能设备、计算机应用等方面从事设计制造、科技开发、应用研究、运行管理等方面的工作，亦可胜任高等院校、研究机构的教学和研究工作，能适应社会需求的计算机测控与仪器领域的高级工程技术人才	高等数学、工程数学、工程力学、工程制图、机械原理与设计、工程材料及成型基础、机械制造技术基础、机电装备设计、电路原理、模拟电子技术、数字电子技术、微机原理与应用、机电传动控制、数控技术、液压与气压传动、控制工程基础、工程测试技术、数字化设计与制造技术、现场总线技术	可在制造业、IT产业和自动化行业从事机械、电子、信息及其交叉领域中的相关技术、生产、管理和市场等方面的工作	浙江大学、北京理工大学、重庆大学、西北工业大学、哈尔滨工业大学、华南理工大学、武汉科技大学、长春理工大学、长安大学、哈尔滨理工大学
工业设计	培养具备坚实的工业设计基础理论、基本知识与应用能力，具有国际化视野和社会责任感、综合性的创新思维方式和团队合作精神，能在企业或事业单位、专业设计机构和科学研究单位从事工业产品创新设计及相关的服务模式和商业模式设计、传播设计、人机交互设计、环境与展示设计等领域的开发、研究、策划、教育和管理工作的复合型人才	工程图学、工业设计工程基础、设计素描、产品效果图、平面构成、色彩构成、立体构成、人机工程学、设计心理学、模型制作、计算机辅助工业设计、产品形态设计、工业设计方法学、产品设计、视觉传达设计、环境设计	可从事机电产品、日用产品的外观设计，也可从事平面广告、VIS、产品包装、室内装饰等设计工作	上海交通大学、天津大学、浙江大学、大连理工大学、西北工业大学、哈尔滨工业大学、北京航空航天大学、同济大学、西安交通大学、湖南大学

续表

专业	教育目标	课程设置	就业发展方向	专业优势院校
过程装备与控制工程	培养具备化学工程、机械工程、控制工程和管理工程等方面的知识，能在化工、石油、能源、轻工、环保、医药、食品、机械及劳动安全等部门从事工程设计、技术开发、生产技术、经营管理以及工程科学研究等工作的高级工程技术人才	微机原理及应用、理论力学、材料力学、化工流体力学、机械原理、机械设计、机械制图、工程材料及机制基础、化工原理、过程装备力学基础、过程设备设计、过程流体机械、过程装备控制技术及应用、过程装备制造与检测、过程装备材料腐蚀与防护、过程装备成套技术	可从事化工、炼油、医药、轻工、环保等领域的过程设备与过程计算机的自动控制设计、研究、开发、制造、技术管理和教学等工作，对于与机电类有关的工作具有较强的适应能力	西安交通大学、浙江大学、东北大学、燕山大学、北京理工大学、大连理工大学、浙江工业大学、天津大学、华南理工大学、北京化工大学
车辆工程	培养知识结构合理、具有创新精神及坚实工科背景的，能从事汽车工程设计制造、科研开发、应用研究、经营管理和市场营销等工作的复合型高级专业人才	大学英语、高等数学、机械制图、机械原理、理论力学、材料力学、机械设计、电工与电子技术、计算机辅助设计、汽车构造、汽车理论、内燃机理论、汽车设计、汽车试验学	可从事汽车整车及零部件的设计开发、车身及造型设计、车辆电子技术应用、车辆的性能测试与试验研究、汽车制造工艺、工装以及生产管理等技术工作，可在交通运输及管理等部门从事车辆维修管理工作，也可从事相关的教学及科研工作	清华大学、吉林大学、湖南大学、北京理工大学、西南交通大学、西安交通大学、燕山大学、重庆大学、中南大学、同济大学
汽车服务工程	培养具有扎实的汽车工程技术、汽车服务工程知识，并具有汽车营销、汽车保险与理赔、汽车评估等方面的基本技能，能从事汽车检测、汽车维修与保养、汽车贸易、汽车运输技术与管理等方面工作的高级应用型人才	机械工程、交通运输工程、电子科学与技术	从事汽车后市场的技术工作，包括汽车销售、维修、检测、车险鉴定理赔以及汽车贸易组织、管理等和汽车服务行业相关的工作	吉林大学、武汉科技大学、武汉理工大学、长沙理工大学、江苏理工大学、广州理工大学、桂林航天工业大学、西安航空学院、江西科技学院、广东科技学院
机械工艺技术(T)	培养与我国社会主义现代化建设要求相适应的，德、智、体、美全面发展，具有综合职业能力，能够在生产、服务、技术第一线从事机械加工、数控加工和焊接技术工作的高素质劳动者和中、初级专门人才	画法几何与机械制图、机械原理、机械设计、工程力学、机械工程材料、电工技术与电子技术、机电传动控制、机械制造技术、液压与气压传动、机械工程测试技术、数控原理与编程、机械 CAD\CAM 技术	结构设计工程师、机械设计工程师、项目工程师、结构工程师、技术工程师、机械工程师、工艺工程师、电气工程师、项目经理	湖南师范大学、河北师范大学、晋中学院

续表

专业	教育目标	课程设置	就业发展方向	专业优势院校
微机电系统工程(T)	培养从事微机电系统工程方面的设计制造、生产运行、科技开发和技术经济管理等工作的人才	微机电工程材料、微机电器件与系统、微机械学、微纳米测量与测试技术、微细加工技术、现代传感技术、精密工程制造基础和光存储技术	可从事微机电系统工程方面的设计制造、生产运行、科技开发和技术经济管理方面的工作	西北工业大学、北京航空航天大学
机电技术教育(T)	培养适应中等职业技术教育发展需要,掌握机电技术基础理论、基本知识和基本技能,具备较强的实践能力和创新精神,能在中等职业学校从事机电技术类课程教学及在相关行业从事设计和研究等工作的高级应用型人才	画法几何与机械制图、工程力学、电工技术基础、电子技术基础、机械制造基础、机械设计基础、机械工程控制基础、数控机床与编程、微机原理和接口技术、计算机辅助设计基础、机械学科教学论	可从事职业高中、技校、中专、大专院校等机电专业课程的教学工作,也可以到机械制造、机电产品生产等行业,从事机电产品的设计与制造、机电设备维修和生产管理等方面的技术工作	天津职业技术师范大学、湖北第二师范大学、岭南师范学院
汽车维修工程教育(T)	培养适应中等职业技术教育发展需要,掌握汽车技术基础理论和基本技能,具备较强的实践动手能力和创新精神,能从事汽车技术类课程教学,能胜任汽车检测、维修、营销、设计、服务、金融保险等方面工作的高级应用型人才	画法几何与机械制图、工程力学、电工技术、电子技术、机械设计基础、汽车制造工艺学、计算机辅助设计基础、汽车理论、汽车构造、汽车发动机原理、汽车电器及电子设备、汽车检测技术、汽车故障诊断与维修	能从事汽车制造、汽车检测与维修、汽车生产与管理、汽车保险、汽车贸易等企业或事业单位的工作	广西师范大学、天津职业技术师范大学、河北师范大学

第三节　仪器类

专业	教育目标	课程设置	就业发展方向	专业优势院校
测控技术与仪器	培养掌握测量与控制理论知识,具备现代测控系统设计制造及应用能力,能在国防及国民经济各部门从事现代测控系统设计制造、应用研究、运行管理等方面工作的高级工程技术人才	电工学、电子技术基础、传感器原理及应用、微机原理及应用、控制工程基础、信号与测试系统、智能机械设计、数字化测控技术、精密仪器设计、测控电路设计、智能仪器设计、微机电系统	可在航天航空、兵器、机械、电子、能源、化工、通信、交通等众多国防科技及国民经济建设领域的研究院所和企业从事现代测控系统的研究设计、制造、应用工作	天津大学、北京航空航天大学、哈尔滨工业大学、华中科技大学、东北大学、清华大学、东南大学、重庆大学、上海交通大学、吉林大学

第四节　材料类

专业	教育目标	课程设置	就业发展方向	专业优势院校
材料科学与工程	培养具备丰富的金属材料、无机非金属材料、高分子材料等材料领域的基础知识，掌握材料的制备、组成、组织结构与性能之间关系的基本规律，受到金属材料、无机非金属材料、高分子材料、复合材料以及各种先进材料的制备、性能分析与检测技能的基本训练的高级专门人才	物理化学、材料物理化学、量子与统计力学、固体物理、材料学导论、材料科学基础、材料物理、材料化学、材料力学、现代材料测试方法、材料工艺与设备、钢的热处理	可以在各种材料的制备、加工成型、材料结构与性能等领域从事科学研究与教学、技术开发、工艺和设备设计、技术改造及经营管理等工作	清华大学、北京科技大学、华南理工大学、上海交通大学、中南大学、北京航空航天大学、浙江大学、哈尔滨工业大学、天津大学、华中科技大学
材料物理	培养较系统地掌握材料科学的基本理论与技术，具备材料物理相关的基本知识和基本技能，能在材料科学与工程及与其相关的领域从事研究、教学、科技开发及相关管理工作的高级专门人才	材料科学基础、工程材料学、材料的力学性能、功能材料、微电子材料、材料的相与相变基础物理、近代物理、固体物理	可在与材料相关的企业或事业单位、技术和行政管理部门从事应用研究、科技开发、生产技术和管理工作，适宜到科研机构、高等学校从事科学研究和教学工作，可以继续攻读材料相关的工程学科、交叉学科的硕士学位	武汉理工大学、西北工业大学、东北大学、西安交通大学、山东大学、四川大学、哈尔滨工业大学、南京大学、燕山大学、太原理工大学
材料化学	培养系统掌握材料化学的基本理论与技术，具备材料化学相关的基本知识和基本技能，能运用化学和材料科学的基础理论、基本知识和实验技能在材料科学与化学及其相关领域从事研究、教学、科技开发及相关管理工作的具有开拓性、前瞻性的复合型高级人才	有机化学、无机化学、分析化学、物理化学、结构化学、材料化学、材料物理、材料科学基础、材料分析、材料化学、材料物理导论、材料化学与物理实验、高分子化学、高分子材料的结构与性能、复合材料、微电子材料	可在科研院所、高等院校从事科研和教学工作，或在光电信息、石油化工、轻工、工程塑料、特种复合材料、新能源材料、环保、市政、建筑、消防等行业的质量检验、产品开发、生产、技术管理等部门工作	武汉理工大学、山东大学、中南大学、四川大学、哈尔滨工业大学、南京大学、重庆大学、河北工业大学、华东理工大学、吉林大学

续表

专业	教育目标	课程设置	就业发展方向	专业优势院校
冶金工程	培养具有较扎实的冶金工程专业基础理论和专业知识，能够在钢铁冶金、有色金属冶金及冶金与材料物理化学领域从事产品开发及工艺设计、生产组织与管理、技术开发、科学研究等工作的高级工程技术人才	高等数学、线性代数、概率论与数理统计、无机化学、物理化学、大学物理、大学英语、电工技术、电子技术、大学计算机基础、C语言程序设计、计算机制图、机械设计与原理、工程力学	到大中型冶金企业、冶金相关行业的设备制造、冶金原辅材料生产销售等部门从事产品设计、生产、技术开发、生产组织和管理、产品销售、科学研究等方面的工作	中南大学、北京科技大学、东北大学、昆明理工大学、上海大学、武汉科技大学、重庆大学、西安建筑科技大学、辽宁科技大学、内蒙古科技大学
金属材料工程	培养具备金属材料科学与工程等方面的知识，能在冶金、材料结构研究与分析、金属材料及复合材料制备、金属材料成型等领域从事科学研究、技术开发、工艺和设备设计、生产及经营管理等工作的高级工程技术人才	材料热力学、金属学、材料力学性能、材料分析技术、金属材料学、材料成型加工工艺与设备、计算机在材料工程中的应用	可从事金属材料的设计制造、材料表面改性以及金属材料、无机非金属材料、高分子材料、复合材料、功能材料等材料在机械与化工、能源与环境、电子与信息、冶金与矿山、电力与动力、国防建设等领域以及汽车、石油化工、半导体等行业中的实际应用工作，也能从事材料生产组织、技术管理和材料的检测、失效分析等技术监督工作，或可到高等院校从事研究和教学工作	山东大学、四川大学、燕山大学、武汉科技大学、上海大学、河南科技大学、大连理工大学、江苏大学、南昌航空大学、河北联合大学
无机非金属材料工程	培养具备无机非金属材料及其复合材料科学与工程方面的知识，能在无机非金属材料结构与分析、材料的制备、材料成形与加工等领域从事科学研究、技术开发、工艺和设备设计、生产及经营管理等方面工作的高级工程技术人才	物理化学、无机材料科学基础、热工基础、热工设备、粉体工程、无机材料性能、无机非金属材料测试及研究方法、无机材料工艺学、水泥工艺设计、陶瓷工艺设计、陶瓷基复合材料	能在无机非金属材料结构研究与分析、材料的制备、材料成型与加工等领域从事技术开发、工艺和设备设计、生产及经营管理、科学研究等工作	武汉理工大学、中南大学、四川大学、山东大学、东华大学、燕山大学、武汉科技大学、吉林大学、华东理工大学、景德镇陶瓷大学

续表

专业	教育目标	课程设置	就业发展方向	专业优势院校
高分子材料与工程	培养具备高分子材料与工程等方面的知识，能在高分子材料的合成改性和加工成型等领域从事科学研究、技术开发、工艺和设备设计、生产及经营管理等方面工作的高级工程技术人才	化工原理、无机化学、有机化学、分析化学、物理化学、高分子化学、高分子物理、聚合物流变学、聚合物成型工艺、聚合物加工原理、精细高分子化工应用、高分子材料研究方法	可到航空航天、汽车制造、电子信息、能源、计算机制造、通信器材、生物医用设备、建材、家电企业或事业单位、研究院所和高校从事高分子材料研发、高分子材料制品设计和成型加工、成型装备、模具设计与制造以及管理、开发或教学等工作	清华大学、四川大学、华南理工大学、山东大学、武汉理工大学、西北工业大学、哈尔滨工业大学、北京化工大学、东华大学、燕山大学
复合材料与工程	培养具有良好的思想素质，强烈的社会责任感、健康的体魄和健全的心理素质、德、智、体全面发展，掌握新型复合材料生产原理和生产工艺、能胜任无机材料、高分子材料、新型复合材料等生产企业的基层管理工作和实际岗位操作，具有较高的综合素质，“用得上”“留得住”的应用型人才	材料复合原理、复合材料学、复合材料工艺设备、复合材料工厂设计概论、材料学概论、复合材料的实验技术、高分子化学及物理、高分子物理、机械制图、热工基础及设备、复合材料工艺学、复合材料聚合物基础、有机化学、物理化学、大学物理、无机化学	可以就业于与复合材料相关的汽车、建筑、电机、电子、航空航天、国防军工、信息通信、轻工、化工等企业和公司，担任工程研究人员、工程师和营销管理人员，从事设计、研发、分析、生产、测试、评价、营销、管理等工作；也可以在高等院校、研究设计院所从事科研教学工作	西北工业大学、武汉理工大学、哈尔滨工业大学、东华大学、华东理工大学、青岛科技大学、天津工业大学、济南大学、江苏大学、南京工业大学
粉体材料科学与工程(T)	培养基础扎实、知识面宽，具有创新、创业意识，具有竞争和团队精神，系统掌握粉体材料科学与工程的基础理论、基本实验技能和科学创新的研究方法，能在材料科学与工程领域、特别是在粉体材料加工制备、粉末冶金、陶瓷材料等领域从事科学研究、技术与产品开发、生产工艺工程设计、质量控制和生产经营管理等工作的高级专门人才	无机化学、物理化学、材料科学基础、材料工程基础、机械设计基础、粉体工程、粉末冶金原理、成形模具设计制造技术、材料分析测试方法、材料物理力学性能	可在材料科学与工程领域、特别是在粉体材料加工制备、粉末冶金、陶瓷材料等领域从事科学研究、技术与产品开发、生产工艺工程设计、质量控制和生产经营管理等工作	中南大学、合肥工业大学、景德镇陶瓷大学

续表

专业	教育目标	课程设置	就业发展方向	专业优势院校
宝石及材料工艺学(T)	培养具有良好的思想品德和社会公德及职业道德、严谨的科学作风、健康的体魄,能运用科学知识、现代宝石学理论和技能以及先进的科技手段,为社会主义现代化建设服务,从事宝玉石鉴定和商贸经营管理、首饰设计和首饰加工制作及其管理,具有开拓创新精神和实践能力的高级技术人才	地质学基础、结晶学与矿物学、晶体光学、宝石学、美术基础、美术设计原理、宝石仪器及宝石鉴定、首饰设计及效果图、首饰制作工艺学、宝石切磨加工工艺学	各省市质检站、典当行、珠宝公司(销售)	中国地质大学(武汉)、昆明理工大学、中国地质大学(北京)、桂林理工大学、长春工程学院、金陵科技学院
焊接技术与工程(T)	培养具备材料科学理论知识,掌握先进的焊接及其自动化技术,能从事焊接工艺设计及设备制造、焊接过程的自动控制、焊接生产管理及质量控制的应用型高级工程技术人才	力学、机械学、电工电子学、计算机原理及应用、金属学及热处理、自动控制原理、热加工测量与控制技术、焊接电弧及弧焊方法、焊接结构力学、材料熔焊基础及焊接性	能在船舶、机械、电子、化工及国防工业等领域从事焊接技术与工程方面的试验研究、开发设计、运行管理和经营销售等方面的工作	哈尔滨工业大学、江苏科技大学、兰州理工大学、南昌航空大学、西安石油大学、湘潭大学、沈阳大学、沈阳工业大学、大连交通大学、南京工业大学
功能材料(T)	培养具有材料科学与工程、生物学和医学等领域的相关知识,掌握生物材料的基础和专业知识,能在生物材料的制备、改性、加工成型及应用等领域从事基础研究、应用研究和技术开发等工作的综合型高级技术人才	生物化学、分子生物学、生物医学工程、高分子化学、高分子物理、生物医学材料学、生物材料制备与加工、生物材料综合实验、生物医用高分子改性、组织工程学、控制释放理论与应用、生物可降解高分子、环境材料基础	可在研究院所、设计院、大专院校和企业或事业单位工作	天津大学、华中科技大学、东华大学、北京化工大学、大连理工大学、兰州大学、西安建筑科技大学、东北大学、昆明理工大学、华侨大学
纳米材料与技术(T)	培养具有高分子材料与工程、生物学和医学等领域的相关知识,具有从事科学研究和解决工程中局部问题的能力的应用型高级专门人才	纳米材料的基本概念和基本物理效应、纳米材料的结构及尺寸和形貌的表征技术、纳米粉体材料的制备与表面修饰、一维纳米材料的制备、纳米复合材料的制备、纳米结构材料的制备、纳米材料的物理特性与应用、纳电子器件的基本原理和微加工技术、纳米材料与纳米技术的最新进展和发展趋势	在科研院校及纳米材料、黏合剂、涂料、电镀、陶瓷等相关领域从事相关产品开发、生产和检测等工作	北京科技大学、北京航空航天大学、苏州大学

续表

专业	教育目标	课程设置	就业发展方向	专业优势院校
新能源材料与器件(T)	培养适应国家战略性新兴产业需要,德、智、体、美全面发展,具备坚实的材料、物理、化学、电子、机械等学科基础,系统掌握新能源材料、新能源器件的设计与制造工艺、测试技术与质量评价以及新能源系统与工程等方面的专业基本理论与基本技能的复合型人才	新能源材料与器件概论、近代物理概论(量子物理、统计物理)、固体物理、半导体物理与器件、应用电化学、薄膜物理与技术、材料科学与工程基础、无机材料物理化学、材料物理性能、材料研究方法与现代测试技术、新能源材料设计与制备、新能源转换与控制技术、储能材料与技术、半导体硅材料基础、硅材料检测技术、化学电源设计、化学电源工艺学、半导体照明原理与技术、薄膜技术与材料、太阳能电池原理与工艺太阳能发电技术、系统设计	可在化学能源、太阳能及储能材料等新能源材料领域从事科学研究与教学、技术开发、工艺设计等方面的工作,也可以在通信、汽车、医疗领域从事新能源材料和器件的开发、生产和管理工作,还可继续攻读新能源材料及相关学科的硕士学位	中南大学、电子科技大学、四川大学、东南大学、华东理工大学、南昌大学、武汉理工大学、苏州大学、渤海大学、华北电力大学

第五节　能源动力类

专业	教育目标	课程设置	就业发展方向	专业优势院校
能源与动力工程	培养在能源转换与利用和热力环境保护领域具有扎实的理论基础,较强的实践、适应和创新能力,较高的道德素质和文化素质的高级人才,以满足社会对该学科领域的科研、设计、教学、工程技术、经营管理等各方面的人才需求	力学、机械设计基础、机械制图、电工与电子技术、工程热力学、流体力学、传热学、控制理论、测试技术、燃烧学	可在大型企业、相关公司及研究所、设计院、高等院校和管理部门从事热能工程、动力工程、制冷工程方面的研究与设计、产品开发、制造、试验、管理、教学等工作,主要就业单位为发电厂、内燃机厂、汽车制造厂、物流调控单位、锅炉厂、大型机械厂、造船厂、空调厂、制冷设备厂、暖通工程单位等	清华大学、华中科技大学、上海交通大学、西安交通大学、哈尔滨工业大学、东南大学、天津大学、北京科技大学、重庆大学、华北电力大学

续表

专业	教育目标	课程设置	就业发展方向	专业优势院校
能源与环境系统工程(T)	培养具备丰富的热科学理论和能源与环境系统工程知识，能从事清洁能源开发、电力生产自动化、能源环境保护、制冷与低温、空调和储能、空调与人工环境等领域的设计、研究与管理的跨学科复合型高级技术人才	材料力学、理论力学、机械设计基础、工程热力学、工程流体力学、电工电子学、传热学、能源与环境系统工程基础、自动控制理论、能源转化、透平机械原理、热力环境控制、热力系统工程、热工信号处理技术、能源生产过程自动控制、制冷原理、低温原理、燃烧基本原理和建模、低温制冷机、微尺度传热学、微尺度流体力学	从事有效利用能源、能源环境的控制和保护及建筑人工环境领域的研究、设计、安装、运行、管理、等工作	浙江大学、山东大学、东华大学、大连理工大学、南京师范大学
新能源科学与工程(T)	培养在风能、太阳能、地热、生物质能等新能源领域从事相关工程技术的开发研究、工程设计、优化运行及生产管理工作的跨学科复合型高级工程技术人才，和具有较强工程实践和创新能力的专门人才，以满足国家战略性新兴产业发展对新能源领域教学、科研、技术开发、工程应用、经营管理等方面的专业人才需求	工程流体力学、工程热力学、传热学、风能技术、太阳能热利用原理与技术、测试技术基础、生物质能利用原理与技术、新能源转化原理与技术、风资源与测量评估、太阳能光伏发电系统工程、现代控制理论、专业英语	可在风能、太阳能、生物质能等新能源和节能减排领域的企业或事业单位、高等院校和政府部门从事技术研发、工程设计、新能源科学教育与研究、新能源管理等相关工作	浙江大学、华中科技大学、西安交通大学、上海理工大学、长沙理工大学、新疆大学、厦门大学、华北电力大学、江苏大学、上海交通大学

第六节　电气类

专业	教育目标	课程设置	就业发展方向	专业优势院校
电气工程及其自动化	培养具有工程技术基础知识和相应的电气工程专业知识，具有分析与控制电气工程技术问题的能力，能够满足电气工程及其自动化、计算机技术应用、经济管理等领域工作需求的宽口径、复合型的高级工程技术人才	电路原理、电子技术基础、工程电磁场、软件技术基础、微型计算机技术、计算机网络、电机学、自动控制理论、信号分析与处理、管理学、工程经济学、电力系统（暂态、稳态）分析、电力系统继电保护、发电厂电气主系统、高电压技术	可从事与电气工程有关的系统运行、自动控制、电力电子技术、信息处理、试验分析、研制开发、经济管理以及电子与计算机技术应用等领域的工作	华中科技大学、清华大学、西安交通大学、浙江大学、重庆大学、西南交通大学、哈尔滨工业大学、天津大学、合肥工业大学、沈阳工业大学

续表

专业	教育目标	课程设置	就业发展方向	专业优势院校
智能电网信息工程(T)	培养具有扎实的专业理论知识和技能，兼具较强的电气工程和信息工程的综合素质和创新精神，掌握电力系统通信技术、信息采集和处理的基本理论与技术，熟悉电力系统生产运行的规律与特点、智能电网的发展动态，在新能源发电与智能接入技术、电网智能调度与控制技术、智能电网信息通信技术工作学有所长，可以在网络化、信息化、智能化电气系统领域从事生产制造、工程设计、系统运行、系统分析、技术开发、教育科研等工作的人才	高等数学、大学物理、电路电子技术基础、电机学、电力电子技术、软件技术基础、信号与系统、控制理论、电力系统分析基础、智能电网导论、智能电网信息技术、智能变电站、微网及其控制、智能电网先进传感技术、新能源发电技术	可在电力、电气信息、科研院所、高等院校、相关行业或部门从事设计、开发、生产运行与管理、科学研究、技术支持等工作	华北电力大学、南京理工大学、电子科技大学、银川能源学院、重庆邮电大学、西安理工大学
光源与照明(T)	培养掌握电气与电子交叉融合的光源与照明技术领域的基本理论和知识，具备电气、电子、自动化、计算机等方面的设计与实践能力，能在电气照明、微电子、光电子、智能控制系统以及供配电等领域从事产品和技术的研发、制造、测试、工程应用工作的高级复合型人才	光源与照明专业概论、电路理论、模拟电子技术、数字电子技术、信号与系统、高级程序语言设计、单片机原理及应用、半导体照明概论、半导体物理、半导体集成电路、半导体工艺与新光源技术、电气照明技术、非成像光学系统设计、电子设备散热设计与分析、环境照明设计、开关电源的原理与设计、自动控制原理、电力电子技术	可在国家机关、电信、国防、科研机构、学校、工厂等企业或事业单位从事以下工作：半导体光电、LED芯片制造与封装、集成电路设计及制造，驱动电路、开关电源、智能控制(单片机、DSP、ARM、PLC)、电气工程、自动控制，照明与光源、LED光源设计与制造、环境照明、室内照明、道路照明、一次配光、二次配光	深圳大学、天津工业大学、大连工业大学、太原理工大学
电气工程与智能控制(T)	培养能够在工业运动控制、过程控制、供电技术、检测与自动化仪表、信息处理等领域从事系统分析、系统设计、系统运行维护、科技开发等工作的具有创新精神和良好的英语沟通能力的复合型工程技术人才	电路与电子技术、机械设计基础、微机原理及接口、电机与拖动基础、自动控制理论、传感器与检测技术、设备信息管理系统、智能化控制系统、液压与气动	可从事现代企业特别是外企的生产和管理工作，包括自动控制、电气设备的系统控制和运行维护等，也可从事科研工作	中北大学、苏州大学、南通大学

第七节　电子信息类

专业	教育目标	课程设置	就业发展方向	专业优势院校
电子信息工程	培养具备电子技术和信息系统的基础知识，能从事各类电子设备和信息系统的研究、设计、制造、应用和开发的工程技术人才	电路理论系列课程、计算机技术系列课程、信息理论与编码、信号与系统、数字信号处理、电磁场理论、自动控制原理、感测技术	可从事电子与通信工程领域及各类信息处理系统的研究、设计、制造、应用和开发等方面的技术工作及教学、管理工作	西安电子科技大学、浙江大学、电子科技大学、北京邮电大学、哈尔滨工业大学、西北工业大学、北京航空航天大学、华中科技大学、哈尔滨工程大学、大连理工大学
电子科学与技术	培养具备丰富的微电子、光电子、集成电路等领域的理论基础、实验能力和专业知识的复合型专业人才	计算机应用基础训练、电子线路设计、电子工艺实习、生产实习、集成电路版图课程设计、智能电子系统设计实践、可编程逻辑器件应用实践	可在电子科学与技术及相关领域从事各种电子材料、元器件、集成电路、电子系统、光电子系统的设计、制造、开发以及科学研究、教学和生产管理工作	东南大学、电子科技大学、西安电子科技大学、北京邮电大学、北京交通大学、复旦大学、上海交通大学、燕山大学、华中科技大学、哈尔滨工业大学
通信工程	培养具备通信技术、通信系统和通信网络等方面的知识，能在通信领域从事研究、设计、制造、运营以及在国民经济各部门和国防工业中从事通信技术与设备的开发、应用工作的高级工程技术人才	电路理论与应用系列课程、计算机技术系列课程、信号与系统、电磁场理论、数字系统与逻辑设计、数字信号处理、通信原理	主要供职于电子产品与设备的生产企业和经营单位，从事各种电子产品与设备的装配、调试、检测、应用及维修工作，或可从事电子产品的生产、经营与技术管理和开发工作，还可以到企业或事业单位从事机电设备、通信设备及计算机控制等设备的安全运行及维护管理工作	北京邮电大学、西安电子科技大学、电子科技大学、北京交通大学、北京理工大学、复旦大学、哈尔滨工业大学、上海交通大学、天津大学、北京航空航天大学

续表

专业	教育目标	课程设置	就业发展方向	专业优势院校
微电子科学与工程	培养德、智、体全面发展，具有扎实的数理基础和电子技术基础理论，掌握新型微电子器件和集成电路分析、设计、制造的基本理论和方法，具备本专业良好的实验技能，能在微电子及相关领域从事科研、教学、科技开发、工程技术、生产管理与行政管理等工作的高级专门人才	高等数学、大学物理及实验、电路分析基础及实验、模拟电路及实验、数学物理方法、C++语言、数字电路及实验、信号与系统及实验、半导体物理及实验、固体电子学、微电子器件、微电子集成电路、集成电路设计与制造、电子设计自动化、集成电路 CAD、微电子技术专业实验、集成电路工艺实习	可在电子科学与技术领域从事电子、光电子材料与器件、集成电路系统的设计、制造和相应的新产品、新技术、新工艺的研究、开发等工作	北京大学、电子科技大学、西安电子科技大学、复旦大学、西安交通大学、上海交通大学、吉林大学、南京大学、西北工业大学、南开大学
光电信息科学与工程	培养具有现代科学意识，理论基础扎实、知识面宽、创新能力强，可从事光学工程、光通信、电子学、图像与信息处理等技术领域的科学研究以及相关领域的产品设计与制造、科技开发与应用、运行管理等工作，能够适应当代信息化社会高速发展需要的应用型人才	电路原理、模拟电子技术、数字电子技术、通信原理、信号与系统、数字信号处理、微机原理及应用、单片机、软件技术基础、物理光学、应用光学、信息光学、光电信息工程、信息处理基础、光电检测技术、近代光学量测技术、传感器原理、激光技术、光纤通信、光电子学、数字图像处理	可在与信息产业相关的高新技术企业、公司、研究院所、高等院校从事光电信息工程方面的工作，包括与 CCD 光电子器件，光纤通信，计算机输入、输出及存储、显示设备，家用光电设备，激光光纤应用等相关的研究、设计、开发、应用、管理、与教学工作	南开大学、电子科技大学、华中科技大学、哈尔滨工业大学、东南大学、北京理工大学、天津大学、长春理工大学、北京邮电大学、北京交通大学
信息工程	培养具有信息的获取、传递、处理以及利用等方面的知识，能在信息产业等国民经济部门及国防部门从事信息系统的研究、设计、集成以及制造等方面工作的高级工程技术人才	电路与系统、信号与线性系统、随机信号处理、通信电子线路、数字信号处理、信息论、编码理论、微型计算机原理、软件工程基础、现代控制原理、通信系统原理、信息网络基础、数据采集、数字信号与信息处理、C 语言程序设计、信息安全技术、人工智能与模式识别、计算机通信网络	可在工业与电气工程有关的运动控制、工业过程控制、电气工程、电力电子技术、检测与自动化仪表、电子与计算机技术等领域从事工程设计、系统分析、系统运行、研制开发、经济管理等方面的工作	东南大学、北京邮电大学、西安电子科技大学、北京理工大学、上海交通大学、华南理工大学、南京航空航天大学、浙江大学、西安交通大学、重庆邮电大学

续表

专业	教育目标	课程设置	就业发展方向	专业优势院校
广播电视工程(T)	培养具有扎实的专业基础知识，具备数字电视技术、网络视音频技术及数字影视制作技术等方面的专业知识与技能，具有一定的创新能力和较强的实践能力，能在传媒领域从事数字电视技术和网络视音频技术的研究、系统设计、开发与应用，并可从事技术与艺术结合的影视制作、动画制作的高级技术人才	广播电视技术、多媒体技术以及相关基础理论	可从事科学研究、系统设计、产品开发应用、系统支持、视音频节目制作、技术与艺术结合的影视制作、动画制作等工作，或可在广播电视系统和相关部门从事设备维护、使用和管理工作	中国传媒大学、南京邮电大学、重庆邮电大学、浙江传媒大学
水声工程(T)	培养具有扎实的声振基础理论知识，掌握水声学科的特点和发展方向，具备从事水声工程应用基础研究的能力，具有声学、振动和信号处理方面的知识基础的高层次研究人才	自然辩证法概论、科学社会主义理论与实践、基础英语、专业英语、矩阵理论、数理统计、声学原理与噪声控制、水声学基础、振动理论及其在工程中的应用、信号处理、数学物理方程、振动和声学问题计算、水下噪声学、近代试验技术、线性系统理论、最优估计理论与系统辨别、离散随机信号处理	可在水声工程及相关领域从事海洋声场分析、水下噪声及减振降噪、水声信号处理、声呐及水声对抗系统设计、水声换能器与基阵的研究设计与开发制造及运营和管理等工作，或在国防工业领域和国民经济各部门从事开发、应用水声技术与设备的工作	哈尔滨工程大学、西北工业大学
电子封装技术(T)	培养适应科学技术、工业技术发展和人民生活水平提高的需要，具有优良的思想品质、科学素养和人文素质，具有宽厚的基础理论和先进合理的专业知识，具有良好的分析、表达和解决工程技术问题的能力，具有较强的自学能力、创新能力、实践能力、组织协调能力，爱国敬业、诚信务实、身心健康的复合型专业人才	微电子制造科学与工程概论、电子工艺材料、微连接技术与原理、电子封装可靠性理论与工程、电子制造技术基础、电子组装技术、半导体工艺基础、先进基板技术	可在通信设备、计算机、网络设备、军事电子设备、视讯设备等器件和系统的制造厂家和研究机构从事科学研究、技术开发、设计、生产及经营管理等工作	西安电子科技大学、北京理工大学、哈尔滨工业大学、华中科技大学

续表

专业	教育目标	课程设置	就业发展方向	专业优势院校
集成电路设计与集成系统（T）	培养掌握集成电路基本理论、集成电路设计基本技能，熟悉集成电路设计的EDA工具及电路、计算机、信号处理、通信等相关的系统知识，能从事集成电路研究、设计、教学、开发及应用，具有一定创新能力的高级工程技术人才	电路原理、模拟电子技术、数字电子技术、信号与系统、数字信号处理、计算机软硬件基础、EDA技术基础、DSP原理及应用、嵌入式实时操作系统、固体物理、半导体物理、微电子器件、模拟集成电路原理与设计、数字集成电路原理与设计、集成电路工艺原理、集成电路测试与封装、片上可编程系统（SOPC）技术	可在与集成电路产业相关的高新技术企业、科研设计单位、国防军工企业、大专院校、政府部门等单位和研究院所从事集成电路的设计、制造、测试和集成电路应用等工作	电子科技大学、西安电子科技大学、华中科技大学、天津大学、大连理工大学、华南理工大学、北京航空航天大学、重庆大学、厦门大学、西安邮电大学
医学信息工程（T）	培养适应社会主义建设和医药信息化发展需要的德、智、体、美全面发展，掌握计算机科学与技术和医药学的基本知识、基本理论及基本技能，具备利用信息技术进行医药科学研究的基础能力，能从事医药领域信息系统的开发、维护、测评的软件工程技术人才	计算机科学、医药学、电路、模拟电子技术、数字电子技术、电磁场与电磁波、信号与系统、数字信号处理、数据结构、操作系统、微机原理及应用、程序设计语言、数据库技术、生理解剖、医学信息、医学传感检测、医学仪器、医学信号及图像、生物系统及建模、计算机网络与通信控制系统	可到医疗卫生部门、医疗器械设计与生产部门及其他企业或事业单位从事各类信息系统和计算机软件系统的应用、设计、开发、维护和评测等工作，也可在医药研究机构、医药类高等院校从事科学研究和教学工作，或可在电子信息和医学信息类的科研院所、医药卫生单位、生物医学电子信息企业等从事科研、开发、制造、管理、销售等工作	四川大学、杭州电子科技大学、南京大学、合肥工业大学、浙江中医药大学、上海理工大学、广州中医药大学、成都中医药大学
电磁场与无线技术（T）	培养当前社会紧缺的射频与无线技术相关领域的高技术人才	电路分析基础、信号与系统、模拟电子技术基础、数字电路与逻辑设计、射频电路基础、电磁场与电磁波、微机原理与系统设计、软件技术基础、数学物理方法、微波技术基础、天线原理、电磁兼容原理与技术、通信原理、电波工程、微波电子线路、微波网络、天线CAD、射频识别技术、软件无线电技术	可在科研机构、工业部门等企业或事业单位从事设计制造、科技开发、应用研究和科研、教学及行政管理等工作	电子科技大学、北京航空航天大学、西安电子科技大学、哈尔滨工业大学

续表

专业	教育目标	课程设置	就业发展方向	专业优势院校
电波传播与天线(T)	培养具有坚实的数学物理基础，掌握现代电子信息科学技术的基本理论、基本知识和实验技能，能运用计算机等现代工具对无线电系统及其获取信息进行分析、设计和综合应用的高级专门人才	信号与系统、电磁场理论、电波传播、电磁波散射、天线原理与设计、微波技术基础、电路分析基础、模拟电路基础、数字逻辑设计及应用、微机原理及接口技术、电磁场数学方法、阵列天线分析与综合、自适应天线、天线与微波测量、数字信号处理、随机信号分析	可在信息电子、航空、航天、船舶、电信等工业部门和国防科研院所从事相关科学的研究、技术研发、技术应用、技术管理和教学等工作	电子科技大学、西安电子科技大学、武汉大学
电子信息科学与技术(T)	培养能适应电子信息科学飞速发展，具有良好的知识结构和适应能力，能在电子技术、电子信息科学及电子信息产业等相关领域从事设计制造、科研开发、应用研究与技术管理等工作的高级理论和技术人才	电路分析原理、电子线路、数字电路、算法与数据结构、计算机基础	可以在电子信息类企业从事电子产品的生产、经营与技术管理和开发工作	北京大学、清华大学、电子科技大学、北京邮电大学、复旦大学、哈尔滨工业大学、华东师范大学、西安电子科技大学、厦门大学、南京航空航天大学
电信工程及管理(T)	培养既具有通信技术、通信系统和信息网方面的基础知识，又具备管理理论基础知识，能在通信领域从事运营、管理，能开拓国际市场的高素质复合型人才	数理基础课程、英语、电路系列课程、计算机系列课程、信号与系统、数字信号处理、通信原理、电磁场与电磁波、微波技术基础、现代通信技术、企业管理、产品开发	可在信息通信、广播电视媒体、网络媒体及相关领域从事科学研究、工程设计、产品研发、网络运营、市场营销策划、企业管理等工作	北京邮电大学
应用电子技术教育(T)	培养德、智、体全面发展，具备电子信息科学与技术的基本理论和基本知识，受到严格的科学实验训练和科学研究初步训练，能在电子信息科学与技术、计算机科学与技术及相关领域和行政部门从事科技开发、产品设计、生产技术或管理工作的高级专门人才	数字电路、模拟电路、微机原理、数据结构、单片机、EDA电路分析、电子技术、微机原理及应用、信号与系统、高频电子线路、自动控制原理、电测技术、电声技术、现代通信技术、职业教育学	可在高等院校、职业技术院校、中等教育学校等教育部门从事应用电子技术、电子信息工程方面的学科教学、科研、信息处理和管理工作，或可在电子产品设计与制造领域及电子、电气公司或相关企业从事科学研究、科技开发以及集成、制造与推广等方面的工作，还可继续在电子科学与技术、信息与通信工程、控制科学与工程等学科方向进行深造	湖南师范大学、云南大学、西华师范大学、湖南科技大学、湖北第二师范学院

第八节　自动化类

专业	教育目标	课程设置	就业发展方向	专业优势院校
自动化	培养德、智、体全面发展，具有扎实的自然科学基础，具有良好的计算机、外语、经济、管理等方面的应用基础，具备电工电子技术、控制理论、自动检测与仪表、信息处理、系统工程、计算机应用与技术等学科的知识的高素质应用型专门人才	电路、信号与系统、模拟电子技术、数字电子技术、自动控制原理、现代控制理论、微机原理及应用、软件技术基础、电机与拖动、电力电子技术、计算机控制技术、系统仿真、计算机网络、运动控制、过程控制(亦称“电力拖动自动控制系统”)、单片机与嵌入式系统原理、计算机辅助设计、专业英语、智能控制	从事与电气工程有关的系统运行、自动控制、电力电子技术、信息处理、试验分析、研制开发、经济管理以及电子与计算机技术应用等领域的工作	清华大学、浙江大学、东北大学、西安交通大学、上海交通大学、华中科技大学、北京航空航天大学、哈尔滨工业大学、南京航空航天大学、中国科学技术大学
轨道交通信号与控制(T)	培养掌握自动控制理论、轨道交通控制技术、计算机原理及应用技术、传感器及检测技术、可编程控制器原理及应用、电力电子技术等方面的基础理论、专门知识与基本技能，能够满足高速铁路、客运专线、既有铁路、地铁及城市轨道交通领域对信息和控制的工作要求的专门人才	电路分析、电子技术、计算机技术(语言、软件基础、硬件基础、单片机等)、微机原理与接口技术、自动控制理论、信号与系统分析、计算机网络、电磁兼容及可靠性理论、铁路信号运营基础、信号基础设备原理、车站信号自动控制、区间信号自动控制、铁路信号远程控制、列车运行控制系统、编组站综合自动化、计算机连锁系统、城市轨道交通控制系统	可在国有铁路各路局、城市地铁公司、各地方铁路公司等部门从事技术开发与管理、工程设计及设备维护等工作，或可从事信息和控制方面的研究、设计、开发、系统集成、施工和经营管理等工作	北京交通大学、西南交通大学、兰州交通大学、南京理工大学、长沙理工大学、郑州大学、大连交通大学、河南理工大学、华东交通大学、大连科技学院

第九节　计算机类

专业	教育目标	课程设置	就业发展方向	专业优势院校
计算机科学与技术	培养和造就适应现代化建设需要，德、智、体全面发展，基础扎实、知识面宽、能力强、素质高，具有创新精神，系统掌握计算机硬件、软件的基本理论与应用技能，具有较强的实践能力，能在企业或事业单位、政府机关、行政管理部门从事计算机技术研究和应用，硬件、软件和网络技术的开发，计算机管理和维护的应用型专门技术人才	高等数学、线性代数、概率论与数理统计、离散数学、组合数学、计算机原理、人工智能、程序设计基础、面向对象程序设计、数字逻辑电路、模拟电子技术、数据结构、算法设计、WEB程序设计、计算机组成与结构、操作系统、数据库系统原理、编译原理、计算机网络、网络工程、软件工程、数据库应用、信息安全、微型计算机技术、汇编语言、单片机技术、嵌入式系统、嵌入式操作系统、嵌入式设计与应用、移动设备应用软件开发	可以到国内外大型电信服务商、大型通信设备制造企业进行技术开发工作，也可以到其他企业或事业单位从事网络工程领域的设计、维护、教育培训等工作	清华大学、北京大学、上海交通大学、北京航空航天大学、哈尔滨工业大学、南京大学、华中科技大学、浙江大学、东南大学、西北工业大学
软件工程	培养适应计算机应用学科的发展，特别是软件产业的发展，熟悉计算机软件的基础理论、基本知识和基本技能，具有用软件工程的思想、方法和技术来分析、设计和实现计算机软件系统的能力的高级技术人才	马克思主义理论、大学外语、高等数学、大学物理、物理实验、线性代数、概率论与数理统计、程序设计语言、数据结构、离散数学、操作系统、编译技术、软件工程概论、统一建模语言、软件体系结构、软件需求、软件项目管理	可以从事各级各类企业或事业单位的办公自动化处理、计算机安装与维护、网页制作、计算机网络和专业服务器的维护管理和开发工作、动态商务网站开发与管理、软件测试与开发及计算机相关设备的商品贸易等方面的工作	清华大学、南京大学、北京航空航天大学、上海交通大学、哈尔滨工业大学、武汉大学、复旦大学、吉林大学、浙江大学、重庆大学

续表

专业	教育目标	课程设置	就业发展方向	专业优势院校
网络工程	培养德、智、体、美全面发展,掌握自然科学和人文社科基础知识、计算机科学基础理论、计算机软硬件系统及应用知识、网络工程的专业知识及应用知识,具有创新意识,具有本专业领域分析和解决问题的能力,具备一定的实践技能,并具有良好的外语应用能力的高级研究及应用型专门人才	高等数学、线性代数、概率与统计、离散数学、电路与电子学、数字逻辑电路、数据结构、编译原理、操作系统、数据库系统、汇编语言程序设计、计算机组成原理、微机系统与接口技术、通信原理、通信系统、计算机网络、现代交换原理、TCP/IP原理与技术、计算机网络安全、计算机网络组网原理、网络编程技术、计算机网络管理、网络操作系统、Internet技术及应用、软件工程与方法学、数字信号处理、网格计算技术、计算机系统结构	可成为计算机维修工程师、网络管理员、售后服务工程师、综合布线工程师、技术支持工程师、监理工程师、操作系统工程师、网络架构工程师、网络安全工程师、网络工程师、网站维护工程师、网站设计开发工程师等,也可以从事各级各类企业或事业单位的办公自动化处理、计算机安装与维护、网页制作、计算机网络和专业服务器的维护管理和开发工作、动态商务网站开发与管理、软件测试与开发及计算机相关设备的商品贸易等方面的有关工作	北京邮电大学、电子科技大学、华南理工大学、西安电子科技大学、大连理工大学、南京邮电大学、郑州轻工业学院、杭州电子科技大学、浙江工业大学、中国地质大学(武汉)
信息安全(K)	培养理论基础扎实、专业口径宽、适应性强、工程实践能力强、综合素质高,掌握信息系统与信息安全的基本理论,并能从事信息系统中信息安全技术的研究、设计、开发、应用、管理等工作的高级工程技术人才	电路分析基础、信号与系统、模拟电子线路、数字电路及设计、计算机语言与程序设计、数据结构与算法分析、微机原理与系统设计、数字信号处理、信息论基础、通信原理、通信网络基础、计算机操作系统、数据库、密码学、计算机网络、网络安全理论与技术、信息隐藏、信息安全综合实验、信息对抗	可在政府机关、国家安全部门、银行、金融、证券、通信领域从事各类信息安全系统、计算机安全系统的研究、设计、开发和管理工作,也可在IT领域从事计算机应用工作	哈尔滨工业大学、北京航空航天大学、上海交通大学、武汉大学、中国科学技术大学、西安电子科技大学、北京邮电大学、华中科技大学、电子科技大学、北京交通大学

续表

专业	教育目标	课程设置	就业发展方向	专业优势院校
物联网工程	培养能够系统地掌握物联网的相关理论、方法和技能，熟悉通信技术、网络技术、传感技术的高级工程技术人才	信息与通信工程、电子科学技术、计算机科学与技术、物联网导论、电路分析基础、信号与系统、模拟电子技术、数字电路与逻辑设计、微机原理与接口技术、工程电磁场、通信原理、计算机网络、现代通信网、传感器原理、嵌入式系统设计、无线通信原理、无线传感器网络、近距无线传输技术、二维条码技术、数据采集与处理、物联网安全技术、物联网组网技术	能在政府管理部门、科学研究机构、设计院、咨询公司、建筑工程公司、物业及能源管理、建筑节能设备及产品制造生产企业等单位从事建筑节能的研究、设计、施工、运行、监测与管理工作	哈尔滨工业大学、西安交通大学、东南大学、江南大学、北京交通大学、武汉大学、北京理工大学、北京邮电大学、河海大学、吉林大学
数字媒体技术	培养具有国际视野，熟悉国内外相关行业的发展趋势，具有先进的游戏设计理念、设计思想，熟悉各种游戏类型，熟悉游戏设计流程，具有扎实的数字媒体技术基础理论、宽厚的专业技术基础、较强的逻辑思维能力和的程序开发能力，具有较强的游戏创作实践能力，能够从事游戏程序设计、游戏数值及逻辑策划、游戏项目管理等工作的高级复合型人才	表导演基础、视听语言、影视剪辑、动漫创作、计算机图形学、游戏引擎原理及应用、移动平台游戏开发、游戏创作、摄影摄像技术、艺术设计基础、数字媒体技术概论、程序设计基础、数据库设计、网页设计与制作、交互式多媒体网站开发、数字信号处理、数据结构、算法设计与分析、面向对象程序设计（JAVA）、计算机图形图像处理、人机交互技术、多媒体数据库	可在游戏公司、门户网站、移动媒体、电视台、高校、科研院所以及其他相关企业或事业单位从事游戏策划、设计、开发、制作、运营和管理等方面的工作	浙江大学、哈尔滨工业大学、北京邮电大学、福建师范大学、广州工商学院、华中师范大学、华中科技大学、北京工业大学、江南大学、青岛大学
智能科学与技术(T)	培养具备基于计算机技术、自动控制技术、智能系统方法、传感信息处理技术等进行信息获取、传输、处理、优化、控制、组织并完成系统集成的能力，具有相应工程实施能力，具备在相应领域从事智能技术与工程的科研、开发、管理工作的能力，具有宽口径知识和较强适应能力及现代科学创新意识的高级技术人才	电路分析理论、信号与系统、模拟电子线路基础、数字电路及系统设计、通信电路、计算机语言与程序设计、软件基础技术、微机原理与系统设计、数据结构、数据库概论、人工智能概论、算法设计与分析、自然计算导论、神经网络导论、智能科学与技术	可在外企、IT公司及其他大型公司从事智能应用系统及计算机工程的研发工作，或在政府机构、教育机构、信息中心、数据中心及企业的技术部门和行政管理部门从事计算机、信息处理、教学（教师）、技术管理、系统维护（网管员）和应用部署（软件系统使用和维护）等工作	北京大学、西安电子科技大学、中南大学、中山大学、湖南大学、北京邮电大学、华南理工大学、厦门大学、南开大学、北京科技大学

续表

专业	教育目标	课程设置	就业发展方向	专业优势院校
空间信息与数字技术(T)	培养具有深厚的软件工程理论基础和空间信息技术、通信技术以及计算机网络技术基础,有一定的管理和经济知识基础,能运用数字工程技术对环境、人文、社会、经济等各类信息进行数字化处理,实现网络化传输、可视化表达、智能化决策的复合型高级专门人才	电路分析基础、信号与系统、模拟电子线路、数字电路与系统设计、高频电子线路、计算机语言与程序设计、软件技术基础、微机原理与系统设计、数字信号处理、随机信号分析、信息论基础、编码理论基础、通信原理、电磁场与电磁波、计算机操作系统、数字工程的原理和方法、数据库原理与设计、算法与数据结构、网络管理、离散数学、电子政务与电子商务、网络安全理论与技术、虚拟现实与仿真	可以从事信息和通信系统、数字化国土、数字化城市的研究设计和制造工作,也可以在政府管理部门、军事、经济、科学研究、IT企业、电信部门从事系统管理工作,或可选择相关专业继续深造	武汉大学、电子科技大学、西安电子科技大学、成都理工大学、上海海洋大学、重庆邮电大学、云南师范大学
电子与计算机工程(T)	培养掌握现代电子、自动控制、电力工程以及计算机技术的基础理论及技术,能从事现代电子系统的开发设计、工艺控制、智能设备的软硬件开发以及电力电子系统设计的高级应用型技术人才	计算机屏幕英语、电工基础、办公软件应用、微机安装调与维修、平面图形设计、网络基础与因特网技能、AUTOCAD、网络建设与网页制作、局域网应用技能、专业综合实训	可从事各类电子设备和信息系统的研究、设计、制造、应用和开发工作	上海交通大学

第十节　土木类

专业	教育目标	课程设置	就业发展方向	专业优势院校
土木工程	培养掌握各类土木工程学科的基本理论和基本知识,能在房屋建筑、地下建筑(含矿井建筑)、道路、隧道、桥梁建筑、水电站、港口及近海结构与设施、给水排水和地基处理等领域从事规划、设计、施工、管理和研究工作的高级工程技术人才	工程力学、流体力学、岩石力学、地基与基础、工程地质学、工程水文学、工程制图、计算机应用、建筑材料、混凝土结构、钢结构、工程结构、给水排水工程、施工技术与管理	可成为公务员或从事工程技术、设计、规划、预算、质量监督及工程监理、工程检修领域的教学及科研工作	东南大学、同济大学、清华大学、哈尔滨工业大学、湖南大学、中南大学、浙江大学、河海大学、重庆大学、天津大学

续表

专业	教育目标	课程设置	就业发展方向	专业优势院校
建筑环境与能源应用工程	培养具备丰富的基础理论知识及专业技术能力，能够在设计研究院、工程建设公司、设备制造企业、运营公司等单位从事采暖、通风、空调、净化、冷热源、供热、燃气等方面的规划设计、研发制造、施工安装、运行管理及系统保障等技术或管理岗位工作的复合型工程技术应用人才	建筑力学、工程热力学、传热学、流体力学、建筑环境学，建筑环境与能源学、热质交换理论与设备、流体输配管网、建筑环境测量、冷热源、暖通空调、系统自动化、燃气输配、电工学、建筑给排水、建筑电气、建筑节能与可再生能源利用、施工组织与管理	能够在建筑设计研究和规划管理部门、工程建设公司、设备制造企业、运营公司等单位从事供热、通风、空调、冷热源、净化、燃气等方面的规划设计、研发制造、施工安装、运行管理及系统保障等技术和管理工作	清华大学、同济大学、哈尔滨工业大学、天津大学、中南大学、湖南大学、西安建筑科技大学、重庆大学、西南交通大学、大连理工大学
给排水科学与工程	培养具备城市给水工程、排水工程、建筑给水排水工程、工业给水排水工程、水污染控制规划和水资源保护等方面的知识，能在政府部门、规划部门、经济管理部门、环保部门、设计单位及工矿企业、科研单位及大、中专院校等从事规划、设计、施工、管理、教育和研究开发方面工作的给水排水工程学科的高级工程技术人才	工程力学、测量学、水力学与水泵、水处理微生物学、普通化学	可去建筑公司或者安装公司、概预算部门、设计院、水处理厂或者水务集团、污水处理厂等工作	同济大学、哈尔滨工业大学、湖南大学、西安建筑科技大学、东南大学、兰州交通大学、青岛理工大学、重庆大学、华中科技大学、沈阳建筑大学
建筑电气与智能化	培养能够从事与建筑智能化技术领域有关的设计、管理、研究等工作，具有较强的工程实践能力和较宽的专业知识面，具备执业注册基础知识和基本能力的高级工程技术人才	电气控制与编程、建筑制图与识图、电工基础、电子技术基础、应用电机技术、微机原理与接口技术、电气 CAD、建筑供配电、建筑设备自动化、制冷与空调技术、楼宇给排水、楼宇综合自动化、电梯技术	可从事建筑电气的设计、安装、调试、运行、维护与管理等工作，或在各类企业或事业单位、科研、设计、施工等部门从事建筑电气与智能化领域的研究、设计、生产和开发、运行、管理、维修等工作	西安建筑科技大学、哈尔滨工业大学、长安大学、河北建筑工程学院、北京建筑大学、郑州轻工业学院、沈阳建筑大学、南洋大学、湘潭大学

续表

专业	教育目标	课程设置	就业发展方向	专业优势院校
城市地下空间工程(T)	培养具有坚实的数学、力学等自然科学基础和人文社会科学基础知识，掌握城市地下工程勘察与规划、工程材料、结构分析与设计、机械基础及工程机械、电工技术、工程测量、施工组织和工程概预算、工程监理等方面的基本技术和知识，具有较强的计算机应用能力和较高的外语水平的高级专门人才	工程力学、结构力学、岩石力学、土力学、工程地质、环境工程学、城市地下规划与设计、城市地下空间开发利用、岩土地下工程结构、岩土地下工程施工的基本理论和技术	可在城市地下铁道、地下隧道与管线、基础工程、地下商业与工业空间、地下储库等工程的设计、研究、施工、教育、管理、投资、开发等部门从事技术或管理工作	东南大学、中南大学、山东大学、哈尔滨工业大学、南京工业大学、河南理工大学、山东建筑大学、石家庄铁道大学、南华大学、广东工业大学
道路桥梁与渡河工程(T)	培养国家交通运输网建设中急需的，能够从事公路、城市道路、机场工程、桥梁及隧道工程等方向的设计、施工、养护、管理等方面的科学研究和工程建设工作的高级人才	理论力学、材料力学、结构力学、土力学、机械设计基础、液压传动及伺服、舟艇设计、舟桥结构与计算、军用桥梁、道路勘测与设计、路基路面工程、岸滩工程及其器材的设计与使用、濒海工程施工组织管理、工程兵战术	弱电工程师、电气工程师、电气施工员、机电工程师、项目经理、电气设计师、安装工程师、机电设计师、水电工程师、设计工程师、工程部经理、弱电智能化工程师等	东南大学、哈尔滨工业大学、长安大学、武汉理工大学、武汉工程大学、郑州大学、广东工业大学、山东建筑大学、吉林建筑大学、河北工业大学

第十一节　水利类

专业	教育目标	课程设置	就业发展方向	专业优势院校
水利水电工程	培养具有水利、水电工程的勘测、规划、设计、施工、科研和管理等方面的知识，能在水利、水电等部门从事规划、设计、施工、科研和管理等方面工作的高级工程技术人才	工程力学、水力学、河流动力学、岩土力学、工程地质及水文地质学、工程测量、工程水文学、工程经济学、建筑材料、钢筋混凝土结构和钢结构	可从事水利和土木工程领域的研究、规划、设计、施工和管理等方面的工作	清华大学、武汉大学、天津大学、大连理工大学、河海大学、四川大学、西安理工大学、华中科技大学、新疆农业大学、郑州大学

续表

专业	教育目标	课程设置	就业发展方向	专业优势院校
水文与水资源工程	培养具有较扎实的自然科学及人文科学知识，较强的计算机、外语、管理等方面的应用能力与水文水资源及水环境方面的专业基础知识，能在水利、能源、交通、城市建设、农林、环境保护等部门从事水文、水资源及环境保护方面的勘测、规划设计、预测预报、管理、技术经济分析工作以及教学和基础理论研究工作的高级工程技术人才	自然地质学、气象与气候学、水力学、河流动力学、水利工程、水文学原理、水文统计学、水资源学、地下水文学、环境化学、水利法规	可在国土资源、水利、水资源、城建、环保、交通等部门从事科研、教学、管理、设计和生产等方面的工作，如国家有关部委和地方水文工程勘察设计院、环境监测单位专业规划设计研究院（水利勘察设计研究院、电力设计研究院、煤炭设计研究院、建筑设计研究院等）、工程施工单位、中外合资企业、教育部门、部队等，也可在水文学及水资源、地下水科学与工程等研究生专业继续深造	南京大学、武汉大学、河海大学、西安理工大学、四川大学、浙江大学、中国地质大学（武汉）、长安大学、郑州大学、西北农林科技大学
港口航道与海岸工程	培养具有扎实的自然科学和人文科学基础，掌握港口航道与海岸工程领域以及相关工程领域的规划、勘察、设计、施工、管理和科学研究等方面的理论知识与技能，具有较强的工程实践能力、研究创新能力、组织管理能力、终身学习能力、交流合作能力的高级工程技术人才、管理人才及部分研究型人才	工程制图、理论力学、工程测量、材料力学、结构力学、水力学、工程水文学、建筑材料、土力学与地基基础、工程地质、水工钢筋混凝土结构、河流动力学与航道整治、海岸动力学、水运工程施工、港口规划布置、港口水工建筑物、渠化工程、工程经济学、工程项目管理	可以从事港口航道与海岸工程项目的勘测、规划、设计、施工、技术开发、管理和应用研究工作，也可以从事相关的投资、开发、金融、保险等工作；通过短期在岗学习或实践后，也能胜任土木工程、其他水利工程、海洋工程、市政工程等相近专业的勘测、设计、施工和技术管理等工作	大连理工大学、天津大学、武汉大学、哈尔滨工程大学、河海大学、中国海洋大学、同济大学、重庆交通大学、浙江大学、大连海洋大学

续表

专业	教育目标	课程设置	就业发展方向	专业优势院校
水务工程(T)	培养适应21世纪科技生产力发展要求,德、智、体全面发展,具有广泛扎实的自然科学基础,具备良好的计算机、外语、经济、管理等方面的知识基础,掌握水务工程专业的基础知识及专业技能,具有较强的适应性、创新性及协调能力,能在水务、水利、市政、环境、交通等部门从事与水务有关的规划、设计、施工、管理以及相关的科学研究工作的复合型人才	工程制图、测量学、水力学、工程力学、结构力学、水文地质及工程地质、钢筋混凝土结构、工程水文学、环境概论、城市规划原理、水工建筑物、给水排水工程、水处理工程、水务规划与管理、城市防洪与减灾	可在水务、水利、市政、环境、交通、海洋等有关部门从事规划、设计、施工、管理等工作	河海大学、厦门理工大学、河北工程大学

第十二节　测绘类

专业	教育目标	课程设置	就业发展方向	专业优势院校
测绘工程	培养掌握空间信息获取、处理、分析、表达与应用的基本原理与方法,掌握现代空间测量技术、数字摄影测量与遥感技术、地理信息系统与地图学的基本理论,具有坚实的数学、外语、计算机应用基础和良好业务素质的高级人才	大地测量学基础、空间测地理论与技术、影像与制图、工程测量学、数字摄影测量学、地理信息系统原理及应用、高等测量平差、变形监测与数据处理、工程与工业摄影测量学、工程监理、工程制图、地震地质学基础	可从事数字测绘和国家基础地理信息建设、应用与开发,或在航天航空、农业、环境、交通、军事、国土资源管理、规划等相关领域从事测绘信息的获取、处理和应用工作	武汉大学、同济大学、河南理工大学、中南大学、辽宁工程技术大学、山东科技大学、中国矿业大学(徐州)、西南交通大学、桂林理工大学、西安科技大学
遥感科学与技术	培养具备遥感科学与技术专业基础理论、基本知识和基本技能,能从事本专业及相关领域的研究、开发、设计、教学、生产及管理等工作,具有较强的实际工程能力和一定研究能力的复合应用型人才	电磁场理论、电子技术应用、航空与航天摄影、数字图像处理、遥感原理与应用、近景摄影测量、摄影测量学、微波遥感、数据结构与数据库、模式识别、遥感图像解译、环境保护与规划、数学规划与测量中的应用、计算机视觉、海洋测绘、计算机网络与应用、虚拟现实技术、人工智能、信息论、地图投影与变换	可在测绘、遥感、地质、水利、交通、农业、林业、石油、矿山、煤炭、国防、军工、城建、环保、文物保护等行业和部门从事与摄影测量与遥感相关的科研、教学、设计、生产及管理工作	武汉大学、北京航空航天大学、哈尔滨工业大学、首都师范大学、西安电子科技大学、中南大学、西南交通大学、南京信息工程大学、河南理工大学、山东科技大学

续表

专业	教育目标	课程设置	就业发展方向	专业优势院校
导航工程（T）	培养从事导航装备与通信装备的使用、维修、监造、管理的高级工程技术人才和导航通信分队作战指挥、组织训练、日常管理的初级指挥军官	电路分析基础、信号与系统、信息处理、空军通信组织与管理、通信网技术与管理、无线电导航原理与系统、仪表与微波着陆设备、塔康地面信标	可从事导航装备与通信装备使用、维修、监造、管理等工作	武汉大学、闽江学院
地理国情监测（T）	培养具有扎实的基础理论知识、现代测绘技术、人文社会科学调查技术，具有地理国情动态获取、集成处理、综合分析和评估等能力的交叉复合型专门人才	地理国情概论、地理国情调查技术与方法、地理国情监测原理、地理调查与编码、地理国情数据分析，地理国情监测应用建模、地理国情数据处理（双语课程）、数字传感器网络技术、测量学、遥感原理、摄影测量学、全球卫星导航定位技术、地理国情报告与发布、空间数据库、自然地理学、人文地理学、经济地理与区域规划、概率论与数理统计、运筹学、网络地理信息系统、国情信息技术集成（全英文课程）、计算机基础与程序设计（C语言）、数据结构、数字图像处理	能在测绘、国土、规划、民政、水利、交通、环境、生态、矿场、农业、林业、人口、气候、国防、军事、安全、公共卫生、重大工程等政府部门、科研院校、企业或事业单位从事与地理国情监测相关的科研、教育、技术研发和管理工作	武汉大学

第十三节　化工与制药类

专业	教育目标	课程设置	就业发展方向	专业优势院校
化学工程与工艺	培养具备化学工程与化学工艺方面的知识，能在化工、炼油、冶金、能源、轻工、医药、环保和军工等部门从事工程设计、技术开发、生产技术管理和科学研究等方面工作的工程技术人才	物理化学、化工原理、化工热力学、化学反应工程、化工分离工程、化工传递过程、化工系统工程、催化原理、化工工艺学、化工设计、环境工程、煤化工工艺学、天然气综合利用、燃气输配、炼焦工艺学、化产工艺学、碳素化学、化工技术经济	能在化工、炼油、冶金、能源、轻工、医药、环保和军工等部门从事工程设计、技术开发、生产技术管理和科学研究等方面的工作	华东理工大学、天津大学、北京化工大学、南京工业大学、大连理工大学、浙江大学、华南理工大学、四川大学、太原理工大学、郑州大学

续表

专业	教育目标	课程设置	就业发展方向	专业优势院校
制药工程	培养具有制药工程方面的知识，能在医药、农药、精细化工和生物化工等部门从事医药产品的合成与工艺研究、医药产品开发、应用研究和经营管理等方面的工作的高素质研究应用型专门人才	有机化学、生物化学、物理化学、化工原理、制药工程、药物合成反应、药物化学、药理学、药剂学、天然药物化学、应用光谱解析、制药工艺学、药用高分子材料、制药分离工程、药物分析、制药装备与车间设计、药事管理学、药品营销等，部分中药制药学科还包括药用植物学、中药学、方剂学、中药化学、中药药剂学、中药制剂分析、中药药理学等课程	从事医药产品的生产、科技开发、应用研究和经营管理等方面的工作	华东理工大学、天津大学、南京工业大学、北京化工大学、大连理工大学、沈阳药科大学、浙江工业大学、四川大学、中国药科大学
资源循环科学与工程(T)	培养面向国家建设需要，适应未来科技发展，掌握循环经济工程技术方面的基础理论知识，具有扎实的基础理论、宽厚的专业知识和突出的实践能力，具备从事循环经济工程技术基础理论研究与技术开发的基本能力，能在循环经济工程技术领域从事科学研究、工程技术开发、经营管理等方面的工作，德、智、体、美全面发展的高素质人才	传递工程、材料科学基础、循环经济概论、环境科学基础、工业废弃物处置与处理、循环经济理论与生态工业技术、系统工程导论	可在政府的资源管理部门、科研机构、环境工程规划、工矿企业、产业生态园等相关单位从事资源高效利用及固体废弃物的减量化、资源化、生态化以及可再生资源技术开发、系统运行管理、教育和咨询工作	华东理工大学、南开大学、东北大学、大连理工大学、北京工业大学、长春工业大学、福州大学、武汉纺织大学、天津理工大学、西安建筑科技大学
能源化学工程(T)	培养掌握化学能源转化与利用的基本理论、知识和技能，具有良好的科学素养、基础扎实、知识面宽，具有创新精神和国际视野，具备在煤炭行业、电力行业、石油石化行业、生物质转化利用行业从事低碳能源清洁化、可再生能源利用以及能源高效转化、化工用能评价等领域进行科学研究、生产设计和技术管理的能力的高级应用型专门人才	有机化学与分析化学、物理化学、有机化学、化工热力学、化工原理、化学反应工程、石油加工工程及实验、有机化工工艺、石油炼制工程概论、能源工程概论、合成燃料化学、可再生能源工程、化工用能评价、合成燃料化工设计、能源转化催化原理、合成燃料工程、煤化工工艺学、天然气化工工艺学、能源经济学、能源化工设计、专业英语	煤化工行业、天然气化工行业、电厂化工综合利用行业、生物能源化工行业、固体废物综合处理行业、石油加工行业、石油化工行业、天然气行业、城市燃气、分析检测、催化剂生产和研发行业	北京化工大学、华南理工大学、华北电力大学、中国石油大学(北京)、西北大学、东北电力大学、北京理工大学、大连理工大学、哈尔滨工业大学、银川能源学院

续表

专业	教育目标	课程设置	就业发展方向	专业优势院校
化学工程与工业生物工程(T)	培养掌握化学、生物学、化学工程学的基本理论和方法，具备应用化学与生物学知识实现工业规模的分子转化与加工工作的综合技能与能力的高级人才	高等数学、线性代数、无机化学与化学分析、植物组织培养技术、有机化学、生物化学、化工原理、生化工程、微生物学、细胞生物学、遗传学、分子生物学、基因工程、细胞工程、蛋白质工程、微生物工程、生物工程下游技术、发酵工程设备、概率论与数理统计、动物生理学、生态学	可在医药、食品、环保、商检等部门从事生物产品的技术开发、工程设计、生产管理及产品性能检测分析等工作，或在教学部门从事研究与教学工作	清华大学

第十四节 地质类

专业	教育目标	课程设置	就业发展方向	专业优势院校
地质工程	培养德、智、体、美全面发展，具有扎实的自然科学知识和良好的人文科学素养，有从事资源地质勘察、工程地质勘探工作及解决常见地质工程问题的基本能力，掌握地质工程专业基本知识和技能，理论基础(数学、力学知识)扎实，工程概念和动手能力强，地质知识全面，且有创新意识与实践能力的高素质应用型专门技术人才	高等数学、大学外语、大学物理、大学化学、工程制图、大学计算机信息技术、程序设计语言、概率论与数理统计、普通地质学、矿物岩石学、构造地质学、第四纪地质与地貌学、地史古生物、工程物探化探、工程力学、测量学、土力学、岩体力学、工程地质原理、工程地质勘察、水文地质学基础、地下水动力学、水文地质勘察、地质工程设计	可在国土资源、工矿企业、工程设计院、资源勘查与评价、环境评价、城市与环境水文地质、工程勘察、设计和施工、生产管理等行业从事资源勘察与评价和各类工程建设方面的工作及其他开发、科研与管理工作	南京大学、同济大学、西南交通大学、中国地质大学(武汉)、长安大学、成都理工大学、西安科技大学、河南理工大学、安徽理工大学、河海大学
勘查技术与工程	培养能从事矿产、能源和地下水等资源的勘探与开发以及岩土工程、地基与基础工程、地质灾害治理等的勘察与施工工作，懂设计、检测、监理的高级技术与管理人才	工程力学、地质学基础、工程地质分析原理、工程地质勘察、岩土力学、岩土钻孔工程、岩土工程设计与施工、岩土加固与治理、岩土工程检测技术、岩土工程机械、岩土工程施工项目管理、水文地质学、环境工程地质学	可到资源勘查、工程勘查、管理等单位从事各类资源勘查与评价、管理及工程勘查、设计、施工与监理等方面的工作	吉林大学、西北大学、中国地质大学(武汉)、成都理工大学、长江大学、西南石油大学、中国石油大学、中国地质大学、桂林理工大学、东华理工大学

续表

专业	教育目标	课程设置	就业发展方向	专业优势院校
资源勘查工程	培养具备地质学的基础理论知识，掌握地质调查与勘探的室内、外工作方法，具有对矿床地质、矿床分布规律等进行综合分析和研究的初步能力，能在资源勘查、开发(开采)与管理等领域从事固体、液体、气体矿产资源勘查、评价和管理等方面工作的高级工程技术人才	普通地质学、晶体光学与光性矿物学、沉积岩石学、结晶学与矿物学、古生物地层学、构造地质学、矿床学、能源地质学、资源勘探学、应用地球物理、应用地球化学、资源管理与评价	可在科研机构、高等学校或技术和行政部门从事勘查技术与工程领域的工程勘察、资源勘查等方面的科研、教学、技术开发和管理工作	吉林大学、中国地质大学(武汉)、西北大学、成都理工大学、长江大学、中国地质大学(北京)、长安大学、西南石油大学、东北大学、东华理工大学
地下水科学与工程(T)	培养能在国土、水利、城建、农林、煤炭、冶金、环保等部门从事水文地质、工程地质、水资源及地质灾害等方面的勘查、设计、施工、管理、技术经济分析以及教学和基础理论研究等工作的优秀人才	地下水科学概论、地下水水力学、地下水水动力学、构造地质学、大地地质学、结晶学与矿物学、岩石学、地下水水化学、地下水工程概论、岩土环境工程、地下水资源评价与开发利用、岩土力学、地质灾害与防治、数学物理方法、第四纪地质与地貌、地下水污染与环境治理、综合地质学	可在国土资源、水利、城建、环保、煤炭、冶金、交通等单位的相关部门(水利勘察设计研究院、电力设计研究院、煤炭设计研究院、建筑设计研究院、地热开发设计院及各种工程施工单位)以及中外合资企业、教育部门、部队的相关领域从事与地下水科学与工程有关的科研、教学、管理、设计和生产等方面的工作，也可在地下水科学与工程、水文学及水资源等专业继续深造	中国地质大学(北京)、中国地质大学(武汉)、吉林大学、河北地质大学

第十五节　矿业类

专业	教育目标	课程设置	就业发展方向	专业优势院校
采矿工程	培养具备固体(煤、金属及非金属)矿床开采的基本理论和方法,具备采矿工程师的基本能力,能从事矿区开发规划、矿山(露天、井下)设计、矿山安全技术及工程设计、监察、生产技术管理科学研究的高等工程技术人才	岩体力学、工程力学、采矿学、特殊开采技术、矿山压力及岩层控制、井巷工程、矿井设计、矿井通风与安全、电工与电子技术、采矿机械与设备、地下采矿学、矿山企业管理、采矿模型、岩体控制实验、矿山通风	可在煤矿、金属矿场、石油和天然气开采部门、宝石开采部门、矿务局、矿山管理处、特殊地下工程建设公司(隧道、蓄水坝等)、采矿设备配件供应公司、矿山测量工程所等单位从事工程技术工作,或可在国土规划、环保和河道管理等与城市基础有关的政府机关工作	北京科技大学、东北大学、重庆大学、山东科技大学、太原理工大学、中国矿业大学(徐州)、河南理工大学、安徽理工大学、中国矿业大学(北京)、西安科技大学
石油工程	培养具备工程基础理论和石油工程专业知识,能在石油工程领域从事油气钻井工程、采油工程、油藏工程、储层评价等方面的工程设计、工程施工与管理、应用研究与科技开发等方面的工作,获得石油工程师基本训练的高级专门技术人才	技术经济学、油气田开发地质、工程力学、计算机程序设计、流体力学、渗流力学、钻井工程、采油工程、油藏工程、油田化学、钻采新技术	从事油气钻井与完井工程、采油工程、油藏工程、储层评价等方面的工程设计、工程施工与管理、应用研究与科技开发等方面的工作	西南石油大学、东北石油大学、中国石油大学(北京)、中国石油大学(华东)、中国地质大学(北京)、长江大学、西安石油大学、重庆科技学院、燕山大学、中国地质大学(武汉)
矿物加工工程	培养从事矿物(金属、非金属、煤炭)分选加工和矿产资源综合利用领域内的生产、设计、科学研究与开发及技术改造与管理工作的高等工程技术人才	物理化学、工程流体力学、选矿学、矿物加工厂工艺设计、矿物加工试验研究方法、技术经济分析与生产管理	可在矿产资源利用领域的设计研究单位、厂矿企业及政府机关从事矿物(金属、非金属、煤炭)分选加工工作,也可从事金属矿物、非金属矿物资源综合利用领域内的技术改造、生产、设计、决策、科学研究、开发及管理工作,还可从事高等学校的教学与科研工作	北京科技大学、东北大学、武汉理工大学、中国矿业大学(徐州)、昆明理工大学、河南理工大学、中国矿业大学(北京)、武汉科技大学、太原理工大学、安徽理工大学

续表

专业	教育目标	课程设置	就业发展方向	专业优势院校
油气储运工程	培养具备工程流体力学、物理化学、油气储运工程等方面知识，能在国家各级发展计划部门、交通运输规划与设计部门、油气储运管理部门等从事油气储运工程的规划、勘查设计、施工项目管理和研究、开发等工作的高级工程技术人才	工程力学、工程流体力学、工程热力学、传热学、物理化学、泵与压缩机、电工与电子技术、油气管道设计与管理、油气集输、油库设计与管理、油气储运工程最优化、技术经济学	可在输油输气管道公司、管道或油田设计研究院、城市燃气公司、部队等行业与部门从事科研、管理、设计施工等工作	西南石油大学、东北石油大学、中国石油大学（北京）、辽宁石油化工大学、中国石油大学（华东）、华东理工大学、长江大学、西安石油大学、重庆科技学院、常州大学
矿物资源工程（T）	培养具备较深厚的基础理论知识和现代科技知识，能在规划设计、生产经营、投资、管理、教育、科研等部门从事矿物资源的开发、加工利用以及相关设施等方面工作的高级工程技术专门人才	工程力学、工程化学、流体力学、地质学与矿物学、矿床地质与油气田地质、岩石力学与爆破工程、矿床开采、油气田钻探与开发、矿物加工与利用、技术经济学	可在规划设计、生产经营、投资、管理、科研等部门从事矿物资源开发、加工利用、规划与设计、矿业投资（咨询）、企业生产与经营、技术与行政管理、工艺革新与技术研发以及相关设施建设等方面的工作	北京科技大学、广西大学、南开大学
海洋油气工程（T）	主要面向石油石化销售行业和炼化行业、城市燃气行业、石油和天然气仓储行业，培养油气储运工程建设管理人才与储运管理人才	工程制图、工程力学、工程流体力学、计算机应用、大学外语、海洋平台工程、石油地质学、海洋钻井工程、海洋采油工程	可在国家各级发展计划部门、交通运输规划部门与设计部门、石油石化企业与城市燃气企业等单位从事油气储运工程的规划、勘查设计、施工项目管理和研究、油品应用、石油营销及管理等工作	西南石油大学、东北石油大学、中国石油大学（华东）、中国石油大学（北京）

第十六节 纺织类

专业	教育目标	课程设置	就业发展方向	专业优势院校
纺织工程	培养具备纺织工程方面的知识和能力,能在纺织企业或科研、教学等部门从事纺织品设计开发、纺织工艺设计、纺织生产质量控制、生产技术改造以及具有经营管理初步能力的高级工程技术人才	国际贸易实务、纺织工程、纺织与服装贸易、市场营销学、纺织商品学、纺织企业管理、电子商务、服装设计、服装工艺、服装 CAD、服装材料学、纺纱学、织造学、纺织品开发及质量控制	可在纺织企业、科研机构从事纺织品设计开发、纺织工艺设计、纺织生产质量控制、生产技术改造及经营管理等工作,也能在高校从事教学与科研工作	东华大学、天津工业大学、苏州大学、江南大学、浙江理工大学、武汉纺织大学、西安工程大学、中原工学院、河北科技大学、青岛大学
服装设计与工程	培养具备服装设计、服装结构工艺及服装经营管理理论知识和实践能力,能胜任服装生产和销售企业、服装研究单位、服装行业管理部门及新闻出版机构等相关工作需要的高级专门人才	服装设计、服装色彩、服装材料、服装结构、成衣纸样与工艺、服装 CAD、服装生产与管理、服装工业制板、服装市场营销、服装史、美学、服装工效学	在服装生产与销售企业、服装研究单位、服装行业管理部门及新闻出版机构等从事服装产品开发、市场营销、服装理论研究及宣传评论等方面的工作	东华大学、浙江理工大学、江南大学、西安工程大学、吉林大学、天津工业大学、北京服装学院、苏州大学、大连工业大学、武汉纺织大学
非织造材料与工程(T)	培养具有扎实的纺织及材料科学方面的基础知识和能力,适应现代新材料迅速发展的趋势,能在非织造材料与产品制造领域从事科学研究、技术开发、工艺和装备设计、环境保护、国内外贸易、产品设计、新产品研制、工程应用及营销与管理等工作的社会急需的复合型高级专门人才	概率论与数理统计、机械设计基础、电工及电子技术、微机原理及应用、非织造化学与实验、非织造用黏合剂与助剂、非织造原理、非织造布后整理、非织造布性能测试、非织造产品开发与市场营销、非织造专业外语、企业管理概论与技术经济分析、机电传动控制基础、可编程控制器原理及应用、流体力学、非织造设备、生物化学、非织造产品应用与质量标准、纺织电子商务、国际贸易与实务、非织造专业认知实习、工艺上机实习、产品设计实习	可从事非织造材料与工程领域内的产品开发、工艺设计、设备设计与生产、生产技术管理、经营与贸易和质量检验等工作,也可就业于国内外纺织贸易、外资企业、政府部门、商检与海关、国有及私营企业、科研院所等	天津工业大学、浙江理工大学、苏州大学、西安工程大学、武汉纺织大学

续表

专业	教育目标	课程设置	就业发展方向	专业优势院校
服装设计与工艺教育(T)	培养掌握服装设计与工艺的基本理论、技能与方法，具有将科学思维方法和实际动手能力相结合的能力，具备服装艺术设计创新思维，熟练掌握服装造型与结构设计原理以及计算机辅助设计技能，能熟练制作服装，具有教书育人的良好素质，能够进行服装设计与工艺制作的高级应用型人才	服装结构设计与制作、服装设计、服装 CAD、服装生产管理与营销、排料与推板、服装立体裁剪、服装专业英语、时装画技法、时装画基础、服装配色与图案设计、专业实训	可在服装行业，从事服装设计与开发、服装生产工艺设计、服装打板、服装推板、服装生产工艺单编写、样衣制作、服装生产管理等工作，或在中、高等职业技术学校的服装设计与工艺课程专业从事教育工作	河南科技学院

第十七节　轻工类

专业	教育目标	课程设置	就业发展方向	专业优势院校
轻化工程	培养在染整工程、皮革工程、制浆造纸等轻纺化工领域从事工业生产、工艺设计、科学研究、技术管理和新产品开发的工程技术人才	无机及分析化学、有机化学、物理化学、高分子化学及物理、化工原理、新型染整技术、染整工艺与原理、染料化学	可以就职为合成催化剂、洗涤产品和化妆品类的技术员，也可以在制药厂、外资企业从事生产及技术的研发工作	华南理工大学、四川大学、天津科技大学、江南大学、陕西科技大学、齐鲁工业大学、东华大学、广西大学、武汉纺织大学、南京林业大学
包装工程	培养适应经济建设与社会发展需要，理想远大、富有科学和创新精神，具有宽广的工程基础，能熟练地掌握商品包装的设计工艺以及生产装备方面的知识，能够胜任研究、设计、生产、管理和新产品开发工作，德、智、体、美全面发展的复合型高级专门人才	包装机械设备、包装材料、包装工艺学、包装装潢设计、包装结构设计、包装造型、运输包装、包装测试技术、工程力学、工程流体力学、工程图学、机械原理、热力学、电工学、计算机基础、工业美术基础、包装 CAD、包装自动化、包装与销售心理学、包装美术赏析、包装管理、广告设计	从事包装系统设计、质量检测、技术管理和科学研究等工作	天津科技大学、江南大学、陕西科技大学、武汉大学、武汉理工大学、山东大学、大连工业大学、北京印刷学院、武汉轻工大学、北京工商大学

续表

专业	教育目标	课程设置	就业发展方向	专业优势院校
印刷工程	培养适应社会发展需求，德、智、体、美全面发展，具有正确的人生观、价值观和一定的人文艺术修养，具有扎实的自然科学基础，受过良好的工程训练，掌握印刷工程专业主干学科和相关学科涉及的核心基础理论和知识，熟悉印刷及相关产业的生产、管理和运行，了解印刷及相关产业技术的现状和发展趋势，具备较强的综合运用所学专业知识分析和解决本领域涉及的工程技术问题的能力和创新意识，具备良好的外语运用能力的复合应用型高级专门人才	印刷概论、色彩学、色彩管理原理与应用、信息获取与输出技术、印前处理原理与技术、印刷原理与工艺、材料科学基础、信息记录材料与技术、显示材料与技术、印刷材料与适性、数字图像处理、计算机图形学、数字内容管理、页面描述语言、印刷设备、计算机集成印刷系统、信息与信息编码、通信与信息系统	可在网络、通信、IT、数字媒体行业及新闻出版单位的出版社、期刊社、报社以及中外大型企业的企业文化发展部门、图书和出版工作室、网站、排版公司、广告公司以及其他传播行业单位从事文字技术编辑、图文编排、版面设计、出版物质量监控、出版物成本核算、印制业务管理、网络编辑、校对、出版物生产组织管理的工作，也可在各类企业或事业单位和行政机关单位从事文稿编辑出版、宣传策划等工作	北京印刷学院、武汉大学、西安理工大学、湖南工业大学、上海理工大学、陕西科技大学、天津科技大学

第十八节　交通运输类

专业	教育目标	课程设置	就业发展方向	专业优势院校
交通运输	培养具备运筹学、管理学、交通运输组织学等方面知识，能在国家各级交通运输管理部门、交通运输企业或事业单位等从事交通运输组织、指挥、决策，交通运输企业生产与经营管理的高级技术人才	工程图学、理论力学、材料力学、结构力学、测量、汽车构造、汽车设计、汽车理论、热工与发动机原理、液压与气压传动、机械设计、汽车制造工艺学、机械原理、单片机原理与应用、土质学与土力学、道路建筑材料、路基路面工程、公路勘测设计、桥梁工程、交通工程学、交通规划、交通控制与管理、智能交通	可到国家与省、市的发展规划部门、交通规划与设计部门、交通管理部门、交通工程公司等单位从事交通运输规划、交通工程设计、交通控制系统开发等方面的工作，也可在高等院校、科研院所从事教学和科学研究工作	北京交通大学、西南交通大学、长安大学、同济大学、中南大学、东南大学、大连海事大学、上海交通大学、北京航空航天大学、南京航空航天大学

续表

专业	教育目标	课程设置	就业发展方向	专业优势院校
交通工程	培养富有创新精神和实践能力，具有坚实的基础知识，掌握必备的交通工程、信息工程和系统工程的基本理论和技能，能够在交通工程领域从事交通系统分析和评价、交通运输规划、交通工程设计、交通控制与管理系统开发、交通咨询、交通管理等方面工作的高级工程技术和科研人才	数学、外语、控制工程基础、工程力学基础、微机原理及应用、电子学、电工学、交通运输工程、交通系统分析、交通规划、交通工程设计、交通控制与管理、道路工程、高速公路管理、车辆调度管理、运输物流工程、智能运输系统	主要面向公路、桥梁、市政、城建、公安、铁道和民航等领域，适合在公路局、交通局、市政局、建设局、设计院、高速公路建设公司、高速公路养护公司、交通管理部门等单位从事交通规划、勘测、设计、建造、监理、管理等方面的技术和管理工作，亦可到科研、教学单位工作，或继续深造	北京交通大学、西南交通大学、东南大学、同济大学、长安大学、西安建筑科技大学、吉林大学、长沙理工大学、西北工业大学、重庆交通大学
航海技术(K)	培养具备海洋船舶驾驶、船舶运输管理等方面知识，能在海洋运输相关的各企业或事业单位从事海洋船舶驾驶和营运管理工作，符合国际和国家海船船员适任标准要求的高级人才	航海学、航海英语、船舶操纵与避碰航、船舶管理、海气象与海洋学、船舶结构与货运、航海仪器、船舶无线电技术基础、海洋船舶驾驶、海商法、船舶原理、船舶自动化基础、GMDSS 认识与操作	可在船舶航行部门、管理部门以及海洋运输企业、事业单位从事海洋船舶驾驶和营运管理工作	大连海事大学、上海海事大学、集美大学、武汉理工大学、重庆交通大学、宁波大学、广东海洋大学、烟台大学
轮机工程(K)	培养具备机械原理和轮机系统等方面知识，能在海洋运输相关的各企业或事业单位从事轮机操纵、维修和船舶监造工作，并基本具备同类船舶工管轮任职资格的高级技术人才	工程热力学、传热学、流体力学、理论力学、材料力学、机械设计基础、金属材料、电路与电子技术、轮机工程、轮机操作、自动化技术基础	可从事管理船舶所有机电设备和动力装置的机电全能工程师的工作	哈尔滨工程大学、大连海事大学、武汉理工大学、上海海事大学、华中科技大学、集美大学、重庆交通大学、宁波大学、江苏科技大学
飞行技术(K)	培养具备空气动力学、飞行力学、飞行性能与操纵原理等方面的知识，能在民用航空公司从事民航航线飞行驾驶，并且符合国际民航航线运输机驾驶员执照标准和营运管理要求的高级技术人才	飞行原理、飞机构造、航空发动机、机械设备、飞机自动飞行、空中领航、航空气象、维修工程基础、发动机维修、系统维修、飞行安全、机组资源管理、航空体育	可在各大航空公司从事民航航线的飞行驾驶工作	中国民用航空飞行学院、北京航空航天大学、中国民航大学、南京航空航天大学、上海工程技术大学

续表

专业	教育目标	课程设置	就业发展方向	专业优势院校
交通设备与控制工程(T)	培养适应国家交通运输设备现代化建设和未来社会科学发展需要，具备交通设备与控制工程及机电技术方面的专业基础知识与应用能力，富有创新精神、实践能力的高素质复合型人才	计算机工程图学、理论力学、材料力学、机械设计基础、数字电子技术、控制工程基础、测试技术与信号处理、流体传动与控制、CAD/CAM 技术	可在交通设备及其相关领域从事科学研究、技术开发、设计制造、检修、运用研究、生产及经营管理、教学等方面的工作	中南大学、哈尔滨工业大学、西北工业大学、重庆交通大学、大连交通大学
救助与打捞工程(T)	培养德、智、体全面发展，了解救助与打捞相关的法律法规，掌握先进的救捞技术及专业技能，熟悉现代化的救捞设备，能在交通运输部所属的救助打捞系统、各类海洋工程公司、进行救助打捞装备的研究设计及制造的研究所或设计所或进行打捞技术或救助培训的企业及教育机构从事设计、研究、制造、检验、指挥、管理及救助实施等工作的高级工程技术人才	船舶设计原理、机械设计基础、机械制造基础、材料力学、船舶与海洋工程结构力学、流体力学、船舶静力学、航海气象学、航海概论、轮机概论、潜水技术基础、海洋工程、救助工程、打捞工程、救助与打捞政策法规、国际标准合同、救捞应急管理、救捞及海洋工程项目管理	可在交通部所属的救助打捞系统、各类海洋工程公司、研究、设计及制造救助打捞装备的研究所和设计所、企业以及培训救助打捞技术的教育机构从事设计、研究、制造、检验、指挥、管理及实施等工作	大连海事大学
船舶电子电气工程(TK)	培养适应船舶自动化要求，熟练掌握电气技术、电子技术(包括电力电子、通信电子)、控制技术、计算机控制及网络技术等先进知识，满足国际海事组织 STCW 国际公约中规定的“电气、电子和控制工程”“维护和修理”和“无线电通信”三项高级海员职能要求，能够胜任现代船舶各项自动装置的维护和修理任务的工程技术人才	电路原理、模拟电子技术、数字电子技术、电力电子技术、通信电子线路、自动控制原理、计算机网络应用、微机原理及应用、PLC 编程及工程应用、传感器原理及应用、电机学、交流调速、船舶电站、船舶电力拖动系统、船舶电气设备及系统、船舶机舱自动控制系统、船舶综合驾驶台系统、船舶电子电气工艺、船舶电子电气专业英语	可从事的主要工作有船舶电子电气设备维护，船舶电子电气生产设计、航运企业机电管理、船舶电子电气检验、海事管理、港口电气设备管理和维护、船舶电子电气专业教学及科研等工作	大连海事大学、重庆交通大学、集美大学

第十九节　海洋工程类

专业	教育目标	课程设置	就业发展方向	专业优势院校
船舶与海洋工程	培养具备现代船舶与海洋工程设计、研究、建造的基本技能和管理学基础知识，具备计算机编程及应用能力，能在船舶与海洋结构物设计、研究、制造、检验、使用和管理等部门从事技术和管理方面工作的高级工程技术人员	理论力学、材料力学、流体力学、结构力学、船舶与海洋工程原理	可在船舶与海洋工程设计研究单位、海事局、国内外船级社、船舶公司、船厂、海洋石油单位、高等院校、船舶运输管理单位、船舶贸易与经营单位、海关、海上保险和海事仲裁等部门，从事船舶与海洋结构物设计、研究、制造、检验、使用和管理等工作，也可到相近行业和信息产业有关单位就业	哈尔滨工程大学、上海交通大学、武汉理工大学、大连理工大学、天津大学、江苏科技大学、大连海事大学、华中科技大学、上海海事大学、华南理工大学
海洋工程与技术(T)	培养具备海洋科学的基本知识及海洋高新技术的开发研究能力，能从事海洋高科技、海洋资源开发及海洋工程相关工作的高级专门人才	海洋科学导论、生物海洋学、海洋地质学、海洋调查与观测技术(含出海实习)	可在海洋工程设计、研究、建造、检验等部门从事海洋结构物的研究、设计、制造、检验、贸易工作，也可从事海洋油气开发以及航运管理、海上保险等工作，也可以到海洋开发、航务工程、船舶工程、道路与桥梁工程等相近专业部门工作	浙江大学、浙江海洋大学、江苏科技大学
海洋资源开发技术(T)	培养具备海洋水产、海洋油气开发、海底采矿、海水淡化、海洋能开发等知识，能从事海洋高科技、海洋资源开发及海洋工程工作的高级专门人才	海洋科学导论、电子科学与技术、环境科学、生物海洋学、海洋地质学、海洋调查与观测技术	可从事海洋生物技术、海洋资源综合利用技术、深海资源勘探与开发等方面的相关工作	同济大学、中国海洋大学、大连理工大学

第二十节　航空航天类

专业	教育目标	课程设置	就业发展方向	专业优势院校
航空航天工程	培养具有扎实的数学、物理、力学、计算机等学科的基础理论，掌握航空航天领域的多学科知识，具有良好的综合能力和创新意识，具有全面的文化素质和较强的环境适应能力，能从事与航空航天飞行器的总体、结构与系统设计等相关工作的高级人才	工程热力学、空气动力学、材料与结构、自动控制原理、飞行器总体设计、航空宇航推进理论、航空电子系统	可从事航空航天类工程技术人员工作	清华大学、西北工业大学、北京理工大学
飞行器设计与工程	培养具有良好的数学、力学基础，具有飞行器工程基本理论和工程应用等方面的知识，能从事飞行器(包括航天器与运载器)的总体设计、机构设计、飞机外形设计、飞机性能计算与分析、结构受力与分析、飞机故障诊断及维修、软件开发等工作，并能从事通用机械设计及制造工作的高级工程技术人员和研究人员	材料力学、机械设计、弹性力学、结构力学、流体力学与空气动力学基础、飞行器结构力学、飞行力学、结构强度、试验技术、自动控制理论、飞行器总体设计、结构设计、复合材料设计与分析、民机结构维修、民机维修无损检测	可在航空航天系统的设计、生产与养发部门从事飞行器的设计、结构受力与分析、故障诊断与维修、软件开发等方面的研究、计划、教育和管理工作	北京航空航天大学、南京航空航天大学、西北工业大学、哈尔滨工业大学、北京理工大学、西安交通大学、浙江大学
飞行器制造工程	培养在飞行器制造领域从事设计、制造、研究、开发与管理工作的高级工程技术和管理人才	航空制造工程概论、计算机辅助技术概论、计算机图形学、结构有限元法、金属塑性成形原理、飞机装配工艺学、计算机辅助几何造型技术、计算机辅助制造、模具设计与制造、塑性成形有限元法以及飞机钣金成形工艺	可在航空航天、机械设计与制造、材料加工以及计算机应用等行业以及研究院、企业及高等院校从事科研、设计、生产、技术管理和教学等方面的工作	南京航空航天大学、北京航空航天大学、西北工业大学、哈尔滨工业大学、沈阳航空航天大学、同济大学、中国民航大学、南昌航空大学
飞行器动力工程	培养具备飞行器动力装置或飞行器动力装置控制系统等方面的知识，能在航空、航天、交通、能源、环境等部门从事飞行器动力装置及其他热动力机械的设计、研究、生产、实验、运行维护和技术管理等方面工作的高级工程技术人才	机械原理及机械设计、电工与电子技术、工程力学、工程热力学、传热学、流体力学、材料力学、空气动力学、理论力学、动力装置原理及结构、动力装置制造工艺学、动力装置测试技术	可在航空航天领域从事飞行器推进系统的的理论研究与试验、设计与开发以及技术管理等工作	北京航空航天大学、南京航空航天大学、西北工业大学、中国民航大学、哈尔滨工业大学、北京理工大学、沈阳航空航天大学

续表

专业	教育目标	课程设置	就业发展方向	专业优势院校
飞行器环境与生命保障工程	培养具备航空、航天环境模拟及控制、生命保障系统的设计与研究能力，能在航空航天领域从事环境控制与生命保障系统的设计，在民用领域从事热能利用、空调、供暖等系统设计工作的工程技术人才	工程热力学、传热学、空间环境工程、航空航天生理学、控制理论、人机环境系统工程、人机工效学、空气动力学、理论力学、结构强度基础、计算机可视化技术、空调制冷技术、航空航天环境模拟与控制技术、航空航天安全工程、空间环境试验技术、人工智能工程导论、飞行器总体设计、振动与噪声控制技术有限元基础	可在航空类科研单位及飞行器生产公司从事技术工作	北京航空航天大学、南京航空航天大学、西北工业大学
飞行器质量与可靠性（T）	培养能运用系统工程的理论和方法，掌握产品可靠性、维修性、测试性、保障性、安全性设计与试验技术的高层次、综合性、复合型高级工程技术人才	公共基础课程、机电类专业基础课程、飞行器设计与工程专业基础课、飞行器设计系统工程、系统可靠性设计与分析、飞行器维修性设计与验证、可靠性试验技术	可在航空航天飞行器、舰船、兵器等专业领域从事可靠性工程设计、管理和研究等工作，也可以从事质量管理、质量工程、飞行器设计等工作	北京航空航天大学、哈尔滨工程大学、沈阳航空航天大学
飞行器适航技术（T）	培养具有扎实的基础理论知识和工程实践能力，掌握航空专业知识、适航法规、适航验证与审定技术以及适航工程管理等理论和工程实践能力的高级技术人才	飞行器总体设计、飞行器结构设计、飞行器系统设计、航空发动机原理、发动机结构与强度、发动机控制、航空电子、航空电器、机载计算机、通信与导航、飞机制造基础、现代飞机装配技术、民用航空法、航空安全工程原理、可靠性原理、飞机安全性设计与分析、适航规章、适航验证与审定技术、适航管理工程	可在适航审定与管理部门、民航单位、民用航空设计及制造单位从事科学研究、工程设计和科研管理等方面的工作	南京航空航天大学、北京航空航天大学、西北工业大学
武器系统与工程	培养具备武器系统总体和战斗载荷发射技术以及机械工程和自动化等方面的基础理论知识和工程实践能力，能在有关科研单位、高等学校、生产企业和管理部门从事系统设计、技术开发、产品制造、实验测试和科技管理方面工作的高级工程技术人才	武器系统工程、机电系统分析与设计、发射动力学、空气动力学、流体力学、弹道力学、水物理场理论、中近程探测与识别技术、现代控制理论、制导原理及系统、传感与动态检测技术、系统建模与仿真、弹药终点效应、冲击动力学、爆炸技术、安全工程学、物理化学、高分子材料与工程、火（炸）药合成、燃烧与爆炸物理学、火工烟火技术、地面武器机动系统分析与综合、液压与液力传动、车辆电子技术、导航与稳定理论、机械制造工艺学	可在军工和航空航天领域的企业或研究所从事产品的研发设计与制造工作	南京理工大学、北京理工大学、中北大学

第二十一节　兵器类

专业	教育目标	课程设置	就业发展方向	专业优势院校
武器发射工程	培养具备武器系统及其发射方面的基本理论和知识，受到系统设计、技术开发、产品研制、实验测试及工程管理方面的基本训练，具备系统分析与综合、工程设计与计算、试验检测方面的基本能力的专门人才	高等数学、大学物理、大学英语、信息技术基础、Visual Basic程序设计、机械设计与制造、微机原理、模拟电路与数字电路、工程热力学、气体动力学、弹箭空气动力学、内弹道学、外弹道学、武器概论、实验弹道学、新概念武器学	可在国家有关部门科研院所、高等院校、部队、企业和管理部门从事武器系统设计、技术开发、产品制造及实验测试、机械工程及其自动化等工作	南京理工大学、中北大学、北京理工大学
探测制导与控制技术	培养具备目标及环境的探测、识别、跟踪、定位、制导与控制、安全与起炸控制以及机电控制和传感检测等方面的理论知识基础和工程实践能力，能在有关科研单位、高等学校、生产企业和管理部门从事系统设计、技术开发、产品研制、实验测试和科技管理等方面工作的高级工程技术人才	机电系统设计、中近程探测与识别技术、现代控制理论、制导与控制原理及系统、传感与检测技术、模式识别与智能控制、GPS与抗干扰技术、武器探测、制导与控制系统分析与设计、系统建模与仿真技术、航天器飞行控制与仿真、卫星导航原理与应用、飞行力学、最优滤波与卫星组合导航	可在有关科研单位、高等学校、生产企业和管理部门从事系统设计、技术开发、产品研制、实验测试和科技管理等方面的工作	南京理工大学、哈尔滨工程大学、西北工业大学、北京理工大学、南京航空航天大学、哈尔滨工业大学、北京航空航天大学
弹药工程与爆炸技术	培养具备弹药战斗与爆炸技术知识，具有民用机械工程和工程爆破等的基础理论知识和工程实践能力，能在有关科研单位、高等学校、生产企业和管理部门从事系统设计、技术开发、产品制造、实验测试和科技管理工作的高级工程技术人才	弹药系统分析与设计、爆炸物理、弹道学、终点效应、动态检测技术、冲击动力学、爆炸技术、安全工程学	可在相关企业或事业单位从事弹药工程、爆炸与爆破技术等方面的系统设计、技术开发、产品制造、实验测试、技术管理、科研等工作	北京理工大学、中北大学、南京理工大学
特种能源技术与工程	培养适应国防建设和国民经济建设的需要，基础理论扎实、知识结构合理、掌握火炸药及火工烟火技术等特种能源能量转换基本理论和基础知识，具有较强的科技创新能力和开发应用能力，适应21世纪我国国防现代化建设和特种能源发展需求，德、智、体美全面发展的高素质应用型高级专业人才	高等数学、外语、大学物理、电工技术、工程制图、无机化学、有机化学、物理化学、化工原理、工程力学、炸药理论、燃烧理论、烟火学、火工品设计原理	可在兵工航天科研单位、兵工企业、生产企业和矿山安全管理部门从事系统设计、技术开发、产品制造、实验测试和科技管理工作	南京理工大学、中北大学、安徽理工大学

续表

专业	教育目标	课程设置	就业发展方向	专业优势院校
装甲车辆工程	培养从事装甲车辆工程领域科学研究与开发应用、工程设计、技术攻关与技术改造、汽车排放、新技术推广与应用等方面工作的高级工程技术人才	计算机系列课程、工程力学、机械设计基础课、工程材料基础、电工和电子技术、流体力学、机械振动、自动控制理论基础、车用内燃机、坦克学、液压与液力传动、轮式车辆技术、现代车辆试验学	可从事装甲车辆研究、设计、制造、试验、测试等工作	北京理工大学、南京理工大学、中北大学
信息对抗技术	培养德、智、体、美全面发展，能适应21世纪科学技术发展和市场经济需要，具有创新和开拓精神的高级工程科学技术人才	信息对抗新技术、雷达原理、雷达对抗原理、网络对抗原理、通信原理、通信对抗原理、雷达对抗实验、网络对抗实验、数字信号处理、随机信号处理、信息战导论、雷达系统、信息论与编码理论、扩频通信、网络安全与保密、DSP系统设计	可在国防、军事领域从事信息对抗工作，或在民用行业如金融、保险、税务、企业等领域从事信息安全防护工作，也可从事信息系统、信息对抗系统的研究和开发以及此类系统的维护、管理、咨询等工作	北京航空航天大学、南京理工大学、北京理工大学、哈尔滨工程大学、西安电子科技大学、哈尔滨工业大学、电子科技大学、西北工业大学

第二十二节　核工程类

专业	教育目标	课程设置	就业发展方向	专业优势院校
核工程与核技术	培养具备工程热物理及核工程技术基础知识，能在各相关领域从事核工程及核技术方面的研究、设计、制造、运行、应用和管理工作的高级工程技术人才	工程力学、机械设计基础、电工与电子技术、工程热力学、流体力学、传热学、控制理论、测试技术、核物理、核反应堆、核能与热能动力装置、热工设备	可在政府、规划部门和经济管理部门、核电工程的科研设计单位、核动力和核供热以及常规火力电站、工矿企业、高等院校等从事研究、规划、设计、施工、核电厂运行管理及设备制造、研发、技术咨询等工作，或可在核科技、核工程部门或与近代物理技术和信息技术（IT）密切相关的领域与部门工作	清华大学、西安交通大学、四川大学、中国科学技术大学、哈尔滨工程大学、上海交通大学、南华大学、东华理工大学、华北电力大学、兰州大学、成都理工大学、复旦大学、武汉大学、华南理工大学
辐射防护与核安全	培养系统掌握核辐射测量方法、辐射防护与环境工程等方面的基本理论，具有较强的辐射环境评价、辐射事故应急处理能力的应用研究型工程技术人才	核能与核技术概论、辐射物理、核辐射探测方法、辐射防护、电离辐射剂量学、环境工程、环境影响评价方法、环境地球化学基础、核安全法规、放射生态学、核电子学与核仪器、辐射监测方法与仪器、核数据获取与处理、核反应堆物理基础	可在环保、核电安全、核工业及其他工业领域从事辐射防护和核环境治理工程的研究、设计、开发、生产、管理等工作	兰州大学、南京航空航天大学、华北电力大学
工程物理	培养熟悉工程物理的基础理论知识，能熟练运用相关学科的基础理论和新技术开展本学科的科研与应用开发工作，深入了解学科的进展、动向和最新发展前沿的高级工程技术人才	热力学专论、传热学专论、工程流体力学专论、现代实验技术、现代数学方法概论、非线性动力系统、非定常及不稳定两相流动、高效换热器、计算传热学进展及其应用	可从事电子、电机、品质控制、市场推广、程序编写及教育等方面的工作	清华大学
核化工与核燃料工程	培养适应我国国民经济和国防核科技工业发展需要，能在核化工与核燃料工程及相近专业领域从事科研、设计、生产、应用和管理等的专门人才	高等数学、普通物理、量子物理、统计力学、同位素分离原理、工程流体力学、无机化学、有机化学、分析化学、物理化学、化工原理、核化学与放射化学及实验	可从事核材料开发和性能测试工作，或可在相近专业领域从事科研、设计、生产、应用和管理工作	哈尔滨工程大学、兰州大学、哈尔滨工业大学

第二十三节 农业工程类

专业	教育目标	课程设置	就业发展方向	专业优势院校
农业工程	培养具备农业水利工程学基本理论和知识，能在农业水利、水电、水保等部门从事水利工程勘测、规划、设计、施工、管理、实验研究以及教学、科研等方面工作的高级工程技术人才	机械制图与计算机绘图、工程力学、机械设计基础、电工技术、电子技术、工程测试技术、生物学基础、农牧业生产基础、工程材料基础、工程结构基础、农业工程导论、农业机械与设备、土壤与水资源、农产品加工工程、设施农业工程、机械装备设计、农业工程项目规划与设计、工程项目管理、机电系统驱动与控制	可在农业水利、水电、水保等部门从事水利工程勘测、规划、设计、施工、管理、试验研究以及教学、科研等方面的工作	中国农业大学、浙江大学、沈阳农业大学
农业机械化及其自动化	培养适应社会主义市场经济体制和现代化建设需要的技术与知识相结合、具有较强的规划设计、企业经营管理能力，能够从事机械化及自动化控制装置的设计、制造、运用、评价及营销工作，素质优良、适应能力强，具有创新精神的复合型、应用型高级工程技术人才	工程制图、工程力学、电工电子学、机械设计基础、机械制造基础、现代测试技术、液压技术、技术经济学、农业机械学、汽车拖拉机构造及原理、汽车电器设备、机电一体化技术、农业机械化生产与管理、农产品加工	可在相关的国有企业、各类独资合资企业、行政管理部门等从事机械化及自动化方面的管理工作及产品的设计、制造、运用、鉴定等技术工作，也可以到科学研究单位及高等院校从事科学研究及教育教学工作	中国农业大学、吉林大学、东北农业大学、华南农业大学、南京农业大学、江苏大学、华中农业大学、西北农林科技大学、沈阳农业大学
农业电气化	培养具备地方电力系统及其自动化、生产过程电气自动化知识，熟悉电子信息技术及其相关的分析计算、工程设计、使用维护、生产管理工作，能在农业和与农村有关的地方电力系统、用电管理部门、电子信息产业和技术发展系统从事有关的技术设计、经营管理、教学科研等工作的高级工程技术人才	计算机科学与技术、电气工程、控制科学与工程、电路理论、模拟与数字电子电路、电机学、信号与系统、自控理论与系统、电力系统工程、计算机原理及应用、计算机控制技术、计算机网络技术、农业工程导论	可在电力系统和大型企业供电系统从事相关的科研、设计、建设、运行、供电及用电管理等方面的技术工作	江苏大学、南京农业大学、沈阳农业大学、东北农业大学、华北电力大学、河北农业大学、黑龙江八一农垦大学、河南科技大学、内蒙古农业大学

续表

专业	教育目标	课程设置	就业发展方向	专业优势院校
农业建筑环境与能源工程	培养具备农业生产性建筑、设施农业工程、农村新能源开发利用等方面的基本理论和基本知识，能在农业建筑与环境、工厂化设施农业系统、农村新能源开发与科学利用等领域从事规划设计、装备开发与集成、经营与管理、教学与科研工作的高级工程技术人才	农业生物环境原理、建筑力学、建筑结构、流体力学、工程热力学与传热学、建筑测量、土力学与基础工程、房屋建筑学、乡镇规划、农业建筑学	可以在农业建筑与环境、工厂化设施园艺系统、规模化养殖设备设施与环境控制、新能源开发与科学利用、城镇区域规划等领域从事规划设计、装备开发与集成、经营与管理、教学与科研等工作	中国农业大学、河南农业大学、云南师范大学、西南大学、沈阳农业大学、东北农业大学
农业水利工程	培养掌握农业水利工程学的基本理论和知识，能在农业水利、水电、水保、设计院等部门从事水利工程勘测、规划、设计、施工、管理和试验研究以及教学、科研等工作的高级工程技术人才	工程水文学、工程力学、水力学、土力学、结构力学、钢筋混凝土结构、土壤农作学、水利工程施工、灌溉与排水工程学、水资源规划利用与管理、水工建筑物、水泵与泵站	可在水利工程建设、管理部门、科研院所、高等院校等单位工作	中国农业大学、河海大学、西北农林科技大学、东北农业大学、内蒙古农业大学、石河子大学、华北水利水电大学、沈阳农业大学、西安理工大学、塔里木大学

第二十四节　林业工程类

专业	教育目标	课程设置	就业发展方向	专业优势院校
森林工程	培养掌握工程力学、机械运用学、土木工程学、系统工程学、环境科学和森林资源的可持续经营、开发利用的知识，能在林业、交通、机械等部门的企业或事业单位、科研院所从事森林工程、道路桥梁的勘测、设计、施工、管理及国际森林工程项目开发管理工作的高级工程技术人才	森林环境学、森林生态经济学、测量学、土力学与工程地质、水力学与水文学、工程机电基础、结构力学、道路工程、机械设计制造基础、人类工效学、运筹学	可在林业部门从事森林工程方面的生产技术、组织管理、规划设计和研究工作，也可以到交通道路部门、机械行业、经济管理部门、教育系统、研究机构、行政机关的相关部门工作	东北林业大学、南京林业大学、中南林业科技大学

续表

专业	教育目标	课程设置	就业发展方向	专业优势院校
木材科学与工程	培养具备木材物理化学、电工与电子技术、机械基础、造型艺术和木材科学与加工技术等领域的知识，能在木材工业、家具制造业、室内工程等领域的企业、设计院、科研院所从事木材加工、室内设计、室内装饰的高级工程技术人才	木材学、胶合材料学、热工学、机械设计制造基础、木材切削原理与刀具、电工与电子技术、投影制图、人体工效学、美学基础、专业绘画、建筑设计基础	可在木材工业（包括人造板）、生物质复合材料、家具制造、室内装饰工程、经济与贸易等领域的企业、设计院、科研院所从事木材加工、家具设计制造、工程设计、工艺流程和设备管理、新产品开发、经营管理、木业贸易等工作，或在物资、轻工、建工、房地产开发、海关商检以及高等学校、科研院所、设计院（所）等单位承担工程技术、产品开发与生产、科学研究、教学、经营及管理等工作	南京林业大学、东北林业大学、北京林业大学、中南林业科技大学、浙江农林大学、西南林业大学、广西大学、安徽农业大学
林产化工	培养具备树木及林产品的化学组成、性质、化学转化和化学工程的知识，能在林产化工、精细化工、制浆造纸、化学工业等领域的企业或事业单位、科研院所从事林产化工的生产、设计、产品研究开发工作的高级工程技术人才	有机化学、物理化学、生物化学、化工原理、微生物学、木材化学、木材胶合原理、高分子合成工艺、天然产物化学、仪器分析、化工自动化及仪表	可在林产工业、化学工业、日用化工、食品、制药、商贸等企业和相关科研机构从事林产品化学加工、精细化学加工及生物化学加工工艺设计、设备选型、生产、技术管理和新产品研发等工作	南京林业大学、东北林业大学、北京林业大学、西北林业大学、中南林业科技大学

第二十五节　环境科学与工程类

专业	教育目标	课程设置	就业发展方向	专业优势院校
环境科学与工程	培养具备城市和城镇的水、气、声、固体废物等污染物的防治和给排水工程、污染控制规划和水资源保护等方面的知识，能在规划部门、经济管理部门、环保部门、设计单位、工矿企业、科研单位、学校等从事规划、设计、施工、管理、教育和研究开发工作的高级工程技术人才	机械制图、工程力学、环保设备设计、电工学及实验、仪器分析、化工原理、化工原理实验、化工工艺设计、计算机在化学化工中的应用、专业外语、环境科学导论、环境系统工程与优化、环境化学、环境监测、环境质量评价、环境噪声控制、固体废物处理工程、大气污染控制工程、水污染控制工程、环境工程导论、环境质量评价、环境监测、环境监测实验	可在环保、化工、冶金、能源、交通、轻工、医药、农业、军工等行业从事环境科学研究与工程设计、技术开发、环境质量管理等方面的工作，也可以进一步攻读相关专业的硕士学位	上海交通大学、北京大学、西昌学院、烟台大学、喀什大学
环境工程	培养具备城市和现代工业产生的水、气、声、固体废物污染的防治、环境规划、资源保护、环境影响评价等方面的基础知识，能够在环保部门、工矿企业、科研单位、火力发电厂等从事规划、设计、管理和研究开发工作的高级应用型人才	水污染控制工程、大气污染控制工程、工程制图、环境规划与管理、环境生物化学、环境土壤学、环境微生物学、固废处理与处置、环境影响评价、高等数学、线性代数、概率论、大学物理、无机化学、分析化学、有机化学、物理化学、大学计算机基础、物理性污染控制、专业英语	可在规划部门、经济管理部门、环境保护部门、环境工程设计单位、工矿企业、相关科研单位、火力发电厂等从事规划、设计、管理、教育、研究开发等工作	清华大学、哈尔滨工业大学、同济大学、浙江大学、湖南大学、大连理工大学、南京大学、东南大学、华东理工大学、武汉大学
环境科学	培养有扎实的环境科学理论知识基础与较强的专业实践能力，有创新思维能力，具备国际视野的应用型人才	生态学、环境学、环境化学(无机化学、有机化学、分析化学、物理化学)、环境生物学、环境监测、环境工程学、环境质量及评价、环境仪器分析、水污染控制工程、大气污染控制工程、固体废物处理与处置、环境管理与环境法、环境信息系统	可继续深造，或进入各级环境理论研究机构和生产部门担任研究或咨询人员	北京师范大学、北京大学、中国海洋大学、厦门大学、东北林业大学、河海大学、哈尔滨工业大学、昆明理工大学、南开大学、浙江大学

续表

专业	教育目标	课程设置	就业发展方向	专业优势院校
环境生态工程	培养具有环境科学的理论知识和技能，能够在科研机构、高等学校、企业或事业单位及行政部门从事科研、教学、环境保护和环境管理等工作的高级专业人才	环境学、生态学导论、湿地生态学、固体废物处理与处置、景观生态学、生态监测与评价、生态工程学、环境工程学、保护生物学、产业生态学、环境生态规划与管理、水污染控制工程、环境生态工程	可在相关的企业或事业单位或教育部门从事环境生态学研究、生态修复与建设、生态规划与设计等方面的工作	大连理工大学、青海大学、衡水学院、辽宁大学、西安文理学院、山西大学
环保设备工程(T)	培养具有环境保护基本理论知识，能够运用环保产业运营、管理等知识，掌握环境保护产品营销、售后服务的规律、特点与技能，熟练掌握 CAD 技术，具有在环保产业进行各类工程机械的设备开发、设计、制造、安装、调试、操作、维护、营销工作的高级技术应用型专门人才	环保产业概论、识图与制图、工程材料、机械制造基础、化工原理、电子电工技术、工程 CAD 技术、环境监测、实用废水处理技术、大气污染控制技术、环保设备与应用、环境工程技术经济和造价分析、水电工程概预算、环保产业运营、环保设备选用技术、固体废物处理与处置、工业安全工程、城市污水处理厂的建设与管理、水泵的运行与维护管理、设备保养与维修技术、电机原理及其运行与维护	可在环境工程领域从事环保设备的设计与制造、操纵与维护以及设备功能的改进和完善等方面的工作，或可从事环保设备的科技开发、应用研究和运行管理等方面的工作	中国石油大学、烟台大学、盐城工学院
资源环境科学(T)	培养具备现代生物学、生态环境学、生态农业资源遥感与信息技术的基本理论知识，具有为可持续发展提供技术保障的实践能力，能在资源与环境科学领域前沿承担创新研究和管理的高级科学技术人才	生物学基础、生物化学、微生物学、生态学、遗传学、分子生物学、生物统计学、农业资源信息系统、仪器分析、环境监测与评价、环境化学、环境生物学、自然资源学导论、普通地质学、测量与地图学基础、土壤学、土地资源学、水资源开发与利用、环境生态学、环境资源调查与评价、环境资源法规与管理、环境资源区划与规划、遥感概论、环境资源信息系统、植物营养学、环境资源分析与农产品检测、环境监测与修复技术	可在高等院校和科研院所从事教学、科研工作，或可在行政和事业单位从事管理和技术推广工作，也可在肥料、灌溉和绿色食品等行业从事技术工作	中国农业大学、北京师范大学、上海交通大学、华南农业大学、浙江大学、西北农林科技大学、华南理工大学、南京工业大学、河南工程学院

续表

专业	教育目标	课程设置	就业发展方向	专业优势院校
水质科学与技术(T)	培养具有化学、化工、材料、电子、计算机、仪器仪表和自动控制等学科的理论基础、实验能力和专业知识，掌握各个工业领域的水质控制技术和水资源可持续利用技术，具备水处理工艺、设备和系统的设计、研究及开发能力，能在相关领域从事水质科学研究、水质工程规划以及水处理系统设计、水质监测与控制、材料保护以及水处理新技术、新设备、新材料、新工艺的开发工作，能够在相关企业从事生产运行管理工作的高级专门人才	无机化学、有机化学、分析化学、物理化学、水质科学基础、水化学、水生态学、工程数学、工程力学、流体力学、电工电子技术、计算机辅助设计、化工原理、水处理、核电站水质工程、水污染控制、材料保护、水质分析与监测技术、智能仪器仪表、自动控制原理、计算机控制技术、水处理设备自动化、水处理系统设计、计算机网络、水工业法学、水工业经济学	可在电力、环境、市政、石油、化工、核工业、冶金、军工、电子、生物、制药、造纸、食品和饮料等行业，高等院校、科研院所、工矿企业、政府机构等部门从事教学、科学研究、规划设计、生产运行、施工监理、经营管理等工作	南京工业大学、南京工程学院、呼和浩特民族学院

第二十六节　生物医学工程类

专业	教育目标	课程设置	就业发展方向	专业优势院校
生物医学工程	培养掌握生命科学、电子技术、计算机技术及信息科学有关的基础理论知识，具有将医学与工程技术相结合的科学研究能力，能在生物医学工程领域、医学仪器以及其他电子技术、计算机技术、信息产业等部门从事研究、开发、教学及管理的高级工程技术人才	高等数学、普通物理学、模拟电子技术、脉冲数字电子技术、医用传感器、数字信号处理、微机原理及应用、医学图像处理、医用仪器原理、医学影像仪器、检验分析仪器、临床工程学、正常人体形态学、生物化学、生理学、诊断学、内科学、外科学	可在研究机构及医院的影像、设备、临床工程、信息中心等相关科室或医疗器械相关企业、事业单位及政府相关管理部门工作	清华大学、上海交通大学、西安交通大学、东南大学、华中科技大学、四川大学、首都医科大学、天津大学、南方医科大学、北京航空航天大学
假肢矫形工程(T)	培养具备康复医学、机电技术与材料科学、假肢矫形器设计与制作的基本理论，具有将康复医学与工程技术相结合的基本能力，能在临床康复、假肢矫形工程领域从事研究、设计与技术服务的高级应用人才	高等数学、普通物理学、理论力学、材料力学、电路分析、电子技术基础、运动生物力学、机械原理、金属工艺学、C语言、正常人体形态学、矫形临床学、矫形外科学、矫形材料学、假肢学、矫形器学、康复工程、康复心理学	可在国内外康复工程、生物医学工程等领域从事与假肢、矫形相关的科研、教学、医疗技术开发和技术管理等工作	首都医科大学、上海理工大学

第二十七节　食品科学与工程类

专业	教育目标	课程设置	就业发展方向	专业优势院校
食品科学与工程	培养具有食品加工基础理论知识、基本操作技能,能从事食品的加工、产品开发、工程设计、生产技术管理、品质控制和科学研究的高级工程技术人才	食品工艺学、食品分析、食品物料学、食品工程原理、食品机械与设备、食品营养学、食品保鲜、食品包装、无机化学、有机化学、分析化学、物理化学、生物化学、食品化学、微生物学、食品感官评定、食品添加剂、食品发酵、食品质量控制与管理、食品加工新技术、食品工厂设计	可在各类食品企业从事食品工程设计、新产品开发(绿色、有机、功能性食品)、食品营养研究、食品质量检测、食品品质控制、技术管理、技术监督、食品机械设备管理、食品包装设计、食品储藏管理、食品运输管理、企业经营管理、食品的科学研究和成果推广工作,或在食品药品监督管理局、海关、商检、卫生防疫、进出口、工商局、质量技术监督局等政府或事业单位进行产品分析、检测、技术监督、执法、管理等工作,也可在国家机关、大专院校、科研院所进行教学科研工作	江南大学、中国农业大学、华南理工大学、中国海洋大学、南昌大学、南京农业大学、合肥工业大学、天津科技大学、浙江大学、西北农林科技大学

续表

专业	教育目标	课程设置	就业发展方向	专业优势院校
食品质量与安全	培养适应经济、科技、社会发展需要，德、智、体、美全面发展，富有科学创新精神和国际视野，基础扎实、知识面宽、能力强、素质高的食品质量与安全方面的应用型人才	普通生物学、食品原料学、食品微生物学、基础生物化学、人体机能学、营养学、食品卫生学、食品化学、食品工艺学、食品安全与质量控制技术、食品保藏学、食品工程原理、食品检验检疫学、食品质量检验技术、食品微生物检验技术、功能食品、食品毒理学、现代食品安全科学、食品免疫学、食品感官评价、有机化学、无机化学、分析化学、物理化学、仪器分析、食品试验设计与统计分析、食品标准与法规、食品企业管理、食品环境学、食品品质控制学、食品添加剂学、食品质量管理学、动物性食品卫生学检验、食品理化检验	可在全国各级食品卫生监督部门、食品企业或社区的食品营养与安全服务部门、餐饮业及教学科研单位从事食品生产及食品营养、食品安全管理、公共营养等方面的工作	江南大学、华南理工大学、南昌大学、中国农业大学、南京农业大学、华中农业大学、广东海洋大学、华东理工大学、暨南大学、浙江工商大学
粮食工程	培养能从事粮食生产技术管理、粮油产品加工、粮食工程规划管理等工作的高级技术应用型专门人才	粮食工程概论、粮食生产技术、粮食产品加工、粮食储藏、粮食运输、粮食市场营销、食品工程原理、食品微生物、食品分析、粮油加工工艺、发酵食品工艺、焙烤制品工艺、食品机械与设备、课程设计、粮食储运综合实训、生产实习	可从事粮食生产、储运、加工、销售领域的技术与管理工作	河南农业大学、东北农业大学、吉林农业大学、沈阳师范大学、沈阳农业大学、南京财经大学、黑龙江八一农垦大学
乳品工程	培养具有乳品专业技术知识和能力，政治素质好，知识结构合理，具有一定的数据分析处理能力和实验室操作技能，掌握工程与机械知识、微生物基础知识与技能、食品化学与分析检验知识、企业经营与经济分析能力，具有较丰富的乳品加工和质量管理知识，具有一定的其他食品领域的知识，能从事乳品科学研究、新产品开发、乳品深加工和乳品品质检测等方面的工作知识和能力的复合型、应用型人才	食品生物化学、食品营养学、食品工程原理、乳品化学、乳品机械设备、乳品微生物学、液态乳品科学与技术、固态乳品科学与技术、原料奶生产技术、乳品工厂设计、乳品安全与质量控制、商业经济学、乳品分析	可在乳品加工领域从事行政管理、技术管理、产品研发、质量控制，或在科研院所及相关企业从事技术人员、管理人员、营销人员、科研人员的工作，或就职为国家公务员	东北农业大学、扬州大学、河南科技大学

续表

专业	教育目标	课程设置	就业发展方向	专业优势院校
酿酒工程	培养具有酿酒专业技术知识和能力，具有一定的数据分析处理能力及实验室操作技能，掌握工程与机械知识，具有微生物基础知识与技能、食品化学与分析检验能力、企业经营与经济分析能力的高级人才	有机化学、生物化学、微生物学、微生物育种、化工原理、发酵工艺及设备、酒类酿造工艺学、酒类风味化学、经济管理类课程、生化工程	可在酿酒科学与工程领域从事教学、科学研究与开发、生产管理、检验、产品营销与技术服务等工作，也可以在相关专业继续深造	江南大学、河北科技师范学院、绍兴文理学院、贵州大学
葡萄与葡萄酒工程(T)	培养熟悉葡萄酒的原料生产、酿造工艺、分析检测、设备维护工作，具备市场开发基本技能的综合人才	园艺学、食品科学与工程主干课程、普通生物学、普通微生物学、分析化学、有机化学、葡萄酒化学、生物化学、分子生物学、葡萄酒微生物学、植物生理学、葡萄酒分析与质量控制、酶学、发酵科学、酿酒葡萄学、葡萄酒酿造学、葡萄酒感官鉴评原理与技术、葡萄酒工程学、食品营养与卫生学、实用企业管理学、市场营销学	可在国家机关、大专院校、科研院所、质量技术检测监督、知识产权保护、产品策划和设计、商贸公司、文化交流等部门从事酒类企业管理、葡萄酒生产、营销贸易、文化推广、新产品新技术开发、机械和工程生产及设计等工作	中国农业大学、西北农林科技大学、沈阳药科大学、青岛农业大学、大连工业大学、甘肃农业大学
食品营养与检验教育(T)	培养熟悉食品分析检测、营养卫生学、环境与生物科学、管理学的基本理论，具备食品科学与工程和食品质量管理基本知识和技能，能运用所学知识解决一定的生产实际问题，具有良好教师素质，能够在中、高等职业学校从事食品安全与质量控制的教育、教学、研究，能在食品原辅料生产、流通和消费领域从事分析检验、质量管理、安全评价、企业管理和科学研究工作的高级技术人才	无机化学、分析化学、食品化学、食品微生物学、食品营养学、食品卫生学、食品标准与法规、食品机械与设备、食品工艺学、食品感官检验、食品病理检验、食品毒理学、食品理化分析、食品检验与分析、食品微生物检验、食品质量管理、食品包装学	可在全国各级食品卫生监督部门、食品企业、社区的食品营养与安全服务部门、餐饮业及教学、科研单位从事食品生产、食品营养与安全的管理、公共营养等方面的工作	河南农业大学、山西师范大学、河北地质大学、河南工业大学
烹饪与营养教育(T)	培养具有扎实的专业知识基础和较强的实践能力、具有创新能力的餐饮企业管理人才或药膳、食品营养研究机构的科研工作人员以及具备营养师资格，能够承担高职高专院校教学能力的应用型师资和高级专业人才	烹饪原料学、烹调工艺学、面点工艺学、菜肴制作工艺、中国烹饪概论、营养学、教育学、烹饪化学、烹饪卫生学、烹饪微生物学	可从事大、中型饭店及集团餐饮部门的技术及管理工作，也可在中、高等烹饪学校或相关科研部门从事教学、科研工作	哈尔滨商业大学、扬州大学、济南大学、吉林工商学院、黄山学院、昆明学院、岭南师范学院

第二十八节　建筑类

专业	教育目标	课程设置	就业发展方向	专业优势院校
建筑学	培养具备建筑设计、城市设计、室内设计、市政设计等方面的知识和专业技能，能在设计部门从事各项设计工作，在房地产部门从事建筑策划与管理工作，并具有多种职业适应能力的通用型、复合型高级工程技术人才	建筑设计、建筑史工业、智能建筑概论、生态建筑概论、水工建筑物景观设计、建筑防灾、古建筑保护、建筑与城市摄影、建筑法规、建筑师业务基础、中外城市建设史、可持续建筑、建筑构造	可在建筑设计院、建筑事务所、建筑设计集团、房地产公司、建筑装饰公司等工作	清华大学、同济大学、天津大学、东南大学、西安建筑科技大学、西南交通大学、北京交通大学、华南理工大学、重庆大学、浙江大学
城乡规则	培养具备城市规划、城市设计等方面的知识，能在城市规划设计、城市规划管理、决策咨询、房地产开发等部门从事城市规划设计与管理工作，并能参与城市的社会与经济发展规划、区域规划、城市开发、房地产筹划以及相关政策法规研究等方面工作的高级工程技术人才	城市规划原理、城市规划设计、城市设计、城市规划理论与城市发展史、城市道路与交通、城市生态与环境保护、城市地理学、城市经济学、区域规划	可在资源与环境建设、资源与环境管理、区域发展规划、测绘、城市管理等专业管理部门或政府部门、高等学校、科研机构以及相关公司、企业或事业单位从事规划、设计、管理以及教学、科研等工作	同济大学、东南大学、天津大学、重庆大学、华南理工大学、哈尔滨工业大学、西安建筑科技大学、浙江大学、武汉大学、大连理工大学
风景园林	培养具备风景园林规划设计、城市规划与设计、风景名胜区和各类城市绿地的规划设计等方面的知识，实践能力强，能在城市建设、园林等部门从事规划设计、施工和管理的应用型人才	风景园林设计、种植设计、园林建筑设计、园林工程预算与管理、城市绿地规划、城市规划设计	可在园林局、设计院、苗圃或园林设计公司、旅游规划设计公司、风景旅游区、房地产公司、大中专院校以及其他建筑与环境工程、市政园林、公用事业、城乡规划建设管理行业、部门机构工作	同济大学、东南大学、北京林业大学、华南理工大学、重庆大学、南京林业大学、西安建筑科技大学、东北林业大学、四川农业大学、华中农业大学
历史建筑保护工程（T）	培养掌握建筑学的基本理论及技能，系统掌握历史建筑和历史环境保护与再生的理论、方法与技术，具有较高的建筑学素养和特殊保护技能的专家和专业领导性人才	建筑初步、美术、历史建筑形制与工艺、建筑设计、建筑历史、建筑技术、保护技术、艺术史、文博专题	可在城市与建筑遗产保护、文物保护行业从事公共建筑设计、建筑遗产保护与修复、工程设计、历史城市与历史建筑保护等工作	同济大学、北京建筑大学

第二十九节　安全科学与工程类

专业	教育目标	课程设置	就业发展方向	专业优势院校
安全工程	培养能从事安全技术及工程、安全科学与研究、安全监察与管理、安全健康环境检测与监测、安全设计与生产、安全教育与培训等方面工作的复合型高级工程技术人才	燃烧与爆炸学、安全工程学、通风空调与净化、安全监测与监控、职业卫生学、流体力学与流体机械、工程热力学与传热学、分析化学与物理化学、电工与电子技术、安全评价理论与方法、安全法学、安全心理学、安全管理基础学、安全系统工程及分析技术	可在大型施工企业、大型厂矿、生产型企业、安全评价机构、政府、企业或事业单位、大中专院校从事相关工作	西安科技大学、中国科学技术大学、辽宁工程技术大学、北京理工大学、中南大学、山东科技大学、北京科技大学、重庆大学、东北大学、太原理工大学

第三十节　生物工程类

专业	教育目标	课程设置	就业发展方向	专业优势院校
生物工程	培养德、智、体、美全面发展，适应市场经济体制和改革开放需要，掌握现代生物工程技术及其产业化科学原理、工艺过程和工程设计等基本理论、基本技能，能在保健品、制药等领域从事生产、产品技术研究开发、质量检测和企业管理的高级应用型技术人才	高等数学、线性代数、无机化学与化学分析、植物组织培养技术、有机化学、生物化学、化工原理、生化工程、微生物学、细胞生物学、遗传学、分子生物学、基因工程、细胞工程、蛋白质工程、微生物工程、生物工程下游技术、发酵工程设备、概率论与数理统计、动物生理学、生态学	可在制药、食品、科研或技术开发等相关领域的研究所或企业工作	华中农业大学、吉林大学、厦门大学、西安交通大学、浙江大学、上海交通大学、江南大学、中国农业大学、天津大学、南京工业大学
生物制药（T）	培养具备扎实的生物技术和药学基础理论、知识，熟练掌握现代生物技术和制药技术的常用实验流程，初步了解生物技术制药企业生产和销售环节的流程，能够胜任现代生物技术实验室和生物技术制药企业岗位基本要求的德、智、体、美全面发展的技术应用型高级实用人才	生物化学及生物化学实验、分子生物学及分子生物学实验、药理学及药理学实验、药剂学及药剂学实验、生物技术制药、生物制药工艺学、发酵工程、药品与生物制品检验，相关课程的见习、实验操作、实习	可从事生物药物的资源开发、产品研制、生产、技术管理、质量控制等工作	中国药科大学、武汉大学、南京中医药大学、山西医科大学、苏州大学、浙江理工大学、华中科技大学、福建医科大学、四川理工学院、滨州医学院

第三十一节　公安技术类

专业	教育目标	课程设置	就业发展方向	专业优势院校
刑事科学技术(K)	培养具备痕迹检验、文件鉴定、微量物证分析等公安图像技术方面的知识和能力,能在公安、司法等部门从事刑事技术鉴定工作的高级专门人才	刑事科学技术概论、心理学、逻辑学、刑事证据学、现场勘察、刑事侦察学、光学仪器检验与分析	可在各级政法机关、军队保卫部门、海关、金融部门、司法鉴定机构等从事现场勘查、分析、重建以及常规物证检验、鉴定侦查等实际工作和教学科研工作	中国刑事警察学院、中国人民公安大学、西南政法大学、江苏警官学院、福建警察学院、南京森林警察学院、浙江警察学院、甘肃政法学院、西北政法大学、湖南警察学院、铁道警察学院
消防工程(K)	培养具备消防工程技术和灭火救援等方面的知识和能力,能在公安消防部队和企业或事业单位从事消防工程技术与管理和灭火救援指挥方面工作的高级专门人才	工程力学、化学工程、消防燃烧理论、建筑防火设计原理、灭灾对策学、消防技术装备、消防法规、防火工程、消防监督管理、消防队伍管理、灭火救援、火灾调查、消防专业外语	可在公安消防部队和企业或事业单位从事消防工程技术与管理和灭火救援指挥方面的工作	中国人民武装警察部队学院、西南交通大学、中南大学、河南理工大学、南京工业大学、西南林业大学、四川警察学院
交通管理工程(TK)	培养德、智、体、美全面发展,熟悉道路交通管理法律法规及相关方针政策,具有扎实的公安技术学、公安学、法学、交通运输学理论和基本技能,能在党政机关特别是政法部门从事交通秩序管理、交通安全宣传、车辆与驾驶人管理、交通事故处理、事故鉴定等工作的应用型专业人才	公安交通管理概论、机动车构造、机动车原理、交通工程学、交通心理学、道路交通事故学、交通违法行为处理、交通组织与指挥、道路交通控制、道路交通管理规划、交通管理设施、交通肇事逃逸案件侦查、道路与交通管理设施、交通系统工程、道路交通安全法规、道路交通管理学、道路交通安全工程、交通管理信息系统、交通事故现场勘查、交通秩序管理、道路交通事故处理与预防、智能交通系统、交通事故鉴定技术、交通事故再现	可从事道路交通管理工作或本专业的教学与科研工作	中国人民公安大学、浙江警察学院、北京警察学院、云南警察学院、四川警察学院

续表

专业	教育目标	课程设置	就业发展方向	专业优势院校
安全防范工程(TK)	培养具有扎实的电子信息技术功底,全面系统地掌握安全防范技术的理论知识和基本技能,能从事入侵报警、视频监控、防爆安检、行动技术、通信保障等领域的科学研究、技术应用和行业管理的高级专门人才	电子技术、信号与线性系统、通信原理、微机原理与应用、自动控制原理、视频技术、计算机网络技术、安全防范管理与法规、安全防范技术、安全防范系统与工程、微机原理与接口技术、计算机组织与结构、数据结构、操作系统、计算机网络、数据库原理、公安信息系统分析与设计、信息网络安全技术与监察、计算机犯罪侦查与取证	可从事入侵报警、视频监控、防爆安检、行动技术、通信保障等领域的科学研究、技术应用和行业管理等工作	中国人民公安大学、甘肃政法学院、江西警察学院
公安视听技术(TK)	培养能够在视听技术领域从事技术鉴定及教学科研工作的高级专门人才	政治理论、法律、高等数学、普通物理、普通化学、大学语文、大学英语、计算机基础与应用、犯罪现场勘察、刑事科学技术、数字图像处理、视听资料检验、视频技术、音频技术、警察体育、擒拿格斗、射击、驾驶	可在公安部门工作	中国人民公安大学、中国刑事警察学院
抢险救援指挥与技术(TK)	培养在公安消防基层部队从事灾害应急救援、组织指挥以及执勤训练、管理教育等方面工作的应用型高级专门人才	灾害抢险救援技术、抢险救援技术训练、救生救助技术训练、灭火救援组织指挥方法、灾害抢险救援行动概论、现场医疗急救技术、部队管理、技能训练、公安消防部队实习、社会调查	可在公安消防部队工作	中国人民武装警察部队学院
火灾勘查(TK)	培养具备全面适应消防工作的能力和火灾事故调查的能力,知识面宽、能力强、素质高,富有创新精神的技术人才	行政法与行政诉讼法、火灾学、防火工程与技术、火灾证据学、火灾专案调查、火场图像技术、火灾物证技术鉴定、火灾现场勘查、火灾刑事案件侦查	可在公安、检察、国家安全部门等从事侦查工作、刑事执法工作、预防和控制犯罪以及侦查学教学、科研等方面的工作	中国人民武装警察部队学院

续表

专业	教育目标	课程设置	就业发展方向	专业优势院校
网络安全与执法(TK)	培养具有良好的科学素质、人文素质和警察基本素质，掌握网络执法的基础知识、基本技术，熟悉软件开发技术、网络情报技术、计算机犯罪侦查取证技术和网络监察技术，能在公安机关网络保卫执法部门及相关领域从事与预防、控制和处置网络犯罪相关的执法、教学及研究工作的应用型高级专门技术人才	计算机网络、操作系统、计算机犯罪侦查、网络信息监控技术、信息安全体系结构、电子证据分析与鉴定技术、互联网情报信息分析技术、互联网安全管理	可在公安、检察、国家安全部门等从事侦查工作、刑事执法工作、预防和控制犯罪以及侦查学教学、科研等方面的工作	中国人民公安大学、江苏警官学院、中国刑事警察学院、浙江警察学院、南京森林警察学院
核生化消防(TK)	培养德、智、体、美全面发展，基础理论扎实，业务素质高，实践能力强，富有创新精神，能够从事灾害管理、核消防应急、生化灾害应急和突发事件抢险救援工作的高级专门人才	电路原理、模拟电子技术、数字逻辑、数字分析、计算机原理、微型计算机技术、计算机系统结构、计算机网络、高级语言、汇编语言、数据结构、操作系统	可在公安消防部队、核生化研究部门工作	中国人民武装警察部队学院

第九章　农　学

第一节　植物生产类

专业	教育目标	课程设置	就业发展方向	专业优势院校
农学	培养具备作物生产、作物遗传育种以及种子生产与经营管理等方面的基本理论、基本知识和基本技能，能在农业及其他相关部门或单位从事与农学有关的技术与设计、推广与开发、经营与管理、教学与科研等工作的高级科学技术人才	植物生理与生物化学、应用概率统计、遗传学、田间试验设计、农业生态学、作物栽培与耕作学、育种学、种子学、农业经济管理、农业推广学、植物病虫害学	可在各农业院校、科研院所、农场、种子公司、农业技术推广部门、农业企业、国家机关等单位从事教学、科研、管理等工作	中国农业大学、南京农业大学、华中农业大学、河南农业大学、西北农林科技大学、扬州大学、华南农业大学、沈阳农业大学、山东农业大学、四川农业大学
园艺	培养掌握生物学和园艺学的理论知识和技能，能在农业、商贸、园林管理等领域从事与园艺科学有关的技术与设计、推广与开发、经营与管理、教学与科研工作的高级科学技术人才	植物学、生物化学、植物生理学、植物生理与生物化学、应用概率统计、遗传学、土壤学、农业生态学、园艺植物育种学、园艺植物栽培学、园艺植物病虫害防治学、园艺产品储藏加工、农业气象学、微生物与植物病原学、植物病理学、昆虫学、植物生物技术导论、分子生物学导论、计算机农业应用、园艺作物育种学、园艺作物栽培学、设施园艺学、园艺商品学、园艺产品采购与营销	可在政府行政管理部门、事业单位、园艺和园林企业、高等院校、科研部门从事与观赏园艺相关的行政管理、技术推广、设计与技术研发、经营与管理、教学和科研等工作	华中农业大学、南京农业大学、中国农业大学、西北农林科技大学、华南农业大学、浙江大学、山东农业大学、沈阳农业大学、扬州大学、西南大学
植物保护	培养具备植物保护科学基本知识和技能，能够从事植物的病虫、杂草、鸟兽危害的预测预报和防治的高级技术应用型专门人才	植物生长与环境、植物栽培技术、植物病理、农业昆虫、植物化学保护、植物检疫、企业经营管理、植物保护专业基本技能训练、植物栽培技术技能训练、植物遗传育种技术技能训练、植物病理技能训练、害虫预测预报技能训练、植物化学保护技能实训、植物检疫技能训练、岗位就业综合实训	可在各级植保站、植检站、植物病虫测报站、环保站、农药检测、农药生产、农业销售部门等从事植物病虫害测报、有害生物防治、农药推广与营销、农业生产技术与服务和经营管理等工作	中国农业大学、南京农业大学、华中农业大学、浙江大学、河南农业大学、西北农林科技大学、华南农业大学、福建农林大学、山东农业大学、西南大学

续表

专业	教育目标	课程设置	就业发展方向	专业优势院校
植物科学与技术	培养熟悉国内外植物科学技术与学科发展前沿和应用前景，了解国家在科学技术、知识产权、植物生产、生物环境等方面的方针、政策和法规，具备植物资源开发与利用、生物技术、植物产品提取与加工等学科的理论知识和基本技能，熟练掌握植物生产、植物育种和植物保护的方法和技能，具有较强的调查研究与决策、试验设计、组织管理能力及应用现代信息技术获取知识的能力的研发型高级科技人才	植物生物技术、植物保护学、植物育种学、耕作学、植物生产学、分子生物学、植物生态学、种子学	可在农业、园林、林业、食品、医药、畜牧等行业从事与植物科学相关的教学与科研、推广与开发、经营与管理等工作	华中农业大学、河南农业大学、湖南农业大学、吉林农业大学、上海交通大学、山东农业大学、西北农林科技大学、榆林学院、福建农林大学、四川农业大学
种子科学与工程	培养具备植物育种、种子加工储藏、种子质量检测、种子营销等学科的理论知识和基本技能，能在种子科学与工程及相关行业从事教学与科研、技术推广与开发、生产经营与管理等方面工作的应用型高级人才	植物学、植物分类学、植物生理与生物化学、作物栽培学、种子生物学，种子加工与储藏、种子检验技术、种子生产技术、种质资源学、种子经营与管理学、应用概率统计(生物统计)、普通遗传学、田间试验设计、植物育种原理、遗传学	可在高等院校、科学研究相关部门或单位从事教学与科研、技术与设计、推广与开发、经营与行政管理等工作	中国农业大学、南京农业大学、四川农业大学、西北农林科技大学、福建农林大学、河北农业大学、河南农业大学、华南农业大学、新疆农业大学、甘肃农业大学
设施农业科学与工程	培养具备较完善的专业基础知识，掌握现代设施农业科学与工程的基本技能，能从事设施农业及相关领域的规划设计、产品制造、产业开发、技术推广、经营管理及教学和科研等工作，有较宽广的适应性和一定专业特长的应用型、复合型高级专门人才	植物学、植物生理学、基础生物化学、土壤肥料学、试验设计与统计分析、画法几何与建筑制图、温室建筑力学基础、工程测量、园艺植物栽培原理、园艺设施学、设施环境工程学、温室设计与建造、设施园艺作物栽培学、园艺植物病理学	可在农业教育机构、教学单位(高职、中专学校)、科研单位、农业管理部门、信息咨询公司、蔬菜花卉及果品企业、大型温室及种子种苗公司、农产品外贸公司、现代农场及现代化高科技示范园工作	华中农业大学、中国农业大学、南京农业大学、西北农林科技大学、河南农业大学、河北农业大学、山东农业大学、云南农业大学、金陵科技学院、沈阳农业大学

续表

专业	教育目标	课程设置	就业发展方向	专业优势院校
茶学(T)	培养具备农业生物科学、食品科学和茶学等学科的理论知识和基本技能,能在农业、工业、商贸等领域从事与茶学有关的技术与设计、推广与开发、经营与管理、教学与科研工作的高级科学技术人才	植物生理与生物化学、应用概率统计、遗传学、土壤学、农业生态学、茶树栽培与育种学、茶叶生物化学、茶叶机械、茶叶加工学、茶叶审评与检验、经济管理与营销	可在农业、工业、商贸等领域或部门从事与茶学有关的技术与设计、推广与开发、经营与管理、教学与科研等工作	安徽农业大学、湖南农业大学、华中农业大学、浙江大学、四川农业大学、福建农林大学、山东农业大学、华南农业大学、西南大学
烟草(T)	培养具备烟草生产、烟草遗传育种以及烟叶质量检测与经营管理等方面的理论知识和基本技能,能在烟草及其相关的部门或单位从事与烟草有关的技术与设计、推广与开发、经营与管理、教学与科研等工作的高级科学技术人才	烟草化学、烟草机械学、烟草艺术设计、烟草育种学、烟草栽培学、烟叶调制、烟叶分级、烟草病理、烟草昆虫、烟叶品质分析、烟草商品学	可在烟草及相关部门或单位从事与烟草有关的技术与设计、推广与开发、经营与管理、教学与科研工作	河南农业大学、云南农业大学、山东农业大学、郑州轻工业学院、湖南农业大学
应用生物科学(T)	培养能从事生物资源利用、食品、医药、环境保护等相关领域的技术与设计、应用与开发、经营与管理、教学与科研等工作的高级科学技术人才	植物生理学、分子生物学、基因工程原理、基因组学、食品化学、食品营养学、食品微生物学、食品工程原理、食品工艺概论、食品分析、现代食品装备与自动化	可在高等院校、科研院所以及生物医药、食品、环保、防疫检疫、资源等行业从事生物科学的技术应用与开发、经营与管理、教学与科研等方面的工作	浙江大学、安徽农业大学、东北农业大学、云南师范大学、吉林农业科技学院、吉林农业大学、沈阳农业大学
农艺教育(T)	培养德、智、体全面发展,综合素质、业务能力适应市场经济发展需要,掌握作物生产、作物遗传育种、种子生产、经营管理等方面的理论知识、基本技能的“双师型”师资及高级应用技术人才	生物学、作物栽培学、耕作学、作物育种与良种繁育学、园艺学、生物技术、农业经济与管理、教育学、教育心理学、职业教育、计算机应用基础	可在中学或高等学校从事专业课的教学工作,或在现代农业高新园区、农业企业、政府部门等从事土壤改良、水肥调控、有害生物防治、无公害作物生产和良种繁育等方面的技术开发、科学研究和经营管理工作	山西农业大学、安徽科技学院、江西农业大学

续表

专业	教育目标	课程设置	就业发展方向	专业优势院校
园艺教育（T）	培养掌握生物学和园艺学的理论知识和基本技能，能在农业、商贸、园林管理等领域和部门从事与园艺科学有关的技术与设计、推广与开发、经营与管理、教学和科研等工作的高级科学技术人才	植物学、植物生理与生物化学、应用概率统计、遗传学、土壤学、农业生态学、园艺植物育种学、园艺植物栽培学、园艺植物病虫害防治学、园艺产品储藏加工、营销学	可在城建部门、园林部门、科研机构、大专院校等单位从事城市绿地系统、各类公园、风景区、工矿区、庭院的规划设计、施工、管理工作，或可从事教学研究工作	吉林农业大学、青海大学

第二节　自然保护与环境生态类

专业	教育目标	课程设置	就业发展方向	专业优势院校
农业资源与环境	培养掌握农业资源与环境方面的理论知识和基本技能，能在农业、土地、环保、农资等行业从事农业资源管理及利用、农业环境保护工作，能够进行生态农业、资源遥感与信息技术的教学、科研、管理等工作的高级科学技术人才	土壤学、植物营养学、土地资源学、资源遥感与信息技术、农业环境学、农业气象学、生态学、水土保持学	可在农业、土地、环保、农资行业从事农业资源管理及利用、农业环境保护、生态农业、资源遥感与信息技术的教学、科研、管理等工作	南京农业大学、浙江大学、内蒙古农业大学、华中农业大学、西南大学、沈阳农业大学、山东农业大学、福建农林大学、新疆农业大学、广西大学
野生动物与自然保护区管理	培养具备野生动物繁育、驯养、检疫、疾病防治和自然保护区规划设计、管理等方面的知识，能在野生动物科研院所、国家海关和边境口岸、工商、自然保护区、动物园等单位从事野生动物保护、利用、检疫和自然保护区资源管理工作的高级科学技术人才	森林资源经营管理、森林生态学、森林环境学、生物技术、动物学、野生动物组织解剖学、生物化学、动物遗传育种与繁殖学、野生动物生理学	可在科研院所、国家海关和边境口岸、工商、自然保护区、动物园、动物饲养场等单位工作，或在自然保护区管理、野生动物保护、自然资源可持续利用、驯养繁殖、产业开发以及教学、科研、行政管理、生产管理等部门从事相应工作	东北林业大学、北京林业大学、西华师范大学

续表

专业	教育目标	课程设置	就业发展方向	专业优势院校
水土保持与荒漠化防治	培养具备生物学、生态学、森林及草场培育学、环境科学与工程、水利工程等方面的知识，能在国土资源、水利、农业、林业、环境保护等部门从事水土保持与荒漠化防治工作及森林生态环境建设的高级工程技术人才	生态学、森林环境学、植物学、植物分类学、植物生理学、保护生物学、测量与遥感、土壤学与地质基础、土壤侵蚀原理、生态环境建设规划、沙漠化原理、水力学、水文学及水资源、环境地理学、荒漠化监测	可在市、县、镇(乡)及国有农场的水土保持、荒漠化防治、林业、水利、环境保护、国土整治、土地管理等行业的生产、科研、教学及管理部门从事水土保持与荒漠化防治规划、设计、施工、监测工作，也可从事各行业的水土保持方案编制工作，或可从事有关教学和科研等方面的工作	西北农林科技大学、内蒙古农业大学、北京林业大学、甘肃农业大学、福建农林大学、云南农林大学、西南林业大学、西南大学

第三节　动物生产类

专业	教育目标	课程设置	就业发展方向	专业优势院校
动物科学	培养掌握本学科理论知识和基本技能，能在与动物科学相关领域从事技术与设计、推广与开发、经营与管理、教学与科研工作的高级科学技术人才	动物解剖学、动物组织胚胎学、动物生理学、动物生物化学、畜牧微生物学、动物遗传学、动物营养学、饲料学、生物统计学、饲料分析技术、动物繁殖学、动物环境卫生与畜舍建筑学、畜牧生产系统、动物育种学、群体遗传学、数量遗传学、细胞遗传学、生化遗传学、分子遗传学、配合饲料工艺原理与技术、企业管理学、反刍动物营养、猪营养、家禽营养、鱼虾动物营养	可在动物科学的相关领域从事技术与设计、推广与开发、经营与管理、教学与科研等工作	中国农业大学、浙江大学、四川农业大学、扬州大学、华中农业大学、西北农林科技大学、西南大学、东北农业大学、广西大学、内蒙古农业大学

续表

专业	教育目标	课程设置	就业发展方向	专业优势院校
蚕学(T)	培养掌握本学科理论知识和基本技能,能在蚕业或农业部门从事技术推广与开发、生产管理与经营、教学与科研等工作的高级科学技术人才	蚕病学、蚕种学、养蚕学、蚕体解剖生理学、细胞生物学、动物生物学、昆虫生物化学、昆虫学、桑树保护学、桑栽培与育种学、生物化学、植物病理学、植物学、植物营养学。重点研究家蚕饲养、茧丝的生产、蚕业资源的综合利用	可从事栽桑养蚕、茧丝加工、蚕业资源调查及桑蚕副产物综合利用、蚕业经营管理及丝绸贸易等方面的工作,或可在丝绸公司的产供销部门、外贸部门、各级丝厂、蚕种场、茧庄等部门从事技术推广与开发、生产管理与经营、教学与科研等工作,也可在学校、研究机关从事教学和科研工作	西南大学、华南农业大学、山东农业大学
蜂学(T)	培养从事蜜蜂饲养、育种、产品开发及授粉服务等方面工作的农业科学人才	蜜蜂饲养管理学、蜜蜂育种学、蜜蜂保护学、蜜蜂机具学、蜜粉源植物学、蜂产品加工学、蜜蜂生物学、蜜蜂生理学、蜜蜂授粉学、蜂学专业英语、蜂学、制图学	在各级蜂业管理和技术部门、土畜产品外贸公司、食品加工和制药企业、大专院校和科研机构等从事专业技术和管理工作	福建农林大学

第四节 动物医学类

专业	教育目标	课程设置	就业发展方向	专业优势院校
动物医学	培养掌握本专业基本理论、知识和技能，能在兽医业务部门、动物生产单位及有关部门从事兽医、防疫检疫、教学、科学研究等工作的高级科学技术人才	动物解剖与组织胚胎学、动物生理学、动物生物化学、兽医病理学、兽医药理学、兽医微生物学与免疫学、兽医内科学、兽医外科学、动物寄生虫学，寄生虫病学，动物传染病学，特种经济动物学，兽医产科学	可从事畜牧兽医行政管理、进出口动物及其产品的检验、肉品卫生检验、饲料工业、食品安全、环境保护方面的工作，或可从事畜禽疾病的诊断与防治、伴侣动物的医疗保健工作以及实验动物、比较医学、公共卫生及生物学领域的工作	中国农业大学、南京农业大学、吉林大学、东北农业大学、西北农林科技大学、扬州大学、华南农林大学、四川农业大学、华中农业大学、浙江大学
动物药学	培养掌握动物药学基本理论、知识和技能，具备良好的职业道德和敬业精神，能在兽药生产、管理及检验等相关部门从事药物研制、开发、生产、销售、管理、检验、教学、科研等工作，具有创新精神和实践能力的应用型高级专业技术人才	英语、计算机、家畜解剖学及组织胚胎学、有机化学、分析化学、动物生理学、兽医微生物学、动物免疫学、动物毒理学、制药工艺学、药物制剂学、实验动物学、生化制药学和药事管理与法规、生物统计与实验设计、临床诊断学、动物病理学、中兽药学、兽医学基础	可在制药企业、保健公司、药检局、防疫站、现代养殖场、科研院所、行政管理部门从事药品配方与生产及药品的推广与开发、经营与管理工作，或相关专业的教学与科研工作	南京农业大学、东北农业大学、华南农业大学、江西农业大学、西南大学、湖南农业大学、武汉轻工业大学、吉林农业大学、青海大学、河北农业大学
动植物检疫(T)	培养理论知识和技能，能在国家各级检验检疫部门、动植物产品卫生安全与监督机构、农畜产品生产销售企业等从事动植物病虫害检验检疫及防治、农畜产品卫生安全检测、动植物保护等方面的技术、管理与推广工作的高级技术人才	有机化学、分析化学、化学实验、普通化学、农药学基础、组织切片技术、植物生理学、生物化学、微生物学、植物病理学、昆虫学、动物病理学、动物卫生检验学、植物检验检疫、食品卫生检验技术	可从事动物性食品的卫生检验检疫、药品检验、动物保健、进出口动植物检验检疫工作，或可从事药品及生物制品的生产、经营、管理工作，也可从事畜禽传染病和寄生虫病的防治工作，畜禽疾病的临床诊断与治疗工作，还可到宠物门诊、植保站以及与本专业相关的科研院所、教学单位和行政管理单位工作	河南农业大学、云南农业大学、山东农业大学、中国计量大学、河北农业大学、山东农业大学、集美大学、锦州医科大学、湖南农业大学、安徽农业大学、河北北方学院、江西农业大学

第五节 林学类

专业	教育目标	课程设置	就业发展方向	专业优势院校
林学	培养具备森林培育、林木遗传育种、森林病虫鼠害防治与检疫、野生植物资源开发利用等方面的知识，能在林业、农业、环境保护等部门从事森林培育、森林资源保护、森林生态环境建设的高级科学技术人才	森林植物学、植物生理学、植物营养学、林木遗传育种、生物技术、土壤肥料学、森林环境学、森林昆虫学、林木病理学、森林生态学、测量与遥感	可在各级林业部门、基层林场、园艺场、森林公园、园林部门工作	北京林业大学、东北林业大学、南京林业大学、西北农林科技大学、福建农林大学、江西农业大学、河北农业大学、浙江农林大学、中南林业科技大学、内蒙古农业大学
园林	培养能够从事园林植物繁育、养护管理与应用、城乡各类园林绿地的规划与设计、园林施工组织与管理等工作的高级复合型科学技术人才	园林树木学、园林花卉学、园林植物栽培养护学、园林苗圃学、园林植物遗传育种学、城市绿地系统规划、园林设计、园林建筑设计、园林工程、园林管理	可在园林、林业、城乡建设、市政交通、教育等相关部门从事园林植物的繁育栽培、养护管理和种植设计工作，或可从事城乡各类园林绿地、园林建筑等方面的规划设计、施工管理、教育、科学研究工作	北京林业大学、东北林业大学、中国农业大学、南京林业大、华中农业大学、上海交通大学、浙江大学、四川农业大学、西南大学、西北农林科技大学
森林保护	培养具备森林资源保护、森林资源调查与管理、林政管理与执法等方面的知识和技能的高级技术应用型专门人才	森林植物、森林环境、微生物、化学保护技术、森林病害控制技术、森林害虫控制技术、森林植物检疫技术、森林动物、林业生态工程、森林防火、林业行政执法实务、自然保护区建设与管理、森林调查技术、森林资源经营管理、林业“3S”(GPS、GIS、RS)信息技术、森林资源资产评估	可在森林公园、林场从事森林资源调查与管理、林政管理与执法工作	北京林业大学、东北林业大学、南京林业大学、西北农林科技大学、中南林业科技大学、山东农业大学、福建农林大学、河北农业大学、内蒙古农业大学

第六节　水产类

专业	教育目标	课程设置	就业发展方向	专业优势院校
水产养殖学	培养掌握本专业理论、知识和基本技能，能在水产养殖的实际生产、教育、科研和管理等部门从事科学研究、教学、水产养殖开发、管理等工作的高级科学技术人才	鱼类增养殖学、甲壳动物增养殖学、水产动物育种学、水产动物营养与饲料、水产动物疾病防治、海藻与海藻栽培学、水环境化学	可在大专院校及各级水产研究、生产开发、管理、水产环保、外贸海关等部门工作	中国海洋大学、华中农业大学、上海海洋大学、宁波大学、集美大学、广东海洋大学、大连海洋大学、西南大学、海南大学、天津农学院
海洋渔业科学与技术	培养掌握本专业理论、知识和基本技能，能在海洋渔业生产、教育、科研和管理等部门从事科学研究、远洋渔业开发、教学、渔政管理等工作的高级科学技术人才	水生生物学、鱼类学、渔具渔法学、渔具理论与设计、航海技术、渔业资源与渔场学、渔业资源评估、海洋环境调查和监测、渔业法规与渔政管理	可在渔业局、渔政局、水产站等政府事业单位从事渔政、远洋渔业工作	中国海洋大学、上海海洋大学、大连海洋大学、浙江海洋大学
水族科学与技术(T)	培养具有从事观赏水族的育种、水域环境控制、营养与饲料、养殖、病害防治、经营管理等工作的能力，能够在水族的产业的企事业单位从事休闲渔业及观赏水族的科研、开发、教学、管理等工作的复合型科学技术人才	基础化学、有机化学、生物化学、动物学、鱼类学、水生生物学、观赏水族养殖学、水草栽培学、游钓渔业学、水族馆创意与设计、观赏水族营养与饲料学、观赏水族疾病防治学、水处理技术、景观生态学、管理学、休闲渔业经营学	可在高等院校、科研机构、海关检疫、环境保护、动植检疫、生物制药、现代渔业技术和水产品加工等行业工作，或从事水族技术研发与推广工作，也可在企业或事业单位从事行政管理、市场营销、国内和国际贸易、综合经营管理等工作，也可从事相关产业的其他工作	上海海洋大学、华中农业大学、大连海洋大学、西南大学

第七节　草学类

专业	教育目标	课程设置	就业发展方向	专业优势院校
草业科学	培养具备草坪学、草地学、树木学、运动场草坪建植与管理、高尔夫球场草坪建植与管理、草坪与牧草病虫害、园林绿地规划等方面的知识，能在园林绿化、高尔夫球场、运动场、城市林业等部门从事草坪建植与管理、人工草地栽培、城市生态环境建设工作的高级科学技术人才	植物学、植物生理学、土壤学、草坪学、草地学、树木学、草坪草与牧草遗传育种学、草坪与牧草病虫害、草坪灌排水学、草坪机械、草坪杂草、草坪营养与施肥、园林绿地规划	可在园林、水土保持、环保、人工草场、体育场等部门从事各类草坪的建植与管理工作以及各种功能草地的培育、园林绿地规划设计、园林花卉植物栽培、优良牧草和草坪草的选育、人工牧草培育、人工牧草深加工、优良草种的种子生产等技术与管理工作	兰州大学、内蒙古农业大学、新疆农业大学、甘肃农业大学、四川农业大学、南京农业大学、西北农林科技大学、宁夏大学、青海大学、北京林业大学

第十章　医　学

第一节　基础医学类

专业	教育目标	课程设置	就业发展方向	专业优势院校
基础医学(K)	培养适应现代生物医学科学发展和高等医学教育发展需要，掌握自然科学和基础医学基本理论、基本技能和科学研究手段，具有从事基础医学教育和科学研究能力的高级专门人才	人体解剖学、组织学与胚胎学、正常人体形态学实验、细胞生物学、分子生物学、生物化学、医学遗传学、医学生物学实验、医学微生物学、医学免疫学、病原生物学与免疫学实验、生理学、病理生理学、药理学、基础医学机能学实验、神经生物学、细胞与分子免疫学、分子遗传学、分子病理学、内科学、外科学、妇产科学、儿科学、医学统计学、预防医学、普通心理学、医学伦理学、马克思主义基本原理、思想道德修养、法律基础、英语、高等数学、医用物理学、化学	可从事高等医药院校、科研机构及临床有关实验室的教学和科学研究工作	复旦大学、南方医科大学、北京大学、首都医科大学、四川大学

第二节　临床医学类

专业	教育目标	课程设置	就业发展方向	专业优势院校
临床医学(K)	培养掌握一定的人文社科知识和相关自然科学基础知识，具备较扎实的基础医学理论和临床医学知识基础，具有一定的预防医学知识、临床思维能力和临床实践能力的临床医学专门人才	人体解剖学、组织学与胚胎学、生物化学、细胞生物学、生理学、医学微生物学、医学免疫学、病理学、药理学、人体形态学实验、医学生物学实验、医学机能学实验、病原生物学与免疫学实验、诊断学、外科学、内科学、妇产科学、儿科学、循征医学、卫生法学、医学伦理学、医学心理学、马克思主义基本原理、思想道德修养、医患沟通与技巧、英语、高等数学、医用物理学、化学	可在医疗卫生单位、医学科研部门等从事医疗及预防、科研等方面的工作	上海交通大学、华中科技大学、浙江大学、首都医科大学、北京协和医学院、中南大学、南方医科大学、天津医科大学、西安交通大学、青岛大学

续表

专业	教育目标	课程设置	就业发展方向	专业优势院校
麻醉学(TK)	培养具有基础医学、临床医学和麻醉学等方面的理论知识和基本技能，能在医疗卫生单位的麻醉科、急诊科、急救中心、重症监测治疗病房(ICU)、药物依赖戒断及疼痛诊疗等领域从事临床麻醉、急救和复苏、术后监测、生理机能调控等工作的高级专门人才	人体解剖学、生理学、药理学、内科学、外科学、临床麻醉学、急救医学、疼痛诊疗学、麻醉药理学、麻醉设备学、麻醉生理学、麻醉解剖学	可在医疗卫生单位的麻醉科、急诊科、急救中心、重症监测治疗病房、药物依赖戒断及疼痛诊疗等领域从事临床麻醉、急救和复苏、术后监测、生理机能调控等方面的工作	中国医科大学、哈尔滨医科大学、中南大学、重庆医科大学、徐州医科大学、潍坊医学院、山西医科大学、福建医科大学、安徽医科大学、温州医科大学
医学影像学(TK)	培养掌握基础医学、临床医学和现代医学影像学的理论知识及基本技能，能在医疗卫生单位从事医学影像诊断、介入放射学和医学成像技术等方面工作的高级专门人才	物理学、电子学基础、计算机原理与接口、影像设备结构与维修、医学成像技术、摄影学、人体解剖学、诊断学、内科学、影像诊断学、影像物理、超声诊断、放射诊断、核素诊断、介入放射学、核医学、医学影像解剖学、肿瘤放疗治疗学、B超诊断学	可从事临床医学影像诊断、放射治疗工作或医学教育及医学科研工作，也可到医疗卫生单位从事医学影像诊断、介入放射学、核医学成像技术等方面的工作	南方医科大学、华中科技大学、天津医科大学、中国医科大学、哈尔滨医科大学、重庆医科大学、大连医科大学、南昌大学、安徽医科大学、川北医学院
眼视光医学(TK)	培养掌握基础医学、临床医学和眼视光医学的理论知识及基本技能，能在医疗卫生单位从事眼科诊断、治疗和医学技术等方面工作的高级专门人才	人体解剖学(含组织胚胎学)、生理学、诊断学基础、药理学、基础眼科学、视光学基础、眼视光特检技术、内科学、外科学、验光技术、临床眼科学、眼镜技术、配镜学、角膜接触镜验配技术	可从事眼镜验光、配镜工作，或可就职为医院眼科视光技术人员、质量检验人员以及社区眼保健人员等	温州医科大学、天津医科大学
精神医学(TK)	培养能在综合医院或专科医院从事临床精神病学、心理咨询、心理治疗工作的高级专门人才	医学、临床医学、临床心理学、行为医学、儿童精神医学、精神病学	可在各级医药院校、综合医院、脑科医院、医学心理中心及精神卫生保健机构从事医疗、教学和科研工作	哈尔滨医科大学、齐齐哈尔医学院、蚌埠医学院
放射医学(TK)	培养适应我国社会主义现代化建设实际需要，德、智、体全面发展，具有创新精神和系统放射医学理论知识与实际能力的高级专门人才	解剖学、组织与胚胎学、病原学、免疫学、生物化学、生理学、病理学、药理学、临床医学导论、内科学、外科学、预防医学、放射医学防护、影像诊断学、肿瘤放射治疗学、核医学	可从事放射医学防护、放射病诊断治疗、核医学和医学影像诊断等工作	苏州大学、吉林大学、内蒙古科技大学、包头医学院

第三节　口腔医学类

专业	教育目标	课程设置	就业发展方向	专业优势院校
口腔医学(K)	培养熟悉口腔医学的基本理论和基本知识，受到口腔及颌面部疾病的诊断、治疗、预防方面的训练，具有处理口腔常见病、多发病的能力，能够从事口腔修复和疾病预防保健工作的专门人才	人体解剖学、组织胚胎学、微生物学与免疫学、生物化学、生理学、病理学、药理学、诊断学、口腔解剖生理学、口腔组织病理学、口腔材料学、口腔影像诊断学、口腔内科学、口腔颌面外科学、口腔修复学、口腔正畸学、口腔预防学	可在医院口腔科工作，也可开设私人诊所，或在美容院从事相关的面部整容、美容工作，或在牙科医疗器械公司、牙膏公司、牙科材料公司等从事营销工作	四川大学、北京大学、武汉大学、上海交通大学、山东大学、中山大学、浙江大学、吉林大学、同济大学、南京医科大学

第四节　公共卫生与预防医学类

专业	教育目标	课程设置	就业发展方向	专业优势院校
预防医学(K)	培养德、智、体、美全面发展，熟悉预防医学的基本理论、知识和技能，有一定实践能力、创新能力和发展潜力的应用型预防医学专门人才	细胞生物学、人体解剖学、组织胚胎学、生物化学、生理学、病理学、病理生理学、人体寄生虫学、医学微生物学、免疫学、药理学、卫生化学、毒理学、诊断学、卫生统计学、流行病学、传染病学、职业卫生与职业医学、环境卫生学、营养与食品卫生学、儿童少年卫生学、卫生法学、卫生经济学、卫生事业管理、医学伦理学	可从事临床或临床科研工作，或可从事卫生防疫、卫生知识宣传普及，卫生事业管理、社会医学研究等工作，也可非医学领域从事环境保护与监测、海关疫检等工作	北京大学、华中科技大学、复旦大学、中山大学、中国医科大学、哈尔滨医科大学、四川大学、南京医科大学、南方医科大学、浙江大学
食品卫生与营养学	培养熟悉基础医学、营养学和预防医学、临床医学的基本知识、理论和技能，能够从事营养指导、保健和营养知识的宣传教育、防病治病、临床营养治疗和食品配制指导工作的高级专业人才	营养学基础、临床营养学、食品卫生学、食品工艺学、烹调学、食品毒理学、组织学与胚胎学、人体解剖学、生理学、生物化学、内科学、外科学、儿科学、医学统计学、流行病学、英语、计算机	可在学校、幼儿教育机构、宾馆、医院营养科、高等院校、科研单位、各级疾病预防控制中心、卫生监督所、食品药品管理局、社区卫生服务中心、学校和卫生管理机构等从事营养指导、保健和营养知识的宣传教育、防病治病、临床营养治疗和食品配制指导等工作	上海交通大学、四川大学、南京中医药大学、贵州医科大学、上海中医药大学、昆明医科大学、蚌埠医学院、重庆医科大学、扬州大学

续表

专业	教育目标	课程设置	就业发展方向	专业优势院校
妇幼保健医学(TK)	培养掌握妇幼保健基础医学知识，具备基础医学、临床医学和预防医学方面的基本技能，能通过国家执业医师资格考试，能在基层从事妇幼保健工作和妇产科、儿科常见病的防治工作，具有初步处理妇产科急诊、产科大出血及计划生育、围产期保健工作的能力，也能在妇幼保健业务及行政部门从事临床、预防、科研、管理等工作的医学高级专门人才	人体解剖学、组织胚胎学、生理学、病理学、遗传与优生学、生殖内分泌与免疫、内科学、外科学、儿科学、妇产科学、生殖健康、妇幼与儿少卫生、妇女保健学、儿童保健学、妇幼营养学、妇幼心理学、妇幼卫生管理、流行病学、性医学	可在基层从事妇幼保健和妇产科、儿科常见病的防治工作，也能在妇幼保健业务及行政部门从事临床、预防、科研、管理等方面的工作	四川大学、中南大学、新疆医科大学、山东工商学院、华北煤炭医学院
卫生监督(TK)	培养掌握医学和卫生监督执法的基本知识与技能，能够从事卫生执法与卫生监督工作的高级管理人才	正常人体学概论、医学微生物学基础、病理学基础、临床医学概论、卫生统计学、流行病学基础、环境卫生学、劳动卫生与职业病、营养与食品卫生、学校卫生、行政法学基础、卫生法学概论、卫生事业管理	可在各级卫生监督部门、疾病控制中心以及企业或事业单位的卫生管理部门工作	哈尔滨医科大学
全球健康学(TK)	培养具有宽广的国际视野和深厚的人文底蕴，系统掌握全球健康学基本理论、知识和技能，具备一定的科学研究与实践创新能力、善于沟通协调的复合型人才	全球健康概论、基础医学概论、公共卫生概论、心理学、全球文化概论	可从事全球健康领域的理论研究、政策评估、国际卫生资源整合和全球疾病控制等方面的工作	武汉大学

第五节 中医学类

专业	教育目标	课程设置	就业发展方向	专业优势院校
中医学(K)	培养系统掌握中医学基本理论知识和技能，适应现代中医学发展和高等中医教育需要，具备良好的人文和自然科学素养、扎实的西医学基本理论和技能基础、一定的中药学及预防医学相关知识，具有较强临床思维能力和临床实践能力的中医学专门人才	医古文、英语、中医基础理论、中医诊断学、中药学、方剂学、内经选读、伤寒论选读、金匮要略选读、温病学、中医内科学、中医外科学、中医妇科学、中医儿科学、针灸学、人体解剖学、组织学与胚胎学、生理学、生物化学、病理学、药理学、检体诊断学、实验诊断学、影像诊断学、西医内科学、西医外科学	可在各级中医医疗机构、科研机构、综合医院及各类相关医药卫生单位从事医疗、教学和科研工作	北京中医药大学、广州中医药大学、南京中医药大学、上海中医药大学、黑龙江中医药大学、山东中医药大学、天津中医药大学、湖南中医药大学、成都中医药大学、浙江中医药大学

续表

专业	教育目标	课程设置	就业发展方向	专业优势院校
针灸推拿学(K)	培养具备中医药理论基础知识、针灸推拿专业知识和实践技能，能在各级中医院、中医科研机构及综合性医院针灸部门等从事针灸、推拿医疗及科学研究工作的医学高级专门人才	中医学基础、人体解剖学、生物力学、中医古典医籍、经络学、刺灸学、手法学、功法学、中医内科学、神经病学、针灸临床治疗学、推拿临床治疗学	可在各级中医院、中医科研机构及综合性医院的针灸部门从事针灸、推拿医疗及科学研究工作，也可在高等院校从事教育教学工作	北京中医药大学、广州中医药大学、天津中医药大学、成都中医药大学、上海中医药大学、黑龙江中医药大学、湖北中医药大学、长春中医药大学、安徽中医药大学、浙江中医药大学
藏医学(K)	培养掌握藏医学的基本理论与专业技能，能够从事藏医临床诊疗工作的医师人才	藏医概论学、藏医人体学、藏医病机学、藏医三大基因学、藏医保健学、藏药方剂学、藏医外治学、藏医诊断学、藏医内科学、藏医热病疫病学、藏医五官科学、藏医儿科学、藏医妇科学、藏医外伤学、人体解剖学、诊断学、中医学	可从事藏医医疗、教学、科研及藏药开发工作	成都中医药大学、西藏藏医学院、青海大学
蒙医学(K)	培养具备蒙医学基础理论和医疗技能以及一定的现代医学知识，能在蒙医学专业和蒙西医结合方面的医疗、教学、科研等领域从事实际工作的高级专门人才	蒙医基础理论、蒙医诊断学、蒙药学、蒙医方剂学、蒙医疗术学、蒙医温病学、蒙医内科学、人体解剖学、生理学、诊断学、内科学、中医学	可在医学研究部门、医学院校和各级医疗卫生单位及医院从事科研、教学、医疗工作和管理工作，也可在相关专业继续深造	内蒙古医科大学、内蒙古民族大学
维医学(K)	培养热爱维吾尔医药事业，具有系统的维医基础理论和基本知识、坚实的维医临床诊疗技能、必要的现代医学基础知识和临床诊疗技能，能从事维吾尔医临床工作和维吾尔医学科研工作的高级医学人才	维医基础理论、维医病理学、维医诊断学、维医成药学、维医生药学、维医方剂学、维医内科学、维医外科学、维医妇科学、维医儿科学、维医产科学、维医治疗技术、人体解剖学、生理学、免疫与病原学、药理学、病理学、中医学概论、西医诊断学	可在维吾尔族地区县乡医院的维医科及社区卫生服务中心的维医医疗技术岗位工作	新疆医科大学
壮医学(K)	培养热爱壮族医药事业，具有系统的壮医基础理论和基本知识、坚实的壮医临床诊疗技能、必要的现代医学基础知识和临床诊疗技能，能从事壮医临床工作和壮族医学科研工作的高级医学人才	壮医概论学、壮医人体学、壮医病机学、壮医三大基因学、壮医保健学、壮药方剂学、壮医外治学、壮医诊断学、壮医内科学、壮医热病疫病学	可在医疗、教学、科研等领域从事实际工作	广西中医药大学

续表

专业	教育目标	课程设置	就业发展方向	专业优势院校
哈医学(K)	培养系统掌握现代医学和哈萨克医学基本理论、知识和技能，具有处理临床常见病、多发病的临床诊疗能力，能从事哈萨克医学的临床、教学、预防工作，符合民族区域医疗需求，能够继承和发扬哈萨克医学传统的实用型医学人才	哈医基础理论、哈医临床医学、哈医概论学、哈医人体学、哈医病机学、哈医三大基因学、哈医保健学、哈药方剂学、哈医外治学、哈医诊断学、哈医内科学、哈医热病疫病学	可在各级医院、社区医疗机构及医学科研机构、教学单位工作	新疆医科大学

第六节　中西医结合类

专业	教育目标	课程设置	就业发展方向	专业优势院校
中西医临床医学(K)	培养具有一定中医学和现代医学专业理论，具备临床诊断、预防、治疗技能的高级医学人才	医用基础化学、生理学、中医基础理论、免疫学、微生物寄生虫学、医用生物学、药理学、中医诊断学、中药学、人体解剖学、分子生物学、病理学、组织胚胎学、方剂学、传染病学、生物化学、诊断学、病理生理学、精神病学、预防医学、医学统计学、医学影像学、针灸学、中医骨伤科学、中西医结合内科学、中西医结合外科学、中西医结合妇产科学、中西医结合儿科学、中西医结合眼耳鼻喉头颈外科学、中西医结合急症学	可从事医药卫生行业的医疗、科研、教学、社区保健、卫生防疫、卫生行政事业管理工作	大连医科大学、南方医科大学、华中科技大学、上海中医药大学、福建中医药大学、成都中医药大学、南京中医药大学、河南中医药大学、湖南中医药大学、黑龙江中医药大学

第七节 药学类

专业	教育目标	课程设置	就业发展方向	专业优势院校
药学	培养掌握药学基本理论、知识和实验技能，能在药品生产、检验、流通、使用、研究与开发领域从事鉴定、药物设计、一般药物制剂及临床合理用药等工作的高级科学技术人才	马克思主义基本原理、思想道德修养、法律基础、大学英语、高等数学、医用物理学、计算机基础、形态学概论、生理学、细胞生物学、分子生物学、医学免疫学、病理生理学、医学微生物学、无机化学、有机化学、生物化学、定量分析、仪器分析、物理化学、基础化学实验、药物化学、天然药物化学、药剂学、药物分析、药理学、毒理学基础、药物的波谱解析、药事管理学	可从事药物合成、药物制剂、药物检验、药品生产与营销、新药研制开发、质量控制等工作以及药学研究、管理和教学工作	中国药科大学、北京大学、复旦大学、四川大学、哈尔滨医科大学、中南大学、中山大学、南京医科大学、浙江大学、山东大学
药物制剂	培养熟悉药学、药剂学和药物制剂工程等方面的基本理论知识和实验技能，能在药物制剂和与制剂技术相关的领域从事研究、开发、工艺设计、生产技术改进和质量控制等工作的高级科学技术人才	药物化学、化工原理、药理学、药剂学、制药工程、药物分析、仪器分析、物理化学、人体解剖学、生理学、工程制图、生物化学、医药数理统计、微生物学与免疫学	可在药物制剂和与制剂技术相关的领域从事研究、开发、工艺设计、生产技术改进和质量控制等工作	中国药科大学、沈阳药科大学、黑龙江中医药大学、浙江大学、广东药科大学、南方医科大学、吉林大学、中国医科大学、广州中医药大学、河北医科大学
临床药学（TK）	培养从事临床药学教育、临床药学研究以及药物开发工作的高级科学技术人才	大学英语、高等数学、数理统计、医用物理学、基础化学、分析化学、有机化学、生物化学与分子生物学、寄生虫与微生物学、天然药物化学、药物化学、药物分析、人体系统解剖学、药理学、药剂学、临床药物代谢动力学、细胞生物学、药物毒理学、病理学、生理学、病理生理学、诊断学、内科学、外科学、妇产科学、儿科学、临床见习、临床药理学、临床药物治疗学、药物不良反应与药物警戒、药物经济学、医院药事法规与 GCP、医学伦理学、药学信息检索	可在各级医疗单位、医学类院校等从事临床药学教育、药品流通、药品不良反应监测、药品鉴定与研发、药品服务与管理等工作	中国医科大学、南京医科大学、四川大学、中国药科大学、沈阳药科大学、安徽医科大学、天津医科大学、哈尔滨医科大学、首都医科大学、大连医科大学

续表

专业	教育目标	课程设置	就业发展方向	专业优势院校
药事管理（T）	培养具有药学、管理学、经济学、法学等学科的知识和技能，能在各类医药工商企业、药品监督管理及相关机构从事医药社会问题分析、评估和研究，能够从事药事与企业管理、分析、策划以及教学、科研等方面的工作，能够探索药学事业科学发展规律的复合型高级人才	临床医学概论、基础医学概论、药事管理学、经济学、管理学、药学概论、会计学、财务管理、药事企业管理、中医方药学、中药商品学、中药药剂学、中药炮制与加工、药理学、中药药理学、运筹学、国际贸易、人力资源管理、企业发展战略与企业文化	可在药品监督管理、卫生行政管理、药品价格管理、医疗保险、医药卫生监察、医药经济调控等部门和药品生产经营企业、医药科研院所、医疗卫生机构从事卫生和药政活动的监督管理、医药资源调查研究、医药市场行为和特征分析等高级药事管理工作	中国药科大学、沈阳药科大学、南京中医药大学
药物分析（T）	培养具有药学、管理学、经济学、法学等相关的知识和技能，能在药品部门及相关机构从事药物分析、药事与企业管理、分析、策划以及教学、科研等方面的工作，探索药物分析事业科学发展规律的复合型高级人才	无机化学、有机化学、分析化学、生物化学、微生物学、天然药物化学、药理学、药用物理、化学原理与化学分析、药物化学、药物分析、药剂学、药品质量管理技术、药品生产过程验证、现代药剂应用技术、现代药物分析检验技术、药品生物检定技术、药物分析质量管理规范、药事概论、药学微生物基础技术、仪器分析、药学英语	可在高等院校、科研机构、医药企业和其他相应的产业部门承担和组织教学、研究、科技开发以及管理工作，或在药品生产、检验、流通、使用、研究与开发领域从事鉴定、药物设计、一般药物制剂及临床合理用药等方面的工作	中国药科大学、沈阳药科大学、黑龙江中医药大学、河北医科大学、安徽中医药大学
药物化学（T）	培养具有药学、管理学、经济学、法学等相关的知识和技能，能在药品部门及相关机构从事药物化学分析、药事与企业管理、策划以及教学、科研等方面的工作，探索药物化学事业科学发展规律的复合型高级人才	有机化学、生物化学、生理学、药理学、高等药物化学、药物合成设计、药物合成反应、近代有机合成、甾体/抗肿瘤/抗病毒前沿研究跟踪、药物设计进展、天然产物化学、有机光谱鉴定、有机结构测定的物理方法、现代生物技术与新药研究开发	可在日用化工行业、生化药品行业、石油化工行业或制药行业从事药物制剂开发、研究、质检以及销售代理的工作	中国药科大学、沈阳药科大学、广东药科大学
海洋药学（T）	培养掌握药学各主要分支学科的基础理论和基础知识，受到药学实验方法和技能的基本训练，熟悉药学的基础知识、基本理论和基本技能，能够从事药物研究、开发、生产、管理，监督工作，具有创新能力的高级药学专门人才	无机化学、有机化学、分析化学、物理化学、海洋生物学、海洋药用生物资源学、海洋药用生物技术、海洋制药学、海洋药物化学、药剂学、药理学	可在科研部门、高等院校、制药企业、医院和政府管理部门从事科学研究、教学、应用开发研究、药物生产、技术管理、药物检验、药物营销、质量控制、药物管理和监督合理用药等工作	中国药科大学、宁波大学

第八节 中药学类

专业	教育目标	课程设置	就业发展方向	专业优势院校
中药学	培养具有中药学与中医学基础知识，具备良好的人文和自然科学素养，系统掌握中医药学的基本理论，掌握中药研制的基本技能及现代医药学的相关知识，具有一定的中药生产、管理、销售和研究开发能力的中药学专门人才	高等数学、医用物理学、英语、形态学概论、生理学、生物化学、病原学概论、医学生物学、药理学、无机化学、定量分析、有机化学、仪器分析、物理化学、中医学基础、中药学、方剂学、药物的波谱分析、中药化学、药用植物学、中药鉴定学、中药炮制学、中药药剂学、中药药理学、中药制剂分析和药事管理学	可以在各级医院及医疗机构、制药及药品经营企业、药品检验部门、药品管理部门、科研单位及医药院校等从事研究开发、中药检验、质量控制、生产管理、药品营销等方面的工作	上海中医药大学、南京中医药大学、北京中医药大学、黑龙江中医药大学、成都中医药大学、浙江中医药大学、天津中医药大学、中国药科大学、广州中医药大学、辽宁中医药大学
中药资源与开发	培养掌握中药学与中药资源学的基本理论、知识和技能，能够在各类中药资源研究开发机构、高等院校、制药企业、流通领域及行政管理部门从事中药资源的调查、开发、科学研究、综合利用、生产加工、质量监控、营销与管理工作的高级中药资源学专门人才	中医药基础理论、药用植物学、药用动物学、植物生理和生态学、生药学(中药鉴定学)、药用植物栽培学、中药资源学、天然药物化学、植物化学分类学、中药分析化学、中药生物技术、中药药理学、中药材加工和炮制学、中药制剂学、中药新药开发概论、药事法规	可从事中药资源调查、中药材栽培、中药材鉴定、中药原料采购、中药新药研究开发、中药资源的综合开发和合理利用等方面的工作	南京中医药大学、黑龙江中医药大学、成都中医药大学、中国药科大学、吉林农业大学、湖南农业大学、广州中医药大学、湖北中医药大学、广西中医药大学、沈阳药科大学
藏药学(T)	培养具有创新精神和实践能力，熟练掌握藏医基础理论和藏药基础理论知识，基本掌握现代药学基础知识、全面系统地掌握藏药与藏药材辨认、配制、药理分析和研究技能的高素质藏医专业人才	藏医概论学、藏医人体学、藏医病机学、藏药学、藏医三大基因学、藏医保健学、藏医伦理学、藏药植物学、藏药动物学、藏药矿物学、藏医药物学、水银洗练法、藏医常用配方学、藏药冶炼学、藏药炮制学、藏药方剂学、藏药泻治学、药理学、药剂学、天然药物化学、药物制剂分析、生药学、民族药物学、药事管理学	可从事藏药材辨认、配制、药理研究等工作	成都中医药大学、甘肃中医药大学、西南民族大学

续表

专业	教育目标	课程设置	就业发展方向	专业优势院校
蒙药学(T)	培养具备蒙医药学基本理论、基本知识和蒙药生产、检测技能、掌握一定的现代自然科学和蒙药销售推广等方面的知识,熟悉蒙药炮制、制剂鉴定和现代药检技能,掌握正确制剂、正确认用蒙药的基本能力的高级专门人才	蒙医学基础、蒙药学、蒙医方剂学、蒙药药用植物学、蒙药化学、蒙药制剂学、蒙药鉴定学、蒙药炮制学、蒙药药剂学、蒙药药理学、蒙药分析、蒙药资源、药事法规、蒙药志、内蒙古植物药志、蒙药材标准	可在蒙药制药企业、蒙药研究部门、食品卫生监督管理部门,药品检验部门,医院药剂科,食品生产企业、医院、疗养院、康复中心(从事食谱,药膳,工艺设计,质量评价等研究工作)等部门工作,或报考蒙药学硕士研究生,继续深造学习	内蒙古医科大学、内蒙古民族大学
中药制药(T)	培养掌握药理学、药剂学、中药分析和制药工程等中药新药研发相关学科的基本理论、基本知识和基本操作技能,具备中药药物制备、药品质量评价、药物有效性与安全性评价的能力,掌握现代中药新药研究与开发的基本思路、方法和实验技能,具备中药新药研究与开发、药品质量研究、新药药理作用评价的能力,能胜任现代中药创制和生产等方面工作的专门人才	中医学基础、中药学、方剂学、物理化学、中药化学、生物化学、分析化学、中药炮制学、中药药理学、中药药剂学、中药制剂设备和车间设计、GMP管理工程,方剂与中成药、药用植物识别技术、中药鉴定技术、中药调剂技术、中药储存与养护、中药制剂技术、中药制剂检验技术	中药经营企业、医院中药房、中药饮片加工企业和中药养护等相关部门以及中药生产企业、医院、药检部门的中药检验及其他与中药有关的单位及部门从事中药材栽培、中药商品购销和管理、中药加工炮制、中药养护、中药检测、制剂生产、调剂、质量监管等工作	南京中医药大学、黑龙江中医药大学、北京中医药大学、广东药科大学、中国药科大学、广州中医药大学、贵阳中医学院
中草药栽培与鉴定(T)	培养具备中草药基础理论、基本知识和技能及其相关知识能力,能够从事中药材栽培及中药制药、检验、经营管理、教学科研、资源开发和利用等工作的高级技术人才与生产管理人才	中药学、药用植物学、植物生理生化、中草药资源学、植物保护学、药用植物组织培养学、药用植物病虫防治学、中药化学、中药炮制学、中草药遗传育种学、中药鉴定学、药用植物栽培学、中药储藏与加工	可从事中药材栽培及中药制药、检验、经营管理、教学科研、资源开发和利用等方面的工作	浙江中医药大学、甘肃中医药大学、山东中医药大学、辽宁中医药大学、云南农业大学、四川农业大学

第九节　法医学类

专业	教育目标	课程设置	就业发展方向	专业优势院校
法医学	培养掌握医学基本理论知识和系统的法医学理论知识及基本技能，能在公安、政法机关、司法鉴定机构和保险公司从事法医学检案鉴定工作的高级科学技术人才	医药高等数学、医学物理学、医学统计学、基础化学、有机化学、医学生物学、卫生法学、解剖学、组织学与胚胎学、医学微生物学、医学细胞生物学、医学遗传学、生物化学与分子生物学、生理学、病理学、病理生理学、医学免疫学、药理学、神经科学、内科学、外科学、妇产科学、儿科学、眼科学、诊断学、医学影像学、耳鼻咽喉头颈外科学、刑事科学技术、法医临床学、法医物证学、法医毒理学、法医毒物分析、法医病理学、法医精神病学、犯罪心理学、法医人类学、法医法学	可在全国各级公安部门、检察院、司法机关、鉴定机构、医院、高等院校及保险公司等从事法医学鉴定、医疗服务、法医学及医学科研、教学、保险服务等工作	四川大学、中山大学、西安交通大学、中国医科大学、河北医科大学、复旦大学、山西医科大学、华中科技大学、中南大学、苏州大学

第十节　医学技术类

专业	教育目标	课程设置	就业发展方向	专业优势院校
医学检验技术	培养热爱祖国、拥护党的基本路线，德、智、体、美全面发展，具有扎实的医学检验专业知识及相关自然科学知识，具有较强的医学检验实践技能和人际交流能力，具有良好的职业道德和人文素养，具有创新、创业精神，能从事医学检验和实验室诊断工作的高等技术应用型专门人才	英语、无机化学、有机化学、分析化学、人体解剖学、组织胚胎学、生理学、生物化学、分子生物学、病理学、医学统计学、临床医学概论、临床检验基础、临床生物化学及检验、微生物学及检验、免疫学及检验、血液学检验、寄生虫学及检验、卫生理化检验、检验仪器学和实验室管理	可在各级医院、血站、卫生防疫站从事医学检验技术工作，或可就职于疾病预防控制中心、海关、医学院校、制药厂、生物制品研究所、药检所、试剂及医疗仪器公司	北京大学、哈尔滨医科大学、黑龙江中医药大学、重庆医科大学、云南中医学院、福建中医药大学

续表

专业	教育目标	课程设置	就业发展方向	专业优势院校
医学影像技术	培养适应我国社会主义现代化建设和医疗卫生事业发展需要,德、智、体全面发展,具有基础医学、临床医学和现代医学影像技术必备的基本理论、知识和基本技能,能在各级医疗第一线从事医学影像诊断、医学成像技术及影像设备维修和营销等方面工作的高级专门人才	英语、计算机、人体解剖学、组织学和胚胎学、影像电子学基础、生理学、病理学、放射物理与防护、诊断学、内科学、外科学、医学影像设备学、医学影像设备管理、医学影像成像原理、医学影像检查技术、医学影像诊断学、超声诊断学、介入医学、核医学、放射治疗技术及营销	各级医院的医学影像检查和放射治疗技术岗位	东南大学、重庆医科大学、四川大学、哈尔滨医科大学、天津医科大学、新疆医科大学、温州医科大学、苏州大学、川北医科大学、上海理工大学
眼视光学	培养具有扎实的医学专业知识及相关的自然科学知识,有较强的医学实践和人际交流能力,有良好的职业道德和人文素养,具有创新、创业精神,融医疗、预防、保健、康复等知识为一体的应用型眼视光学人才	政治经济学、哲学、英语、计算机基础、细胞生物学、基础化学、有机化学、物理学、系统解剖学、组织胚胎学、生理学、生物化学与分子生物学、药理学、病理生理学、病理学、微生物与免疫学、卫生学、统计学、流行病学、诊断、外科学基础、内科学、外科学、医学心理学、生命伦理学、眼科学、隐形眼镜学、眼科光学基础、眼科学基础、临床视光学基础、验光学、眼镜光学	可到各级综合性医院、专科医院、医学院校、眼镜公司、眼视光学器械研究部门等担任眼科医师、视光医师或从事眼视光学教学、科研等工作	温州医科大学、天津医科大学、南京医科大学、四川大学、南昌大学、山西医科大学
康复治疗学	培养适应国家和社会发展需要,德、智、体、美全面发展,具有较扎实的康复治疗学理论知识、医学基本知识及其相关的自然科学知识,具有较强的人际交流能力和良好的职业道德,具有创新、创业精神,掌握康复治疗学技术,具有分析问题、科学思维和独立工作的能力,具有阅读本专业外语书刊的能力,具备开展康复医学各领域的科学研究工作的初步能力的康复治疗师	英语、生物学、解剖学、生物化学、生理学、组织学与胚胎学、免疫学、药理学、病理学、病理生理学、诊断学、计算机学、医学统计学、文献检索学、内科学、外科学、妇产科学、儿科学、表面解剖学、康复医学总论、康复评定学、康复工程学、物理治疗学、作业治疗学、语言治疗学、康复护理学、康复心理学、儿童康复学、骨科康复学、内科疾病康复学、神经伤病康复学、社区康复学、传统康复学	可到综合医院康复医学科、康复中心(康复医院)从事康复治疗师工作,也可到疗养院、保健中心、体育医院或运动队的医务室、社区卫生服务机构等单位从事康复治疗工作	中山大学、中国医科大学、首都医科大学、四川大学、重庆医科大学、黑龙江中医药大学、温州医科大学、南京医科大学、上海中医药大学、福建中医药大学

续表

专业	教育目标	课程设置	就业发展方向	专业优势院校
口腔医学技术	培养面向全国各地区，服务于口腔相关行业，适应口腔治疗技术等岗位需求，德、智、体、美、劳全面发展，拥有良好的职业道德和敬业精神，具备较强的创新和实践工作能力，可从事相关管理工作的高素质技能型专门人才	口腔解剖生理学、口腔内科、口腔外科、口腔正畸学、口腔修复材料、口腔技工工艺、口腔医学、口腔美学、口腔工艺技术实训、口腔科见习	可在大医院的口腔科工作，也可开设私人诊所，或在美容院从事相关的面部整容、美容工作	北京大学、四川大学、泰山医学院
卫生检验与检疫	培养具有预防医学、卫生理化检验及生物学检验等方面的基本知识和操作技能的高级技术应用型专门人才	医用化学、分析化学、生物学、卫生微生物及检验、生物材料检验、水质卫生理化检验、食品卫生理化检验、空气卫生理化检验、卫生毒理学、生物化学及检验、预防医学、寄生虫学及检验、实验室质量管理、免疫学检验、卫生防疫站见习	卫生防疫检疫部门、环保部门的卫生检验技术岗位	南京医科大学、四川大学、安徽医科大学、重庆医科大学、长沙医学院、河北医科大学、江苏大学、新乡医学院、浙江中医药大学、广东药科大学
听力与言语康复学(T)	培养适应社会主义建设需要，德、智、体全面发展，具备听力与言语康复专业态度、专业知识与专业能力，能在各级医疗单位、康复机构、特殊教育机构从事听力障碍、言语障碍、语言障碍以及嗓音问题人群的诊断、治疗、康复训练、教育及研究工作的专业工作者	系统解剖学、听觉生理学、康复医学概论、临床康复学、人体发育学、语言学导论、听力与言语康复学统计、运动学、康复评定学、基础听力学(含应用声学)、诊断听力学、康复听力学理论与实践、言语病理学、言语障碍评估与矫治、言语障碍评估与矫治实践、嗓音障碍的测量与矫治、嗓音障碍的测量与矫治实践、口部运动治疗学、临床语音学、听力与言语康复学研究方法	各级各类医疗康复机构、特殊教育学校等	浙江中医药大学、滨州医学院、昆明医科大学

第十一节　护理学类

专业	教育目标	课程设置	就业发展方向	专业优势院校
护理学	培养具备人文社会科学、医学、预防保健的基本知识及护理学的基本理论知识和技能，能从事临床护理、预防保健、护理管理、护理教学和护理科研的高级专门人才	人体解剖学、生理学、病理学、药理学、医学心理学、医学伦理学、护理学导论、护理学基础、内科护理学、外科护理学、妇产科护理学、儿科护理学、急救护理学、预防医学、精神护理学、护理管理学、护理礼仪、护理科研	可从事临床护理、预防保健、护理管理、护理教学和护理科研等工作	四川大学、中山大学、山东大学、华中科技大学、首都医科大学、南方医科大学、重庆医科大学、北京大学、哈尔滨医科大学、山西医科大学

第十一章　管理学

第一节　管理科学与工程类

专业	教育目标	课程设置	就业发展方向	专业优势院校
管理科学	培养具备必要的数学、经济学、计算机应用基础，具有扎实的管理学科的基本理论和基本知识，具备用先进的管理思想、方法、组织和技术以及数学和计算机模型对运营管理、组织管理和技术管理中的问题进行分析、决策和组织实施能力的高级专门人才	统计学、运筹学、经济学、会计学、财务学、管理信息系统、国际贸易和国际金融、组织行为学、管理决策模型和方法、运营计划和控制、预测方法与技术、决策支持系统、信息系统分析与设计	可在各类行政单位、事业单位、科研院所、工商企业从事管理和科研工作，或在相关单位从事教育、培训、咨询工作，还可在政府和行业管理机构的产业分析和政策管理部门，企业和公用事业单位中的战略研究、市场分析、运营计划、信息管理、项目管理、工业工程部门，高校和研究机构工作，或可在相关专业继续深造	西安交通大学、复旦大学、中国科学技术大学、山东大学、厦门大学、北京师范大学、上海理工大学、四川大学、中国人民大学、西南财经大学
信息管理与信息系统	培养具备现代管理学理论基础、计算机科学技术知识及应用能力，掌握系统思想和信息系统分析与设计方法以及信息管理等方面的知识与能力，能在国家各级管理部门、工商企业、金融机构、科研单位等部门从事信息管理以及信息系统分析、设计、实施管理和评价工作的高级专门人才	管理学、经济学、管理信息系统、信息经济学、信息检索、计算机开发技术、数据库原理与应用、运筹学、应用统计学、组织行为学、信息系统开发项目管理、计算机网络与通信、企业资源计划（ERP）原理及应用、企业流程改造原理与实务、商法、ERP 原理与实施、生产与运作管理、市场营销学、财务管理学、人力资源管理、会计学	软件开发人员、网络或系统管理员、企业信息管理员等	武汉大学、合肥工业大学、清华大学、浙江大学、北京航空航天大学、大连理工大学、北京大学、南京大学、哈尔滨工业大学、天津大学

续表

专业	教育目标	课程设置	就业发展方向	专业优势院校
工程管理	培养具有工程技术、管理学和经济学的基本知识基础，掌握现代管理科学的理论、方法和手段，可综合系统地运用管理、建筑、经济、法律等基本知识，侧重于工程建筑、施工管理以及房地产经营开发，并熟悉我国相关的方针、政策和法规，能够进行企业工程开发建设项目的经营和管理工作的复合型、应用型高级管理人才	工程项目管理、工程合同管理、工程造价管理、工程经济学、工程估价、施工组织学、房地产开发与经营管理、房地产投资分析与决策、管理学、会计学、统计学、运筹学、财务管理学、管理经济学、组织行为学、建筑制图、工程结构、土木工程技术、建筑设备工程、建筑法规、建设项目评估、工程项目融资、国际工程管理、工程风险与保险	可在国内外大中型企业、工程技术公司、国际经济合作公司、工程咨询与评估公司、建设单位、银行、政府建设主管部门、科研与教育部门从事项目决策和全过程管理工作	哈尔滨工业大学、天津大学、大连理工大学、西安交通大学、华中科技大学、重庆大学、东南大学、同济大学、华南理工大学、中南大学
房地产开发与管理	培养具备地理学、经济学和管理学基础知识，掌握房地产开发、营销、经营管理、咨询、评估等方面知识和技能，能在企业或事业单位及政府部门从事房地产经营管理及科研的中高级人才	地理学、经济学、管理学、建筑学	可在房地产经营与开发公司、房地产估价事务所、房地产投资咨询公司、房地产经纪公司、物业管理公司等从事房地产投资与经济分析、房地产管理、房地产估价、房地产营销、房地产经营与开发项目管理等工作	重庆大学、上海财经大学、中南财经政法大学、华中师范大学
工程造价	培养德、智、体、美全面发展，适应我国区域经济建设发展需要，具备管理学、经济学和土木工程技术的基本知识，掌握现代工程造价管理科学的理论、方法和手段，获得造价工程师、咨询(投资)工程师的基本训练，熟悉工程建设项目投资决策的全过程，具有工程造价管理能力，有实践能力和创新精神的应用型高级管理人才	西方经济学、土木工程概论、材料力学、结构力学、工程经济学、经济法、工程项目管理办、工程招投标与合同管理、会计学、财务管理、建筑定额与预算、工程设备与预算、安装工程预算、建筑电气施工预算、工程施工实习	可在工程咨询公司、建筑施工企业、建筑装潢装饰工程公司、工程建设监理公司、房地产开发企业、设计院、会计审计事务所、政府部门、企业或事业单位基建部门等从事工程造价招标代理、建设项目投融资和投资控制、工程造价确定与控制、投标报价决策、合同管理、工程预(结)决算、工程成本分析、工程咨询、工程监理等工作	重庆大学、天津理工大学、福建工程学院、西华大学、山东英才学院、兰州理工大学、重庆交通大学、福州外语外贸学院、四川理工学院、九江学院

续表

专业	教育目标	课程设置	就业发展方向	专业优势院校
保密管理（TK）	培养具有宽厚的理工基础，掌握信息科学、管理科学、法律科学专业的基础知识，系统掌握信息安全与保密专业知识，政治素质过硬，具有良好的保密业务素质、突出的创新意识和适应能力，懂法律、有技术、善管理的复合型保密人才	离散数学、数据结构、计算机组织与结构、操作系统、数据库原理、计算机网络、现代密码学、信息系统安全、网络安全、信息管理学、公共经济学、档案管理学、行政法与行政诉讼学、知识产权法、保密法学、保密概论、保密技术	可在国家保密行政管理部门、国家行政机关、军工企业或事业单位、国防科技工业和信息产业等部门从事保密理论研究、保密技术开发、保密组织管理、保密法规制定、保密教学培训等工作	北京交通大学、复旦大学、中山大学

第二节　工商管理类

专业	教育目标	课程设置	就业发展方向	专业优势院校
工商管理（K）	培养具备管理、经济、法律及企业管理方面的知识和能力，能在企业或事业单位及政府部门从事管理及教学、科研方面工作的高级专门人才	管理学、微观经济学、宏观经济学、管理信息系统、统计学、会计学、财务管理、市场营销、经济法经营管理、人力资源管理、企业战略管理	可在国家和地方各级经济管理部门、行业管理部门、大中型工商企业的经营管理及涉外公司从事经营管理、金融、商贸企业等领域的工作	中国人民大学、中山大学、厦门大学、东北财经大学、西安交通大学、南京大学、南开大学、上海交通大学、华南理工大学、东北大学
市场营销	培养具备管理、经济、法律、市场营销等方面的知识和能力，能在企业或事业单位及政府部门从事市场营销与管理以及教学、科研方面的工作的高级专门人才	管理学、微观经济学、宏观经济学、管理信息系统、统计学、运筹学、会计学、财务管理、市场营销、经济法、消费者行为学、消费心理学、国际市场营销、市场调查、基础会计、金融概论、企业销售策划、商业银行实务、人力资源管理学、市场调查与预测、分销渠道管理、银行营销、服务营销、客户关系管理、定价管理、现代推销技术、营销创新、广告理论与实务、财政与税收、公共关系学、广告沟通、促销管理、商务礼仪、商务谈判	可以从事市场调研、营销策划、广告策划、市场开发、营销管理、推销服务和教学科研等工作	中国人民大学、西安交通大学、对外经济贸易大学、江西财经大学、重庆大学、北京大学、西南财经大学、吉林大学、中央财经大学、东北财经大学

续表

专业	教育目标	课程设置	就业发展方向	专业优势院校
会计学(K)	培养具备管理、经济、法律和会计学等方面的知识和能力,能在企业或事业单位及政府部门从事会计实务以及教学、科研方面工作的高级专门人才	管理学、微观经济学、宏观经济学、管理信息系统、统计学、会计学、财务管理、市场营销、经济法、财务会计、成本会计、管理会计、审计学、中级财务会计、高级财务会计、财务管理	可在内资企业、外企会计所及事务所、银行等金融机构从事理财咨询工作或成为公务员、教师	厦门大学、上海财经大学、东北财经大学、中央财经大学、清华大学、中山大学、中南财经政法大学、西南财经大学、西安交通大学、上海交通大学
财务管理	培养具备管理、经济、法律和理财、金融等方面的知识和能力,能在工商、金融企业或事业单位及政府部门从事财务、金融管理以及教学、科研方面工作的高级专门人才	微观经济学、宏观经济学、基础会计学、统计学、计量经济学、中级财务会计、高级财务会计、成本会计、管理会计、审计学、电算化会计、财务管理、企业财务诊断、金融企业会计、预算会计、会计制度设计、国际企业财务管理、国际税收、税法、货币银行学、国际金融、国际贸易、证券投资实务、财政学、经济法	可从事会计或财务工作,也可在会计师事务所做审计工作,或可在银行业、金融、货币、经济、调研机构等行业就职或在大学任教	厦门大学、中山大学、西安交通大学、南京大学、对外经济贸易大学、中央财经大学、中南财经政法大学、江西财经大学、西南财经大学、东北财经大学
国际商务	培养具有开阔的视野,扎实的国际商务和国际商法知识基础,能较熟练地应用国际法规、外语开展商务活动的复合型、应用型人才	专业英语、管理学理论、微观经济学、宏观经济学、会计学、国际经济学、财政管理、国际营销学、国际金融、国际贸易法、货币银行学、国际营销学、中国对外贸易	适于在跨国公司、外向型企业和外资企业等从事国际商务活动的商务代表、单证员、国际商务师及国际化经营工作,或可在涉外经济贸易部门及政府机构从事对外经营管理、政策法规制定与实施工作,还可从事国际化商务活动策划工作	华中科技大学、山东大学、上海财经大学、中南财经政法大学、浙江工商大学、暨南大学、云南财经大学、上海对外经贸大学、北京联合大学
人力资源管理	培养具有经济学知识与人本思想,能通过招聘、甄选、培训、报酬等管理形式对相关人力资源进行有效运用,满足服务单位对人力资源的需要的专门人才	管理学、微观经济学、宏观经济学、管理信息系统,统计学、会计学、财务管理、市场营销、经济法、人力资源管理、组织行为学、劳动经济学、绩效管理、薪酬与福利、培训与开发、招聘与配置、人力资源规划、劳动法、人力资源管理软件、专业英语	可在企业或事业单位及咨询机构的人力资源管理岗位从事招聘、人力资源开发、考核、薪酬管理、员工培训、办公室文秘等工作	中国人民大学、北京大学、西南财经大学、南开大学、东北财经大学、首都经济贸易大学、南京大学、厦门大学、西安交通大学、中山大学

续表

专业	教育目标	课程设置	就业发展方向	专业优势院校
审计学	培养面向基层、面向管理一线，牢固掌握专业知识和专业技能，具有扎实的财会、审计专业知识，熟练掌握企业会计手工技能和微机操作基本技能、审计技能，既有一定财会、审计理论水平，又有较强动手能力的高级岗位技术人才	微观经济学、宏观经济学、管理学原理、管理信息系统、经济法、税法、财务会计、成本会计、财务管理、内部控制审计、财务审计、管理审计、建设项目审计、计算机审计、法务会计	可在大中型企业和跨国公司从事内部审计工作，在政府审计机关和司法机关从事审计检查与鉴定工作，也可在会计师事务所、律师事务所、资产评估公司等中介机构从事审计服务与咨询工作，还可以在学校和科研部门从事教学和科研工作	南京审计大学、天津财经大学、山西财经大学、西南财经大学、哈尔滨商业大学、兰州财经大学、石河子大学、河北经贸大学、河北地质大学、杭州电子科技大学
资产评估	培养具有必要的理论知识和较强的实践能力，“下得去”“用得上”“留得住”“上手快”，具备资产评估与管理实践能力，具有较强的综合素质和职业岗位能力，并初步具备创新精神和创业能力，能将科技成果或宏伟蓝图转化为生产力，具有健全的心理品质和健康的体魄，爱岗敬业的高素质高技能专门人才	经济法、财务会计、财务管理、统计学、金融学、保险学、投资学、财政学、税法、资产评估原理、建筑工程概论、机电设备评估、建筑工程评估、企业资产评估、审计学、国有资产管理、企业价值评估、房地产评估、无形资产评估、国际评估准则	可参加各级政府的公务员考试，进入政府资产管理部门、土地管理部门、财政局、国税局、地税局等从事资产管理及财务税收工作，可到各类资产评估事务所、会计师事务所、税务事务所以及咨询机构就业、可到企业或事业单位、金融证券投资公司、房地产开发机构、典当拍卖机构从事资产评估与管理及财务税收、企业管理工作	首都经济贸易大学、山西财经大学、云南财经大学、河南财经政法大学、南京财经大学、江西理工大学、浙江财经大学、广东财经大学
物业管理	培养掌握从事物业管理职业所必需的专业基础理论知识和基本职业技能，具有较强的分析问题、解决问题的能力，有相当的组织管理能力、协调能力，具有承担物业管理岗位工作技能的高级专门人才	邓小平理论概论、管理学基础、计算机应用基础、物业信息管理、物业管理财税基础、物业管理实务、物业管理法规、房地产营销管理、物业设备设施管理、房屋构造与维护管理	可从事各类物业管理服务工作，包括咨询服务、中介服务、房地产行政管理服务，或可从事房地产销售工作	武汉大学、佳木斯大学、河北体育学院、上海师范大学、北京林业大学、石家庄学院、内蒙古财经大学、山东工商学院、通化师范学院、沈阳工程学院

续表

专业	教育目标	课程设置	就业发展方向	专业优势院校
文化产业管理	培养具有纵贯古今的文化视野，具备创意策划、公关调研、开拓创新和组织营销能力，有较高的文化艺术修养和审美能力，文化经济与管理理论知识和实践能力兼备的复合型、开拓型、创造型高级专门人才	文化资源概论、文化传播学、美学概论、艺术基础、宗教文化、中外文学艺术、中国传统艺术、应用民俗学、文化产业概论、管理学概论、文化经济学、文化投资学、文化贸易学、文化产业管理、经济法学、文化法规学、知识产权与文化产业、中外文化体制与产业政策比较、文化法规案例分析、专业外语	可在党、政宣传及文化管理部门或机构、各级文化事业单位，各类文化企业以及大型文化跨国公司从事文化业务和管理工作，或可在新闻出版、音乐产业、动漫游戏、电影电视、工艺美术、主题园区、广告会展、文化旅游、文艺演出、体育娱乐、手机网络、教育培训、文化贸易、文化政策、文物遗产、文化投资等众多文化产业领域从事经营管理类工作	北京大学、山东大学、湖南师范大学、中国海洋大学、中央财经大学、内蒙古大学、河南大学、南阳师范学院
劳动关系（T）	培养熟悉劳动关系学科的理论知识，掌握协调处理劳动关系事务的现代组织手段和科学技术方法，能够在企业或事业单位、政府部门、各级工会组织、研究机构以及非政府组织从事劳动关系处理实务以及理论政策研究工作，富有创新精神的应用型、复合型专门人才	劳动关系学、中外工人概况、工人运动史、集体谈判制度、职工民主管理与社会参与、劳动争议处理制度、劳动政策、劳动心理学、社会保障概论、职业安全卫生、管理学原理、劳动经济学、统计学原理、社会学概论、劳动社会学、劳动法学、组织行为学、经济法概论	可在政府机构、工会组织以及企业或事业单位的公共关系、人力资源管理部门或工会工作，或可在就业服务机构的咨询、辅导、人员培训部门工作，还可就职为劳动执法监察员、劳动争议仲裁员及劳动司法机构的其他工作人员，或可在企业管理顾问公司、咨询公司、民办非企业机构从事研究、认证、监察、培训、咨询人员的工作，或在街道及社区劳动与社会保障机构工作	中国人民大学、中国劳动关系学院、中南财经政法大学、西南政法大学

续表

专业	教育目标	课程设置	就业发展方向	专业优势院校
体育经济与管理(T)	培养德、智、体、美全面发展,熟练掌握经济学、管理学的基础理论知识,具有良好的体育素养,能够适应国内外体育产业发展要求,具备现代体育组织和企业管理的技术和能力,能在体育产业以及相关经济领域从事经营管理的应用型、复合型高级专门人才	宏观经济学、微观经济学、计量经济学、金融学、会计学、财务管理、体育经济学、体育社会学、体育管理学、体育产业经营概论、体育市场营销学、体育经纪人导论、体育俱乐部管理	在体育类企业、职业体育俱乐部、健身俱乐部、体育中介公司、运动项目管理中心、体育事业单位、高等院校等从事体育市场经济分析、体育事业规划、体育经济管理、体育俱乐部经营以及体育经济学教学与科研的工作	中央财经大学、天津财经大学、北京体育大学、成都体育学院、山东财经大学、首都体育学院、河南财经政法大学、沈阳体育学院
财务会计教育(T)	培养具备管理、经济、法律和会计学等方面的知识和能力,能在大中专院校、中等职业技术学校从事教学、科研及财务管理工作的专业人才	管理学、微观经济学、宏观经济学、管理信息系统、统计学、初级会计学、财务管理、市场营销、经济法、财务会计、成本会计学、管理会计学、审计学、会计电算化	可在大专院校、中等职业技术学校从事会计教学及科研工作,也可在政府、各类型企业、事业单位从事财务管理工作	华中师范大学、云南大学、河北科技师范学院、汉口学院、安徽科技学院、云南民族大学
市场营销教育(T)	培养具备经济、管理、法律、市场营销等方面的知识和能力,具有一定创新精神,能担任中等职业教育市场营销类课程的教学、科研方面的工作,能在企业或事业单位、政府部门从事市场营销与管理工作的高级应用人才	微观经济学、宏观经济学、管理学、管理信息系统、统计学、会计学、财务管理、市场营销学、经济法、消费者行为学、国际市场营销、市场调查与预测	可在中、高等职业学校及企业或事业单位、政府部门等从事教学、营销管理等工作	云南大学、云南民族大学、内蒙古农业大学

第三节　农业经济管理类

专业	教育目标	课程设置	就业发展方向	专业优势院校
农业经济管理	培养掌握现代农业经济管理的基本理论和管理技能,能够从事农业产前、产中、产后各环节微观经济管理和服务工作的高级管理人才	农业经济基础、农业技术经济、农产品加工概论、管理学原理、市场营销、财务管理、经济法、农村社会经济统计、农村财政与金融、农业经济调查、会计核算模拟训练、市场营销综合实训	可在乡镇企业、农村基层政府部门、市场中介组织、涉农企业等从事经济管理工作	华中农业大学、中国人民大学、南京农业大学、华南农业大学、西北农林科技大学、中国农业大学、浙江大学、北京林业大学、东北林业大学、东北农业大学

续表

专业	教育目标	课程设置	就业发展方向	专业优势院校
农村区域发展	培养掌握本专业理论知识和基本技能,能在农业企业、农业推广管理部门、政府及事业单位从事计划、规划与设计、推广与发展、经营与管理、教学与科研等工作的高级专门人才	农村发展研究方法、农村发展概论、农村发展设计(规划)、现代培训的理论与方法、农业经济学、农业概论、农业推广学、资源与环境概论、土地法学、发展项目管理、发展经济学、发展社会学、政治经济学、微观经济学、宏观经济学、发展人类学、管理学、经济法、农村发展与管理的政策	可以在企业或事业单位从事经营、管理(行政、人事)、市场分析和营销策划等工作,也可以进入大中型农牧企业和食品加工贸易企业、与农业和食品产业有关的金融投资、流通贸易、加工运输、科技开发、新闻传媒、咨询服务等企业或事业单位,从事农产品的国际贸易和市场营销等工作	中国农业大学、南京农业大学、青岛农业大学、中国人民大学、扬州大学、福建农林大学、新疆财经大学、西南大学、丽水学院、北京农学院

第四节　公共管理类

专业	教育目标	课程设置	就业发展方向	专业优势院校
公共事业管理	培养具备现代管理理论、技术与方法等方面的知识以及应用这些知识的能力,能在文教、体育、卫生、环保、社会保险等公共事业单位行政管理部门从事管理工作的高级专门人才	管理学原理、管理经济学、管理信息系统、人力资源开发与管理、管理心理学、公共事业管理、运筹学、会计学、应用统计学、财务管理、市场营销、行政学原理、行政法学、公共关系学、管理伦理学、市政管理学、管理定量分析、宏观经济学、微观经济学、公共政策与分析	党政机关、企业或事业单位、社会团体、公共服务系统的办公和管理工作	复旦大学、北京师范大学、南京医科大学、山东大学、华中科技大学、上海交通大学、武汉大学、西北大学、西南交通大学、潍坊医学院
行政管理	培养适应现代社会需要,兼具管理学、政治学、经济学、法学等方面知识,具备较高的管理、经营、策划、调研、交际能力的的高素质专门人才	行政管理学、市政学、社会学、行政领导与决策、人力资源开发与管理、组织行为学、西方经济学、行政法学、社会调查与统计、公共政策分析、国家公务员制度概论、行政公文与写作、机关管理与办公自动化、政府机关事务实习、社会调查实习、电子政务实习	可到各级党政机关、社会组织、企事业单位从事行政管理、政策研究、管理规划、外事交流、宣传策划、机关管理、人事管理、高级文秘等工作	中山大学、中国人民大学、北京大学、南京大学、上海交通大学、东北大学、厦门大学、四川大学、兰州大学、武汉大学

续表

专业	教育目标	课程设置	就业发展方向	专业优势院校
劳动与社会保障	培养具备比较扎实的管理学与经济学专业知识，掌握现代管理技术与方法，能在政府部门、政策研究部门、大中型企业或事业单位从事劳动与社会保障工作的高级专门人才	心理学、教育学、马克思主义哲学原理、经济学原理、管理学原理、政治学原理、社会学、法学概论、社会调查理论与方法、普通逻辑学、伦理学原理、社会保障学、社会保险学、社会保障基金管理、人力资源管理、劳动经济学、社会救助学、社会福利学、社会统计学、劳动与社会保障法	可以进入国家各级劳动与社会保障部门、人事管理部门、政策研究部门、企业与事业单位的人力资源管理部门、保险公司等从事劳动与社会保障方面的政策制定与组织管理工作，也可以进入相关科研机构和高等院校从事研究和教学工作，或者进入法院、劳动仲裁机关等部门从事劳动与社会保障方面的实务工作	武汉大学、南京大学、中南财经政法大学、西安交通大学、中国人民大学、东北财经大学、南京农业大学、浙江大学、东南大学、吉林大学
土地资源管理	培养熟悉现代管理学、经济学及资源学的基本理论，掌握土地管理方面的基础知识，具有测量、制图、计算机等基本技能，能在国土、城建、农业、房地产以及相关领域从事土地调查、土地利用规划、地籍管理及土地管理政策法规工作的高级专门人才	管理学原理、经济学基础、公共财政学、土地法学、土地经济学、土地利用规划、土地行政学、地籍管理、土地信息系统、不动产估价、土地政策分析与评价	可以从事土地资源调查与评价、土地整理、土地利用规划、地籍测量、地籍管理、土地及房地产价格评估、土地信息系统开发与应用及房地产开发经营等方面的技术和行政管理工作	南京农业大学、中国人民大学、华中农业大学、浙江大学、武汉大学、广西师范学院、华南农业大学、中国农业大学、中国矿业大学(徐州)、西南大学
城市管理	培养具有城市管理学、城市经济学和城市建设技术与知识，具备现代管理理论、技术与方法等方面的知识以及应用这些知识的能力，有较强的城市综合管理能力、城市建设能力、城市发展实践和创新能力，能在文教、体育、卫生、环保、社会保险等公共事业单位的行政管理部门从事管理工作的高复合型人才	公共管理技术与方法、管理学原理、现代城市景观、城市土地价格评估、运筹学、城市土地利用与规划、城市管理信息系统、城市安全与应急管理、工程项目管理、工程估价、城市社会学	可在政府机关、城市规划、建设、执法及综合管理部门、城市市容环境和园林绿化管理部门、城市公用事业单位、城市社区、城市建设相关企业和教育科研部门从事经营管理工作，也可在相关教学和科研单位从事教学和科研工作	北京大学、苏州大学、云南大学、浙江农林大学、南开大学、中国人民大学、青岛科技大学、西昌学院重庆大学、首都经济贸易大学

续表

专业	教育目标	课程设置	就业发展方向	专业优势院校
海关管理（TK）	培养具备从事涉外经济活动所需的专业知识和基本技能，了解我国对外贸易方针、政策，能从事海关、外贸业务工作的高级管理人才	国际贸易实务、国际金融、涉外经济法、国际商法、海关英语、税收学原理、关税理论与实务、海关法规、海关信息处理系统、海关商品学、海关统计、海关稽查、国际海关组织与公约协定、世界贸易组织与中国海关、海关调查、海关监管实务、报关实务、外贸企业调研	海关、外贸企业的管理岗位与技术岗位	上海海关学院、对外经济贸易大学
交通管理（T）	培养精通国际航运商务、国际航运经营管理知识，熟悉国际贸易与国际运输实务，英语水平高，具有海内外独立工作能力的国际航运、综合物流等相关企业或事业单位及政府行政部门、科研院所所急需的高级人才	管理学原理、VB、合同法、国际贸易实务、班轮运输实务与法规、租船运输实务与法规、货运代理实务与法规、船务代理实务与法规、航运管理、多式联运组织与管理、集装箱码头业务与管理、航运管理信息系统、供应链管理	可从事道路交通管理工作以及本专业教学与科研	大连海事大学、上海海事大学、中国民用航空飞行学院
海事管理（T）	培养具有较坚实的航海技术和行政管理基础、系统掌握我国及国际海上交通安全法规，英语水平较高的从事海事管理的高级专门人才	高等数学、计算机技术基础、航海英语、管理学、现代物流管理、国际航运管理、行政法学、民法学、海商法、远洋运输业务、海上保险、船舶代理与货运代理、船舶原理、船舶结构与设备、航海学、水上交通安全管理、船舶防污染技术与监督管理、海事调查与分析、船舶安全管理体系（SMS）、海事管理信息系统、航海气象与海洋学、航海仪器、航海雷达与ARPA、船舶值班与避碰、船舶操纵	在海事管理机构、对外贸易企业、航运企业或事业单位、货运代理与船舶代理、船舶运输等单位就业	武汉理工大学、大连海事大学
公共关系学（T）	培养适应市场经济需求，具备扎实的公关专业知识和良好的职业道德修养，能够从事组织机构的公众信息传播、关系协调与形象管理事务的调查、策划、执行和评估等传播管理工作的复合型人才	公共关系学、管理学、社会学、传播学、市场营销学、公共关系实务与案例、西方经济学、广告学、公关写作、组织行为学、多媒体技术、商务沟通与技巧、公司专题片编导与制作、新闻业务概论、整合营销传播	可在政府部门、企业或事业单位、社会团体从事公众信息传播管理、公共关系协调、信息咨询、活动策划与实施及教学科研工作	中山大学、北京师范大学、香港浸会大学、联合国际学院、华东师范大学、上海外国语大学、海南大学、上海第二工业大学西南大学

第五节　图书情报与档案管理类

专业	教育目标	课程设置	就业发展方向	专业优势院校
图书馆学	培养在各级各类企业或事业单位及其他社会组织从事文献、信息和知识组织、管理、服务与研究工作的高级专业人才	文献学概论、现代图书馆学、JAVA 程序设计、电子文献检索、图书馆业务实践、信息系统技术与管理、数字图书馆、信息咨询与信息服务、高级数据库理论、分布式数据库、数据库与知识库、高级软件工程、新型程序设计方法、高级计算机网络、图形学与可视化、现代信息检索	在企业或事业单位、IT 行业、新闻出版部门、大专院校、医院及有关研究机构、图书馆、档案馆、博物馆从事信息管理和开发工作	武汉大学、北京大学、南京大学、南开大学、西北大学、郑州大学、辽宁师范大学、东北师范大学、河北大学
档案学	培养具备系统的档案学基础知识与文化知识，掌握现代信息技术的基本技能，能在国家机关、企业或事业单位的档案机构、信息部门从事档案信息服务、档案信息管理工作及研究工作的应用型、复合型高级专门人才	档案学概论、档案管理学、科技档案管理学、电子档案管理学、档案文献编研学、档案法规学、文书学、科技文件管理学、秘书学、档案管理自动化、档案保护学	可在图书情报机构和各类企业、事业单位的信息部门从事信息服务及管理工作	中国人民大学、武汉大学、上海大学、吉林大学、南京大学、云南大学、四川大学、辽宁大学、中山大学、广西民族大学
信息资源管理	培养通晓内外贸理论与实务，根据数字时代信息资源管理所需专业知识与基本技能的要求，具备信息资源集成管理和电子政务系统的知识与技能，能在国家机关、企业、事业单位及其他社会组织从事信息组织、信息资源的开发及利用、管理与咨询服务等工作的高级复合型人才	微观经济学、宏观经济学、计量经济学、现代商业技术、电子商务概论、信息管理基础、信息资源建设、信息资源服务、信息描述与组织、信息检索与利用、信息分析与预测、管理信息系统、数据库技术与应用、网络技术与应用	多在高校、企业、事业单位、信息服务机构等从事知识管理、信息分析、信息利用和知识服务等工作，如企业或事业单位的综合办公部门、文件管理部门、档案管理部门、信息管理部门、知识管理部门、人事管理部门，互联网公司的互联网产品策划及运营部门，咨询公司的信息分析部门，国家各级档案行政管理机构，各级各类档案馆，各类型图书馆等	华中师范大学、浙江大学、中国人民大学、苏州大学

第六节　物流管理与工程类

专业	教育目标	课程设置	就业发展方向	专业优势院校
物流管理	培养具有一定的物流规划与设计、物流管理、物流业运作能力，能在经济管理部门、贸易公司、物流企业从事政策制定、物流业运作管理工作的应用型、复合型、国际化的物流管理人才	物流概论、物流规划与设计、采购与供应管理、采购项目管理、运输管理、仓储管理、配送管理、国际物流学、国际贸易理论与实务、采购过程演练、运输实务、仓储管理实务、物流配送中心设计、国际物流实务、成功学、创新学、素质拓展训练	可在物流企业、工商企业、货代公司、配送中心、港口、货物集散中心和物流基地（园区）、物流管理咨询公司及相关行政、事业单位等从事物流业务运作管理、物流服务咨询与策划、供应链管理以及物流系统规划与设计工作	大连理工大学、北京航空航天大学、南开大学、浙江大学、华中科技大学、西南交通大学、东华大学、武汉理工大学、福州大学、吉林大学
物流工程	培养具备物流学、运筹学、管理学、交通运输组织学、运输经济学、运输商务管理等学科的基本理论和知识基础，能够从事物流系统规划与设计、物流技术设备和物流自动化系统的设计与集成、物流系统运行与维护工作的复合型、应用型高级工程技术与管理人才	管理学、运筹学、工程图学、机械设计基础、生产与库存控制、物流基础、物流信息系统、物流学导论、供应链管理、物流工程、物流机械技术、国际物流学、电子商务概论、物流仓储技术、物流系统工程、运输会计学、专业英语（物流）	各类物流企业，工商企业的物流管理部门，各级物流行政管理部门，交通运输企业、事业单位，物流系统规划与设计部门，商业、流通业管理部门，物流设备研发、销售企业，科研院所、大专院校等，或可在相关专业继续深造	大连理工大学、西南交通大学、天津大学、武汉理工大学、同济大学、华南理工大学、北京交通大学、重庆大学、中南大学、北京科技大学
采购管理（T）	培养具有坚定正确的政治方向，系统掌握采购与供应链管理的理论和方法，能够从事企业采购与供应链管理以及政府采购管理工作，具有国际化运作能力的高素质复合型专业人才	物流数学、物流英语、计算机应用基础、物流企业会计、采购原理与战略、采购谈判与供应商选择、国际物流、采购环境与供应市场分析、采购绩效测量与商业分析、采购过程与合同管理、人力资源管理	可在各种类型的工商企业、政府采购管理部门以及行业管理部门从事相应的采购供应管理工作	北京物资学院、郑州升达经贸管理学院

第七节　工业工程类

专业	教育目标	课程设置	就业发展方向	专业优势院校
工业工程	培养具备现代工业工程和系统管理等方面的知识、素质和能力，能从事生产、经营、服务等工作及管理系统的规划、设计、评价和创新工作的高级专门人才	精益生产、生产计划与控制、设施规划与物流分析、质量管理、人因工程、机械设计（或电子、冶金等某一类工程设计）基础、运筹学、系统工程导论、管理学、会计学与财务管理、管理信息系统	可以在工业类企业、金融银行、咨询服务或政府部门担任工业工程师、系统分析员、生产工程师、管理顾问、操作分析员以及类似的职位，或可在制造和服务行业就职为工业工程及制造、质量、物流等领域的工程师和管理人员，也可以在教育领域从事教学工作，或可在相关专业继续深造	清华大学、北京航空航天大学、浙江大学、天津大学、上海交通大学、同济大学、西南交通大学、重庆大学、西安理工大学、华中科技大学
标准化工程（T）	培养适应社会主义现代化建设需要，德、智、体全面发展，掌握管理学科基本理论、基本方法以及标准化基础知识和基本技能，具备一定的管理沟通、协同合作和组织实施能力，能够从事有关标准化工程项目的决策和全过程管理工作的高级专门人才	管理学、标准化基础、应用统计学、误差理论与数据处理、质量管理与质量认证、现代质量工程方法、标准化技术、标准化与知识产权、企业标准化管理与实务、标准化工程实践	可在国家和各省、地、市、县的各级业务部门、标准化管理与监督机构、各企业、事业单位的相关标准化管理、咨询服务、项目研发、系统建设等部门工作	中国计量大学
质量管理工程（T）	培养具有扎实的管理学、经济学基础理论知识基础，掌握现代质量管理工程领域的技术和方法，能对产品质量、工程质量和服务质量领域内的技术经济问题进行计测分析、评价、优化与创新，充分发挥标准的社会学和经济学效应，保护消费者权益，促进社会经济和谐高效发展的高级专门人才	质量管理学、质量工程学、质量统计学、质量经济学、计量与标准化基础、质量管理体系认证、质量规划理论与方法、产品质量快速检测理论与方法、电器设备质量检测理论与技术	可在机械、电子领域从事质量设计、质量检测、质量数据统计分析、质量改进等工作	中国计量大学、昆明理工大学、南京财经大学、西华大学、河北大学

第八节　电子商务类

专业	教育目标	课程设置	就业发展方向	专业优势院校
电子商务	培养掌握计算机信息技术、市场营销、国际贸易、管理、法律和现代物流的基本理论及基础知识，具有利用网络开展商务活动的能力和利用计算机信息技术、现代物流方法改善企业管理的方法，具备提高企业管理水平能力的创新型、复合型电子商务高级专门人才	计算机网络原理、电子商务概论、网络营销基础与实践、电子商务与国际贸易、电子商务信函写作、电子商务营销写作实务、营销策划、网页配色、网页设计、数据结构、JAVA 语言、Web 标准与网站重构、Flash Action Script 动画设计、UI 设计、电子商务网站建设、电子商务管理实务、ERP 与客户关系管理、电子商务物流管理、电子商务实验、网上创业、电子商务专业英语、新闻采集、写作和编辑的基本技能。网络营销、网络数据库、移动商务、企业信息化、电子商务系统设计、广告策划、电子商务与物流 、Photoshop 图片处理技术、Access 数据库、市场营销学、企业经营与管理、企业信息化、网络消费心理学	可从事银行的后台运作（网络运作）、企业或事业单位网站的网页设计、网站建设和维护、网络编辑、网站内容的维护和网络营销（含国际贸易）、企业商品和服务的营销策划等专业工作	西安交通大学、武汉大学、北京交通大学、北京林业大学、河南工业大学、上海财经大学、西南财经大学、河南大学、东北财经大学、云南财经大学、广西大学、四川师范大学、中央财经大学、华南师范大学、武汉理工大学、燕山大学、浙江工商大学、对外经济贸易大学、天津大学、中南财经政法大学
电子商务及法律(T)	培养既具有现代信息科学技术的方法与手段，又具有扎实的法律与管理理论基础，能从事电子商务的运作与管理工作、开展商务活动的复合型人才	数理基础课程、英语、电路系列课程、计算机系列课程、电子商务法、企业管理理论、金融运营管理、物流与供应链管理、西方法律概论、隐私与数据保护法、信息安全的技术与法律	能在政府的行业管理部门、特许经营的企业或事业单位、特许经营的国际组织、学术机构、相关媒体、相关的专业中介机构从事电子商务技术、运作与管理工作或开展商务活动，也可承担电子商务及其周边活动的法务工作	北京邮电大学、重庆理工大学、湖北大学

第九节　旅游管理类

专业	教育目标	课程设置	就业发展方向	专业优势院校
旅游管理（K）	培养适应新形势旅游行业需要，具有旅游管理专业知识、较好的思想道德品质和综合素质，具备较强的综合职业能力和发展基础的一线服务与管理类专门人才	旅游学概论、旅游管理学、旅游政策与法规、旅行社业务、旅行社管理、旅游地理学、旅游心理学、旅游经济学、旅行社经营与管理、旅游市场营销、旅游英语、旅游会计学、酒店管理学、酒店餐饮学、旅游学概论、旅游文化学、旅游资源开发管理、景点规划与管理、旅游安全学、旅游企业人力资源管理、生态旅游、旅游客源、地区概况、旅游财务管理、旅游项目管理、旅游信息系统、微观经济学	可从事旅游行政管理部门、旅行社、旅游景区、旅游咨询公司、旅游电子商务企业、旅游规划策划机构、主题公园的旅游经济管理和企业管理工作，或可在旅游与休闲行业自主创业	中山大学、浙江大学、南开大学、云南大学、东北财经大学、华东师范大学、陕西师范大学、四川大学、中国人民大学、北京第二外国语大学
酒店管理	培养掌握现代管理学、经济学的基本理论，掌握旅游管理方面的基础知识，掌握现代旅游经营管理的理论、方法和手段，具有外语、计算机、人际沟通等基本技能，能在旅游饭店、旅行社、旅游景区、旅游管理部门及相关领域从事旅游开发和管理工作的应用型高级专门人才	现代酒店管理、酒店心理学、旅游学概论、前厅客房服务与管理、餐饮服务与管理、菜点与酒水、酒店英语、现代酒店营销、酒店财务管理、会议服务与管理、康乐服务与管理、酒店实用英语	可在旅游行政管理部门、行业协会、旅行社、酒店、旅游交通企业、景区、会展中心等单位从事行业管理、科研教学、导游、人力资源培训等工作	天津商业大学、北京联合大学、湖南师范大学、华侨大学、四川旅游学院、上海师范大学、上海杉达学院、江西科技师范大学、浙江越秀外国语学院

续表

专业	教育目标	课程设置	就业发展方向	专业优势院校
会展经济与管理	以德育为先、能力为重、素质为本，培养适应现代经济和社会发展需要，具有深厚经济和管理理论基础，系统掌握管理技能与方法，具备国际化视野、创新与思辨精神，能够在政府部门、科研机构、大专院校、会展行业协会、会展专业组织及企业或事业单位从事管理、研究、策划和教育工作的中高级会展管理和实际操作专业人才	政治经济学、微观经济学、宏观经济学、货币银行学、会计学、管理学、财务管理、市场营销学、公共关系学、消费行为学、市场调研与预测、会展概论、会展经济学、会展管理、会展策划与实务、会展营销、会展旅游、会展政策与法规、会展英语、会展项目管理	可在政府机构、会展行业协会和会展专业组织从事会展调研、行业规划、研究与管理工作，或在会展公司及会展服务公司从事会展策划、公关、设计、制作、现场运营管理工作，在会展场馆、酒店和各类文博馆从事会展策划、会议与活动管理、现场运营管理工作，还可在目的地管理公司、旅游公司或旅行社从事大型活动策划和管理、会展工作，或可在参展商企业从事企业参展策划、会展设计、广告推广工作，在会展教育、科研、咨询和出版机构从事调研、教学组织、辅导以及研究工作，特别适于国际大型会展项目的运作工作	中山大学南开大学、上海对外经贸大学、华南师范大学、上海师范大学、华东师范大学、重庆文理学院、海南大学、苏州大学、天津商业大学
旅游管理与服务教育(T)	培养掌握旅游管理的相关基础理论知识，掌握旅游服务行业的基本操作技能及管理服务技能，熟悉东南亚国家的旅游发展概况，具备一定的外语会话能力和一定的旅游专业教学能力，能在旅游行业从事教学、管理与服务工作的复合应用型人才	经济学、管理学、旅游学概论、区域旅游规划、酒店管理、旅游教学论、教育实习、市场营销学、消费心理学、电子商务、项目策划、企业营销训练、设计素描、色彩构成、建筑学基础、工程制图、城市规划原理、绿地系统规划、景区规划、景观设计	可在旅行社、酒店、宾馆、旅游景点等单位从事导游、酒店服务或管理工作	云南师范大学、宁波大学、重庆文理学院、兰州城市学院、湖北师范大学、河北师范学院、广东技术师范学院

第十二章　艺术学

第一节　艺术学理论类

专业	教育目标	课程设置	就业发展方向	专业优势院校
艺术史论	培养熟悉中外艺术史与艺术理论知识，能在各级文化部门、美术馆、博物馆以及报纸杂志、广播电视、出版机构、文化公司等单位工作的复合型人才	艺术概论、古代汉语、中国通史、世界通史、考古学概论、绘画基础、美学原理、世界美术史、中国美术史、中国工艺美术史、中国美术史籍概论、美学史、西方设计史、西方美术史籍概论、绘画基础、中国古代美术史研究专题、西方现当代美术史研究、美术史专业论文写作、中国现当代美术研究、世界美术史研究专题、美术理论与美术批评	可从事美术教育、美术研究、文博艺术管理、新闻出版等方面的工作	清华大学、北京大学、四川美术学院、中央美术学院

第二节　音乐与舞蹈学类

专业	教育目标	课程设置	就业发展方向	专业优势院校
音乐表演	培养熟悉音乐表演的基本理论和基本知识，具有较高的指挥或演唱(奏)的能力的艺术人才	表演、音乐技术理论、音乐史、民族民间音乐、重奏(唱)合奏(唱)、乐理与视唱练耳、中外音乐简史、正音、表演形体训练、合唱训练、即兴伴奏、声乐基础、钢琴基础、民族音乐概论、键盘和声、中外音乐名作欣赏	可到电视台、歌舞剧院(团)、电视剧制作中心、宣传部门、文教事业单位从事演唱、创作和音乐制作工作，或可在高等院校从事教学科研工作，也可以进一步攻读本专业及相关专业的硕士学位，还可就职为钢琴教师、音乐教师、幼儿教师、声乐教师、早教教师、亲子教师等	中央音乐学院、上海音乐学院、星海音乐学院、西安音乐学院、内蒙古师范大学、武汉音乐学院、浙江师范大学、南通大学、四川音乐学院

续表

专业	教育目标	课程设置	就业发展方向	专业优势院校
音乐学	培养具有一定的马克思主义基本理论素养和系统的专业基本知识，具备一定音乐实践技能和教学能力的高级专门人才	音乐史、音乐学理论、中外民族民间音乐、教育学、美学、作曲技术理论、钢琴或其他乐器演奏	在高、中等专业或普通院校、社会文艺团体、艺术研究单位和文化机关、出版及广播部门、影视部门从事教学、研究、编辑、评论、管理等方面的工作	中央音乐学院、中国音乐学院、首都师范大学、福建师范大学、哈尔滨师范大学、东北师范大学、星海音乐学院、湖南师范大学、四川音乐学院、西安音乐学院
作曲与作曲技术理论	培养具有一定的马克思主义基本理论素养，具备较全面的音乐创作知识、能力和专业化水平的高级专门人才	作曲、作曲技术理论、视唱练耳、音乐史、戏曲史、中外民族民间音乐、钢琴或其他乐器演奏、中国传统音乐分析、现代音乐分析	在有关文艺单位、艺术院校、科研机构以及出版、广播影视部门从事作曲与作曲技术的理论创作、教学、研究、编辑等方面的工作	四川音乐学院、中央音乐学院、西安音乐学院、中国音乐学院、哈尔滨师范大学、河北师范大学、天津音乐学院、星海音乐学院、太原师范学院、沈阳音乐学院
舞蹈表演	培养具有良好的舞蹈素质，掌握舞蹈艺术的基本理论与基本技能，具备一定的舞蹈创编能力，能演、能教、能编、能导的应用型高级复合人才	艺术概论、舞蹈艺术概论、中外舞蹈史、舞蹈名作赏析、舞蹈美学、舞蹈解剖学、运动生理学、运动训练学、运动生物力学、芭蕾舞基础训练、中国古典舞身韵、中国民族民间舞（含福建民间舞）、现代舞、舞蹈编创、中国古典舞技巧	可从事舞蹈演员、舞蹈教学、辅导组织工作，或可从事青少年业余舞蹈教学排练工作及企业文化、社区文化和大型文化活动的策划、编导、排练等工作	北京舞蹈学院、沈阳体育学院、武汉体育学院、云南师范大学、河北体育学院、沈阳音乐学院、广州体育学院、延边大学、广西艺术学院、上海戏剧学院
舞蹈学	培养能从事中外舞蹈史、舞蹈理论的研究工作，能够进行舞蹈教学以及编辑等工作的高级专门人才	舞蹈写作教程、舞蹈形态学、中国舞蹈史、中国民间舞蹈文化、世界芭蕾史纲、欧美现代舞史、舞蹈专业英语、舞蹈文献检索与利用、中国舞蹈意象论、中外舞蹈思想教程、舞蹈解剖学、舞蹈概论、舞蹈作品分析、编舞技法、表演基础、美学、音乐理论、音乐鉴赏、曲式分析、少数民族舞蹈史、中外舞蹈史、艺术概论、人体解剖学、中国古典文学、中国现当代文学、外国文学、中国民间舞、中国古典舞、身韵、基本功、现代舞、拉丁舞、东方舞、敦煌舞、古典舞教学法、民间舞教学法、芭蕾舞教学法	可在文艺演出团体、少年宫、文化宫、群艺馆、艺术院校、中小学、大众事业单位的宣传机构从事舞蹈教师、舞蹈指导、艺术体操教练、舞蹈演员等工作	星海音乐学院、沈阳音乐学院、华中师范大学、西安体育学院、四川师范学院、西南大学、四川音乐学院、北京舞蹈学院、曲阜师范大学

续表

专业	教育目标	课程设置	就业发展方向	专业优势院校
舞蹈编导	培养能在专业表演团体、学校、科研单位、演艺机构等从事中国舞、芭蕾舞、现代舞等舞蹈、舞剧编导以及教学与研究工作的高级专门人才	舞蹈编导、舞蹈基本功训练、现代舞技术、舞蹈组合训练、舞蹈剧目分析、舞蹈创作实习、音乐(钢琴、曲式分析)、舞蹈编导理论、现代舞专业基础课程、现代舞课程	专业表演团体、艺术团、学校、科研单位、演艺机构等	西南民族大学、广东海洋大学、西安音乐学院、忻州师范学院、深圳大学、洛阳师范学院、东北石油大学、内蒙古大学、黄河科技学院、山东艺术学院

第三节　戏剧与影视学类

专业	教育目标	课程设置	就业发展方向	专业优势院校
表演	培养具有一定的马克思主义基本理论素养,具备和掌握表演艺术的基本理论和基本技巧,能够在戏剧、戏曲、电影、电视和舞蹈等表演中独立完成不同人物形象创作的高级专门人才	表演基础理论、表演基本技能、表演剧目、艺术理论、文学修养课程	可在全国各电视台、电视剧制作中心、影视制作公司、剧组、文艺表演团体、教研单位、各单位党政共青团、文化传播公司从事表演、管理、策划、组织等工作	中央师范学院、北京电影学院、上海戏剧学院、中国传媒大学、中国戏曲学院、浙江传媒学院、南京艺术学院、解放军艺术学院、重庆大学美视电影学院、北京师范大学
戏剧学	培养具备戏剧和影视剧的理论、评论、编辑和艺术管理等方面的知识,能在剧院(团)或电视台、电影厂、编辑部以及文化管理机关部门从事理论研究、编审与文化管理等工作,能在国家机关、文教事业单位从事实际工作的高级专门人才	导演学、表演艺术、舞台美术设计基础、中外戏剧史、艺术概论	到剧院(团)或电视台、电影厂、编辑部以及文化管理机关部门等从事理论研究、编审与文化管理等方面的工作,或到国家机关、文教单位工作	云南艺术学院、南京大学、吉林艺术学院、上海师范大学、中央戏剧学院、重庆大学、中国戏曲学院、上海戏剧学院、中国传媒大学、北京电影学院

续表

专业	教育目标	课程设置	就业发展方向	专业优势院校
电影学	培养能在全国广播电影电视系统和文化部门从事广播、电视节目编导、艺术摄影、音响设计、音响导演、撰稿、编剧、制作、社教及文艺类节目主持人等工作的高级专门人才	影视文化传播、影视创作与文化批评、纪录电影、电影历史与理论、影视美学研究	进入影视传媒行业、各级电视台以及各种影视传媒公司、新闻出版机构、相关国家机关和行政单位、企业、公司宣传部门。新闻出版机构包括报社、杂志社和出版社，国家机关主要是指国家广电总局、中影公司、地方广电集团(局)以及文联等单位。业务能力比较强的毕业生可以到影视公司、广告公司或者文化传播公司从事策划、编剧、灯光师、录音师、场记、导演、摄像等工作	北京电影学院、中国传媒大学、中央戏剧学院、中央美术学院、山东艺术学院、北京师范大学、福建师范大学、南京师范大学、北京大学、复旦大学
戏剧影视文学	培养具备戏剧、戏曲和影视文学基本理论及剧本创作能力，能在剧院(团)或电视台、电影厂、编辑部等部门从事文学创作、编辑和理论研究工作，或在国家机关、文教事业单位从事实际工作的高级专门人才	戏剧、戏曲剧本写作、影视写作、戏剧概论、艺术概论、戏剧作品鉴赏与批评、影视作品赏析、中外戏剧史、中外文学史、中外电影史、表演导演艺术基础、视听语言、舞台美术基础、音乐欣赏、美术欣赏、摄影基础、摄像基础、3D 动画基础等，电影启示，影视艺术概论、影视后期制作	可在剧院(团)或电视台、电影厂、文化公司、影视(戏剧)工作室编辑部等部门从事文学创作、编辑和理论研究工作，或在国家机关、文教事业单位工作	北京电影学院、解放军艺术学院、中央戏剧学院、上海戏剧学院、中国戏曲学院、南京艺术学院、云南艺术学院、四川传媒学院、广西艺术学院、沈阳音乐学院
广播电视编导	培养具备广播电视节目策划、创作、制作等方面的专业知识，具备较高的政治水平、理论修养和艺术鉴赏能力的高级专门人才	传播学、传媒艺术概论、电视艺术概论、戏剧艺术概论、中国戏曲、影视作品分析、视听语言、电视节目制作、色彩学、摄影技术、照明技术、电视节目策划、纪录片创作、广播电视节目主持、广播电视节目编辑与技术、非线性编辑技术	在各级广播电影电视系统和文化部门从事广播、电视节目编导、艺术摄影、音响设计、音响导演、撰稿、编剧、导演、制作、社教及文艺类节目主持人等工作，也可在平面媒体担任文字记者、摄影记者等	中国传媒大学、浙江传媒学院、上海戏剧学院、南京艺术学院、中国传媒学院、南广学院、重庆大学、美视学院、湖南大学、四川音乐学院、天津师范大学、吉林艺术学院

续表

专业	教育目标	课程设置	就业发展方向	专业优势院校
戏剧影视导演	培养具备戏剧、戏曲和影视文学基本理论知识及剧本创作能力，能在剧院（团）或电视台、电影厂、编辑部等部门从事文学创作、编辑和影视导演的工作，或在国家机关、文教事业单位从事实际工作的高级专门人才	录音基础、音乐基础、视听语言、美学、色彩学、艺术概论、中外电影史、美术作品分析、中外文学、影视导演基础、影视剧创作、影视大师作品读解、影视精品赏析、绘画基础、摄影构图、广告摄影、电视摄像、数字图像处理技术、新闻摄影、影视光线艺术、纪录片创作、科教片创作基础、节目制作、影视剪辑学和影视动画	电视台、影视制作企业、影视媒体及专业院校	中央戏剧学院、上海戏剧学院、四川师范大学、北京电影学院、南京艺术学院
戏剧影视美术设计	培养具有一定的马克思主义基本理论素养，具备在戏剧、戏曲、影视和其他舞台演出行业从事美术设计（含灯光设计、服装与化妆设计、布景绘制）的能力，能在剧院、电影厂、电视台、电视剧制作中心从事美术设计工作的高级专门人才	舞台影视美术设计、灯光设计、服装道具设计、化妆设计、绘画、绘景、计算机辅助设计、特技美术	可在歌剧及舞剧剧院团、电影厂、电视台、电视剧制作中心从事美术设计工作	中央戏剧学院、上海戏剧学院、四川音乐学院、山东艺术学院、沈阳音乐学院、北京电影学院
录音艺术	培养具有较高的艺术素质和修养，具备深厚的音乐功底，熟知各种录音设备，掌握一定的录音理论及技巧，能在广播、电视、电影系统和文化艺术部门从事声音（音响）设计、录制的高级专门人才	乐理、视唱练耳、钢琴、和声、声学基础、演播室声学与电声学基础、视听语言、电影声音分析、录音制作、声音节目主观评价、声频测量、数字声频原理及应用	可在广播、电视、电影系统和文化艺术部门从事声音（音响）设计、录制等工作	中央音乐学院、中国传媒大学、北京师范大学、首都师范大学、北京电影学院、上海音乐学院、南京艺术学院、中国传媒大学、南广学院、中国戏曲学院、武汉音乐学院
播音与主持艺术	培养具备广播电视新闻传播、语言文学、播音学以及艺术、美学等多学科知识与能力，能在广播电台、电视台及其他单位从事广播电视播音与节目主持工作的复合型专门人才	中国语言文学、广播电视新闻传播学、中国播音学	可在新闻宣传部门及其他企业或事业单位的相关部门从事播音、节目主持等工作	中国传媒大学、浙江传媒学院、山西传媒学院、上海戏剧学院、天津师范学院、中国传媒大学、南广学院、湖南大学、南京艺术学院、中华女子学院、四川师范大学、电影电视学院

续表

专业	教育目标	课程设置	就业发展方向	专业优势院校
动画	培养熟悉动画、电影、电视、创作所需要的基础知识及理论，能在动画、电影、电视等媒体的制作过程中担任动画原画、动画创意设计和编导及三维电脑动画创作理论研究工作的专业人才	影视剧作、影视声音、动画技法、影视动画创作、多媒体技术及应用、动画设计、动画导演	广播电视部门、影视制作公司、动画基地、广告公司、音像出版机构、学校、网络公司、游戏软件公司、新闻出版社、电子出版公司、网络公司、数码影视广告公司、企业或事业单位的设计策划部门等	北京电影学院、中国传媒大学、中国美术学院、吉林动画学院、广州美术学院、浙江传媒学院、湖北工业大学、艺术设计学院、西安美术学院、浙江大学、广播电影电视管理干部学院(山西传媒学院)
影视摄影与制作(T)	培养具有编导思维和意识、编导能力和技能的影视创作与制作人才	图片摄影、影视造型手段、影视剪辑、导演基础、影视声音、影片制作、特效 CGI 入门、电影导演创作、电影摄影创作、电影剪辑创作、电影录音创作	在影视领域及相关行业从事影视编导、影视包装设计、影视合成特效、三维特效动画、影视广告设计等工作	山西传媒大学、中央戏剧学院、北京电影学院、太原理工大学、中国传媒大学、长春光华学院、大连东软信息学院、安阳师范学院、上海戏剧学院、云南艺术学院

第四节　美术学类

专业	教育目标	课程设置	就业发展方向	专业优势院校
美术学	培养能够从事教学、科研、美术评论和编辑、艺术管理等工作，能够在博物馆工作的高级专门人才	中外美术史、美术概论、中外画论概要、古文字学与古代汉语、美术考古学基础、书画鉴定概论、美术与摄影基础	可从事美术教育、美术研究、文博艺术管理、新闻出版等方面的工作	中央美术学院、中国美术学院、南京艺术学院、清华大学、首都师范大学、鲁迅美术学院、天津美术学院、湖北美术学院、上海大学、南京师范大学
绘画	培养具有一定的马克思主义基本理论素养，具备绘画艺术创作、教学、研究等方面的能力的高级专门人才	素描、色彩、专业技法、创作、中外美术史、中国美术史、西方美术史、艺术概论、人体素描、绘画材料分析、油画人体、写意花鸟、人物白描、透视、艺用解剖	在文化艺术领域、教育、设计、研究、出版、管理单位从事教学、创作、研究、出版、管理等工作	中国美术学院、中央美术学院、清华大学、美术学院、鲁迅美术学院、西安美术学院、广州美术学院、北京语言大学、中央美术学院、中国人民大学、中央民族大学

续表

专业	教育目标	课程设置	就业发展方向	专业优势院校
雕塑	培养具有一定的马克思主义基本理论素养，具备基础素描技巧以及使用泥塑、木、石、陶、金属等专门材料进行具象及抽象造型的能力的高级专门人才	中外美术史、素描头像写生、人物速写与构图、雕塑石膏临摹、素描人物肖像写生、泥塑人物头像写生、人物造型室外写生、雕塑构图素描人体写生、泥塑胸像写生、泥塑人体写生、立体构成、传统雕塑临摹、装饰雕塑、浮雕与建筑壁画、城市景观与雕塑、雕塑创作室外写生、雕塑材料与运用、硬质材料基础与创作实践、雕塑工程制作	在城市公共环境雕塑及室内架上雕塑等专业领域从事专业创作设计、放大制作，并能从事本专业教学和研究工作	景德镇陶瓷大学、中央美术学院、湖北美术学院、河北美术学院、广西艺术学院、四川音乐学院、福州大学、天津美术学院、西安建筑科技大学、河北师范大学、内蒙古师范大学、东北师范大学、南京艺术学院
摄影	培养具备广泛的科学文化和艺术理论知识，具备电影、电视、广告、图片摄影摄像能力，能在电影厂、电视节目制作部门、广告宣传部门、音像出版部门从事摄影艺术创作、教学和研究工作的高级专门人才	数码摄影实用技艺、数码影像基础、摄影构图、摄影美学、摄影照明、摄影曝光控制、数码图形图像制作；新闻摄影、纪实摄影、风光建筑摄影、民俗艺术摄影、内外景婚纱摄影、商业广告摄影、平面色彩构成、版式设计、世界摄影史、中国摄影史、摄影图片鉴赏	可在广告公司、影视剧制作公司、新闻媒体、报社杂志期刊社、出版社、婚纱影楼、文化宣传部门和其他有关事业单位从事摄影摄像、影视制作、计算机平面设计、广告策划与制作、文化宣传、社会教育、商业摄影等工作	北京电影学院、中央美术学院、清华大学、美术学院、中国传媒大学、中国美术学院、鲁迅美术学院、广州美术学院、四川美术学院、西安美术学院、天津美术学院
书法学(T)	培养具有深厚的书法学科专业知识、较强的书法专业技能、较为宽阔的文化视野、良好的综合素质和创新能力，能够胜任书法创作、书法理论研究、书法教学以及书法艺术工作的综合应用等工作的实用型高级专门人才	篆书、隶书、楷书、篆刻、行草、古代汉语、中国书法史、创作实践、书画鉴定概论	可到书法艺术专业团体或研究机构从事书法创作和理论研究工作，也可在出版社、报社、杂志社、电视台、设计单位从事美术编辑、设计、刊物创办、书刊出版工作和相关的书法艺术节目主持工作，还可以在大中专院校、中小学从事书法教学工作	中央美术学院、河北美术学院、广西艺术学院、曲阜师范大学、临沂大学、西安美术学院、淮阴师范学院、西安交通大学、湖北美术学院、哈尔滨师范大学

续表

专业	教育目标	课程设置	就业发展方向	专业优势院校
中国画(T)	培养具有传统文化基础、传统艺术修养、审美精神和造型能力,能在文化艺术部门、学校及有关单位从事中国画人物、山水、花鸟、书法篆刻的创作、教学、研究和其他美术工作、具有较强适应能力的德才兼备的高级专门人才	中外美术史、艺术概论、美学概论、素描、色彩、速写、中国古典诗词、中国画论、透视、解剖、人物画、山水画、花鸟画、书法篆刻、篆书、隶书、楷书、篆刻、行草、古代汉语、中国书法史	在美术创作部门从事国画创作工作,在各级美术院校从事教学工作,也可在各级艺术馆、文化馆(站)从事美术创作或美术知识普及工作,或可在出版社或报社、杂志社从事美术编辑工作,也可在相关部门从事宣传工作	中央美术学院、南京艺术学院、清华大学、湖北美术学院、中国美术学院、广西艺术学院、西安美术学院、中央民族大学

第五节　设计学类

专业	教育目标	课程设置	就业发展方向	专业优势院校
艺术设计学	培养具备艺术设计学教学和研究等方面的知识和能力,能在艺术设计学科的教育、研究、设计、出版等单位从事艺术设计学教学、研究、编辑工作的专门人才	艺术设计概论、艺术设计学、中国艺术设计史、外国艺术设计史、中国工艺美术史、外国工艺美术史、艺术考古学、艺术设计基础	可在广告策划与设计企业、印刷包装企业的设计部门、出版社与媒体的设计部门从事艺术设计或策划工作	清华大学、山东工艺美术学院、武汉理工大学、中央美术学院、北京师范大学、吉林农业大学、塔里木大学、浙江大学、南京艺术学院、深圳大学
视觉传达设计	培养平面广告设计人才	设计基础、品牌设计、广告设计、包装设计、编排设计	可以在广告公司、设计公司的平面设计部门担任平面设计师,在电视台、报社、杂志社、大型网站等媒体单位的平面设计部门担任美术编辑,在企业或事业单位的策划部门担任平面设计师	中国美术学院、清华大学、广西艺术学院、浙江理工大学、湖北美术学院、鲁迅美术学院、浙江科技学院、齐鲁工业大学、吉林艺术学院、大连工业大学

续表

专业	教育目标	课程设置	就业发展方向	专业优势院校
环境设计	培养具有较扎实的数学、物理、化学和计算机技术及自然科学基础知识，掌握工程力学、流体力学、岩土力学的基本理论和知识，掌握工程规划与选型、工程材料、工程测量、画法几何及工程制图、结构分析与设计、基础工程与地基处理、土木工程现代施工技术、工程检测与试验等方面的基本知识和基本方法，熟悉工程防灾与减灾的基本原理与方法以及建筑设备、土木工程机械等基本知识的高级人才	设计素描、速写、形态构成、快速手绘表现技法、建筑制图、室内设计原理、居住空间室内设计、居住空间建筑设计、商业空间室内设计、办公空间室内设计、餐饮空间室内设计、景观设计、展示空间设计、装饰材料与构造、装饰工程预算	可从事数字艺术设计、环境艺术设计、室内设计、会展设计、建筑效果图设计等工作，也可成为绘图员、平面设计师、橱柜设计师、家具设计师、施工图设计师、预算员、工装设计师、设计师助理、施工监理等	清华大学、温州大学、武汉理工大学、华东师范大学、浙江理工大学、黄淮学院、河北美术学院、西安建筑科技大学、吉林建筑大学、郑州轻工业学院
产品设计	培养德、智、体、美全面发展，具有良好的艺术修养、艺术设计与表达能力，掌握相关的艺术学、社会学、文化学及心理学知识，具备一定相关技术知识，具有创新精神和实践能力的高级艺术设计专门人才	工业设计史、设计构成基础、设计概论、造型基础(形态)、造型基础(结构)、设计思维与方法、快速表现(产品)、人机工程学、产品设计程序与方法、玩具设计、产品开发设计、设计语意学、产品系统设计、陶瓷产品设计、展示设计	可在产品造型设计公司、平面设计公司、模型制作公司、工程公司、制造型企业的设计部门等工作	湖南大学、东南大学、大连工业大学、浙江理工大学、湖北工业大学、华南理工大学、鲁迅美术学院、广州美术学院、清华大学、中央美术学院
服装与服饰设计	培养了解服装设计基础知识以及服装生产流程，熟练掌握服装制作工艺及技能，能够运用CAD进行电脑打板，能够胜任服装制作工作要求的技术应用型专门人才	素描、色彩、三大构成、服饰图案、计算机应用基础、中外服装史、品牌策划与管理、服装CAD、服装市场营销、服装结构设计、服装工业制版与推版、服装专题设计、服装画技法、服装制作工艺、服装材料学、服装生产工艺学、服饰英语、服装立体裁剪、设计软件(PS\PM)、服装生产管理与质量控制、服装配饰设计、时装陈列设计	可在服装生产与销售企业、服装研究单位、服装行业管理部门及新闻出版机构从事服装产品开发(服装商品企划、开发板设计)、市场营销、服装外贸、服装生产管理、服装理论研究及宣传评论等工作	江南大学、大连工业大学、浙江理工大学、西安工程大学、温州大学、华南理工大学、西安美术学院、嘉兴学院、中央美术学院、武汉纺织大学

续表

专业	教育目标	课程设置	就业发展方向	专业优势院校
公共艺术	培养掌握公共艺术设计的基本理论、知识和技能，能从事公共环境景观设施、城市雕塑、环境陶艺、壁画艺术、室内外装饰品、光动艺术、水体艺术等设计工作，具有设计完整公共艺术品设施的能力以及系统设计专业能力、科技综合运用能力和自我发展能力的应用型专业人才	装饰基础、雕塑基础、材料与工艺、建筑与环境设计、空间形态设计、展示设计、公共景观设计、园林建筑设计、公共设施设计、环境雕塑造型、壁画与浮雕、数码图形处理	可到各级市政规划局、交通部门、建筑和规划部门、各类设计院所等政府部门和企业、事业单位从事设计、研究、教学及管理等工作	中国美术学院、江南大学、南京艺术学院、四川美术学院、西安美术学院、汕头大学、山东工艺美术学院、北京服装学院、河北科技学院、四川音乐学院
工艺美术	培养掌握本专业基础知识，具有高水平工艺美术设计、创作能力，熟练运用计算机辅助设计软件，能够在各类艺术设计公司、艺术设计工作室及工艺制品企业独立从事工艺美术设计、创作与加工的高层次应用型人才	国画（花鸟基础、山水基础、白描、人物）、书法（楷书、隶书）、内画、烙画	可在与工艺美术相关的行业从事艺术设计与制作，在建筑装饰、城市景观设计公司等从事室内外装潢设计与制作、商业展示空间设计与制作等，还可从事与工艺美术设计相关的电子商务、宣传、销售、网页设计与制作等工作	清华大学、山东工艺美术学院、鲁迅美术学院、四川美术学院、景德镇学院、上海视觉艺术学院、南京艺术学院、广东技术师范学院、湖南师范大学、武汉纺织大学
数字媒体艺术	培养具备游戏设计、游戏美术制作方面的理论知识，有较高的审美和艺术修养，能熟练掌握游戏的设计、制作方法和技能，具有较强的创新能力和实践能力的高层次人才	数字游戏概论、游戏三维视觉制作技术、游戏原画设计、游戏界面设计、游戏引擎应用技术、游戏三维场景制作技术、游戏场景设计、游戏角色设计、游戏三维角色制作技术	能在游戏开发公司从事游戏美术设计与制作、游戏策划与开发、团队项目管理工作，或在与游戏相关的教育行业从事教育、研究工作	天津师范大学、上海大学、中国传媒大学、南京信息工程大学、吉林艺术学院、重庆邮电大学、浙江大学、金陵科技学院、鲁迅美术学院、北京联合大学
艺术与科技（T）	培养德、智、体、美全面发展，适应现代社会经济产业发展需要，具有丰富的设计知识与创新能力的优秀人才	设计创意思维方法、设计表现技法、空间设计基础、建筑设计基础、展示设计、设计心理学、人机工程学、材料与施工工艺、现代展示技术、信息设计方法、网络艺术设计、互动媒体设计、动态数字图像技术、展具设计、界面设计、交互技术、设计社会学、展示策划与管理、展示设计研究专题	可在会展活动策划组织、会展建设企业、各类会展场馆、会展服务行业以及各类企业或事业单位的会展部、市场营销部门进行会展设计、组织策划等工作	上海音乐学院、山东工艺美术学院、上海大学、厦门理工学院、咸阳师范学院、西安建筑科技大学、上海视觉艺术学院、广西艺术学院、重庆科技学院、河北传媒学院

第十三章　军事学

第一节　军事思想及军事历史类

专业	教育目标	课程设置	就业发展方向	专业优势院校
军事思想	培养具备军事思想专业理论知识，适应军事现代化需要的专业人才	军事基础、作战理论基础、军事学、军事思想概论、毛泽东军事思想、中国古代军事思想、当代军事思想发展、中西军事思想比较	从事军事思想研究和教学或管理工作	中国人民解放军国防大学、南开大学、中国人民解放军石家庄陆军指挥学院、中国人民解放军南京陆军指挥学院、中国人民解放军国际关系学院、中国人民解放军南京政治学院、中国人民解放军海军指挥学院
军事历史	培养具备军事历史学专业知识，适应军事现代化需要的高级人才	军事历史学、战争史、军队史、军事思想史、军事学术史、军事技术史	从事军事历史教学和研究等工作	中国人民解放军南京政治学院

第二节　战略学类

专业	教育目标	课程设置	就业发展方向	专业优势院校
军事战略学	培养具备军事战略学知识，适应军事现代化需要的高级人才	军事基础、作战理论基础、思想政治理论、英语、军事战略理论基础	从事军事战略学教学与研究工作	中国人民解放军南京政治学院、中国人民解放军国防大学、中国人民解放军第二炮兵指挥学院、中国人民解放军空军指挥学院
战争动员学	培养具备战争动员学知识，适应军事现代化需要，研究国家由平时状态转入战时状态，调动人力、物力、财力及精神力量，保障国家安全和战争活动的高级人才	军事基础、作战理论基础、动员基础理论、部门动员理论、武装力量动员理论	从事战争动员学教学与研究，促进和平时期的各项动员准备工作；预测战争动员的发展趋势，为未来战争动员提供理论指导工作	中国人民解放军南京陆军指挥学院、中国人民解放军石家庄陆军指挥学院

第三节　战役学类

专业	教育目标	课程设置	就业发展方向	专业优势院校
联合战役学	培养具备联合战役学知识与能力，适应军事现代化需要的高级军事人才	军事基础、作战理论基础、联合作战基本理论、联合作战空间信息支援、航天力量运用与协同、联合作战空间活动建模与仿真	从事联合战役学理论研究和教学工作	中国人民解放军国防大学、中国人民解放军电子工程学院、中国人民解放军通信指挥学院、中国人民解放军第二炮兵指挥学院
军种战役（含：第二炮兵战役学）	培养掌握各军种战役学理论知识，适应军事现代化需要的高级指挥人才	陆军战役学、海军战役学、空军战役学、第二炮兵战役学、战略火箭军战役学、陆军战役基础理论、集团军登陆战役、集团军边境战役、外（台）军战役理论	从事军种战役学理论研究和教学工作	中国人民解放军国防大学、中国人民解放军石家庄陆军指挥学院、中国人民解放军南京陆军指挥学院、中国人民解放军海军指挥学院、中国人民解放军第二炮兵指挥学院

第四节　战术学类

专业	教育目标	课程设置	就业发展方向	专业优势院校
合同战术学	培养具备合同战术理论与实践能力，适应军事现代化需要的高级人才	联合战斗、合同战术理论与应用、合同战斗信息作战、合同战斗后勤保障、军事基础、作战理论基础	从事军队见习排长和见习参谋工作	中国人民解放军石家庄陆军指挥学院、中国人民解放军南京陆军指挥学院
兵种战术学	培养具备陆军、海军、空军、第二炮兵的各兵种战斗规律和指导规律的学科知识，能根据兵种战斗的本质、行动特点和规律，以及兵种在合同战斗中的地位作用、行动方法来指导战斗实践的高级人才	炮兵战术、防空兵战术、工程兵战术、通信兵战术、防化兵战术、军事基础、作战理论基础	从事部队战斗实践指导工作	中国人民解放军国防科学技术大学、中国人民武装警察部队学院、中国人民解放军石家庄陆军指挥学院、中国人民解放军西安通信学院

第五节　军队指挥学类

专业	教育目标	课程设置	就业发展方向	专业优势院校
作战指挥学	培养适应现代技术特别是高技术条件下作战的高素质指挥人才	军事基础、作战理论基础、作战指挥理论与应用、司令部工作、作战后勤与装备指挥、指挥技术理论与应用	从事作战指挥工作	中国人民解放军国防科学技术大学、中国人民解放军石家庄陆军指挥学院、中国人民解放军电子工程学院、中国人民解放军信息工程大学
军事运筹学	培养具有数学分析和逻辑思维的能力，善于对作战、训练和其他军事活动进行定量分析，从多方案中选优决策，以提高军事活动的效率，在客观条件下用最少的人力、物力消耗来达到预期的军事目的，或用一定的人力、物力消耗去获取最大的军事效果的军事指挥人才	军事运筹理论与应用、作战模型与模拟、指挥控制系统优化、指挥控制与指挥决策分析、卫星军事应用运筹、运筹学基础、数据结构	从事作战、训练和其他军事活动进行定量分析的指挥工作	中国人民解放军国防科学技术大学、中国人民解放军海军工程大学
军事通信学	培养从事军事通信研究的高级专门人才	军事通信技术、军事通信网络、信息处理、信息传输、信息交换、信息网络、通信与信息系统	从事军事通信研究工作	北京邮电大学通信指挥学院、西安电子科技大学、中国人民解放军国防科学技术大学、中国人民解放军信息工程大学
军事情报学	培养从事军用光电设备使用、维修、管理、摄影测量与遥感、图形图像信息处理和应用的高级工程技术人才，以及军事情报工作指挥与管理的初级指挥军官	应用光学、电子技术、摄影测量与遥感技术、数学图像处理、军事情报学	一般到参谋、野战、特战、军情等部门工作，但侧重于驻外武官和专职工作	中国人民解放军国防科学技术大学、中国人民解放军国际关系学院、中国人民解放军空军工程大学、中国人民武装警察部队学院
密码学	培养德、智、军、体全面发展，具有较高科学文化素养，技术精湛，有较强科研和保障能力，军政素质全面，精通本职业务，有较强的组织管理能力，适应武警部队现代化建设和信息化条件下执勤、处突和反恐任务需要，能胜任武警部队信息安全技术、密码设备应用、维护和管理工作的创新型科技人才和谋略型参谋人才	信息安全与密码学、电子学、计算机科学、密码学、密码电报网络和计算机信息安全、电路分析、模拟电子技术、数字逻辑电路、操作系统、数据结构、计算机组成原理、机要工作概论、微型计算机系统故障与维修、专业英语	从事武警部队信息安全技术、密码设备应用、维护和管理工作	北京邮电大学、电子科技大学、中国人民解放军外国语学院、西南交通大学、西安电子科技大学、中国人民解放军海军工程大学、中国人民武装警察部队工程大学
军事教育训练学（含：军事体育学）	培养能从事院校军事理论与技能教学、部队训练、军事科学研究及其他相关领域工作的高级专门人才	军事体育教学与训练、军事体能、战场身心适应与军人体质、军事体育管理、体育人文社会学、体育管理、体育训练心理	从事院校军事理论与技能教学、部队训练、军事科学研究及其他相关领域工作	中国人民解放军国防科学技术大学、中国人民公安大学、中国人民解放军军事体育进修学院

第六节　军制学类

专业	教育目标	课程设置	就业发展方向	专业优势院校
军事组织编制学	培养具有大学本科学历，适应军队现代化建设需要，为国防和军队建设提供理论指导的高级专业人才	国防组织体制、武装力量体制、军队体制编制、后备力量体制编制	从事军事组织制度及其发展规律研究的工作	中国人民解放军国防大学、中国人民解放军国防科学技术大学、中国人民解放军理工大学、中国人民解放军信息工程大学
军队管理学	培养具有大学本科学历，适应军队现代化建设需要的高级管理人才	军队管理理论、军队后勤管理、教育训练管理、军队思想教育管理、军事信息管理	从事军队管理工作	中国人民解放军国防大学、中国人民解放军后勤指挥学院、中国人民解放军军事交通学院、中国人民解放军炮兵指挥学院、中国人民解放军理工大学、中国人民解放军第二炮兵指挥学院

第七节　军队政治工作学类

专业	教育目标	课程设置	就业发展方向	专业优势院校
军队政治工作学	培养具有大学本科学历，适应军队思想现代化建设和军事斗争需要，从事军队政治工作的高素质新型初级指挥军官	思想政治理论、英语、军事学基础、军队政治工作理论、俄语	从事军队思想政治工作	中国人民解放军国防大学、中国人民解放军后勤指挥学院、中国人民解放军南京陆军指挥学院、中国人民解放军国防科学技术大学、中国人民解放军西安政治学院

第八节　军事后勤学与军事装备学类

专业	教育目标	课程设置	就业发展方向	专业优势院校
军事后勤学	培养具有大学本科学历，适应军队后勤现代化建设和军事斗争需要，从事军需保障指挥、组织训练和供应与管理的高素质新型初级指挥军官	军事后勤学理论、军需勤务、卫生勤务、军械勤务、军事交通勤务、军队营房勤务、军队物资勤务、军队油料勤务、军事仓储、军队生产管理、海军后勤特种勤务、空军后勤特种勤务、第二炮兵后勤特种勤务	从事军需保障指挥、组织训练和供应与管理工作	中国人民解放军国防大学、中国人民解放军后勤指挥学院、中国人民解放军军事交通学院、中国人民解放军海军指挥学院、中国人民解放军徐州空军学院、中国人民解放军第二炮兵指挥学院、中国人民解放军后勤工程学院

续表

专业	教育目标	课程设置	就业发展方向	专业优势院校
后方专业勤务	培养全军油料、营房、仓储勤务的专业生长型军官，为全军培养中、高级后方勤务专业人才	专业勤务理论、军事理论、后勤理论、专业理论、工程技术、仓库战备、伪装防护、快速保障、仓储自动化	从事后方专业勤务工作	中国人民解放军后勤指挥学院、中国人民解放军后勤工程学院
军事装备学	培养从事车辆技术勤务保障指挥、组织训练和日常管理的初级指挥军官	工程力学、机械设计、金属材料与工艺、电工与电子技术、军事装备学、军事运筹学、军事思想、系统工程、管理学基础、汽车装备结构与理论、军用汽车运用工程、军用汽车装备保障学、汽车维修勤务指挥	从事车辆装备勤务分队保障指挥、组织训练、管理工作	中国人民解放军后勤指挥学院、中国人民解放军后勤工程学院

高职（高专）篇

第十四章 农林牧渔大类

第一节 农业类

专业	教育目标	课程设置	就业发展方向	专业优势院校
作物生产技术	培养具有扎实的基础知识和实践操作能力，掌握作物生产技术专业的基本理论、知识和技能，受到严格的科学实践训练，能在作物生产及相关领域从事教学、科技开发和管理工作的高级应用型技能人才	植物生长与环境、作物栽培技术、作物遗传育种技术、作物病虫害防治技术、田间实验与统计分析、种子生产与检验技术、农业生态、农业机械化、农产品储藏与加工、农业技术推广、企业经营管理、土壤营养测试、植物营养诊断、作物栽培技能训练、作物遗传育种技能训练、作物病虫害防治技能训练、种子生产与检验技能训练、岗位就业综合实训	可从事作物生产技术领域的技术与管理部门的工作	重庆三峡职业学院、甘肃农业职业技术性学院、广西农业职业技术学院、成都农业科技职业学院、江苏农林职业技术学院、云南热带作物职业学院、黑龙江农业经济职业学院、辽宁职业学院、云南农业大学
种子生产与经营	培养具备良好的思想道德水平和英语能力，能够熟练操作电脑，掌握种子专业的基本理论和基本知识及良种繁育、种子生产工艺，具有较强的种子市场营销实践能力，能在种子生产和经营企业或相关行业从事种子生产和营销业务及管理和新技术开发与应用工作的应用型、技能型、创业型的高素质人才	植物与植物生理、遗传学、种子政策与法规、生物统计、植物保护、食用菌栽培、农业设施、植物栽培技术、种子生产技术、种子学、种子经营管理、作物育种、种子检验原理和技术、人力资源管理、农业技术推广学原理	可从事农作物育种、良种繁育、种子质量检验、种子生产、种子加工储藏、种子生产经营工作及农业生产资料的技术服务、质量检验、储藏运输、技术推广、经营管理等方面的工作	甘肃农业职业技术学院、玉溪农业职业技术学院、广西农业职业技术学院、云南农业大学、云南农业职业技术学院、河南农业职业技术学院、上海农林职业技术学院、黑龙江农垦科技职业学院

续表

专业	教育目标	课程设置	就业发展方向	专业优势院校
设施农业与装备	培养适应社会主义现代化建设和服务“三农”的需要，德、智、体、美全面发展，有理想、有道德、有文化、有纪律，具有敬业精神、创新精神和较强的实践能力，具备现代农业设施设计、安装、设施环境调控、种苗工厂化生产、设施园艺栽培和育种、设施农业经营管理等方面的基本理论、基本知识和基本技能，适应设施农业工程、农业产业化和园艺植物设施栽培等方面的生产、建设、服务和管理工作的生产第一线需要的高素质、高级技能型专门人才	建筑力学、建筑材料与建筑结构、建筑工程测量与制图技术、农业设施施工技术、设施植物环境、设施园艺栽培技术、牧业环境工程技术、建筑工程测量训练、建筑图纸的识读与绘制、农业设施机械使用维修训练、农业设施建筑施工训练、设施果、蔬、花栽培训练、设施植物病虫害防治训练、岗位综合实训	可供职于设施农业、农业建筑、生态环境工程及其他相关专业的科研院所	甘肃农业职业技术学院、新疆农业职业技术学院、宁夏职业技术学院、伊犁职业技术学院、云南农业大学、黑龙江农业工程职业学院、辽宁农业职业技术学院
现代农业技术	培养具有从事现代农业领域工作必备的专业理论知识和较熟练的综合职业技能，同21世纪现代农业经济要求相适应，能为农村发展、农业进步、农民增收服务，具有全面素质和综合职业能力，能在农业生产第一线进行种植、养殖、生产经营、设施园艺生产、农产品加工与销售工作的技术人员及为农村经济服务的高素质、高技能型人才	基础生物化学、植物与植物生理学、土壤肥料学、作物新品种与田间试验、动物营养与饲料、植物病虫害防治、农作物生产技术、畜禽与水产养殖、现代农业设施、设施园艺（果树、蔬菜、花卉）生产、农产品储藏加工、农业企业经营与管理、农业园区设计与测量学、农业机械化、农产品质量检测、农业技术推广与市场营销	可在农业生产第一线从事种植、养殖生产经营、设施园艺生产、农产品加工与销售等方面的工作	北京农学院、信阳农林学院、湖南应用技术学院、辽宁职业学院、枣庄职业学院
休闲农业	培养具备观赏农业基本知识和基本技能，能从事观赏农业生产、加工、销售及园林绿地规划设计工作的高级技术应用型专门人才	观光旅游基础知识、花卉园艺技能、插花、乡村导游操作实务、观光导游讲解、农业景点景区服务、观光农业服务礼仪、观光农业经营基础、服务心理学	可在休闲度假村、农家乐、观光农业景区从事管理与服务工作	北京农学院、信阳农林学院、辽宁职业学院、宁波城市职业技术学院、苏州农业职业技术学院、上海农林职业技术学院、江苏农林职业技术学院、辽宁农业职业技术学院、湖南财政经济学院、云南农业职业技术学院、福建农业职业技术学院、河北旅游职业学院

续表

专业	教育目标	课程设置	就业发展方向	专业优势院校
生态农业技术	培养具有生态农业技术的专业理论知识、较强的职业技能及岗位实际工作能力，能从事土壤肥料分析评价和与常规作物、无公害农产品、绿色食品、有机农产品有关的生产、经营、管理、技术服务及生态农业基地建设、农业生态工程规划设计等工作，适应生态农业及相关行业的生产、建设、管理、服务工作的第一线需要的高端技能型人才	植物与植物生理、土壤肥料、作物栽培、植物保护、农业生态工程、生态农业应用技术、无公害农业与绿色有机食品、环境生态、农业环境保护、市场营销和企业管理	可到县、乡(镇)两级农业技术推广服务机构、农业科研机构、环境保护管理机构、现代生态农业园区等单位或企业从事现代生态农业园区的规划建设与管理、生态农业技术应用工作，或从事绿色、有机农产品的生产经营与管理工作以及生态农业技术指导服务、农资营销等方面的工作，或可开办农业企业，进行自主创业	甘肃农业职业技术学院、玉溪农业职业技术学院、广西农业职业技术学院
园艺技术	培养具备园艺科学的基本知识与技能，能从事果树(蔬菜、花卉、食用菌等)栽培、育(制)种、良种繁育、商品化生产、病虫害防治、产品储藏加工及应用型科技试验、农业技术开发与推广等工作，具有一定生产管理和经营能力的高级技术应用型专门人才	植物学、植物生理、土壤学、植物营养与施肥、植物病虫害防治技术、环境科学、园艺作物生产技术、种子生产与管理、草坪建植与养护、果蔬加工工艺、果蔬储运、园林规划设计、无公害农产品生产技术、药用植物生产技术、农产品质量检测	可供职于园艺站、园艺场、花木公司、园林公司、农技站、公园、植物园、园艺产品流通协会，或在个体经营的园艺作物、园艺产品单位从事生产、管理、营销等工作	杭州职业技术学院、河南农业职业学院、宁波城市职业技术学院、阜阳职业技术学院、河北政法职业学院、海南职业技术学院、唐山职业技术学院、伊犁职业技术学院、福建林业职业技术学院、云南农业职业技术学院、郑州师范学院、潍坊职业学院
植物保护与检疫技术	培养能够独立从事植物保护、出入境植物检验检疫工作，能在大型农业企业、农业科技园区等从事检疫、测报、植保技术推广与开发、企业经营与管理工作，或可在相关领域从事科技开发及经营管理工作，具有较高综合素质的应用型人才	植物学、微生物学、植物生理学、普通植物病理学、普通昆虫学、农业植物病理学、农业昆虫学、植物化学保护、田间试验设计与统计方法、植物检疫、农业生态与环境保护、现代生物技术	可在国家各级植保部门、植物保护领域的技术与管理部门、出入境检疫部门、涉农大型企业、农业科技园区等从事检疫、测报、植保技术推广与开发、企业经营与管理等工作	天津农学院、北京农学院、昆明学院、云南农业职业技术学院、成都农业科技职业学院、河南农业职业学院、潍坊科技学院

续表

专业	教育目标	课程设置	就业发展方向	专业优势院校
茶树栽培与茶叶加工	培养熟悉茶叶科学的基本理论和茶树栽培、育种、茶叶加工及品质检验的基本知识和技能，能从事茶叶生产、加工、检验、经营管理及贸易等工作的高级技术应用型专门人才	植物生长与环境、茶树栽培技术、茶树遗传育种技术、茶叶加工技术、茶叶机械、茶叶审评与检验技术、茶叶经营管理、茶叶贸易、食品微生物、土壤肥料、茶叶机械、茶的成分与功能化学、茶树栽培技术、茶叶加工技术、茶树选种与育种、茶叶感官审评与检验、茶叶深加工技术、茶叶市场营销、泡茶技艺、茶树病虫防治、茶叶保鲜与包装	可担任茶厂、茶叶生产基地、苗木繁育基地的管理技术员，或可担任茶叶企业的加工技术员、车间管理人员、质检员、评茶师以及茶叶公司的业务员、销售人员及茶艺工作人员，也可成为茶叶企业主管部门的工作人员或自主创业的个体经营者	漳州科技职业学院（由天福茶学院升格）、信阳农业高等专科学校、杭州万向职业技术学院、广西职业技术学院、宜宾职业技术学院、云南热带作物职业学院、上饶职业技术学院、宁德职业技术学院、武夷山职业技术学院、铜仁职业技术学院、江苏农林职业技术学院、临沧师范高等专科学校
中草药栽培技术	培养具有从事中草药生产必备的专业理论知识和较熟练的综合职业技能，适应中草药生产、基地建设、经营管理、技术服务及相关专业第一线工作需要的高等技术应用型人才	植物生长环境、植物与植物生理、药用植物栽培技术、药用植物病虫害防治、药用菌生产技术、药用植物组培快繁技术、中药商品学、中药商品养护技术、医药市场营销、中药炮制技术、试验统计方法	可从事中草药生产领域技术与管理部门的相关工作	信阳农林学院、黔南民族医学高等专科学校、广西农业职业技术学院、云南农业职业技术学院、江西农业工程职业学院、四川中医药高等专科学校
烟草栽培与加工	培养具备烟草科学的基本知识和技能，能从事烟草生产、加工、销售、管理及开发推广等方面工作的高级技术应用型专门人才	植物生长与环境、烟草遗传育种技术、烟草病虫害防治技术、田间试验与统计、烟草调制与分级技术、烟草品质分析技术、烟草工艺技术、企业经营管理、烟草专业基本技能训练、烟草栽培技术技能训练、烟草遗传育种技能训练、烟草调制分级及品质分析技能训练、岗位就业综合实训	可从事烟草生产领域的技术与管理部门的工作	西昌学院、云南农业职业技术学院、玉溪农业职业学院、黔南民族职业技术学院
棉花加工与经营管理	培养具有与本专业领域相适应的科学文化素质，具有扎实的棉花加工、棉花质量检测、棉花经营管理知识及熟练的棉花加工、检验和经营管理技能和综合职业能力，能胜任棉花加工、棉花检验、棉花经营和管理等岗位的工作需求的高级技术技能人才	棉纤维知识、棉花检验、棉检仪器、棉短绒检验、棉花加工、棉花经营与管理、棉花加工工艺设计基础	可在棉花加工、棉花检验、棉花经营与管理等岗位工作，还可在质量技术监督部门、商检部门、质量安全检测中心工作，或可从事棉花加工机械的安装、调配、操作及维修工作和棉花商品的营销工作	聊城高级财经职业学校、南通商贸高等职业学校、新疆石河子职业技术学院

续表

专业	教育目标	课程设置	就业发展方向	专业优势院校
农产品加工与质量检测	培养具备农产品安全检验基本知识与技能，能从事农产品质量安全监督、检测等方面工作的高级技术应用型专门人才	分析化学、植物生长与环境、植物化学保护、微生物检测技术、现代仪器分析、食品营养与卫生、农产品安全生产技术、种子检验、农产品质量检测技术、农产品安全性检测技术、农产品储藏加工、食品质量管理、安全食品标准与认证、环境监测技术、农产品市场营销	可在农产品质量安全检测站、质量技术监督部门、海关、工商部门、进出口检验检疫局、科研院所、进出口贸易企业、绿色果蔬生产基地、农产品及食品生产加工企业、大型超市、果蔬储运公司、农产品批发市场等单位从事农产品卫生监督管理、农产品品质检测、农产品质量管理控制及农产品和食品的检测、生产、储藏、加工、经营、进出口贸易、质量监督、认证管理等工作	安庆职业技术学院、武汉工业学院、甘肃农业职业技术学院、玉溪农业职业技术学院、广西农业职业技术学院、河南农业职业技术学院
绿色食品生产与检验	培养能从事绿色粮油及蔬菜的生产、加工工作及绿色食品的管理、经营、种子生产工作，掌握农资服务的理论知识和实践技能，面向生产、建设、管理、服务第一线，德、智、体、美全面发展的高素质技能型专门人才	食品微生物学、食品标准与法规、食品毒理学、食品安全检验技术、食品分析与检验、食品营养与卫生、食品风险评估与管理、食品质量控制信息学、食品检验技术与感官评定、食品保藏与包装技术、中国饮食文化概论	可在绿色食品的生产与加工、检验与分析、质量管理与评价单位或绿色食品科研院(所)及绿色食品技术研发、技术推广单位或种子管理事业单位和种子生产加工企业工作	浙江农业商贸职业学院、黑龙江农业经济职业学院、黑龙江农垦职业学院、吉林工程技术师范学院、中国海洋大学青岛学院
农资营销与服务	培养系统掌握管理学、经济学基本原理以及市场营销基础知识、理论和技能，具有良好的专业素养、开拓精神和创新意识，能够胜任市场调研与分析、广告策划、商务谈判、营销策划、销售管理等综合营销工作，在连锁经营与管理、电子商务与网络营销领域具备突出专长的高级应用型人才	营销学、国际营销学、国际贸易理论与实务、市场调研、管理信息系统、广告学、公共关系学、企业管理学、消费心理学、组织营销学	可从事市场调研、营销策划、广告策划、市场开发、营销管理、推销服务和教学科研等工作	辽宁农业职业技术学院、唐山职业技术学院、黑龙江农业职业技术学院

续表

专业	教育目标	课程设置	就业发展方向	专业优势院校
农产品流通与管理	培养掌握农村经济管理、农村政策与法规、农产品营销、农村企业经营管理、财务管理等方面知识和综合基本技能，能在涉农企业、农村经济合作组织、农村行政管理部门等从事企业经营管理、农村经济管理、涉农企业财务核算、财务管理、农产品市场开发、农产品销售经纪、农村中介服务等工作的应用型专门人才	农村政策与法规、农村经济管理、会计基础知识、农村企业会计、农业成本核算、推销技巧、商务谈判、商务礼仪、推销技巧、农业推广、电子商务、农村企业经营管理、统计基础知识、农产品营销、农业投资项目管理、农村经纪人实务、合作制理论与实践、农村财税与金融、农村审计实务、村务管理、农村财务管理	可在农产品经营企业与市场从事行政管理、农产品经营、农产品检验、农产品质量安全管理、农业生产指导、信息收集与发布等工作，或在在行政事业单位及企业财务部门从事收银、出纳、经营管理、会计核算、财务管理工作，也可成为农产品经纪人，或在农村基层组织从事行政管理、经济管理、财务管理工作	南通科技职业学院、江苏畜牧兽医职业技术学院
农业装备应用技术	培养具有都市农业设施的规划建造（设计与应用）能力及设施农业装备、园林机械、农村新能源设备设施的使用、维护、维修、调试、检测能力，具备都市农业装备新技术的引进、试验、改造与推广鉴定能力及都市农业装备机械监理执法能力等的高等技术应用型专门人才	机械技术、机械制图与CAD、设施农业环境监测调控设备、设施农业生产关键技术与装备、都市农业装备使用与维修、电工电子技术、农村新能源、都市农业装备信息管理技术	可在农业装备生产企业、维修企业、科研机构、区县农机服务中心等部门从事服务管理、技术鉴定与维护、科研等工作	河北北方学院、西藏大学、新疆农业职业技术学院、信阳农林学院、云南农业职业技术学院
农业经济管理	培养掌握现代农业经济管理基本理论和管理技能，能从事农业产前、产中、产后各环节微观经济管理和服务工作的高级管理专门人才	农业经济基础、农业技术经济、农产品加工概论、管理学原理、市场营销、财务管理、经济法、农村社会经济统计、农村财政与金融、农业经济调查、会计核算模拟训练、市场营销综合实训、毕业实岗实习	可从事乡镇企业、农村基层政府部门、市场中介组织、涉农企业的经济管理工作	云南农业职业学院、黑龙江农业经济职业学院、玉溪农业职业技术学院、北京农学院

续表

专业	教育目标	课程设置	就业发展方向	专业优势院校
农村经营管理	培养掌握农村经济管理、农村政策与法规、农产品营销、农村企业经营管理、财务管理等方面的知识和综合基本技能，能在涉农企业、农村经济合作组织、农村行政管理部门从事企业经营管理、农村经济管理、涉农企业财务核算、财务管理、农产品市场开发、农产品销售、农村中介服务等工作	农村政策与法规、农村经济管理、会计基础知识、农村企业会计、农业成本核算、推销技巧、商务谈判、商务礼仪、推销技巧、农业推广、电子商务、农村企业经营管理、统计基础知识、农产品营销、农业投资项目管理、农村经纪人实务、合作制理论与实践、农村财税与金融、农村审计实务、村务管理、农村财务管理	可从事行政管理、农产品经营、农产品检验、农产品质量安全管理、农业生产指导、信息收集与发布等工作，也可在行政事业单位及企业从事收银、出纳、经营管理、会计核算、财务管理等与财务相关的工作	河南农业职业学院、云南农业职业技术学院、安顺职业技术学院、濮阳职业技术学院

第二节　林业技术类

专业	教育目标	课程设置	就业发展方向	专业优势院校
林业技术	培养掌握森林生物学基础理论和技术，可从事林木良种选育、森林营造、森林病虫害防治与检疫、森林经营管理及野生植物资源开发利用工作的高级技术应用型专门人才	森林环境、测量技术、森林调查技术、植物组织培养、林木种苗生产、森林营造技术、森林经营技术、林业“3S”(GPS、GIS、RS)信息技术、森林资源经营管理、森林资源资产评估、林业电子政务、园林绿化、森林资源管理软件管理系统	可在林业、生态环境保护、森林旅游资源开发等行业从事技术与管理工作	湖南环境生物职业技术学院
园林技术	培养适应21世纪我国社会主义现代化建设需要，德、智、体、美全面发展，具有综合职业能力，可直接从事园林施工、设计、管理等工作的高级应用型人才	植物学、植物生理学、园林植物学、花卉栽培技术、园林绿地规划设计、园林植物遗传育种、园林植物病虫害防治、绘画、园林制图、园林艺术、插花艺术	可在园艺高新科技园区、园林苗圃、园林绿化工程公司、各级公园、植物园、动物园、工矿企业或事业单位、园林科研机构、园林局等绿化部门工作	湖南环境生物职业技术学院、永州职业技术学院、湘西民族职业技术学院、岳阳职业技术学院、常德职业技术学院
森林资源保护	培养具备森林资源保护、森林资源调查与管理、林政管理与执法等方面的知识和技能的高级技术应用型专门人才	森林植物、森林环境、微生物、化学保护技术、森林病害控制技术、森林害虫控制技术、森林植物检疫技术、森林动物、林业生态工程、森林防火、林业行政执法实务、自然保护区建设与管理、森林调查技术、森林资源经营管理、林业“3S”(GPS、GIS、RS)信息技术、森林资源资产评估	可从事野生动植物保护人员、自然保护区和草地监护人员、林木种苗繁育人员的工作	云南林业职业技术学院、福建林业职业技术学院、大兴安岭职业学院

续表

专业	教育目标	课程设置	就业发展方向	专业优势院校
经济林培育与利用	培养具有特色经济林栽培、林果产品加工及经济林产品的储藏、运输与销售知识和技能，能在林业、农业的基层事业单位及相关企业从事经济林良种繁育和种植、加工及相关的技术推广工作的高端技能型人才	森林植物、林业测量技术、经济林遗传育种、经济林种苗生产技术、经济林栽培、经济林病虫害防治、果树栽培、经济林产品储藏与加工、经济林产品市场营销、植物产品分析与检验、林政执法实务	可在经济林种苗生产基地、经济林种植园、经济林产品加工及营销企业或事业单位从事经济林培育、经济林产品加工、产品营销、检验等工作	云南林业职业技术学院、中国林业科技大学、北京农学院、天津农学院、山西农业大学、沈阳农业大学、东北林业大学
野生植物资源保护与利用	培养具备生态学、地理学、旅游管理学、森林游憩资源开发利用与保护等方面的知识，满足生态旅游人才需求增加以及森林资源可持续发展的需要，能在林业、旅游、城建等部门从事森林资源保护、森林旅游开发、森林公园及森林游憩资源规划设计工作的高级科学技术人才	普通植物病理学、普通昆虫学、农业植物病理学、农业昆虫学、基础生物化学、现代分子生物学、遗传学、气象学、植物学、无脊椎动物学、土壤学、植物化学保护、微生物学、植物生理学、试验设计与统计分析、植物检疫学、植物病害生物防治、城市昆虫学	可从事农作物生产人员、野生动植物保护人员、自然保护区和草地监护人员的工作	浙江农林大学林业与生物技术学院、河南牧业经济学院、云南林业职业技术学院、湖北生态工程职业技术学院
野生动物资源保护与利用	培养具备野生动物的繁育、驯养、检疫、疾病防治和自然保护区的规划设计、管理等方面的知识，能在野生动物科研院所、国家海关和边境口岸、工商部门、自然保护区、动物园等部门或单位从事野生动物保护、利用、检疫和自然保护区资源管理工作的高级科学技术人才	保护生物学、野生动植物保护与利用、动物遗传育种与繁殖、预防兽医学、自然保护区资源管理、森林资源经营管理、森林生态学、森林环境学、生物技术、动物学、野生动物组织解剖学、生物化学、动物遗传育种与繁殖学、动植物检疫	可从事野生动植物保护人员、自然保护区和草地监护人员的工作	吉林农业科技学院、四川农业大学动物科技学院
森林生态旅游	培养具有良好职业道德、较强口头表达和讲解能力、较高科学文化素养的生态旅游导游和能够在旅游企业从事服务工作的高级技术应用型专门人才	森林植物与环境生态、旅游心理学、森林动物学、森林生态旅游、地方导游基础知识、旅游英语、导游业务、森林旅游区经营管理、森林生态旅游、市场营销、导游业务、森林旅游区经营管理	可在城市建设、园林、林业部门和花卉企业、风景园林规划设计部门、森林公园从事各类园林绿地的规划、设计、施工、园林植物、繁育栽培、养护及管理等方面的工作	山西林业职业技术学院、河南林业职业学院、安徽林业职业技术学院、甘肃林业职业技术学院
森林防火指挥与通信	培养能胜任林火扑救指挥与通信工作的森林防火一线需要的技能型专门人才	基础技能、森林燃烧机理、森林调查技术、林火生态基础、林火调查技术、3S技术及其应用、灭火机械、航空护林及化学灭火、林火通信技术	可就职为消防和应急救援人员	大兴安岭职业学院、黑龙江林业职业技术学院、伊春职业技术学院

续表

专业	教育目标	课程设置	就业发展方向	专业优势院校
自然保护区建设与管理	培养具有自然保护区建设和管理等方面的基本理论和专业知识的高级技术应用型专门人才	观赏动植物学、生态学、旅游地理、环境保护、旅游经济、旅游管理、导游、园林规划设计、自然保护区、野生动物管理、自然保护区建设、环境保护、营销与管理	可在自然保护区及相关部门工作	黑龙江生态工程职业学院、内蒙古农业大学、黄山学院、云南林业职业技术学院
木工设备应用技术	培养具备木材物理化学、电工与电子技术、机械基础、造型艺术和木材科学与加工技术等学科的知识的高级工程技术人才	木材学、胶合材料学、热工学、机械设计制造基础、木材切削原理与刀具、电工与电子技术、投影制图、人体工效学、美学基础、专业绘画、建筑设计基础、造型原理	可到木材工业、家具制造业、室内工程等行业的企业、设计院、科研院所从事木材加工、室内设计、室内装饰的工作	辽宁林业职业技术学院
木材加工技术	培养掌握木材加工技术，可从事木材加工、人造板生产、家具和室内装饰业等第一线工作的专业技术人才	机械制图、机械基础、木材学、木材干燥技术、制材与木材检验、木质产品制造工艺、木工刀具与机械、人造板生产技术、木制品表面装饰技术、人体工程学与室内设计、家具设计与生产工艺、家具软件应用、专业英语	可从事木材加工人员、人造板制造人员、木制品制造人员的工作	黑龙江林业职业技术学院、辽宁林业职业技术学院、廊坊东方职业技术学院、福建林业职业技术学院、大兴安岭职业学院
林业调查与信息处理	培养具备林业经济学、林业企业经营管理学和林业技术经济学等方面的知识与能力的高等技术应用型人才	环境生态学、森林资源调查、动植物资源、遥感与地理信息系统、森林经营与管理、林政学、信息管理、森林资源调查、林业经济信息开发应用综合实训	可从事行政管理部门、行业协会及经济咨询部门的相关工作	山西林业职业学院、黑龙江林业职业技术学院、辽宁林业职业技术学院、廊坊东方职业技术学院、福建林业职业技术学院
林业信息技术与管理	培养掌握林业调查技术、林业信息技术、地理信息系统(GIS)知识、遥感(RS)技术、全球卫星定位系统(GPS)知识的高等技术应用型人才	计算机操作技术、数据库技术、VB程序设计、测绘学基础、图形图像处理技术、GPS定位与导航、数字化测图制图技术、GIS原理及数据管理、遥感图像处理、森林地图数字化技术、管理信息系统、林业遥感应用、地理信息数据标准化	可到林业部门、地理信息中心、城市建设部门、市政工程部门及国土资源管理、城市规划管理、测绘、水电等部门从事信息系统的开发、维护和管理及数字产品的数据采集加工等工作	山西林业职业学院、黑龙江林业职业技术学院、辽宁林业职业技术学院、廊坊东方职业技术学院、福建林业职业技术学院

第三节　畜牧业类

专业	教育目标	课程设置	就业发展方向	专业优势院校
畜牧兽医	培养具备动物饲料配制、繁殖技术、饲养管理、疫病诊断与控制等方面的理论与技术，能够从事养殖场生产技术与管理、动物门诊、饲料及兽药营销工作的高级技能型人才	动物解剖生理、动物营养、饲料配制与质量分析、兽医基础、动物遗传繁育、动物临床诊疗、畜牧场环境控制、动物疾病防治、特种动物养殖、畜牧场经营管理、畜禽饲养管理	可在县、乡两级兽医行政部门、动物防检站、动物屠宰企业、动物疾控中心、动物/宠物医院、大型养殖企业、饲料企业和兽药企业等从事动物饲养管理、牧场经营管理等工作，或可就职为动物疫病防治员、动物检疫检验员、兽医化验员、执业助理兽医、兽药技术员、饲料技术员	北京农业职业学院、河北北方学院、沧州职业技术学院、石家庄工程职业学院、辽宁职业学院
动物医学	培养具备动物医学方面的基本理论、知识和技能，能在兽医业务部门、动物生产单位及有关部门从事兽医、防疫检疫、教学、科学研究等工作的高级科学技术人才	动物解剖与组织胚胎学、动物生理学、动物生物化学、兽医病理学、兽医药理学、兽医微生物学与免疫学、兽医内科学、兽医外科学、动物传染病学、动物寄生虫学与寄生虫病学、兽医产科学、兽医公共卫生学、中兽医学	可从事畜牧兽医行政管理、进出口动物及其产品的检验、肉品卫生检验、饲料工业、食品安全、环境保护、畜禽疾病的诊断与防治、伴侣动物医疗保健、实验动物、比较医学、公共卫生及生物学等领域的工作	北京农业职业学院、辽宁医学院、黑龙江农业职业技术学院、江苏农牧科技职业学院
动物药学	培养能从事兽医兽药的生产、营销、检验、管理及合理用药等工作的高素质技能型专门人才	计算机应用基础、大学英语、分析化学、药物化学、生物统计与试验设计、动物解剖生理、动物微生物、动物药理学及毒理学、就业与创业教育、动物药品制剂技术、药物分析与检测技术、兽药法规及经营管理、中兽药及鉴定、饲料添加剂及分析技术、化验室组织与管理、兽医学	可到制药企业、保健公司、药检局、防疫站、现代养殖场、科研院所、行政管理部门从事与药学有关的检验、药品配方与生产、推广与开发、经营与管理、教学与科研等工作	黑龙江八一农垦大学、江苏畜牧兽医职业学院

续表

专业	教育目标	课程设置	就业发展方向	专业优势院校
动物防疫与检疫	培养掌握动物疫病防疫、检疫基本理论和基本技能，能从事动物疫病防疫、检疫和控制工作的高级技术应用型专门人才	畜禽病理、兽医微生物、动物免疫技术、毒理学、畜禽病诊断、人畜共患病、动物检疫、兽医生物制品、兽医消毒技术、动物疫病防疫技术、动物疫病检疫技术	可从事动物疫病防治人员、检验检疫工程技术人员、兽医兽药技术人员的工作	江苏农牧科技职业学院、山东畜牧兽医职业学院、信阳农业高等专科学校、云南农业职业技术学院、沧州职业技术学院、廊坊职业技术学院、黑龙江科技职业学院、黑龙江农业经济职业学院、成都农业科技职业学院、郑州牧业工程高等专科、江苏农林职业技术学院、怀化职业技术学院、河北北方学院、重庆三峡职业学院
动物医学检验技术	培养掌握兽医检验技术，具备动物疾病检测、动物产品检验及兽药、饲料安全性检测的能力，能够从事动物疾病监测和检测、动物疾病诊断与防治、畜禽生产与经营管理、饲料兽药生产与经营、技术推广等工作的专科层次高级技术技能型专门人才	兽医临床实验室检验技术、动物病原体检验技术、动物产品微生物学检验、动物中毒病及毒物检验	可从事动植物疫病防治人员、检验检疫工程技术人员、兽医兽药技术人员的工作	江苏农牧科技职业学院
宠物养护与驯导	培养掌握宠物养护和疾病防治的基础知识和综合职业技能，能在生产、服务一线从事宠物美容、宠物训导、宠物养护、宠物用品销售、宠物疾病防治、技术推广等工作，具有较好的职业生涯发展基础的专科层次高级技术技能型专门人才	宠物保健、宠物护理与美容、宠物驯导与营销、宠物繁育与饲养	可在宠物训练学校、宠物美容院、宠物用品店、宠物摄影机构、大型企业安保管理部门、动物园、马戏团工作	黑龙江民族职业学院、黑龙江生物科技职业学院、黑龙江农垦科技职业学院、黑龙江农业经济职业学院、黑龙江职业学院、河北旅游职业学院、保定职业技术学院
实验动物技术	培养适应实验动物科学发展要求，掌握实验动物技术的基本理论和专业技能，能从事实验动物饲养、繁育、疫病防控、技术管理等工作的高素质技能型专门人才	实验动物学、实验动物解剖与组织学、实验动物生理、动物生物化学、动物微生物、实验动物营养与饲料、动物试验设计与统计、动物药理、动物病理、实验动物饲养技术、实验动物遗传与育种、实验动物繁殖技术、实验动物环境卫生学、实验动物免疫学、实验动物寄生虫学、实验动物监测与检测技术、实验动物传染病学、实验动物疾病预防与诊疗技术、实验动物常用技术、宠物疾病诊治	可从事实验动物饲养员、动物检疫检验员、实验技术员的工作	北京农业职业学院、江苏农牧科技职业学院

续表

专业	教育目标	课程设置	就业发展方向	专业优势院校
饲料与动物营养	培养掌握畜禽生理、动物营养需要、饲料特性与品质分析、配合饲料生产理论和技术，能够从事饲料加工企业、养殖企业和农产品质量分析与检测机构工作的高级技术应用型专门人才	畜禽解剖与生理、微生物学、饲料原料、饲料品质检测、畜禽营养需要与配方设计、配合饲料加工、畜禽生产与营销、饲料商品	可在饲料生产企业、养殖企业、行业质量管理部门工作	黑龙江科技职业学院、成都农业科技职业学院、眉山职业技术学院、郑州牧业工程高等专科学校、内蒙古商贸职业学院、江苏食品职业技术学院、乌兰察布职业学院、辽宁职业学院
特种动物养殖	培养掌握特种经济动物生物学特性、饲料调制与环境控制、饲养管理技术和疫病控制理论与技术，熟悉特种经济动物解剖生理学、饲料营养、饲料管理、疾病防治等基本知识和技能，并熟悉经济动物国内国际贸易规则和有关政策规定，能够从事特种经济动物养殖、管理、训练工作的高级技术应用型专门人才	动物学、动物繁殖、动物饲料、宠物养殖、实验动物、毛皮动物生产、药用动物生产、蚕业、蜂业、特种经济禽类生产、兽医基础知识、宠物管理与训练、动物繁殖技术、配合饲料设计与加工技术、特种经济动物饲养管理	可在动物养殖企业、自然保护区、动物园、野生动物保护部门及动物产品的加工、流通、服务企业和饲料生产企业工作，也可在动检、商检、科技推广等部门工作	甘肃畜牧工程职业技术学院、江苏农牧科技职业学院、北京农业职业学院
畜牧工程技术	培养能从事农业生产服务人员、畜牧与草业技术人员工作的应用型专门人才	畜禽解剖生理、畜禽营养与饲料、畜禽遗传育种、畜禽繁殖、环境卫生学、畜禽疫病防治、牛生产学、猪生产学、禽生产学、羊生产学、畜牧业经营管理、畜产品加工、特种动物养殖	可在各级畜牧兽医站、饲草与饲料公司、养殖场、畜禽加工厂、饲料兽药营销部门及畜牧兽医行政管理部门等工作，亦可自主创业	甘肃畜牧工程职业技术学院、江苏农牧科技职业学院
蚕桑技术	培养具有良好的职业道德，熟练掌握现代养蚕、制种以及蚕桑副产品加工等方面的理论与技术，能独立从事本专业工作的高级应用型人才	植物生产环境、植物与植物生理、蚕体解剖生理、桑树栽培技术、桑树病虫害防治技术、养蚕技术、蚕病防治技术、蚕种生产技术、茧丝加工与综合利用、农资市场营销、农业企业管理、试验统计方法	可供职于各级蚕种场、蚕研所、蚕业站、茧站、丝厂等，主要从事蚕桑生产、良种选育、新品种推广、桑树病虫害防治、养蚕、蚕病防治、蚕桑产品加工、经营管理、技术服务等工作	九江职业大学、日照职业技术学院、萍乡学院、广东财经大学华商学院、吉林农业科技学院、南昌工程学院、江西科技学院

续表

专业	教育目标	课程设置	就业发展方向	专业优势院校
草业技术	培养具备草坪学、草地学、树木学、运动场草坪建植与管理、高尔夫球场草坪建植与管理、草坪与牧草病虫害、园林绿地规划等方面的知识，能在园林绿化、高尔夫球场、运动场、城市林业等部门从事草坪建植与管理、人工草地栽培、城市生态环境建设工作的高级科学技术人才	植物学、植物生理学、土壤学、草坪学、草地学、树木学、草坪草与牧草遗传育种学、草坪与牧草病虫害、草坪灌排水学、草坪机械、草坪杂草、草坪营养与施肥、园林绿地规划	可在园林、水土保持、环保、人工草场、体育场等部门从事各种类型草坪的建植与管理工作，或从事各种功能草地的培育、园林绿地规划设计、园林花卉植物栽培以及优良牧草和草坪草的选育、人工牧草培育、人工牧草深加工、优良草种品种种子生产等技术与管理工作	四川农业大学、青海大学、内蒙古农业大学、甘肃农业大学、新疆农业大学、山西农业大学
养蜂与蜂产品加工	培养具备扎实的蜂学及蜂产品应用与加工的基本理论、基本知识和基本技能，能在蜂业及相关领域从事技术推广与蜂产品开发、养蜂生产管理、蜂产品质量控制与经营、蜂学教学与科研等工作的高素质应用型、复合型人才	蜜蜂生物学、蜜蜂生态学、蜜粉源植物学、蜂群饲养管理学、蜜蜂保护学、蜜蜂遗传育种学、蜜蜂产品加工学、蜜蜂产品质量控制、蜂机具学、食品微生物学	可在各级蜂业管理和技术部门、土畜产品外贸公司、食品加工和制药企业、医疗保健部门、教学和科研机构等从事专业技术和管理工作，也可自主创业	武汉市农业学校、福建农林大学蜂学学院、云南农业大学
畜牧业经济管理	培养具备动物饲料配制、繁殖技术、饲养管理、疫病诊断与控制的理论与技术，能够从事养殖场生产技术与管理、动物门诊、饲料及兽药营销工作的高级技能型人才	动物解剖生理、动物营养、饲料配制与质量分析、兽医基础、动物遗传繁育、动物临床诊疗、畜牧场环境控制、动物疾病防治、特种动物养殖、畜牧场经营管理、畜禽饲养管理	可在县、乡两级兽医行政部门、动物防检站、动物屠宰企业、动物疾控中心、动物/宠物医院、大型养殖企业、饲料企业和兽药企业等企事业部门或单位从事动物疫病防治员、动物检疫检验员、兽医化验员、执业助理兽医、兽药技术员、饲料技术员、动物饲养管理、牧场经营管理等工作	甘肃畜牧工程职业学院、江苏农牧科技职业学院

第四节 渔业类

专业	教育目标	课程设置	就业发展方向	专业优势院校
水产养殖技术	培养掌握水产养殖专业知识和基本技能，能从事水产养殖业等相关产业工作的高级技术应用型专门人才	水生生物学、鱼类增养殖技术、虾蟹类增养殖技术、贝类增养殖技术、生物饵料、水产动物营养与饲料、水产动物疾病、养殖水化学、观赏鱼养殖、水产动物人工繁殖技术、鱼病防治技术	可在水产技术推广部门、水产行政管理部门（水产局、渔政等）、水产养殖企业、水产饲料加工企业、水族馆、城市水环境监测部门工作	浙江海洋学院、天津农学院
海洋渔业技术	培养具备海洋渔业科学与技术方面的基本理论、基本知识和基本技能，能在海洋渔业生产、教育、科研和管理等部门从事科学研究、远洋渔业开发、教学、渔政管理等工作的高级科学技术人才	水生生物学、鱼类学、渔具渔法学、渔具理论与设计、航海技术、渔业资源与渔场学、渔业资源评估、海洋环境调查和监测、渔业法规与渔政管理	可从事渔政、远洋渔业等方面的工作，或可在本专业继续深造	浙江海洋学院、天津农学院
水族科学与技术	培养具备水产科学与技术的基本理论、基本知识和基本技能，能从事水产科学与技术的研究与开发、教学和管理、推广与应用工作的高级科学技术人才	基础化学、有机化学、生物化学、动物学、鱼类学、水生生物学、观赏水族养殖学、水草栽培学、游钓渔业学、水族馆创意与设计、观赏水族营养与饲料学、观赏水族疾病防治学、水处理技术、景观生态学、管理学、休闲渔业经营学	可供职于高等院校、科研机构及海关检疫、环境保护、动植检疫部门，或可在生物制药、现代渔业技术和水产品加工等行业工作，也可从事水族技术研发与推广工作，还可在企业或事业单位的行政管理、市场营销部门及国内和国际贸易、综合经营管理等部门工作，还可从事相关产业的其他工作	浙江海洋学院、天津农学院
水生动物医学	培养掌握特种水生动物生物学特性、饲料调制与环境控制、饲养管理技术和疫病控制的理论与技术，能够从事特种水生经济动物养殖、管理、训练工作的高级技术应用型专门人才	养殖水环境化学、水生动物生物学、水产动物病原生物学、水产药物学、水产动物病理学、水产动物免疫学、鱼病学、水产无脊椎动物疾病学、水产动物疾病诊断学、水产养殖学概论	可从事特种水生动物的生产、管理、技术推广、饲料营销、售后服务工作及特种动物行业的生产、管理、服务等部门的工作	四川水利职业学院、商丘职业技术学院
渔业经济管理	培养能从事渔业资源调查评价、渔业资源管理和渔业行政管理工作的高级技术应用型专门人才	渔业生物学、渔业资源、鱼类学、渔场学、渔业资源评估、渔业法规与渔政管理、渔业行政处罚与执法程序、环境法与环境管理、环境评价与规划、水域环境检测与保护、行政法、渔业资源调查	可从事渔业行政机构、水产科研（所）机构、水产生产部门的相关工作	四川水利职业学院、江苏农牧科技职业学院

第十五章　资源环境与安全大类

第一节　资源勘查类

专业	教育目标	课程设置	就业发展方向	专业优势院校
国土资源调查与管理	培养掌握国土资源(矿产、土地)调查及管理的基本工作方法和技能,能从事矿产资源、土地等方面的调查、评价和管理等工作的高级技术应用型专门人才	普通地质学(地质学基础)、矿物学基础、构造地质学、晶体光学、光性矿物学、岩石学、古生物学地史学、大地构造学、矿床学、MapGIS技术运用、水文地质学、工程测量技术(测量学)、普通物理勘探	可在国土、地勘系统的基层单位工作,或在生产第一线从事国土资源调查、土地管理、资源环境评价与开发等技术工作	湖南工程职业技术学院、湖北国土资源职业学院、江西应用技术职业学院、广西师范学院
地质调查与矿产普查	培养具有地质学基础理论知识,掌握地质调查的室内外工作方法,具有综合分析研究矿床地质、矿床分布规律的初步能力,能在资源勘查、开发与管理等领域从事固体、液体、气体矿产资源勘查、评价和管理等工作的中高级工程技术人才	地质学基础、矿物学、岩石学、古生物及地史学、构造地质学、区域地质调查、矿床学、找矿勘探地质学、矿业权评估,还设有地球物理探矿、地球化学探矿、水文地质学、地质灾害学、计算机应用及管理学	可从事地质勘探工程技术人员、测绘和地理信息工程技术人员、矿山工程技术人员、地质勘查人员、测绘服务人员的工作	安徽工业经济职业技术学院、河北地质职工大学、甘肃工业职业技术学院、云南旅游职业学院、云南国土资源职业学院、东华理工大学、湖南工程职业技术学院
矿产地质与勘查	培养掌握矿产地质与勘查技术,能从事矿产地质勘查、生产和管理等工作的高级技术应用型专门人才	普通地质学、矿物、岩石、古生物地层学、构造地质学、采矿、矿山环境工程、非金属矿深加工、非金属材料概论、测量学基础、非金属矿产资源管理与评价、金属矿产地质与勘查、铀矿地质与勘查、非金属矿产地质与勘查、地球化学勘查	可从事地质勘探工程技术人员、矿山工程技术人员、地质勘查人员的工作	安徽工业经济职业技术学院、甘肃工业职业技术学院、云南国土资源职业学院、湖南工程职业技术学院
岩矿分析与鉴定	培养掌握岩矿分析与鉴定技术,能从事岩矿分析与鉴定、矿物加工、矿山生产和管理等工作的高级技术应用型专门人才	普通地质学、结晶学、矿物岩石学、古生物地层学、构造地质、选矿、矿床、应用地球化学、矿物加工、矿产资源管理与评价	可从事采矿业、矿物加工业、建筑材料业等行业及各种地质勘查部门的工作	河北地质职工大学、辽宁地质工程职业学院、湖北国土资源职业学院、云南国土资源职业学院

续表

专业	教育目标	课程设置	就业发展方向	专业优势院校
宝玉石鉴定与加工	培养具备宝玉石的基本知识和进行专业鉴定、仪器检测的操作能力，达到国家珠宝鉴定师的技术要求，对常见的宝玉石能够进行肉眼鉴定和仪器检测，掌握宝石款式设计和加工的基本理论，能从事宝玉石鉴定、钻石分级评价、宝石款式设计与加工、珠宝首饰营销及商贸管理工作的高级应用型专业技术和管理人才	宝石地质学、结晶学与矿物学、晶体光学与岩石学、宝石学、宝石鉴定学、钻石与钻石分级、宝石加工、首饰设计与制造、珠宝市场营销、珠宝首饰评估学、贵金属首饰及其检测、首饰佩戴与保养、珠宝投资与收藏、古玉器鉴赏、人工宝石优化处理、玉雕工艺、珠宝电子商务	可到各级珠宝质检部门、珠宝公司、珠宝行、宝玉石鉴定与加工、采矿业、矿物加工业、建筑材料业、宝石加工、镶嵌厂、首饰设计室、典当行、海关以及某些资产评估机构工作	北京经济管理职业学院、辽宁地质工程职业学院、安徽工业经济职业技术学院、山东理工职业学院
煤田地质与勘查技术	培养掌握煤田地质勘查技术，能从事煤矿勘查、生产和管理等方面工作的高级技术应用型专门人才	普通地质学、矿物岩石学、古生物地层学、构造地质学及地质制图、水文地质、遥感地质、测量学、煤田地质与评价、矿山环境工程	可在煤田地质勘查队、矿山、国土资源调查等部门从事煤田勘查、资源管理与评价、煤矿地质灾害防治等工作，也可在国土资源、矿山、水利水电、地震、环保、建筑等部门从事资源勘测与评价、管理、设计、施工以及方法技术类的工作	七台河职业学院、云南能源职业技术学院、陕西能源职业技术学院、兰州资源环境职业技术学院

第二节　地质类

专业	教育目标	课程设置	就业发展方向	专业优势院校
工程地质勘查	培养具有创新精神和实践能力、面向生产一线的高素质高级技能型专门人才	普通地质学、矿物学、岩石学、构造地质学、土力学与地基基础、岩体力学、工程地质、岩土工程勘察、岩土工程勘查、土木工程制图、计算机工程地质应用、环境地质调查与评价、三维虚拟现实	可在资源勘查、工程勘察、管理等部门工作	北京工业职业技术学院、河南工程学院、云南国土资源职业学院、山西煤炭职业技术学院、湖北国土资源职业学院、重庆工程职业技术学院、长江工程职业技术学院、内蒙古交通职业技术学院
水文与工程地质	培养熟握地质学、水文工程地质等知识，能从事水资源勘查与评价、管理及工程勘察、设计、施工、监理等方面工作的高级技术应用型门人才	普通地质学、矿物岩石学、地层学、构造地质学、水文地质、环境科学概论、工程地质、遥感地质、水质分析、水文地球化学、水资源管理与评价、认识实习、专业实验、地质填图实习、生产实习	可在水资源勘查、工程勘察、管理等部门工作	江西应用技术职业学院、湖北国土资源职业学院、重庆工程职业技术学院、四川水利职业技术学院、甘肃工业职业技术学院、云南国土资源职业学院

续表

专业	教育目标	课程设置	就业发展方向	专业优势院校
钻探技术	培养掌握地质学、钻探工程施工技术知识，能从事各种钻探工程的管理、设计、施工与监理等方面工作的高级技术应用型专门人才	地质学基础、矿物岩石学、地层学、构造地质学、钻探工程、工程地质、工程与环境物探、钻探机械、钻探地质编录、材料力学	可在地质勘探、工程勘探及相关管理部门工作	辽宁地质工程职业学院、安徽工业经济职业技术学院、江西应用技术职业学院、湖北国土资源职业学院
矿山地质	培养能从事矿区开发规划、矿山（露天、井下）设计、矿山安全技术及工程设计、监察、生产技术管理工作的高级技术应用型专门人才	普通地质学、矿物岩石学、古生物地层学、构造地质学、测量学、岩体力学、工程力学、采矿学、矿井通风与安全、矿山环境工科、矿山企业管理与技术经济分析、地质测量实习、岩体控制实验、采矿认识、课程设计、生产实习、毕业实习	可在各种矿山生产、矿产资源管理及矿山安全管理部门工作	山西煤炭职业技术学院、黑龙江煤炭职业技术学院、江西应用技术职业学院、湖北国土资源职业学院、湖南有色金属职业技术学院
地球物理勘探技术	培养能从事矿产资源、能源开发利用、地震预测、地球物理工程等方面工作的高级技术应用型人才	普通地质学、矿物岩石学、构造地质学、物探、遥感地质、矿床学、地球物理学、连续介质力学、地球物理观测	可从事矿产资源及能源开发和利用、地震预测、地球物理工程等方面的工作	张家口职业技术学院、河北地质职工大学、江西应用技术职业学院、陕西能源职业技术学院、云南国土资源职业学院、甘肃工业职业技术学院
地质灾害调查与防治	培养能从事地质灾害防治工作的高端技能型专门人才	高等数学、大学英语、应用文写作、计算机基础与应用、工程力学、固体力学、测量技术、普通地质、矿物岩石、构造地质、土力学及地基基础、水文地质、遥感地质、灾害地质、地灾勘察技术、地灾调查与评价、地灾防治技术	可担任地质灾害防治技术员、技术管理人员、行政管理人员，以及地质灾害勘察项目负责人、地质单位下属部门负责人、地质单位负责人或总工，也可进入国土管理、地质环境监测部门担任乡镇国土所工作人员，或在区县国土局地质环境科和地质环境监测站、省市国土局和地质环境监测总站工作	重庆工程职业技术学院、云南国土资源职业学院

续表

专业	教育目标	课程设置	就业发展方向	专业优势院校
环境地质工程	培养掌握水工环境地质工程专业的基础理论、知识与技术，能从事水工环境地质工程设计与施工、地质灾害调查与评估、岩土工程勘查、环境地质监测等社会紧缺岗位的工作，具有良好的职业道德、身心健康的高技能应用型人才	环境地质学、第四纪地质学及地貌学、构造地质学、工程地质勘察、工程力学、计算机绘图、工程测量、地质工程设计与施工、地质灾害调查与评估、地质灾害监测技术、矿山地质灾害防治	可在国土资源局等政府部门的地质灾害防治、矿区环境监测及治理机构工作，或可在水务局、环保局、建设局等政府部门的地下水资源监管、环境监测部门工作，还可在市政、水利、土木、电力、交通、铁路等行业从事工程地质勘察、地质工程设计与施工、地质灾害调查、评估与治理、环境地质评估工作，或在岩土工程、基础工程、工程地质勘察、环境治理等企业从事工程施工、管理、测绘工作	湖南工程职业技术学院、湖南有色金属职业技术学院、广东水利电力职业技术学院
岩土工程技术	培养德、智、体、美全面发展，具有良好的职业道德和职业能力，能在岩土工程施工、岩土工程勘察生产等第一线工作，能对设计、规划、决策等任务进行正确和创造性实施的高等技能型专门人才	工程地质勘察概论、混凝土与钢筋结构、钻凿工程、岩土工程施工技术、岩土工程现场检测、施工设备、施工项目监理、施工项目工程预算、路桥施工技术、地基基础、施工项目管理、隧道工程	可从事岩土工程施工和岩土工程勘察生产企业第一线的工作	长江工程职业技术学院、湖南工程职业技术学院、桂林理工大学、甘肃工业职业技术学院、新疆建设职业技术学院

第三节　测绘地理信息类

专业	教育目标	课程设置	就业发展方向	专业优势院校
工程测量技术	培养掌握测量工程专业必需的基础理论知识和基本测绘技能，能从事工程建设中的测量工作的高级技术应用型专门人才	地形测量、测量平差与计算机程序设计、数字化测图技术、控制测量与 GPS 测量技术、摄影测量基础、施工测量、工程变形观测、工程概论、地理信息系统原理及应用	可在测绘、水利水电、地矿、交通、城镇规划、市政建设、房产、国土资源利用等部门从事各种工程建设中的测绘工作	北京工业职业技术学院、天津交通职业学院、河北工程技术高等专科学院、山西工程职业技术学院、内蒙古机电职业技术学院

续表

专业	教育目标	课程设置	就业发展方向	专业优势院校
摄影测量与遥感技术	培养掌握摄影测量与遥感技术专业必需的基础理论和基本技能，能从事摄影测量及其应用领域工作的高级技术应用型专门人才	遥感数字图像处理、工程测量学、数字化测图原理与方法、地籍测量学、变形监测技术与应用、测绘英语	可在测绘、国土、交通、规划、建设、水利水电、地矿、气象、煤炭、房产、石油化工、园林等行业部门从事测量与遥感技术应用工作	石家庄学院、扬州市职业大学、昆明冶金高等专科学校、黄河水利职业技术学院、西安航空职业技术学院、甘肃工业职业技术学院
测绘工程技术	培养掌握空间信息的获取、处理、分析、表达与应用的基本原理与方法，掌握现代空间测量技术、数字摄影测量与遥感技术、地理信息系统与地图学的基本理论，具有坚实的数学、外语、计算机应用基础和良好业务素质的高级测绘科技人才	空间测地理论与技术，影像与制图、工程测量学、数字摄影测量学、地理信息系统原理及应用、高等测量平差、变形监测与数据处理、工程与工业摄影测量学、工程监理、工程制图、地震地质学基础	可在城市建设规划与管理、交通(包括公路、铁路与水运)、国土与房产、工业企业、海洋、建筑、水利、电力、石油、冶金、国防、测绘、工程勘察、城市与企业信息管理等部门从事测绘及相关信息工程的规划、设计、实施与管理工作，也可以在政府部门、教学和科研单位工作	吉林电子信息职业技术学院、湖南安全技术职业学院、昆明冶金高等专科学校、云南国土资源职业学院
测绘地理信息技术	培养能从事测绘、地质、矿山、水利水电、建筑、铁路和公路等建设、土地管理、地理信息相关企业或事业的工程测量、地理信息应用与维护工作的高级应用型人才	地图学与地图制图、测量学、AutoCAD、全球定位系统原理与应用、控制测量学、误差理论与平差基础、地理信息系统导论、遥感导论、工程测量学、数字测图原理与方法、地籍与房产测量、GIS 软件操作、GIS 数据库建设、GIS 工程设计与开发、遥感图像处理与专题信息提取、GIS 空间分析与应用	可在地理信息系统的企业从事地理空间数据的采集、处理、分析、制图与建库工作，或在国土资源、房地产部门从事地籍测量与地籍数据库建设、管理及房地产信息管理工作，或在测绘部门从事工程勘测、设计、施工、管理阶段的各项常规测绘工作，或在城乡规划、城市建设部门从事地理信息系统的建设和管理工作，或在农田水利部门从事工程测量和环境监测、土地资源调查与利用等工作，或在政府机关从事与空间位置信息有关的信息交流、环境信息管理等工作	辽宁水利职业学院、湖北国土资源职业学院、四川省建筑工程学校、甘肃工业职业技术学院

续表

专业	教育目标	课程设置	就业发展方向	专业优势院校
地籍测绘与土地管理	培养掌握房产地籍测绘的基本理论与技术，能从事房产地籍测绘工作的高级技术应用型专门人才	测量基础技术、测量平差基础、数字化测图技术、数据库原理及应用、控制测量学、GPS 测量技术、摄影测量与遥感、工程测量、地籍测量、房产测绘、GIS 实务、土地管理学、土地资源调查与评价、建设用地管理、土地利用规划、专业法规、建筑工程概论、工程制图与 CAD、工程测量实训、房产与地籍测量实训	可从事测绘现场组织、管理工作，也可从事地政地籍管理、建设用地管理、土地利用管理、土地监察、城乡建设、土地评估、土地储备、矿产管理、土地资源信息化管理等工作，还可从事基础地理信息采集、处理、分析和应用、系统维护工作，或从事土地的开发、房地产估价与经营管理、房地籍管理等工作	山西水利职业技术学院、江西应用技术职业学院、山东农业工程学院、湖北国土资源职业学院
矿山测量	培养掌握数字测绘技术，能进行地理空间信息采集、处理和应用工作的高级技术应用型专门人才	数字化测图技术、控制测量与 GPS 测量技术、地理信息系统应用技术、空间数据误差处理方法、地图制图、数字摄影测量、数据结构与数据库、CAD 技术与计算机图形学	可在测绘、地矿、煤炭、水利水电、城建、交通、房产、土地资源利用等部门从事地理空间信息基础数据库的建设、更新、管理及数字测绘工作	山西煤炭管理干部学院、黑龙江煤炭职业技术学院、大同煤炭职业技术学院、兰州资源环境职业技术学院、重庆工程职业技术学院、云南能源职业技术学院
测绘与地质工程技术	培养掌握测绘技术与测量仪器的使用、维护的基本知识，能够对野外测量数据进行分析处理，能测绘各种大比例尺地形图，能从事测量工作的高等应用型专门人才	土建工程、地形测绘、数字化测图、遥感技术、地籍测量、航空摄影测量、控制测量、GPS 定位技术、工程测量	可在地质勘查单位、水利建设系统、城市土地管理局、城市建设规划局等从事数字测绘、航测、数字成图、工程测量、矿山测量、土地规划、城市规划等工作	吉林电子信息职业技术学院、湖南安全技术职业学院
导航与位置服务	培养能从事导航装备与通信装备使用、维修、监造、管理工作的高级工程技术人才和导航通信分队作战指挥、组织训练和日常管理的初级指挥军官	电路分析基础、信号与系统、信息处理、空军通信组织与管理、通信网技术与管理、无线电导航原理与系统、仪表与微波着陆设备、塔康地面信标	可从事测绘和地理信息工程技术人员、地理信息服务人员的工作	云南国土资源职业学院、上海交通大学电子信息与电气工程学院

续表

专业	教育目标	课程设置	就业发展方向	专业优势院校
地图制图与数字传播技术	培养掌握地图学、地理信息系统、计算机类专业的基础理论、知识和技能，熟悉地理信息数据采集、信息数据输入与编辑、专题制图及“3S”集成，了解本专业的最新发展动态，具有一定的实践能力和适应能力，德、智、体、美、劳全面发展，能够胜任各行业涉及信息技术的领域和与地理信息系统有关的应用、技术开发、生产管理、行政管理及信息管理等岗位工作要求的应用型人才	经济地理学、自然地理学、城市规划原理、地图学、测量学、遥感概论、地理信息系统、计算机地图制图、全球定位系统、数字图像处理、GIS设计应用、面向对象程序设计、网络地理信息系统、数据库技术	可在各级信息中心及国土、规划设计单位或地理信息公司从事信息生产及专业图件的编绘等工作，也可从事测绘、遥感信息编辑等工作	江西信息应用职业技术学院、黑龙江信息技术职业学院
地理国情监测技术	培养具有扎实的基础理论知识、现代测绘技术、人文社会科学调查技术，具有地理国情动态获取、集成处理、综合分析和评估等能力的交叉复合型专门人才	全球卫星导航定位技术(GPS)、航空航天遥感技术(RS)、地理信息系统技术(GIS)	可从事测绘和地理信息工程技术人员、测绘服务人员、地理信息服务人员的工作	大连科技学院、陕西财经职业技术学院、滁州学院
国土测绘与规划	培养具备地面测量、海洋测量、空间测量、摄影测量与遥感以及地图编制等方面的知识，能在国民经济各部门从事国家基础测绘建设、陆海空运载工具导航与管理、城市和工程建设、矿产资源勘察与开发、国土资源调查与管理等工作的专门人才	矿山测量学、测量学、误差理论与测量平差、大地控制测量学、摄影测量学、数字图像处理、遥感原理与应用、地图投影、计算机制图、地理信息系统原理	可从事建筑工程技术人员、测绘和地理信息工程技术人员、测绘服务人员、地理信息服务人员的工作	辽宁地质工程职业学院、江西环境工程职业学院

第四节　石油与天然气类

专业	教育目标	课程设置	就业发展方向	专业优势院校
钻井技术	培养能从事石油与天然气钻井工程设计、施工及组织管理等方面工作的高级技术应用型专门人才	理论力学、材料力学、流体力学、机械设计基础、计算机程序设计、钻井机械、钻井工程、海洋钻井、试油工程、钻井仪表及自动化、油气层保护技术	可从事石油和天然气开采与储运人员、地质勘查人员的工作	天津石油职业技术学院、重庆科技学院、辽河石油职业技术学院、渤海石油职业学院

续表

专业	教育目标	课程设置	就业发展方向	专业优势院校
油气开采技术	培养能从事油气田的开发与开采、施工与设计、生产组织管理等方面工作的高级技术应用型专门人才	机械设计基础、计算机程序设计、油层物理、渗流力学、油藏工程、采油工程、采气工程	可在油气田、地方石油与天然气公司的油气开采工程技术部门、城市燃气部门从事输配工作和相关的管理工作	重庆科技学院、克拉玛依职业技术学院、渤海石油职业学院、天津石油职业技术学院、辽河石油职业技术学院、延安职业技术学院
油气储运技术	培养能从事石油及天然气(包括成品油和城市燃气)的集输、储运方面工作的高级技术应用型专门人才	工程力学、计算机程序设计、泵与压缩机、仪表与自动化、油气集输工程、油气管输工艺、金属腐蚀与防腐、城市燃气输配	可在油气田、管道局、天然气公司和交通运输等部门从事油气矿场集输处理、油气管道输送、油品储存、城市燃气输配等工作，还可胜任油气产品的营销工作和油气集输工艺研究工作	重庆能源职业学院、河北石油职业技术学院、渤海石油职业学院、天津石油职业技术学院、辽宁石化职业技术学院
油气地质勘探技术	培养掌握油气地质与勘查技术，能从事油气勘查、生产和管理等方面工作的高级技术应用型专门人才	地质学基础、重质量油化学、油气层序地层学、构造地质学、油气田勘探、遥感基础与应用、石油地质、石油重磁电法勘探、油气田开发及综合利用、油气田管理与评价	可从事油气钻井的地质录井、油气藏开发地质分析、物探及测井地质解释工作，也可在科研院所、高校的地质实验分析等部门从事技术及管理工作	天津石油职业技术学院、渤海石油职业学院、大庆职业学院、湖北科技职业学院
油田化学应用技术	培养能从事油田化学剂的配制工作，能从事钻井和采油方面的化学技术应用、工艺和管理工作的高级工程技术应用型专门人才	有机化学、物理化学、分析化学、高分子化学、钻井泥浆工艺原理、油田化学	可在油气田化学技术和管理部门工作	克拉玛依职业技术学院、辽河石油职业技术学院、延安职业技术学院、山东胜利职业学院
石油工程技术	培养掌握工程基础理论和石油工程专业知识，能在石油工程领域从事油气钻井工程、采油工程、油藏工程、储层评价等方面的工程设计、工程施工与管理、应用研究与科技开发等工作，获得过石油工程师基本训练的高级专门技术人才	技术经济学、油气田开发地质、工程力学、计算机程序设计、流体力学、渗流力学、钻井工程、采油工程、油藏工程、油田化学、钻采新技术	可在钻井公司、泥浆公司及其他钻井服务公司从事泥浆配置、检测与维护等工作	天津石油职业技术学院、大庆职业学院、承德石油高等专科学校、天津工程职业技术学院、湖北科技职业学院、濮阳职业技术学院

第五节　煤炭类

专业	教育目标	课程设置	就业发展方向	专业优势院校
煤矿开采技术	培养能从事煤矿生产管理、采矿工程与生产设计、技术管理和安全管理工作的高级技术应用型人才	煤矿地质学、岩石力学、煤矿开采学、机械制图、井巷工程、矿井通风与安全、现代企业管理、采掘机械、矿山电工、矿井运输与提升、计算机技术基础、计算机绘图、金工实习、认识实习、生产实习、井巷课程设计、通风课程设计、煤课程设计	可在煤矿工程技术部门工作	山西煤炭职业技术学院、辽源职业技术学院、淮南职业技术学院、江西工业工程职业技术学院
矿井建设	培养能从事井巷施工、建井施工的技术与组织管理以及一般矿井建设工程设计工作的高级技术应用型人才	矿山规划与设计、矿井建设工程、岩石力学、爆破工程、井巷特殊施工、城市地下空间工程、土木工程地质、工程测量、土木工程制图、工程经济学、土木工程材料、钢筋混凝土与钢结构设计原理	可在煤矿企业、金属矿企业、隧道工程企业、城市地下空间工程企业、岩土工程企业、人防工程企业、煤矿工程技术部门工作	山西煤炭职业技术学院、江苏建筑职业技术学院、陕西能源职业技术学院、兰州资源环境职业技术学院、淮南职业技术学院
矿山机电技术	培养能从事煤矿机电设备设计选型、安装、运行、维护、检修及管理工作的高级技术应用型人才	矿山供电、矿山机械、采掘机械、电机学与电机拖动、矿山机电设备控制、矿山电气安全、机电一体化设备、电力电子技术、电工基础、机械制图、流体力学与流体机械、液压传动、金工实习、电子工艺训练、机械测绘、矿山机械设备调试及维修、矿山设备电气控制课程设计、电子技术课程设计	可在矿山企业、矿山设备制造厂、矿山设备维修厂等工程技术部门工作	河北能源职业技术学院、山西机电职业技术学院、内蒙古机电职业技术学院、包头钢铁职业技术学院
矿井通风与安全	培养德、智、体全面发展，掌握通风安全技术与管理专业知识和主要技能，适应现代采矿生产、建设、管理工作需要的高等技术应用型专门人才	通风安全与开采概论、煤矿地质、流体力学、CAD、煤矿电工学、矿图、煤矿开拓开采、矿井通风、通风安全监测技术、瓦斯矿尘灾害及其防治、矿井火灾及其防治、矿山救护与事故统计分析、工业企业管理、煤矿区队管理	可从事矿山通风、安全技术与管理工作	山西煤炭职业技术学院、黑龙江煤炭职业技术学院、江苏建筑职业技术学院、安徽矿业职业技术学院、河南工业和信息化职业学院

续表

专业	教育目标	课程设置	就业发展方向	专业优势院校
综合机械化采煤	培养适应我国煤炭行业发展，掌握本专业必需的文化基础知识和专业知识，具备综合职业技能，能从事煤矿生产管理、采矿工程与生产设计、技术管理和安全管理等方面工作的高素质技能型人才	煤矿开采技术、机械基础、煤矿电工学、机械制图、采煤概论、综采电气、液压支架与泵站、采煤机、综采工艺、煤矿安全、掘进工程、采掘运机械、采掘司机、瓦斯防治技术、煤矿机械维护与修理	可就职于国家机关行业监管部门、煤炭基本建设和生产经营企业、煤炭科研机构、煤炭设计院、中介服务机构以及非煤矿山等企业或事业单位	内蒙古科技大学
选煤技术	培养能从事煤炭分选工艺、生产管理、煤质检验相关机电设备维护管理及应用开发工作的高级技术应用型专门人才	高等数学、大学英语、计算机文化基础、无机化学及实验、有机化学及实验、分析化学及实验、物理化学及实验、化工原理、试验设计、大学物理、化工制图与CAD、煤化学及实验、选矿应用力学、选煤厂流体机械、选煤实验技术、电工与电子技术、固液分离技术、浮选、煤化工工艺学概论、磁选	可从事煤炭加工企业的生产、建设、管理、服务工作以及选煤生产、技术和管理岗位的工作	山西煤炭职业技术学院、安徽矿业职业技术学院、陕西能源职业技术学院、辽源职业技术学院、大同煤炭职业技术学院、鄂尔多斯职业学院
煤炭深加工与利用	培养掌握本专业技术人员所必需的基本知识、理论和技能，具有运用所学知识分析和解决实际问题的能力，具有一定的自学能力、获取信息的能力、初步的经营管理和组织管理的能力，具有较高素质和较强的生产实践能力，适应煤炭深加工生产、实践操作及生产技术管理第一线工作需要的全面发展的高等技术应用型专门人才	化工专业英语、计算机应用基础、分析化学、有机化学、无机化学、物理化学、化工原理、化工工艺、化工 AutoCAD、煤化学、洁净煤技术、煤炭气化工艺、煤炭洗选技术、炼焦工艺、炼焦化学产品回收与加工、化工机械及设备、化工仪表及自动化、煤化工环保与安全、水煤浆技术	可在煤炭综合利用行业从事煤质分析、工业分析、洗选、炼焦、煤气化、煤液化、煤化工安全及环保等工艺操作与技术管理的工作	山西煤炭职业技术学院、内蒙古化工职业学院、黑龙江煤炭职业技术学院、安徽矿业职业技术学院、山东理工职业学院、云南能源职业技术学院

续表

专业	教育目标	课程设置	就业发展方向	专业优势院校
煤化分析与检验	培养适应生产、建设、管理、服务第一线需要，能从事煤化工生产与管理、分析与检验等相关工作的高素质适用型人才	普通化学、无机化学、有机化学、分析化学、物理化学、煤化学、采样原理、煤化分析与检验、炼焦工艺及化产回收，计算机、环境保护、煤炭综合利用	可在煤炭生产与销售、焦化制气、洗选、液化、煤质化验分析等行业及部门从事煤化工生产与技术管理工作及原煤、商品煤、焦化产品的检测与化验分析工作，也可从事大气污染、水体污染、废渣治理和预防等环境保护方面的相关工作	山西煤炭职业技术学院、内蒙古化工职业学院、鄂尔多斯职业学院
煤层气采输技术	培养掌握煤层气抽采基本理论知识及工艺技术，具有煤层气抽采方面的操作施工技能，能从事地面与井下煤层气的抽采设计、施工、生产组织与管理等工作的高技能人才	工程制图及CAD、渗体力学、电工技术、普通地质、煤层气地质、煤矿开采与掘进、煤层气钻井技术、生产测井技术、煤层气固井与完井技术、煤层气排采技术、矿井通风与安全、矿井煤层气抽采技术、地质设计、地面煤层气抽采课程设计、矿井煤层气抽采课程设计	可在煤层气地面开发企业和煤矿井下瓦斯抽放部门及相关技术管理部门工作	渤海石油职业学院、晋城职业技术学院、山西煤炭职业技术学院、重庆工程职业技术学院
矿井运输与提升	培养具备本专业的基本知识和技能，并考取相应职业资格证书，能从事矿山运输提升设备的安装、运行、检修、管理及运输提升系统设计工作的高素质、高技能专门人才	机械制图与CAD、工程力学、液压传动、金属工艺学、机械设计基础、公差配合与测量、矿井供电技术、电工电子技术、电气设备控制与PLC、单片机应用技术、矿井运输设备、矿井提升设备、矿井提运设备控制、电力电子技术、机械设备修理安装、采煤概论、技能训练、课程设计	可在煤矿企业的矿井运输与提升技术及管理部门工作	山西煤炭职业技术学院、辽源职业技术学院、重庆安全技术职业学院

第六节　金属与非金属矿类

专业	教育目标	课程设置	就业发展方向	专业优势院校
金属与非金属矿开采技术	培养能从事金属、非金属矿的开采和生产工艺设计及生产技术管理工作的高级应用型人才	地质学、岩石力学、非金属矿开采、爆破工程、矿井通风与安全、机械制图、矿山运输与提升、矿山企业管理、计算机应用、金工实习、认识实习、生产实习、毕业实习、非金属开采、课程设计、矿井通风课程设计	可在金属、非金属矿工程技术部门工作	辽宁冶金职业技术学院、江西冶金职业技术学院、湖南有色金属职业技术学、贵阳职业技术学院
矿物加工技术	培养能从事矿物分选和矿物材料、矿物资源以及相关机电设备运行维护工作的高级技术应用型专门人才	工业电器控制、机械原理及零件、重力选矿、浮游选矿、选矿厂生产管理、选矿厂设计、矿物加工机械、矿物质量分析、实验设计、非金属材料学、固体废弃物的处理及资源化、固液分离	可在选矿、选煤、矿物材料等领域的技术与管理部门工作，也可在固体废弃物处理厂、环保部门和矿物质检验部门工作	黑龙江煤炭职业技术学院、安徽工业职业技术学院、江西冶金职业技术学院、武汉工程职业技术学院、四川机电职业技术学院
矿业装备维护技术	培养具备化学工程、机械工程、控制工程和管理工程等方面的知识，能在化工、石油、能源、轻工、环保、医药、食品、机械及劳动安全等部门从事工程设计、技术开发、生产技术、经营管理以及工程科学研究等方面工作的高级工程技术人才	化学、物理、物理化学、化工计算、化工原理、工程热力学、流体力学、粉体力学、工程力学、机械设计、计算机应用技术、计算机控制技术、化工装置设计、控制与管理技术	可就职为建筑安装施工人员、矿山工程技术人员、机械工程技术人员	兰州资源环境职业技术学院

第七节　气象类

专业	教育目标	课程设置	就业发展方向	专业优势院校
大气科学技术	培养具有良好的科学素养、较好的数理基础和大气科学基础，能从事基层气象台站天气预报和气象服务工作的高级技术应用型专门人才	气候学概论、动力气象学、天气学概论、大气科学基础、天气分析与预报、气象统计、数值天气预报、卫星云图分析与应用	可在气象、环保、民航、海洋、资源开发利用、国防军事等部门从事相关的气象预报和气象服务工作	兰州资源环境职业技术学院

续表

专业	教育目标	课程设置	就业发展方向	专业优势院校
大气探测技术	培养具有良好的科学素养、较好的数理基础和大气科学知识基础，能从事基层气象台的大气探测、新技术应用和气象服务工作的高级技术应用型专门人才	气候学概论、天气学概论、天气分析与预报、大气探测原理、卫星与雷达气象学、遥测自动站、气象仪器检修	可从事气象、环保、民航、海洋、资源开发行业的工作	江西应用技术职业学院、江西信息应用职业技术学院、兰州资源环境职业技术学院
应用气象技术	培养具备气象信息服务系统运用、气象资源开发与利用、气象技术应用、气象防灾减灾技术应用基本能力的高级技术应用型专门人才	人工影响天气基础、气象服务方法、应用气象学、生物气象学、气象经济学、大气污染概论、遥感技术及应用、气象技术应用	可在气象、农业、林业、环境、资源、航空等部门工作	江西应用技术职业学院、江西信息应用职业技术学院、兰州资源环境职业技术学院
防雷技术	培养具有良好的科学素养、较好的气象知识和雷电防护知识，能从事现代雷电防护工作的高级技术应用型专门人才	雷电学原理、防雷规范与法规、建筑防雷工程设计与施工、防雷装置检测与工程验收、工程定额预算、信号系统防雷、计算机机房防雷、计算机CAD辅助设计、雷电灾害预警	可在气象局、雷电防护公司及供电、通信、大型厂矿企业或航空航天部门从事雷电防护工作	保定电力职业技术学院、江西应用技术职业学院、兰州资源环境职业技术学院、江西信息应用职业技术学院

第八节　环境保护类

专业	教育目标	课程设置	就业发展方向	专业优势院校
环境监测与控制技术	培养掌握环境监测与治理技术，能从事城市及工矿企业环境保护与污染治理工作的高级技术应用型专门人才	分析化学、有机污染化学、化工原理、环境微生物学、水处理仪表与自动控制、大气污染控制、固体废弃物处理、工业废水处理、环境管理、环境评价与规划、水污染控制实验	可在化工、石化、轻工、园艺及政府环保部门从事污染治理、环境监测及环境管理等工作	黑龙江生态工程职业学院、长沙环境保护职业技术学院、内蒙古化工职业学院、广东环境保护工程职业学、河南工业职业技术学院
农村环境保护	培养能够在乡镇企业、政府和教育科研机构从事与环境保护有关的技术、管理、教育和科研工作的专门人才	思想道德修养与法律基础、毛泽东思想、邓小平理论和“三个代表”重要思想概论、环境科学概论、环境经济学、环境与资源保护法学、管理学基础、环境生态学、环境质量评价、环境保护、环境监测(二)	可在环境工程公司、环境监测部门、工矿企业、设计单位或部门从事环境工程设计、施工管理、环保项目运行管理、环境监测等基础性、技术性工作	苏州农业职业技术学院、兰州职业技术学院

续表

专业	教育目标	课程设置	就业发展方向	专业优势院校
室内环境检测与控制技术	培养掌握室内检测必需的基础知识和操作技能,能从事室内环境设计、检测、控制、评价等工作的高级技术应用型专门人才	基础化学、生物化学基础、现代仪器分析、环境生物学基础、室内污染物化、放射性检测与实验、建筑及装饰材料检测、室内环境质量标准与评价、室内空气污染控制	可从事公共场所与家庭室内环境的检测、评价、控制及设计等工作	江苏城市职业学院、长沙环境保护职业技术学院、深圳信息职业技术学院、广东环境保护工程职业学院
环境工程技术	培养具有扎实的环境污染预防与治理基本理论,掌握废水、废气、固体废物和噪声等污染物的控制技术,具备环境工程基本设计及污染治理设施的运营、管理、操作能力,可进行环保项目的施工与管理,具有一定的实践和创新能力,适应环境保护一线工作需要的高等技术、管理和技能应用型人才	识图与制图基础、化工原理、电子电工技术、基础化学、分析化学、工程制图与 CAD、水污染控制工程、大气污染控制工程、固体废物处理与利用、噪声污染控制、环境工程微生物学、环境土建工程、环境监测、输配水工程、工程概预算、工业行业废水处理、环境综合实验、清洁生产、环境工程设计、工程施工与项目管理、工业安全工程、环境工程自动化与仪器仪表、污染治理设施运营与管理	可在环境保护局、环境保护研究院(所)、城市公用事业部门、环保设计院(所)、环境工程公司、厂矿企业、固体废弃物处理与资源化等环保行业及相关企业从事环境管理、规划、监测工作及环境工程设计和运营、建设工程项目施工与管理、厂矿企业环保设施运行管理等与环境工程技术相关的工作	中国环境管理干部学院、江西环境工程职业学院、江苏城市职业学院、长沙环境保护职业技术学院、贵州轻工职业技术学院
环境信息技术	培养热爱祖国,德、智、体、美全面发展,具有良好的职业素质和较高的职业能力,对相关的环境信息处理方法有一定了解,能胜任环境信息技术与环境信息统计分析技术工作要求的高素质应用型专门人才	环境保护基础、环境管理、环境经济、环境法律、环境监测概论、环境自动监测设备与运营、环境数据处理、环境统计与统计软件、环境地理信息系统、Windows 程序设计、数据库系统、网页制作、WEB 程序设计、信息系统分析与设计	可在环保行业及其他企业或事业单位从事环境信息的收集、统计、处理、分析等工作,也可从事环境数据处理信息系统的开发、应用管理及维护工作,或从事数据库系统、局域网的集成、管理和维护等工作	中国环境管理干部学院、江西环境工程职业学院、合肥信息技术职业学院、长沙环境保护职业技术学院、长春信息技术职业学院
核与辐射检测防护技术	培养能够从事核辐射防护与安全、军控核查、监造和研究工作的技术人才	普通化学、分析化学、环境保护概论、环境监测概论、核物理导论、核电子学、放射性化学、辐射监测技术、辐射安全防护技术、核工业环境保护、核安全法规与标准、核辐射环境评价	可在各级环境保护机构及核工业、医卫、化工等部门从事核辐射监测分析、防护和管理工作	长沙环境保护职业技术学院

续表

专业	教育目标	课程设置	就业发展方向	专业优势院校
环境规划与管理	培养能从事环境治理工程设计、城乡环境管理与规划、水资源开发利用与保护、国土资源管理等方面工作的高级管理人才	生态学、自然环境概论、环境工程、污染源控制、环境经济学、环境系统工程、环境监测管理、土地规划与管理、环境预测与决策、环境规划、环境质量评价、环境法、水气固液污染量控制工程、废弃物处置与资源化	可从事环境保护工程技术人员、环境监测服务人员的工作	广东环境保护工程职业学院、中国环境管理干部学院、长沙环境保护职业技术学院、贵阳职业技术学院
环境评价与咨询服务	培养掌握环境监测必需的基础知识和技能，能从事环境监测与环境现状评价和管理工作的高级技术应用型专门人才	环境影响评价、环境监理	可从事环境保护工程技术人员、环境监测服务人员的工作	天津现代职业技术学院、广东职业技术学院、贵州工业职业技术学院
污染修复与生态工程技术	培养具备城市和现代工业环境保护方面的水、气、声、固体废物的污染防治、环境规划、资源保护、环境影响评价等方面的基础知识，能够在环保部门、工矿企业、科研单位、火力发电厂等从事规划、设计、管理和研究开发工作的高级应用型人才	土壤污染治理与修复技术、地下水污染治理与修复技术	可从事环境保护工程技术人员、环境治理服务人员的工作	广东环境保护工程职业学院、湖北生态工程职业技术学院
清洁生产与减排技术	培养具有科学发展观，能系统掌握环境保护和污染减排的基本理论、知识和政策法规，掌握水、气、声、固废等污染物的防治和监测技能，具备环境工程基本设计和运营管理的能力，适应环保第一线工作需要的高素质技能型人才	水污染控制技术、大气污染控制技术、环境监测、清洁生产、固体废弃物处理及利用、环境影响评价、环保设施及运营管理、环境管理	可在各级环保局、环境监测站、环境监察机构以及环保科研所、环保工程公司、污水处理厂、环保设备厂、乡镇机关、企业等单位工作	长沙环境保护职业技术学院
资源综合利用与管理技术	培养能在再生资源领域从事生产和管理的高级技术工程人才	物理化学、分析化学、材料科学导论、材料制备科学、环境材料、环境工程概论、再生资源工艺和设备、废弃物资源化工程原理、模具设计、复合材料学、企业管理	可供职于政府的环保、土地、城建部门，或在设计、环评企业工作	广东环境保护工程职业学院

第九节　安全类

专业	教育目标	课程设置	就业发展方向	专业优势院校
安全健康与环保	培养能从事安全技术及工程、安全科学与研究、安全监察与管理、安全健康环境检测与监测、安全设计与生产、安全教育与培训等方面工作的复合型高级工程技术人才	安全检测技术、特种设备安全检测、化工机械与设备、锅炉压力容器安全技术、电气安全技术、防火防爆技术、安全管理、安全系统工程、安全人机工程、工业通风与防尘、工业防毒技术、物理因素危害与控制、环保技术与设备、消防工程与设计、环境评价	可从事环境保护工程技术人员、安全工程技术人员、环境监测服务人员、化工工程技术人员的工作	镇江高等专科学校
化工安全技术	培养能在石油、化工、环保、食品、制药等企业或事业单位从事化工安全设计、化工安全监察与管理工作，能参与化工产品生产管理工作的高级应用型技术人才	化工工艺安全管理、化工设备安全技术、现代企业管理、安全管理、基础化学、化工基础、DCS仿真操作、化工工艺基础、化工安全设计、计算机文化基础	可在油、化工、环保、食品、制药、科研等企业或事业单位从事化工安全设计、化工安全监察与安全管理等技术工作	重庆安全技术职业学院、湖南安全技术职业学院
救援技术	培养掌握救援技术专业必需的基础理论知识和基本技能，能从事城市救援、消防工程技术与管理、救援指挥等工作的高级技术应用型专门人才	工程力学基础、化工技术基础、消防燃烧学、建筑技术基础、消防技术与设备、消防法规、消防监督管理、灭火技术与战术	可在城市管理、消防部门从事城市救援指挥、消防工程技术与管理工作	四川工业科技学院、重庆安全技术职业学院、淮南职业技术学院、周口职业技术学院
安全技术与管理	培养掌握安全技术管理必需的基础知识和基本技能，能从事安全设计、评价、监督与技术管理工作的高级技术应用型专门人才	可靠性理论、安全系统工程、安全人机工程、系统工程、防灾工程技术、工业卫生技术、机械与电气安全、环境检测技术、安全信息与微机管理、噪声与振动设计、通风与防尘工程	可在矿业、建筑、石油、化工、电力、城建、民航、交通、保险等行业和政府部门从事安全设计、安全评价和安全技术管理工作	广东机电职业技术学院、广西大学、现代管理大学、金华职业技术学院、东莞理工学院、湖南工学院、湖南安全技术职业学院、天津工程职业技术学院、天津渤海职业技术学院、北京工业职业技术学院、福建船政交通职业学院、福州大学

续表

专业	教育目标	课程设置	就业发展方向	专业优势院校
工程安全评价与监理	培养具有与建筑专业岗位群相适应的能力，能从事工程项目的安全评价、工程监理、项目管理、工程咨询与工程施工、安全管理等工作的高素质技术技能型人才	工程制图与CAD、建设工程法律法规、建筑工程施工技术、工程材料与检测、安装工程施工技术、建设工程项目管理、安全系统工程、工程计量与造价、招投标与合同管理、工程项目安全评价技术、建设工程安全生产管理、建设工程监理	可在建筑业及房地产业、交通水利、电力、矿山工程、安全评价机构等就业，初始的就业岗位群主要是班组安全员、安全评价员、材料管理员、工程建设及施工安全管理员、工程建设监理员等，发展岗位群主要是安全评价师与监理工程师等	北京工业职业技术学院、湖南安全技术职业学院、重庆安全技术职业学院
安全生产监测监控	培养掌握电子监控设备的开发设计、安装调试、工程设计、系统维护等技能，能从事安全监测与监控、管理、指挥、调度工作及安防系统工程的设计、施工、监管与维护工作的高素质技术技能型人才	AutoCAD工程制图、单片机原理与应用、通信网络与综合布线技术、传感器应用技术、电视原理与检修、监控设备原理与检修、安全监测与监控技术、安全防范工程	可到政府机关、安监管理部门、银行及交通、厂矿行业从事安全监测、监控、管理、指挥、调度、工程设计、施工监理以及安防设备的安装、调试与维护等工作	湖南安全技术职业学院
职业卫生技术与管理	培养能从事卫生管理技术工作的中等技术人才	医用生物学、学习细胞结构、基因复制、蛋白质转录、遗传病、基础医学院学习	可在各级医疗卫生机构、计划生育机构以及卫生行政管理部门的管理岗位工作	苏州卫生职业技术学院、广西卫生职业技术学院

第十六章　能源动力与材料大类

第一节　电力技术类

专业	教育目标	课程设置	就业发展方向	专业优势院校
发电厂及电力系统	培养能在发电厂及电力系统从事安装、运行、检修、测试及管理工作的高级技术应用型专门人才	电路基础、电机学、电子技术基础、微机原理及应用、电力系统分析、发电厂电气设备、电力系统继电保护、自动装置、高电压技术	可从事电力工程技术人员及电力、热力生产和供应人员的工作，或建筑安装施工人员、机械设备修理人员的工作	山西电力职业技术学院、重庆工贸职业技术学院、重庆水利电力职业技术学院、广西电力职业技术学院、湖南水利水电职业技术学院、长沙电力职业技术学院
供用电技术	培养能从事供电管理、用电监察工作及电力网、变配电站电气设备的运行、监测、检修及管理工作的高级技术应用型专门人才	电路基础、电机与拖动、电子技术基础、供变电工程（工厂供电）、电气控制技术、工业用电设备、电能计量、用电管理与监察、电气设备绝缘试验	可从事电力工程技术人员、电力及热力生产和供应人员、电力供应服务人员的工作	重庆电力高等专科学校、河南机电高等专科学校、西安电力高等专科学校、郑州电力高等专科学校、吉林电子信息职业技术学院、哈尔滨电力职业技术学院、常州机电职业技术学院
电力系统自动化技术	培养掌握电力系统电气部分的基础知识和基本技能，具有从事电力系统的电气设计、检修、安装、调试、维护及管理工作能力的高级技术应用型专门人才	电工电子技术、电机学、电气设备、电力系统分析、电力系统继电保护、高电压技术、电气二次回路、电力系统自动装置、电气运行、变电站综合自动化、发电厂计算机控制、金工实习、课程设计、模拟电厂运行操作、保护装置测试及机组调试	可从事电力系统设备的运行、维护与管理工作或用电监测与管理的工作	四川水利职业技术学院、广西电力职业技术学院、长沙电力职业技术学院、湖南水利水电职业技术学院、三峡电力职业学院、山东工业职业学院
高压输配电线路施工运行与维护	培养能从事电力系统高压输电线路设计、施工、运行、检修、维护以及变电设施安装和测试等方面工作的高级技术应用型专门人才	电路基础、电工学、高电压试验技术、电力工程、过电压及其防护、电缆设计原理、高压电器、配电设备、输配电线路基础、输配电线路施工、输配电线路运行与检测、安全技术知识	可在发电厂、供电公司、工矿企业、电力工程施工等部门，从事高压输电线路的设计施工、运行与维护管理、变电站设计与运行管理、工厂电气技术及其相关的技术和管理工作	三峡电力职业学院、三峡大学科技学院、福建水利电力职业技术学院、长沙电力职业技术学院、四川水利职业技术学院、保定电力职业技术学院、广西现代职业技术学院

续表

专业	教育目标	课程设置	就业发展方向	专业优势院校
电力系统继电保护与自动化技术	培养具有与本专业相适应的文化科学知识和专业理论知识，具备综合职业技术应用能力，具有在电力系统及工矿企业或事业单位从事继电保护电气自动装置及二次回路的运行、检修、维护、设计、安装、调试等技术和管理工作的高素质技能型人才	电路基础、电机学、电子技术基础、微机原理及应用、电力系统故障分析、电力系统继电保护、微机保护、自动装置、二次回路、测试技术	可在中小型水力发电厂、各级电力公司和供电局、工矿单位从事继电保护及电气自动装置及二次回路的运行、检修、维护、设计、安装、调试等技术和管理方面的工作	福建水利电力职业技术学院、江西电力职业技术学院、山西电力职业技术学院、山东电力高等专科学校、沈阳工程学院、三峡电力职业学院、郑州电力高等专科学校、郑州电力职业技术学院、许昌电气职业学院、酒泉职业技术学院、兰州资源环境职业技术学院、西安电力高等专科学校、广西电力职业技术学院、广西水利电力职业技术学院、广东水利电力职业技术学院、哈尔滨电力职业技术学院、四川电力职业技术学院、重庆电力高等专科学校、重庆水利电力职业技术学院
水电站机电设备与自动化	培养掌握机电设备的运行管理、安装检修、调试维护、产品销售和技术服务的基本理论和专业技能，在水利机电及自动化设备的选型配套、安装检修和运行管理等方面具有较强实践能力的高等技术应用型人才	计算机应用基础、机械制图、机械基础、单片机原理及应用、电气工程 CAD、PLC 原理及应用、电工基础及测量、电子技术、电机原理与维修、电气设备、水轮机与水电站、水轮机调节及辅助设备、继电保护与二次回路、水电站自动化、水电站计算机监控技术	可在水力发电厂、火电厂、厂矿企业等单位工作	湖北水利水电职业技术学院、江西电力职业技术学院
电网监控技术	培养能从事电网调度自动化系统的安装、调试、运行、维护、管理工作的高级技术应用型专门人才	办公应用、Internet 技术、微机原理及接口技术、计算机网络技术、多媒体技术、发电厂变电站二次回路、配电线路技术、发电厂与变电站设备、电力系统通信技术、电力系统继电保护、变电运行、电力调度与通信、线路运行、营业用电、通信基础及现代通信技术、电力系统分析及经济运行	可在发电厂、电力建设公司、大中型工矿企业、电力设计院和调试所等单位工作，也可成为电力自动化设备制造企业需要的监控专业技术人员、智能电网发展需要的专业技术人员、其他部门需要的相关技术人员	江西电力职业技术学院

续表

专业	教育目标	课程设置	就业发展方向	专业优势院校
电力客户服务与管理	培养能从事各级供电公司、电力公司的电力客户服务及相关工作，如扩报装、用电检查、电能计量、抄表核算收费、电力负荷控制工作的客户服务中心人员及大中型企业或事业单位的电力管理工作人才	电工学、电力系统基础、工业用电、经济法规与电力法规、电力市场基础、电能计量、用电检查、安全用电、用电业务管理、配电线路施工管理、电力营销信息管理系统、电力客户服务、公关礼仪、普通话、职业技能培训	可在供电公司、电力公司从事电力客户服务工作，工作内容包括扩报装、用电检查、电能计量、抄表核算收费、电力负荷控制等	江西电力职业技术学院、安徽电气工程职业技术学院
水电站与电力网	培养从能事小型水电站及电网电气设施的安装、测试、检修及运行管理工作的高级技应用型专门人才	电路基础、电机学、电子技术基础、水力学及水能应用、水轮机及辅助设备、水电站电气技术、电力网及电力系统、继电保护及二次线、微机原理及应用	可在中小型水电站、供电部门、配电站从事电气设施运行、安装、检修、技术管理等工作	重庆电力高等专科学校、四川电力职业技术学院、江西电力职业技术学院、广西电力职业技术学院、三峡电力职业学院、长春工程学院、黄河水利职业技术学院、福建水利电力职业技术学院、云南能源职业技术学院
电源变换技术与应用	培养与我国社会主义现代化建设要求相适应，德、智、体、美全面发展，具有综合职业能力，能在生产、服务一线工作的高素质劳动者和技能型人才	太阳能、风能电源系统应用、电动汽车充电设备应用	可就职为电力、热力生产和供应人员或电子工程技术人员、电气工程技术人员	南京信息职业技术学院、四川工程职业技术学院、广东工程职业技术学院
农业电气化技术	培养具备电力系统及其自动化、生产过程电气自动化及与应用电子信息技术有关的分析计算、工程设计使用维护、生产管理的基本理论和基本知识，能在与农业、农村有关的地方电力系统、用电管理部门、电子信息产业的技术发展部门从事相关的技术设计、经营管理、教学科研等工作的高级工程技术人才	电路理论、模拟与数字电子电路、电机学、信号与系统、传感器与检测技术基础、自控理论与系统、电力系统工程、计算机原理及应用、计算机控制技术、计算机网络技术、农业工程导论、农业应用电子技术与自动化	可在农业机械设计、机械化生产管理及服务部门从事农业机械及相关装备性能设计、农业机械化规划与管理、教学与科研、营销与服务等工作	福建电力职业技术学院、甘肃畜牧工程职业技术学院、武威职业学院、山西电力职业技术学院
分布式发电与微电网技术	培养具备一定的理论基础与基本技能，能在可再生能源和清洁能源的开发和利用、电网等领域工作的高级技术应用型人才	太阳能发电技术利用、风力发电技术利用、储能与充放电技术、微网能量管理与运行控制	可就职为电力工程技术人员，电力、热力生产和供应人员，建筑安装施工人员，机械设备修理人员	湖南理工职业技术学院、南宁职业技术学院

第二节　热能与发电工程类

专业	教育目标	课程设置	就业发展方向	专业优势院校
电厂热能动力装置	培养具备热工检测与控制技术的理论与技能基础，能在电力建设、电力生产部门或工矿企业工作的高级工程技术应用型人才	工程热力学、传热学、工程流体力学、电厂锅炉、电厂汽轮机、热力发电厂、热力设备安装与检修、泵与风机、热工仪表及自动调节、企业管理、金工实习、火电厂认识实习、火电厂集控运行、热工过程自动控制技术、发电厂电气设备及运行、计算机控制技术、专业英语、新能源发电技术、热工检测技术、模拟动作技术、数字电子技术	可在大中型火力发电厂、核电厂、电力建设企业、电力修造企业、设备厂家、工矿企业自备电厂及有关试验院所从事电厂热能动力设备的运行、检修、安装等工作	山西电力职业技术学院、安徽电气工程职业技术学院、乌海职业技术学院、内蒙古机电职业技术学院、太原电力高等专科学校
城市热能应用技术	培养能从事城市燃气、热能供应系统的施工、运行、检修、管理等工作的高级技术应用型专门人才	工程力学、传热学、工程流体力学、燃气燃烧与应用、燃气检测、锅炉及其附属设备、仪表检测及自动控制、区域供热与供冷技术、热电联产及环境保护技术、能源管理自动化	可在城镇或区域供热、供气、供冷企业（中心）或具有中小型锅炉的单位从事燃气、热能供应系统的施工、设备运行、设备维护等工作	黑龙江职业学院、天津城市建设管理职业技术学院、山东轻工职业学院、重庆能源职业学院、内蒙古能源职业学院
核电站动力设备运行与维护	培养德、智、体、美全面发展，具有一定的理论基础，实践能力和动手能力强，能够在核电站从事设备的运行、安装、维修、调试和技术管理工作的高素质技能型专业人才	机械基础、热工基础、流体力学、泵与风机、热工仪表与测量、自控原理及系统、计算机控制技术、热工检测技术、反应堆物理基础、反应堆热热工水力学、核电站系统与设备、核电站汽轮机、电气设备及系统	可在核电站就职为运行值班员，负责核能发电机组的运行、事故处理、设备维护、检修调试等工作	安徽电气工程职业技术学院、重庆电力高等专科学校
火电厂集控运行	培养能在火电厂从事大型机组集控运行、控制、调节和技术管理等工作的高级技术应用型专门人才	热工基础、电工基础、电子技术基础、自动控制基础、锅炉设备及系统、汽轮机设备及系统、电气设备及系统、热工自动控制系统、计算机控制系统、火电厂集控运行	可在大型发电厂从事单元机组集控运行、调试、技术管理工作，或在中小型发电厂从事锅炉、汽轮机、电气设备的运行和技术管理等工作，还可在核电站与电力建设、集中供热、石油化工、冶金等行业中从事动力设备的安装、调试、运行和技术管理以及发电厂系统和设备的设计、技术支持等工作	长沙电力职业技术学院、保定电力职业技术学院、内蒙古工业职业学院、山西电力职业技术学院、安徽电气工程职业技术学院、乌海职业技术学院、太原电力高等专科学校

续表

专业	教育目标	课程设置	就业发展方向	专业优势院校
电厂化学与环保技术	培养能从事电厂化学、锅炉补给水处理、工业水净化、环境保护等领域的设计、施工、生产、建设、管理工作的第一线所需的高素质技能型专门人才	分析化学、电工电子技术、热工基础及流体机械、发电厂动力设备及系统、水汽分析实训、电厂水处理技术、废水处理及回用技术、金属腐蚀与防护、电厂燃料分析、电力用油分析、电厂化学仪表与水处理系统自动控制、脱硫设备及运行、电厂化学设备检修、电厂化学生产实习、水处理系统课程设计	可从事电厂化学、化水专工工作或化验员、化水工程师、值长、化学工程师、运行人员、化学专工、化水值班员、销售工程师的工作	重庆电力高等专科学校、西安电力高等专科学校、哈尔滨电力职业技术学院、山东电力高等专科学校、广西电力职业技术学院、山西电力职业技术学院
电厂热工自动化技术	培养具有扎实的基础知识、较强的工程实践能力与创新精神，具备电工技术、电子技术、控制理论、检测技术、信息处理、计算机技术与应用和火电厂集控运行等工程技术基础知识，能在火电厂从事热工过程控制、运动控制、电力电子技术、检测技术、电子与计算机技术、信息处理、管理与决策等领域从事系统分析、系统设计、系统运行、科技开发及研究等方面工作的高级应用型人才	电路原理、电子技术、微机原理及接口技术、单片机应用技术、自动控制原理、现代控制理论、电机学、电力电子技术、热工基础、热工测量仪表、热工控制仪表、热工控制系统、计算机控制系统、电力拖动自动控制、控制系统仿真、智能仪表、最优控制基础、控制类综合实验、300MW 火电厂运行仿真实践	可从事与电力系统过程控制相关的系统运行、自动控制、发电运行与检修、电力电子技术、信息处理、试验分析、研制开发、新能源利用、自动运动技术、风力发电等领域的工作，或可在发电厂、供电局、电网调度所、变电站、各类大中型企业承担热工过程控制和热工设备、自动运动检测控制设备的维护、检修、安装及调试等工作，也可在相关科研(所)、教学、建设施工单位从事工程设计、施工等工作，还可在有关设备制造厂家从事产品开发、调试等工作	长沙电力职业技术学院、重庆电力高等专科学校、承德石油高等专科学校

第三节　新能源发电工程类

专业	教育目标	课程设置	就业发展方向	专业优势院校
风力发电工程技术	培养德、智、体、美全面发展，具有扎实的基础知识、较强的工程实践与创新能力，知识面宽，具备流体力学、动力机械、动力工程、风资源测量与评估、太阳能利用与转换等方面的基础知识的专门人才	风力发电技术与电网自动化、风电场设备安装与调试	可从事电力工程技术人员、建筑安装施工人员、电力及热力生产和供应人员、机械设备修理人员的工作	辽宁工程职业学院、内蒙古机电职业技术学院、天津中德职业技术学院、天津轻工职业技术学院、乌鲁木齐职业大学、甘肃机电职业技术学院
风电系统运行与维护	培养适应风力发电技术领域生产第一线工作需要，德、智、体、美等方面全面发展，能从事风电场风电系统运行维护与检修等工作的高技能专门人才	机械与电气工程制图与识图、电工电路的分析与操作、电子电路的分析与测试、单片机应用技术、电力电子技术、电机拖动与维修技术、电气控制与PLC应用技术、调速系统运行与维护、风力发电机原理与结构、风力发电控制技术、风电场运行与维护、检测技术及应用、计算机控制技术、机械原理(含液压)	可从事风力发电系统的运行维护、检修、安装调试等工作和技术管理工作	张家口职业技术学院、松原职业技术学院、湖南电气职业技术学院
生物质能应用技术	培养掌握生物质能源转化的基本原理、熟悉生物质能利用技术的人才	生物质焚烧锅炉技术、生物质电站的运行与维护	可从事电力和热力生产和供应人员、农村能源利用人员、石油炼制生产人员、机械设备修理人员的工作	广西电力职业技术学院、三峡电力职业学院、枣庄职业学院、郑州电力职业技术学院、无锡城市职业技术学院、菏泽职业学院、山西轻工职业技术学院、重庆能源职业学院、江西新能源科技职业学院、山西电力职业技术学院
光伏发电技术与应用	培养掌握光伏组件生产工艺及检测技术、光伏系统设计、施工等方面必需的基础理论知识、基本方法和基本技能，能胜任光伏组件生产与测试、光伏系统设计、安装施工、系统调试、独立光伏发电产品生产和营销等岗位的工作要求的高等技术应用型专门人才	C语言程序设计、电力电子技术、节能LED控制技术、应用光伏技术、LED制造技术、现代能源与发电技术、现代电能质量检测技术、太阳能光伏发电及电池应用技术、自动检测技术(传感器)、光伏系统单片机控制技术、光伏电子器件测试技术、光伏系统线路板、SMT工艺及LED生产工艺技术实训	可从事光伏专业职业教育的实践教学工作	西宁城市职业技术学院、天津轻工职业技术学院、四川科技职业学院、广西电力职业技术学院、成都职业技术学院、山东理工职业学院、无锡职业技术学院、常州信息职业技术学院

续表

专业	教育目标	课程设置	就业发展方向	专业优势院校
工业节能技术	培养具有理念新、人才储备超前的特点，采用与地方经济相结合的人才培养模式，注重培养工业企业和政府节能监察急需的节能管理与技术人才	工业热工控制技术、建筑节能技术	可从事管理（工业）工程技术人员的工作	山东城市建设职业学院、山西经贸职业学院、广东环境保护工程职业学院
节电技术与管理	培养具有良好的职业道德，具备节电技术与管理专业所需基础理论及专业知识，具有较强的专业技能和实践能力的高素质技能型人才	工程热力学、传热传质学、工程流体力学	可从事管理（工业）工程技术人员、电力供应服务人员的工作	天津轻工职业技术学院、武汉职业技术学院、深圳职业技术学院、重庆能源职业学院、广东环境保护工程职业学院
太阳能光热技术与应用	培养适应低碳经济发展需要，掌握太阳能光热基础知识和应用技能，能在太阳能光热技术及相关行业从事生产运行、技术开发、产品检测与质量控制、生产技术管理、系统安装和调试等工作的实践能力强、具有良好职业道德的应用型高技能人才	太阳能热利用导论、能源工程概论、机械设计与制造基础、太阳能热利用技术、太阳能热利用原理与计算机模拟、热工测试技术、热工与流体力学、传热学	可在太阳能光热发电单位、太阳能集热器等新能源领域的企业、事业单位及设计施工单位从事太阳能集热器生产制造、太阳能工程领域的系统集成、太阳能建筑一体化及太阳能集热器的设计、安装、运行、检修、试验和管理等专业技术工作	济南工程职业技术学院、武威职业学院、青海建筑职业技术学院、酒泉职业技术学院、西安航空职业技术学院、江西新能源科技职业学院
农村能源与环境技术	培养能从事农村可再生能源及新能源的开发利用、管理、规划和环境保护工作的高级技术应用型专门人才	电工学、传热学、工程力学、工程热力学及传热学、能源生物化学、新能源工程与有效利用、能源技术经济与管理、能源与环境、生物学、农业环境学、现代施肥技术与肥料加工、节能技术、太阳能利用及其设备、资源调查与评价、环境监测与评价	可在农业、土地、环保、农资等部门从事农村能源管理及利用、农业化学分析、农业环境保护及生态农业、环境监测、环境污染与防治等工作	山东农业工程学院、武威职业学院、湖北生物科技职业学院、新疆农业职业技术学院、云南农业职业技术学院

第四节　黑色金属材料类

专业	教育目标	课程设置	就业发展方向	专业优势院校
黑色冶金技术	培养德、智、体、美全面发展，适应光伏发电产业发展需要，具有光伏发电基础理论知识，系统掌握光伏发电及应用技术，具有现代企业管理意识，能在光伏发电及应用领域从事电能检测、设备控制、发电技术管理等工作的初、中级技术应用型人才	职业生涯规划、职业指导与法律、经济政治与社会、哲学与人生、语文、数学、英语、物理、化学、计算机应用基础、体育与健康教育、普通话口语训练、礼仪与交际、书法、电工电子技术、光伏发电系统概论、机械制图、机械基础、太阳能光伏发电技术、太阳电池原理与工艺、太阳电池材料、太阳能光伏发电系统工程、光伏检测与分析、单片机技术	可从事系统安装与维护、调试、生产运行、技术管理、产品检测与质量控制等工作，也可在光伏专业职业教育领域从事实践教学工作	云南锡业职业技术学院、安徽冶金科技职业学院、安徽工业职业技术学院、广西工业职业技术学院、甘肃钢铁职业技术学院、兰州资源环境职业技术学院、包头钢铁职业技术学院、唐山科技职业技术学院、天津冶金职业技术学院、山东工业职业学院
轧钢工程技术	培养材料成型及控制工程、金属材料、金属压力加工、轧钢等方面的专业人才	机械制图、金属材料与热处理、电器基础、机械设计基础、轧制力学基础、塑性变形与轧制基础、液压传动、电机拖动、轧钢设备、轧钢工艺技术、轧钢生产过程自动控制、冶金炉基本知识与操作、控轧控冷	可从事金属轧制岗位的控制操作、技术管理等工作	河北工业职业技术学院、伊春职业学院
钢铁冶金设备应用技术	培养面向钢铁冶金和有色金属冶金企业生产第一线，具有冶金领域职业岗位所需要的职业技能和综合能力，掌握一定的文化基础知识与专业理论知识，适应市场经济建设和社会发展需要，德、智、体、美全面发展的高等技术应用型专门人才	金属学及热处理、物理化学、传输原理、冶金物理化学、炼铁原料、炼铁工艺及设备、炼钢工艺及设备、炉外精炼、连续铸钢工艺及设备、机电液压与检测基础知识、计算机控制在冶金过程中的应用、炼钢炼铁安全节能环保、专业英语	可在钢铁冶金行业的烧结、炼铁、炼钢、炉外精炼、连铸等生产环节的岗位上从事钢铁生产工艺操作等工作，或在学校从事本专业或相邻专业的科研、教学、技术工作或管理工作	河北工业职业技术学院、河北工业职业技术学院、包头钢铁职业技术学院、上海冶金高等专科学校

续表

专业	教育目标	课程设置	就业发展方向	专业优势院校
金属材料质量检测	培养具备金属材料科学与工程等方面的知识，能在冶金、材料结构研究与分析、金属材料及复合材料制备、金属材料成型等领域从事科学研究、技术开发、工艺和设备设计、生产及经营管理等工作的高级工程技术人才	金属学、材料工程基础、材料热力学、材料力学性能、金属工艺学、金属热处理、材料固态相变、材料分析技术、金相技术、金属材料学、材料成型加工工艺与设备、计算机在材料工程中的应用	可从事金属材料的设计制造工作，或可在机械与化工、能源与环境、电子与信息、冶金与矿山、电力与动力和国防建设等领域从事应用材料表面改性以及金属材料、无机非金属材料、高分子材料、复合材料、功能材料等的工作，也可从事材料生产组织、技术管理和材料的检测、失效分析等技术监督工作	陕西航空职业技术学院、西安航空职业技术学院、陕西工业职业技术学院、常州机电职业技术学院
铁矿资源综合利用	培养能在矿物(金属、非金属、煤炭)分选加工和矿产资源综合利用领域从事生产、设计、科学研究与开发、技术改造与管理工作的高等工程技术人才	物理化学、工程流体力学、选矿学、矿物加工厂工艺设计、矿物加工试验研究方法、技术经济分析与生产管理	可从事铁合金冶炼人员的工作	四川机电职业技术学院

第五节　有色金属材料类

专业	教育目标	课程设置	就业发展方向	专业优势院校
有色冶金技术	培养掌握有色金属冶金理论和专业知识，具有从事科学研究和担负专门技术的能力，能够胜任与有色金属冶金相关的教学、科研、技术管理和经营工作的专门人才	冶金工程专论、有色冶金新理论与新技术、有色金属冶金反应器、水溶液电化学、熔盐电化学与应用、现代物质结构测试技术、环境腐蚀理论与应用、细菌冶金理论及技术	可到冶炼、房屋建筑、矿山、机电安装、钢结构、装饰、公路、石化等类型的企业工作	天津冶金职业技术学院、河北工业职业技术学院、邢台职业技术学院、唐山科技职业技术学院、山西工程职业技术学院、包头钢铁职业技术学院、内蒙古机电职业技术学院、辽宁冶金职业技术学院

续表

专业	教育目标	课程设置	就业发展方向	专业优势院校
有色冶金设备应用技术	培养掌握各种金属生产、工艺设计、新材料开发与制备、金属再生产与利用的基本理论知识，具备较强的实践操作技能和分析解决冶金生产实际问题能力的高级工程技术性专门人才	冶金工艺和设备、冶金过程自动控制、冶金工厂设计、金属学	可在冶金及材料加工企业从事生产、设计、科研、管理等工作	天津冶金职业技术学院、河北工业职业技术学院、安徽冶金科技职业学院、江西冶金职业技术学院
金属压力加工	培养具有金属材料压力加工方面的基础理论知识，初步具备制订轧钢工艺制度的能力，可进行设备的运行、调整、操作控制等方面工作的实用型专业技术人才	材料成型工程学、塑性加工金属学、金属塑性加工力学、板带工艺学、钢管工艺学、型线材工艺学、材料成型控制基础、压力加工设备、材料数值模拟、计算机仿真技术	可从事金属轧制人员的工作	兰州资源环境职业技术学院、南宁职业技术学院
金属精密成型技术	培养具备金属材料科学与工程等方面的知识，能在冶金、材料结构研究与分析、金属材料及复合材料制备、金属材料成型等领域从事科学研究、技术开发、工艺和设备设计、生产及经营管理等方面工作的高级工程技术人才	材料热力学、金属学、材料力学性能、材料分析技术、金属材料学、材料成型加工工艺与设备、计算机在材料工程中的应用	可从事硬质合金生产人员的工作	陕西工业职业技术学院

第六节　非金属材料类

专业	教育目标	课程设置	就业发展方向	专业优势院校
材料工程技术	培养能从事各种材料的制备、加工成型工作及材料结构的技术开发和改造、工艺和设备设计及经营管理等方面工作的高级技术应用型专门人才	材料力学、工程材料、材料工艺与设备、热处理工艺及设备、工业企业管理与技术经济基础、材料结构显微分析、近代仪器分析方法、材料物理性能与力学测试、材料制备与成型加工工艺	可在材料制备、加工成型等生产企业从事生产运行、产品质量检测及生产技术管理等工作	重庆电子工程职业学院、广西理工职业技术学院、广西工业职业技术学院、山东工业职业学院、无锡工艺职业技术学院、盐城工业职业技术学院、山西职业技术学院

续表

专业	教育目标	课程设置	就业发展方向	专业优势院校
高分子材料工程技术	培养具备高分子材料与工程等方面的知识，能在高分子材料的合成改性和加工成型等领域从事科学研究、技术开发、工艺和设备设计、生产及经营管理等方面工作的高级工程技术人才	无机化学、分析化学、有机化学、物理化学、高分子化学、高分子物理、高分子材料学、高聚物结构分析与性能测试	可在高分子材料与工程及其相关领域从事研究、教学、科研开发及相关管理工作	湖南化工职业技术学院、四川化工职业技术学院、河南化工职业学院、广西工业职业技术学院、天津渤海职业技术学院、辽宁石化职业技术学院、南京工业职业技术学院、常州轻工职业技术学院
复合材料工程技术	培养具有良好的思想素质、强烈的社会责任感、健康的体魄和健全的心理素质，德、智、体全面发展，掌握新型复合材料的生产原理和生产工艺，能胜任无机材料、高分子材料、新型复合材料等生产企业基层管理工作和实际岗位操作，具有较高综合素质的“用得上、留得住”的应用型人才	材料复合原理、复合材料学、复合材料工艺设备、复合材料工厂设计概论、材料学概论、复合材料的实验技术、高分子化学及物理、高分子物理、机械制图、热工基础及设备、复合材料工艺学、复合材料聚合物基础、有机化学、物理化学、大学物理、无机化学	可在与复合材料相关的汽车、建筑、电机、电子、航空航天、国防军工、信息通信、轻工、化工等有关企业和公司担任工程研究人员、工程师和营销管理人员，也可从事设计、研发、分析、生产、测试、评价、营销、管理等工作，也可以在高等院校、研究设计院所从事科研教学工作	山西职业技术学院、常州工程职业技术学院、吉林工业职业技术学院、河北建材职业技术学院、长沙航空职业技术学院、贵州工业职业技术学院
非金属矿物材料技术	培养能从事非金属矿物材料、无机非金属材料、复合材料、功能材料以及矿物加工、非金属矿深加工、化工、环境工程等行业的工作的科研和工程技术人员	石材工程技术、非金属矿物质品技术	可从事建材工程技术人员、非金属矿物制品制造人员的工作	昆明冶金高等专科学校、淄博职业学院、武汉职业技术学院、四川建筑职业技术学院
光伏材料制备技术	培养德、智、体、美、劳全面发展，具有现代企业意识，适应经济建设发展需要，掌握光伏产业链中太阳能光电建设工程及各种应用产品的基础理论知识、基本方法和基本技能，动手能力强、素质高，能在太阳能光电工程、新能源光电应用技术转换、储存及相关领域从事生产运行、技术管理、产品检测与质量控制等工作的高级应用型专门人才	光电原理、电工电子技术、光电材料、半导体物理与器件、光学功能材料、光电子器件工艺基础、工程光学、光电子学、光伏技术与工艺	可从事光伏材料加工、光伏产品生产、检测与质量控制、生产技术管理等工作，也可在光伏专业职业教育领域从事实践教学工作	兰州职业技术学院、酒泉职业技术学院、重庆三峡职业学院、江西现代职业技术学院、扬州市职业大学、山西机电职业技术学院、常州工程职业技术学院、徐州工业职业技术学院

续表

专业	教育目标	课程设置	就业发展方向	专业优势院校
炭素加工技术	培养掌握炭素材料生产的相关知识和技能，具备从事炭素材料生产工作的全面素质和综合职业能力，可在炭素煅烧、配料、混捏、成型、焙烧、浸渍、石墨化等一线生产岗位从事工艺过程控制及企业生产管理、设备及系统运行操作、维护、产品质量控制及性能检验等工作的高级技术应用型人才	工程制图、物理化学、炭素工艺学、炭素机械设备、炭素热工及窑炉、冶金用炭素材料、铝用炭素、炭素检测技术、产品质量分析	可从事石墨及炭素制品生产人员的工作	昆明冶金高等专科学校、山东铝业职业学院
硅材料制备技术	培养德、智、体、美全面发展，掌握多晶硅生产技术、单晶硅技术（直拉、区熔）、硅材料检测技术、化工单元操作技术等方面的基础理论知识和基本技能，能胜任多晶硅制取、单晶硅制取、硅材料检测、相关化工生产等岗位工作要求的高等工程技能型、应用型专门人才	可从事多晶硅生产技术、单晶硅生产技术、硅材料检测技术、化工单元操作技术、特种设备使用与维护、化工安全与环境保护、电工技术、生产运行管理、质量管理	可从事多晶硅制取氯硅烷的合成、精馏提纯、氢化还原、尾气干法回收硅棒破碎、硅芯制备与腐蚀、质量管理、生产管理等岗位的工作，或可从事单晶硅制取直拉、单晶硅制取、区熔法单晶硅制取工作，或可从事硅材料检测单晶硅、多晶硅型号、电阻率、晶体缺陷等测试岗位的工作，或可从事氢气、三氯氢硅、四氯化硅等取样分析岗位的工作及白炭黑生产、有机硅生产、多晶硅生产副产物四氯化硅利用等岗位的工作	乐山职业技术学院、朔州职业技术学院
橡胶工程技术	培养适应现代科学技术与经济社会发展需要，具有扎实的高分子材料与工程专业基础知识具有国际视野与交流能力，掌握橡胶加工基本原理、橡胶配方设计、橡胶制品结构和工艺设计、橡胶加工生产设备、橡胶成型加工技术及橡胶材料结构与性能的分析测试等方面的基础知识及基本技能，能够在高分子材料的设计与合成、改性与加工、成型与应用等领域从事技术和管理工作的应用型、创新型、国际化专业人才	化工原理、无机化学、有机化学、分析化学、物理化学、高分子化学、高分子物理、聚合物流变学、聚合物成型工艺、聚合物加工原理、精细高分子化工应用、高分子材料研究方法	可从事橡胶制品生产人员的工作	徐州工业职业技术学院

第七节　建筑材料类

专业	教育目标	课程设置	就业发展方向	专业优势院校
建筑材料工程技术	培养具有道路与桥梁知识，实践应用能力强，既懂工程材料实验检测，又懂工程技术的生产第一线需要的技术应用型人才	计算机文化基础、工程力学、公路勘测设计、道路建筑材料、路基路面工程、隧道工程、公路几何线形检测技术、路基路面试验检测技术、桥梁工程试验检测技术、隧道工程试验检测技术、交通工程试验检测技术	可在公路交通行业的施工及检测单位从事施工员、质检员、实验员的工作，经过工程实践锻炼，可担任施工项目、实验室、建筑材料供应等分项工程技术主管，还可在养护与管理以及市政工程等土建行业单位从事施工检测、试验等技术工作	河北建材职业技术学院、哈尔滨铁道职业技术学院、常州工程职业技术学院、石家庄铁路职业技术学院、广西工程职业学院、天津城市建设管理职业技术学院、渤海理工职业学院
建筑材料检测技术	培养具有建筑、水利、道路与桥梁知识，实践应用能力强，既懂工程材料实验检测，又懂工程技术的生产第一线需要的技术应用型人才	计算机文化基础、工程力学、公路勘测设计、道路建筑材料、路基路面工程、隧道工程、公路几何线形检测技术、路基路面试验检测技术、桥梁工程试验检测技术、隧道工程试验检测技术、交通工程试验检测技术	可在公路交通行业的施工及检测单位担任施工员、质检员、实验员，经过工程实践锻炼，可担任施工项目、实验室、建筑材料供应等分项工程技术主管，还可在养护与管理以及市政工程等土建行业单位从事施工检测、试验等技术工作	江西应用技术职业学院、江西现代职业技术学院、四川建筑职业技术学院、南通科技职业学院、盐城工业职业技术学院、山西职业技术学院、徐州工业职业技术学院、镇江市高等专科学校
建筑装饰材料技术	培养掌握装饰材料相关知识，能在装饰材料生产、装饰工程、建筑与装饰材料施工等相关行业从事材料加工制造和销售等工作的高技能人才	建筑装饰材料的基本性质、装饰石材、建筑装饰石膏及制品、建筑装饰陶瓷、建筑玻璃、建筑装饰塑料、建筑装饰纤维织物与制品、建筑涂料、建筑装饰木材制品、金属装饰材料	可就职为水泥、石灰、石膏及其制品的制造人员，或成为玻璃及玻璃制品的生产加工人员、陶瓷制品制造人员及砖瓦、石材等建筑材料的制造人员	河北工程技术学院、连云港职业技术学院、河南质量工程职业学院

续表

专业	教育目标	课程设置	就业发展方向	专业优势院校
建筑材料设备应用	培养掌握常用建筑材料、装饰材料、安装材料的相关知识，在材料设备的应用方面具有较强实际操作能力和创新能力的复合型、智能型高等技术应用型专门人才	计算机文化基础、工程力学、高分子化学、建筑材料制品工艺、新型建材工艺、材料制品机械及设备	可在施工企业、物流企业从事材料设备的管理工作	四川建筑职业技术学院
新型建筑材料技术	培养具备一定新型建筑材料知识，能从事新型建筑材料的研制与应用工作的专门人才	材料学、土木工程、建筑设计及工程管理、新型建筑材料技术与发展、新型建筑材料、新型建筑材料实训	可在建筑设计院、建筑事务所、规划设计院、建筑材料生产与销售企业工作	四川建筑职业技术学院
建筑材料生产与管理	培养了解天然石材岩石学特性、建筑及建筑装饰价值，能够从事天然石材开发利用与营销工作的高素质技能型人才	石材应用与施工、石材加工设备及工艺基础、人造石与复合板、石材的机械加工、石材地质学基础	可在石材检验检测机构、石材产品设计与加工类的企业或事业单位、石材技术开发与应用企业等从事石材开发、检验检测、改性与石材养护和石材营销等工作	云南国土资源职业学院

第十七章　土木建筑大类

第一节　建筑设计类

专业	教育目标	课程设置	就业发展方向	专业优势院校
建筑设计	培养掌握建筑与装饰方案设计方法，熟悉建筑历史美术和建筑徒手效果图，熟练掌握CAD技能的高级技术应用型专门人才	建筑制图、建筑设计初步、素描、色彩与构成、中外建筑史、建筑与装饰材料、建筑与装饰构造、建筑装饰图案与环境陈设艺术、建筑力学与结构基本知识、建筑施工	可在建筑设计院、建筑事务所、规划设计院、建筑装饰类设计与施工单位、建筑施工企业、建筑材料生产与销售企业、政府建筑与规划部门、企业或事业单位的基建管理部门担任绘图员、建筑师助理、建筑师职务	南通理工学院、河南建筑职业技术学院、河北工程技术学院、浙江建设职业技术学院
建筑装饰工程技术	培养掌握建筑装饰的基本理论和专业知识，能从事建筑装饰设计、装饰施工技术与管理、建筑装饰工程监理工作的高级技术应用型专门人才	建筑工程制图、素描、速写、色彩、建筑装饰构造、装饰材料与施工工艺、平面与立体构成、装饰工程概预算、室内设计与表现等、建筑制图与CAD、建筑美学、3ds Max、建筑装饰施工技术、建筑装饰工程造价、建筑装饰工程施工组织、建筑装饰工程招投标	可到建筑公司、装饰公司、建筑及装饰设计单位、房地产或装饰工程监理单位等从事装饰施工管理、建筑装饰设计、建筑装饰设计咨询、建筑装饰预算或监理等工作	湖南工程学院、首钢工学院、四川理工学院、南昌工程学院
古建筑工程技术	培养掌握古建筑工程的基本理论和专业知识，能从事古建筑维修、仿古建筑设计、古建筑工程管理工作的高级技术应用型专门人才	美术、建筑构造、中外建筑史、砖木结构、古建筑瓦石纬构、古建筑油漆技法、古建筑工程预算、古建筑施工与管理、古建筑鉴定与修缮、风景写生、古建筑测绘	可在古建筑工程的施工、管理、监理等岗位及古建筑行业从事设计、修缮施工、预算、规划和管理等工作	山西建筑职业技术学院、江苏建筑职业技术学院、山西建筑职业技术学院、重庆建筑工程职业学院、山东城市建设职业学院

续表

专业	教育目标	课程设置	就业发展方向	专业优势院校
建筑室内设计	培养能够独立完成室内效果图的制作、家庭装修设计、会议厅堂设计、室内陈设与灯光设计、室内色彩设计、家具设计、展示设计、装饰装修材料与工程预算、模型制作等工作的实用高级技术应用型人才	透视学、设计素描、设计色彩、三大构成、图形图像处理、3ds Max应用、AutoCAD、建筑制图、材料与工程预算、室内设计钢笔淡彩、室内陈设与灯光设计、装修构造与施工、Lightscape应用、展示设计、酒店室内装修设计、家庭装修设计、现代公共空间设计、模型设计、室内漫游动画设计	可在室内建筑及装潢、商业环境设计、房地产开发公司从事建筑设计、居住空间设计、厅堂酒店装潢设计、装修与施工等工作	陕西科技大学、河南职业技术学院、湖南工业职业技术学院、内蒙古建筑职业技术学院、江苏工程职业技术学院、连云港职业技术学院
风景园林设计	培养具备风景园林规划设计、城市规划与设计、风景名胜区和各类城市绿地的规划设计等方面的知识，能在城市建设、园林等部门从事规划设计、施工和管理工作的应用型人才	园林建筑结构与构造学、建筑工程、中国园林史、园林园艺、设计思维学、外国园林史、地质地貌学、资源与环境、艺术与传媒、园林树木栽植养护、风景区规划、插花艺术、专业英语、旅游学	可在园林局、苗圃、园林设计公司、旅游规划设计公司、房地产公司以及其他建筑与环境工程、市政园林、公用事业等相关行业工作	山东城市建设学院、中南林业科技大学、湖南农业大学、广东省林业职业技术学校、北京林业大学园林学院
园林工程技术	培养适应社会主义市场经济需要，德、智、体、美全面发展，牢固掌握园林工程技术专业必需的专业文化基础理论和专业技术，能在园林与建筑企业从事园林工程设计、生产、经营、销售及管理工作的高技术应用型专门人才	基础素描、色彩基础、景观设计元素、园林制图、中外园林简史、园林艺术原理、3ds Max、园林效果图后期制作、现代景观设计概论、园林工程测量、园林植物造景、园林建筑构造、环境行为心理学、园林工程、园林规划设计、园林工程概预算、园林工程施工组织与管理、园林设计基础、园林建筑设计、景观表现技法、园林建筑材料、园林植物栽培与养护、园林工程监理	可在园林设计和施工企业、房地产公司、政府部门及林业、旅游部门从事各类园林工程的规划、设计、施工、园林植物繁育栽培、养护及管理等工作	太原学院、南通科技职业学院、山东现代学院、河南牧业经济学院、黑龙江林业职业技术学院、陕西职业技术学院
建筑动画与模型制作	培养掌握三维数字表现技术（模型、渲染、特效、剪辑等），能配合设计师在电脑上将设计图纸转换为动画并制作模型的专业技术人才	三维模型构建、后期剪辑与特效、综合造型基础、设计构成、摄影基础、虚拟场景设计	可进入建筑景观设计与展示展览、广告传媒、数字图像、数字科技类的公司从事三维演示动画、视频展示短片制作等项目中的模型制作、场景渲染、动画制作、短片拍摄剪辑等工作	常州工程职业技术学院、长春建筑学院

第二节　城乡规划与管理类

专业	教育目标	课程设置	就业发展方向	专业优势院校
城乡规划	培养具备城市规划、城市设计等方面的知识，能在城市规划设计、城市规划管理、决策咨询、房地产开发等部门从事城市规划设计与管理工作，并能参与城市社会与经济发展规划、区域规划、城市开发、房地产筹划以及相关政策法规研究等方面工作的城市规划学科高级工程技术人才	城市规划原理、城市规划设计、城市设计、城市规划理论与城市发展史、城市道路与交通、城市生态与环境保护、城市地理学、城市经济学、区域规划	在各级政府设立的城乡规划设计院以及大型景观设计公司工作	山西工程技术学院、郑州城市职业学院、辽宁城市建设职业技术学院、河南建筑职业技术学院
村镇建设与管理	培养具备城镇建设专业必需的文化基础与专业理论知识，具有城镇规划建设管理岗位能力、城镇建设综合职业能力、良好职业道德和敬业精神的高技能实用性人才	城镇规划、城镇建设管理与法规、房屋建筑学、建筑施工组织与管理、计算机辅助设计、绘画、建筑制图、工程测量、市政工程规划、建筑力学、建筑施工技术、效果图表技法	可成为城镇规划设计人员、城镇建设管理人员、建筑设计人员	浙江建设职业技术学院、江西建设职业技术学院、重庆建筑工程职业学院、湖北城市建设职业技术学院、广西建设职业技术学院
城市信息化管理	培养掌握城市信息化管理技术、方法和管理手段，能用信息化推动城市现代化管理的专业技能型人才	管理学、计算机网络与通信、网络数据库管理系统、信息系统开发项目管理、管理信息系统、城市规划原理、城市公用事业管理、运筹学、城市经济与管理、城市管理信息系统	可在政府机关及城市规划、建设、执法及综合管理部门、城市公用事业单位、城市社区、城市建设相关企业和教育科研部门从事经营管理工作	湖北城市建设职业技术学院

第三节　土建施工类

专业	教育目标	课程设置	就业发展方向	专业优势院校
建筑工程技术	培养掌握建筑工程基本理论和知识，具有良好的艺术综合素质和必备的展示设计实施能力，具备现代设计理念和手段，具有独立完成各类会展、人文场馆、商业空间的设计、制作与管理能力的高素质技能型专门人才	建筑初步、快速表现技法、建筑制图与阴影透视、计算机辅助设计、建筑设计、建筑装饰设计、建筑装饰构造、建筑装饰材料、装饰工程施工、构成、建筑史、建筑设备、建筑构造、建筑力学与结构、室内陈设设计、装饰施工组织与管理、建筑装饰工程概算	可在建筑施工企业、房地产开发企业、路桥施工企业担任施工员、建筑工程师、结构工程师、技术经理	河北工程大学、华北水利水电大学、河北建筑工程学院、河北农业大学、赤峰学院、辽宁工程技术大学
地下与隧道工程技术	培养掌握地下工程与隧道工程的基本理论和知识，能从事地下工程及隧道工程的施工、管理、检测等工作的高技能人才	工程测量、工程制图、工程力学、建筑材料、钢筋混凝土、工程CAD应用、地下工程施工、隧道工程施工、隧道工程测量、地铁站点施工、施工组织与概预算	可在公路隧道和铁路隧道的施工企业、建筑施工及基础施工企业、水利水电施工企业从事地下工程及隧道工程施工技术、施工组织与管理工作及相关的工程施工监理工作	黑龙江交通职业技术学院、陕西铁路工程职业技术学院、重庆工程职业技术学院、西安铁路工程职工大学、石家庄铁路职业技术学院、河南建筑职业技术学院、湖北交通职业技术学院
土木工程检测技术	培养掌握土建工程材料实验和工程质量检测原理，能够在现场进行各类材料构件的实验检测工作，具有一定的实验与检测、施工测量、施工图识读、施工质量控制能力的高等技术应用型人才	工程制图及CAD、工程测量、建筑材料、路基路面检测技术、桥梁工程检测技术、隧道施工与检测技术、实验室建设与管理	可在公路、铁路及其他基本建设行业的施工部门从事土建工程中的工程试验、工程质量检测、工程质量控制等工作，或在检测站或实验室从事建设管理工作，也可从事工程测量、工程监理及施工现场的实验技术指导工作(更适合男生就业)	黑龙江交通职业技术学院、重庆交通职业学院、湖北交通职业技术学院、山东水利职业学院、重庆建筑工程职业学院、哈尔滨铁道职业技术学院、山东交通职业学院、安徽交通职业技术学院

续表

专业	教育目标	课程设置	就业发展方向	专业优势院校
建筑钢结构工程技术	培养掌握计算机操作及建筑钢结构的施工详图转化、制作、安装、工程管理以及土木建筑工程施工等知识，能从事建筑钢结构行业需要的钢结构设计、图纸深化设计，构件制作检验、结构安装技术指导、工程现场管理等工作的一线高等技术应用型专门人才	建筑构件力学分析、建筑钢结构设计、建筑钢结构制作、建筑钢结构施工、建筑工程测量、钢结构识图与构造、建筑AutoCAD绘图、钢结构设计软件操作、钢结构Xsteel软件操作、钢结构施工详图绘制、钢结构招投标与预算、钢结构工程项目管理、混凝土结构施工	可在建筑钢结构公司从事与建筑钢结构相关的结构设计、详图深化设计、构件质量检验、施工技术指导、工程项目管理等工作	河北工业职业技术学院、浙江交通职业技术学院、南通航运职业技术学院、浙江建设职业技术学院、重庆水利电力职业技术学院、四川建筑职业技术学院、武汉工业职业技术学院

第四节　建筑设备类

专业	教育目标	课程设置	就业发展方向	专业优势院校
建筑设备工程技术	培养掌握建筑设备工程的基本知识和技术，具备建筑水、电、通风与空调、楼宇智能化等设备工程的设计、预决算、安装施工、运行与维护、质量检验及工程管理能力的高素质技能型人才	建筑设备制图与CAD、电工基础、电子技术、电机与控制、建筑供配电、建筑给水排水系统、建筑照明技术、电气消防技术、建筑弱电技术、楼宇智能化技术、空调与制冷技术、管道施工技术、电气工程施工技术、建筑设备工程造价	可担任水、暖、电方面的施工工程师、施工队长、项目经理、工程监理等职位，也可从事工程的规划设计、建筑设备选型设计、施工、监理、装配及调试、运行与维护等工作	太原学院、浙江水利水电学院、陕西职业技术学院、重庆水利电力职业技术学院、福建水利电力职业技术学院
供热通风与空调工程技术	培养掌握供热通风及制冷设备的基本理论知识和专业技能，具有供热通风及制冷设备的工程设计、安装、调试和运行管理能力的应用型高级技术人才	工程热力学、流体力学、传热学、制冷技术、供热工程、工业通风、空气调节、锅炉与锅炉房设计、燃气工程、建筑给排水、空调设计、管网设计、建筑电气、建筑设备运行与调试、建筑设备施工经济与组织、建筑设备安装工程技术、工程制图与建筑制图、电工电子技术、机械设计基础、建筑环境与设备CAD	可从事建筑暖通空调设备等方面的施工、管理、安装工程审计、工程监理和设计工作和技术管理、生产管理及质量管理工作，也可在设备厂家从事销售及售后服务工作	郑州铁路职业技术学院、江苏建筑职业技术学院、北京电子科技职业学院、内蒙古建筑职业技术学院、西安航空学院、黑龙江建筑职业技术学院、湖南铁道职业技术学院

续表

专业	教育目标	课程设置	就业发展方向	专业优势院校
建筑电气工程技术	培养能在建筑供配电系统、电气照明系统、电缆电视系统及建筑电气控制系统从事施工安装、调试和运行管理、工程监理及中小型工程设计等工作的高级技术应用型人才	计算机应用基础、工程制图与识图、建筑概论、电路、电工基础、电子技术、电机与电力拖动、建筑电气控制、建筑供配电、电气照明技术、建筑弱电技术、建筑电气 CAD、建筑电气施工技术、楼宇智能化技术、电梯技术、单片机原理及应用、可编程逻辑控制器(PLC)、电气消防技术、建筑电气施工技术、建筑电气工程预算、建筑电气施工组织管理、综合布线技术与网络工程、建筑工程合同管理、建筑工程定额原理及概预算	可担任电气方面的施工工程师、施工队长、项目经理、工程监理等,也可从事运营管理及中小型工程的设计工作	成都工业学院、黑龙江农业工程职业学院、青海建筑职业技术学院、长沙南方职业学院、重庆水利电力职业技术学院、重庆应用技术职业学院、重庆工程学院
建筑智能化工程技术	培养能从事智能建筑小区楼宇智能化系统建设、维护、管理工作的高素质技能型人才	电工电子技术、计算机基础、传感器技术、建筑配电与照明技术、智能消防系统、楼宇安防系统、建筑设备自动化技术	可在石化、建筑、银行、交通等企业或事业单位及楼宇智能化系统工程公司从事视频监控、防盗报警、访客对讲、停车场管理、火灾报警、自动灭火、电梯控制、照明控制、中央空调监控等楼宇智能化系统的系统设计、安装调试、运行维护等工作	南京工业职业技术学院、广东交通职业技术学院、广西机电职业技术学院、江苏工程职业技术学院、深圳职业技术学院、福州职业技术学院
工业设备安装工程技术	培养掌握工业设备、建筑设备、化工油田设备及工业管道安装工程的设计、施工、监理、检测、调试、运行方法,能够在生产、建设、管理、服务第一线从事安全员、技术员、施工员、质量员、安全员、造价员等工作的高等技术应用型专门人才	机械制图、工程测量、电工技术、机械基础、安装工程施工组织与管理、安装工程造价、焊接技术、机械设备安装工艺、锅炉安装工艺、制冷设备安装工艺、工业管道安装工艺、起重吊装工艺	可在建筑安装公司、化工、石化类安装公司、电力专业安装公司、工业管道安装公司等从事安装工程方案的设计、施工、监理、检测、调试、运行管理等工作	山西建筑职业技术学院、辽宁建筑职业学院、湖南城建职业技术学院、四川建筑职业技术学院

续表

专业	教育目标	课程设置	就业发展方向	专业优势院校
消防工程技术	培养掌握火灾科学的基本理论、消防安全技术与方法、安全消防政策法规，具有消防安全管理、火灾隐患评价与控制及安全消防设施操作能力，具备化工生产安全及消防管理知识的高素质技术技能型专门人才	基础化学、化工基础、消防制图、危险品性能检测与评价、特种设备防火防爆、QHSE与清洁生产、消防管理学、消防灭火救援、电气防火技术与实施、防灭火自动控制、建筑消防技术与实施、化工生产防火防爆、家庭和社区安全消防	可在工业与民用建筑消防系统从事设计、施工工作，也可在智能大厦、工厂从事消防系统的运行和维护工作，或在企业或事业单位、建筑工程公司从事消防管理工作	齐齐哈尔理工职业学院、浙江警官职业学院、济南工程职业技术学院、武汉警官职业学院、厦门安防科技职业学院、四川职业技术学院

第五节　建设工程管理类

专业	教育目标	课程设置	就业发展方向	专业优势院校
建设工程管理	培养具有建设工程投标策划、投标报价、合同管理、工程项目管理能力的高级管理专门人才	建筑经济、建筑识图与构造、建筑施工工艺、建筑工程测量、建设法规、合同管理、建筑工程预算、建筑工程项目管理、工程成本分析、工程造价控制、工程量清单计价实务、施工认识实习、预算大作业、建设工程招标投标综合实训、施工组织设计、工程量清单报价实训	可在施工企业、建设工程招标投标中介部门工作	河北工业大学、内蒙古农业大学、青岛理工大学、武汉轻工大学、江苏城市职业学院、西安科技大学、陕西工业职业技术学院、南京工业职业技术学院、宁波职业技术学院
工程造价	培养掌握工程造价、计价与控制的基本理论和技能的高级技术应用型专门人才	建筑经济、建筑构造与识图、建筑设备安装工艺与识图、建筑施工工艺、建筑工程预算、安装工程预算、定额原理、工程造价控制、工程量清单计价实务、合同管理	可在施工企业、建设单位从事监理、招标、工程造价等工作	北京工业职业技术学院、天津工程职业技术学院、山西工商学院、山东协和学院
建筑经济管理	培养具有较强的专业技能，掌握工程计量与计价理论、工程经济理论、工程项目管理理论，具备先进的管理手段与方法的专门人才	大学物理、计算机基础、经济学、土木工程（含特构）、电气工程、给排水（含暖通）工程、建筑施工、运筹学、统计与概率、会计学、管理学、建筑经济管理（含技术经济、工程经济、招投标实务）、资产评估（含房地产评估、机械设备评估）、财务管理、工程监理、建筑材料、建筑机械设备、施工技术与组织设计、工程项目管理	可在政府部门、设计院、会计师事务所、工程建设咨询（顾问）公司、工程经济咨询机构、工程监理单位、工商企业从事生产、经营、服务工作及管理系统的规划、设计、技术经济、监理、咨询、评估、项目管理等工作	青海建筑职业技术学院、陕西能源职业技术学院、西安高新科技职业学院、福州理工学院、河南建筑职业技术学院、甘肃建筑职业技术学院、湖南交通职业技术学院

续表

专业	教育目标	课程设置	就业发展方向	专业优势院校
建设项目信息化管理	培养能将建设工程项目档案资料管理技术与计算机信息管理技术相结合，具有管理建设工程项目档案资料和计算机信息能力的高素质技能型专门人才	建筑工程预算、建筑制图、建筑材料、建筑工程测量、工程项目管理、结构与识图、建筑企业财务会计、材料供应与管理、建筑 CAD 制图、工程量清单计价、建筑文书写作、造价电算化	可在建设企业或事业单位，从事建设项目资料管理（计算机化）、建设企业档案管理（计算机化）、建筑工程项目管理（计算机化）等与计算机相关的技术及管理工作	山西建筑职业技术学院、浙江广厦建设职业技术学院
建设工程监理	培养掌握工程建设监理的基本理论和知识，具备岗位职业能力，能从事工程施工现场监理工作的高级技术应用型专门人才	工程制图与建筑构造、工程材料、工程测量、土木工程力学与结构、地基与基础、施工技术、施工组织与进度控制、工程造价确定与投资控制、工程质量控制、工程建设监理概论、工程建设法规与监理合同管理	可从事工程施工现场监理工作	湖北理工学院、淮北职业技术学院、南通职业大学、湖北职业技术学院

第六节　市政工程类

专业	教育目标	课程设置	就业发展方向	专业优势院校
市政工程技术	培养能从事市政工程专业的设计、施工、管理工作的高级技术应用型专门人才	水分析化学、工程热力学、传热学、流体力学、建筑力学、电工电子学、给水管网、排水管网、给水处理、取水工程、污水处理、采暖工程、供热工程、锅炉与锅炉房设备、水暖施工技术、空调与制冷工程	可在建筑设计单位从事中小型建筑的水、暖、空调、消防等设计工作，也可在建筑施工单位从事水、暖、消防、设备安装和维护等技术管理工作，还可在技术开发、环境管理与规划部门从事技术管理工作	福建船政交通职业学院、内蒙古建筑职业技术学院、南通职业大学、广州大学、兰州工业学院、安徽水利水电职业技术学院

续表

专业	教育目标	课程设置	就业发展方向	专业优势院校
城市燃气工程技术	培养面向燃气工程生产一线技术岗位的高级技术应用型专门人才	流体力学、泵与风机、传热学、工程热力学、燃气燃烧与应用、传热工程、空气调节、安装工程定额与预算、燃气工程运行管理、燃气输配、燃气工程施工	可在各类燃气公司、燃气生产企业、燃器具生产企业、用气单位、工程施工企业、监理公司、设计院等从事燃气系统的运营管理、燃气的生产与净化、燃气应用管理、燃气工程施工、监理、设计等工作	辽河石油职业技术学院、河南交通职业技术学院、渤海石油职业学院、内蒙古建筑职业技术学院、天津石油职业技术学院
给排水工程技术	培养能从事城镇给水排水、环境保护、污水处理等工作及工程的施工安装、运行管理、工程监理及中小型工程规划设计等工作的高级技术应用型专门人才	水质监测、建筑给水排水工程技术、水处理技术、给水排水管道工程技术、给水排水工程施工技术、水工混凝土结构、水泵与泵站、水处理微生物、工程制图与CAD、清洁生产、电气自动化控制、工程概预算	可在城镇市政工程公司、安装工程公司、建筑工程公司、工程监理及物业管理部门担任施工工程师、运营工程师、项目经理、工程监理等	江苏建筑职业技术学院、内蒙古建筑职业技术学院、湖北理工学院、广州大学、哈尔滨信息工程学院、黑龙江建筑职业技术学院、安徽水利水电职业技术学院、河北建材职业技术学院
环境卫生工程技术	培养具有较强的环境卫生领域的研究、设计实力，能推动环境卫生事业发展的高技能人才	环境卫生学、环境科学和生态学基础理论、环境保护及环境监测标准、污染物检测和分析、环境监测、环境质量评价、环境管理	可在政府环卫中心从事技术研发和咨询工作	中国环境管理干部学院、江苏城市职业学院

第七节　房地产类

专业	教育目标	课程设置	就业发展方向	专业优势院校
房地产经营与管理	培养熟悉房地产开发、经营的高级管理专门人才	建筑力学、建筑结构、会计基础、审计实务、房地产基本制度与政策、建筑工程概预算、房地产开发经营与管理	可在房地产开发、经营企业从事房地产经营管理工作	西华师范大学、山东商业职业技术学院、江西科技学院、南京工业职业技术学院、四川旅游学院、广东农工商职业技术学院
房地产检测与估价	培养掌握房地产市场价格评估的基本理论，熟悉房地产估价实务的高级管理专门人才	建筑力学、建筑结构、会计基础、审计实务、建筑制图与识图、资产评估学、房地产评估理论与方法、建筑工程概预算、房地产估价案例与分析	可在房地产开发、经营企业从事房地产检测与估价工作	山东商业职业技术学院、江西科技学院、南京工业职业技术学院、四川旅游学院、安徽工业经济职业技术学院

续表

专业	教育目标	课程设置	就业发展方向	专业优势院校
物业管理	培养掌握现代物业管理知识，具有一定的物业管理能力和熟练的服务技能的高级管理人才	物业管理法规、物业设备维护与管理、房屋维修与预算、物业统计、物业会计与财务管理、物业管理实务、客户心理学、房地产市场营销、职能建筑管理、合同管理	可在住宅小区、商业大厦、写字楼等物业管理部门工作	北京社会管理职业学院、江苏经贸职业技术学院、湖北职业技术学院

第十八章　水利大类

第一节　水文水资源类

专业	教育目标	课程设置	就业发展方向	专业优势院校
水文与水资源工程	培养具有扎实的自然科学知识及人文科学知识，掌握水文、水资源与水环境方面的知识和技能，能适应现代化建设和未来社会科技发展的需要，富有创新精神、实践能力和国际视野的高素质复合型人才	工程测量、水文地质与工程地质、水力学、地下水水文学、水文统计与水文分析计算、水文信息处理、水资源开发利用、水资源评价、水库运行调度、水环境规划与管理	可在国土资源、水利、水资源、城建、环保、交通等相关领域从事科研、教学、管理、设计和生产等方面的工作	长江工程职业技术学院、福建水利电力职业技术学院、广西水利电力职业技术学院、山西水利职业技术学院、安徽水利水电职业技术学院、河北工程技术高等专科学校
水文测报技术	培养能从事水文水情数据的自动采集、通信、实时传输和处理工作，具备软件应用、硬件维护和管理能力的高级技术应用型专门人才	水力学、测量学、水文学原理、电子技术基础、水文测验、信号与系统分析、地下水文学、气象学、水文预报、遥测技术基础、自动控制技术、水文测报自动化、计算机基础实训、电子技术课程设计、水文测验课程设计	可在水情信息中心、水文测报站及水利枢纽工程、各级防汛部门的软硬件技术和数据处理岗位工作	四川水利职业技术学院、福建水利电力职业技术学院
水政水资源管理	培养能从事水资源开发、利用、规划、管理与保护工作，具备水利工程知识、水资源管理技术、水政管理能力的高级技术应用型专门人才	水政和水政监察管理、水资源勘测规划与评价计算、水文预报、水文水利计算、水质监测评价、水平衡测试、水患险情处理	可从事水资源开发、利用、保护、规划与水政管理工作	重庆水利电力职业技术学院、四川水利职业技术学院、广东水利电力职业技术学院、河南水利与环境职业学院

第二节　水利工程与管理类

专业	教育目标	课程设置	就业发展方向	专业优势院校
水利工程	培养能从事农田水利基本建设规划及中小型水利工程设计施工、运行管理工作的高级技术应用型专门人才	水力学、工程水文、水利工程测量、水工钢筋混凝土、水利电力规划、水工建筑物、水利工程施工、农业水利、抽水机与抽水机站、水利工程管理	可在水利水电单位及中小型水利工程的技术应用与管理部门工作	浙江水利水电学院、湖南水利水电职业技术学院、广西水利电力职业技术学院、安徽水利水电职业技术学院、四川水利职业技术学院

续表

专业	教育目标	课程设置	就业发展方向	专业优势院校
水利水电工程技术	培养具备大中型水利水电工程的施工技术，能从事施工组织和施工管理工作的高级技术应用型专门人才	水力学、工程水文、水利工程测量、建筑材料、水工钢筋混凝土、水工建筑物、水利工程施工技术、水利工程施工组织设计、工程概预算及招投标、工程监理、建筑材料实验	可在水利水电建设集团、工程局、水利厅等企业或事业单位和其他土木工程行业从事水利水电工程的施工技术、组织管理工作	长江工程职业技术学院、重庆水利电力职业技术学院、湖南水利水电职业技术学院、南昌工学院、安徽水利水电职业技术学院、四川水利职业技术学院
水利水电工程管理	培养能从事已建水利水电工程的运行、调度、维护和管理工作的高级技术应用型专门人才	水力学、工程水文、水利工程测量、电气设备与水力机械、水工建筑物、水利工程施工技术、水库调度及运行管理、水工建筑物检查与观测、水工建筑物养护与维修	可从事水利水电工程的运行、调度、维护和管理工作	长江工程职业技术学院、山西水利职业技术学院、福建水利电力职业技术学院、广西水利电力职业技术学院
水利水电建筑工程	培养掌握水利水电工程建设施工的基本知识和技术，具备中小型水利水电工程施工和组织管理能力的高级技术应用型专门人才	水利工程制图及 CAD、水利工程测量、工程力学、水力学、土力学与工程地质、建筑材料、建筑结构、水文及水利电力规划、水工建筑物、农田水利学、城乡供水、水电站与水泵站、水利工程施工、无损检测技术、水利工程造价与招投标、水利工程经济	可从事中小型水利水电工程勘测设计、施工组织设计、土石方施工、地基处理、水利工程建设监理、河道整治、防洪抢险以及水工建筑物的检测、检修及维护等技术和管理工作	浙江水利水电学院、黑龙江农业职业技术学院、长江工程职业技术学院、重庆水利电力职业技术学院、福建水利电力职业技术学院、甘肃建筑职业技术学院、湖南水利水电职业技术学院
机电排灌工程技术	培养能从事灌溉与排水工程勘测、规划、设计、施工及运行管理工作的高级技术应用型专门人才	水利工程测量、水力学、工程水文、建筑结构、土壤与农作、水工建筑物、水泵与水泵站、水利工程施工技术、灌溉与排水、节水灌溉技术、治河与防洪	可在各区县的水务系统、农田水利灌排系统及施工监理单位从事城乡防洪、排涝、蓄水、供水、用水、节水等技术和管理工作	重庆水利电力职业技术学院、新疆石河子职业技术学院
港口航道与治河工程	培养能从事港口航道与治河工程的勘测、施工及技术管理工作的高级技术应用型专门人才	工程测量、水力学、工程水文、土力学、建筑材料、建筑结构、航道工程、港口工程、治河与防洪、工程施工、测量实习、水力设计、土力学综合试验	可从事港航工程勘测、施工与技术管理、治河工程的施工与技术管理、防洪工程的施工与技术管理等工作	河北工程技术高等专科学院、江西交通职业技术学院、广东水利电力职业技术学院、重庆水利电力职业技术学院

续表

专业	教育目标	课程设置	就业发展方向	专业优势院校
水务管理	培养能从事城乡防洪、排涝、蓄水、供水、用水、节水、水环境保护、污水处理等涉水事务一体化管理工作的高级技术应用型专门人才	工程测量、水利工程经济、水环境评价与保护、城乡供排水工程管理、水政与水法、水处理及水质测试技术、管理学基础与管理心理学、水利工程概论、计算机网络技术	可从事城乡防洪、排涝、蓄水、供水、用水、节水、水环境保护及污水处理等技术和管理工作	重庆水利电力职业技术学院、新疆轻工职业技术学院、山东水利职业学院、北京农业职业学院、河北工程技术高等专科学校、黄河水利职业技术学院、湖北水利水电职业技术学院

第三节　水利水电设备类

专业	教育目标	课程设置	就业发展方向	专业优势院校
水电站动力设备	培养能从事水电站动力设备的安装与检修、运行与维护、动力设备选择设计工作的高级技术应用型专门人才	工程制图、工程测量、机械设计基础、工程力学、工程地质与土力学、电机技术、自动控制技术、水轮机、抽水蓄能技术、水利水电工程施工、水轮机调节及机组辅助设备	可在水电工程建设单位及大中型水电(泵)站、变电站、水力发电设备制造企业、水利水电管理等单位从事水电站动力设备的安装、检修、调试、运行、维护及技术改造工作	重庆电力高等专科学校、贵州电力职业技术学院、福建水利电力职业技术学院、湖南理工职业技术学院、广西电力职业技术学院、四川电力职业技术学院
水电站电气设备	培养具有较强的水电站电气设备安装与检修、运行与维护能力的高等技术应用型人才	工程制图、工程测量、机械设计基础、工程力学、工程地质与土力学、水工建筑物、水轮机、水电站电气部分、抽水蓄能技术、水利水电工程施工、水轮机调节及机组辅助设备	可在水电工程建设单位、大中型水电（泵）站、变电站、水力发电设备制造企业、水利水电管理等单位从事水电站电气设备的安装、检修、调试、运行、维护及技术改造工作	湖北水利水电职业技术学院
水电站运行与管理	培养既具备专业知识又具有操作技能，能胜任水电站第一线工作要求的高技能型专门人才	水力学、工程力学、电机技术、自动控制技术、水能利用及水电站建筑物、水工建筑物、水轮机	可在中型水电(泵)站、变电站从事水电站日常管理工作	四川电力职业技术学院
水利机电设备运行与管理	培养能从事机电排灌工程施工、运行和管理工作的高级技术应用型专门人才	水力学、机械制图、电工电子技术、机械制造基础、机械设计基础、电机学、水泵与水泵站、泵房辅助设备及自动化、泵站机组安装检修运行管理	可在水利、农业、给排水部门及大中型机电排灌站从事机电设备选型、配套、施工、安装、检修和运行管理工作	山西水利职业技术学院

第四节 水土保持与水环境类

专业	教育目标	课程设置	就业发展方向	专业优势院校
水土保持技术	培养能从事水土保持工程项目前期工作，能够编制水土保持方案、实施水土保持预防监督与行政执法和进行水土保持科学实验的高级技术应用型专门人才	水利工程测量、应用遥感、土壤学基础、树木学、土壤侵蚀原理、水土保持工程设计、水土保持林草、水土保持规划、水土保持方案编制、水土保持信息与流域管理	可在国土资源、水利、农业、林业、环境保护等部门从事水土保持与荒漠化防治的规划、设计、施工及森林生态环境建设工作	山西水利职业技术学院、辽宁水利职业学院、河南水利与环境职业学院、广西水利电力职业技术学院、四川水利职业技术学院
水环境监测与治理	培养能从事城镇水污染防治、水污染控制和水资源的监测、保护与治理工作的高级技术应用型专门人才	流体力学、分析化学、仪器分析、环境微生物学、环境质量评价、环境管理、化工原理、给排水工程、水处理工程、现代环保技术与设备、分析化学综合实验、仪器分析综合实验、环境微生物综合实习、环保监测实训、环境监测综合实验、水处理设计、污染源调查	可在流域水质质量管理机构、环保部门、工矿企业及污水处理、污染防治单位或环保公司从事水环境监测、分析、防治等工作	苏州农业职业技术学院、重庆水利电力职业技术学院

第十九章　装备制造大类

第一节　机械设计制造类

专业	教育目标	课程设置	就业发展方向	专业优势院校
机械设计与制造	培养具有计算机辅助设计能力，能从事机械设计与制造，可胜任设备的生产、维护调试和管理工作要求的高级技术应用型专门人才	力学、机械工程、工程力学、机械制图、机械设计基础、电工与电子技术、微型计算机原理及应用、机械工程材料、制造技术基础	可在机械制造领域从事CAD/CAM设计、制造及设备管理工作，也可在机电部门从事高级职业技术工作	陕西航空职业技术学院、重庆工业职业技术学院、辽宁工程职业学院
机械制造与自动化	培养掌握现代机械制造及其自动化的基础理论和专业技能，能从事现代机械制造设备的简单设计、改造、安装、调试、使用、维护及技术管理工作的高级技术应用型专门人才	机械制图、机械设计基础、电工与电子技术、液压与气动、机电传动、机床电气控制、机械制造基础、数控编程及加工、机床数控技术、机电设备使用与维修、自动化制造系统	可从事机械产品的设计和加工及机电设备的安装、调试、维护维修与管理岗位或机电设备的销售和技术服务岗位，以及数控编程与加工和数控设备的使用、维护、维修和技术管理岗位的工作	黑龙江工业学院、成都工业学院、南通科技职业学院、山西工程技术学院、陕西航空职业技术学院
数控技术	培养掌握数控原理、数控编程和数控加工等方面的专业知识及操作技能，能从事数控程序编制、数控设备的操作、调试、维修和技术管理工作的高级技术应用型专门人才	机械制图、机械设计基础、机械制造基础、机械专业英语、液压与气压传动、电工电子技术、数控原理与系统、高等数学、数控加工工艺与编程、机械加工工艺与装备、机床故障诊断与维修、UG设计与制造、质量管理	可在在机械、模具、电子、电气、轻工等行业从事产品设计与加工、数控编程、数控机床操作、数控常用CAM软件多轴加工、数控设备调试与维修等工作	成都工业学院、齐齐哈尔工程学院、黑龙江信息技术职业学院、重庆机电职业技术学院、郑州电力高等专科学校

续表

专业	教育目标	课程设置	就业发展方向	专业优势院校
精密机械技术	培养掌握精密机械制造的基础理论和专业知识，能够进行设备的测量控制和维护管理的高级技术应用型专门人才	机械设计基础、电工与电子学、互换性和技术测量、微机原理与应用、传感器、信号分析与处理、控制工程基础、工程光学基础、精密机械与仪器设计、精密机械制造工艺学、精密测量与控制	可在机械和设备制造、电子工程和电子工业等行业工作，也可就职于需要使用汽车和航空制造技术、自动化技术、机器人技术、微型和精密仪器技术的企业	江苏信息职业技术学院、杭州科技职业技术学院、武汉工程职业技术学院、陕西工业职业技术学院
特种加工技术	培养具有各类测试设备的使用操作能力，能从事产品理化测试、工业分析、产品质量检测与企业质量管理工作的高级技术应用型专门人才	机械工程基础、电路分析基础、公差与配合、模拟电子技术、数字电子技术、光电子学、激光技术应用、激光加工设备、数控机床及使用维修、数控编程、Pro/E 软件	可从事光电子领域内的光电产品研发、生产、制造、光电设备的安装调试以及机光电产品的操纵、维修与服务等工作	武汉软件工程职业学院、武汉船舶职业技术学院、湖北开放职业学院
材料成型与控制技术	培养掌握材料成型加工理论与应用能力，能从事热加工常用技术的工艺编制与实施、设备选用、质量检测及车间管理等工作的高级技术应用型专门人才	机械制图、机械加工基础、机械工程材料、材料成型原理、焊接技术、铸造成型与控制、合金熔炼与铸造设备、热处理技术、热处理质量监测与控制、材料成型检测技术	可在企业生产中从事材料成型与控制技术的应用与管理工作，如材料成型领域中的工艺规程设计、工艺装备设计、材料成型设备操作、材料成型设备维护与维修、生产组织与管理等工作	陕西航空职业技术学院、重庆工业职业技术学院、郑州职业技术学院、辽宁机电职业技术学院、石家庄科技工程职业学院
金属材料与热处理技术	培养能从事金属材料和零部件的常规热处理生产操作、工艺开发、力学性能检测及金相分析、热处理设备使用及维护、生产管理与组织工作的高级技术应用型专门人才	机械制图、机械工程基础、热加工基础、金属材料学、热处理原理及工艺、热处理车间设备、金相检验、机械制造基础、企业管理、环境保护概论	可在机械制造业及相关的航空航天、汽车、轻工、仪表、冶金等工程领域从事热处理操作、工艺开发、生产调度、设备维护、材料检验分析及营销等工作	陕西航空职业技术学院、沈阳航空职业技术学院、湖南有色金属职业技术学院、渤海船舶职业学院、武汉工程职业技术学院
铸造技术	培养掌握铸造工艺，熟悉与铸造相关的质量体系和质量方法，能从事各种铸造技术工作的专业人才	机械制图及 CAD、工程力学、工程材料及热处理、机械设计基础、铸造合金及其熔炼、铸件形成理论、铸造工艺学、锻压生产管理与质量管理	可到汽车制造、钢铁等重工业企业工作	四川工程职业技术学院、福建船政交通职业学院

续表

专业	教育目标	课程设置	就业发展方向	专业优势院校
锻压技术	培养掌握锻压工艺，能从事各种锻压技术工作的专业人才	机械制图及CAD、工程力学、工程材料及热处理、机械设计基础、金属塑形成型基础、锻压设备、锻造工艺与锻模设计、冲压工艺与冲模、模具CAD/CAM、锻压生产管理与质量管理	可在汽车制造及钢铁类的重工业企业等工作	四川工程职业技术学院、福建船政交通职业学院
焊接技术与自动化	培养掌握自动化及智能化焊接技术，能从事各种焊接技术的工艺编制、实施、质量检测和技术管理工作的高级技术应用型专门人才	金属学热处理、焊接冶金学、焊接电源、焊接结构及变形处理	可在工业企业从事焊接工艺的编制与实施、焊接夹具设计、焊接质量的检验与分析、焊接工艺实验以及焊接设备管理等工作	南昌航空大学、湖北汽车工业学院、陕西工业职业技术学院、兰州石化职业技术学院、河南机电高等专科学校、黑龙江职业学院
机械产品检测检验技术	培养具有现代机械质量管理与检测的基本理论和专业技能，具有创新精神和实践能力的高素质应用型技术人才	机械制图、机械制造基础、几何量公差、几何量精度检测、机械工程检测技术、质量管理学、可靠性工程基础、ISO9000标准、质量认证与认可、误差理论基础与数据处理、质量管理的法律法规	可在大中型企业及质量技术监督局、产品质量监督检验所等单位从事产品检测检验、品质控制、信息化管理、计量器具管理、维护与校准、企业标准化管理与质量认证等方面的工作	浙江水利水电学院、陕西国防工业职业技术学院、湖南财经工业职业技术学院、湖南三一工业职业技术学院、吉林科技职业技术学院、安徽机电职业技术学院
理化测试与质检技术	培养具有使用操作各类测试设备的能力，能从事产品理化测试、工业分析、产品质量检测与企业质量管理工作的高级技术应用型专门人才	电工电子技术、机械性能试验、金属材料与热处理、化学分析、食品及药品检测、工业分析技术、射线检测、声学检测、表面检测、电磁检测、计量技术、ISO基础知识、质量管理、计算机高级程序设计	可在工业企业从事焊接质量分析与检测、检测工艺的编制与实施以及检测设备的安装、调试与维修和焊接质量检测技术更新与设备改造工作，也可从事生产和技术管理工作	陕西航空职业技术学院、渤海船舶职业学院、四川工程职业技术学院、南京信息职业技术学院、常州机电职业技术学院
模具设计与制造	培养熟悉模具加工工艺，能从事相关制作及维修工作的高级技术应用型专门人才	机械制图、机械设计基础、工程材料与热处理、数控技术、模具制造技术、塑料模具工艺与塑料模具设计、冲压工艺与冲模具设计、塑料成型机械、模具CAD/CAM、模具价格估算	可在机械、电子、电器、轻工、塑料等行业从事模具设计、制造、维修以及模具设备的安装、调试、维护与管理工作	黑龙江工业学院、成都工业学院、重庆科技学院、四川理工学院、西安航空学院

续表

专业	教育目标	课程设置	就业发展方向	专业优势院校
电机与电器技术	培养掌握电机与电器技术的基本理论和专业技能，能从事电机电器及相关系统设计、调试、维护及技术管理工作的高级技术应用型专门人才	电工电子技术、电机与电器制造工艺、机械设计、电气控制技术、电机与电器测试技术、控制电机、微机原理及应用、计算机辅助电机与电器设计、计算机网络	可在电机、电器相关制造企业的产品设计、生产、管理及技术服务部门从事企业电机电器设备运行、检测与维护工作	郑州职业技术学院、河南机电高等专科学校、湖南机电职业技术学院、江西工业职业技术学院
电线电缆制造技术	培养能在电线电缆生产企业一线从事设备运行、生产工艺编制与管理、原材料、半成品与成品的检验、质量控制等工作的高素质技能型专门人才	机械制图、计算机绘图、电磁场、电工基础、机械基础、电缆化学、电缆材料、电缆测试技术、电缆质量管理、电缆设计、电缆工艺、通信电缆与光缆、电缆机械、电缆厂电气设备与控制系统	可在电线电缆制造企业从事电线电缆生产操作、加工工艺编制、质量检验及质量控制、电线电缆设计、电线电缆生产设备维修等工作	河南机电高等专科学校、哈尔滨职业技术学院、辽宁装备制造职业技术学院、苏州健雄职业技术学院
内燃机制造与维修	培养具有内燃机制造、运行、维护、试验知识及现场管理能力的高等技术应用型专门人才	工程制图、机械设计基础、机械制造基础、船舶内燃机使用与维修、内燃机制造工艺学、内燃机装配调试工艺、船舶动力装置及安装工艺、内燃机测试技术、船舶管路系统、船舶辅机、轮机自动化	可在油田、柴油机厂、汽车厂、汽车发动机厂及内燃机、拖拉机制造厂和维修厂及相关企业从事内燃机及相关机械的运用、制造、维修、测试、检验等方面的工作	江苏海事职业技术学院、承德石油高等专科学校
机械装备制造技术	培养掌握识图、绘图技能，具备机械设备设计、制造、装配、检测等实用能力的高端技能型专门人才	机械制图、机械工程材料、机械制造技术、电工电子技术、公差配合与技术测量、数控技术、液压与气动技术、作业机械总装与调试、柴油机总装与调试、农机底盘总装与调试	可在机械装备制造企业从事机械设备加工、装配、管理与维护、产品销售等工作	黑龙江农业工程职业学院、黑龙江农垦科技职业学院、甘肃畜牧工程职业技术学院、安徽扬子职业技术学院
工业设计	培养掌握现代工业设计基础理论，具有工艺技术美学知识，能熟练运用计算机进行工业产品工艺设计和视觉传达设计的应用型高级专门人才	工程制图、机械设计基础、材料与工艺、工程力学、设计表现技法、计算机辅助设计、工业设计工程基础、人机工程学、展示设计、视觉传达设计、文字与标志设计、设计方法学、模型制作、产品造型设计	可在家电制造类企业的产品设计开发部门从事产品开发、设计工作，或在各专业产品设计公司从事专业设计工作	安徽三联学院、焦作大学、洛阳理工学院、广东工贸职业技术学院

续表

专业	教育目标	课程设置	就业发展方向	专业优势院校
工业工程技术	培养掌握机械制造、电气控制、生产管理和质量监控的知识，操作技能娴熟，具有良好的生产组织和质量管理能力，能从事汽车、工程机械、电气设备等机电产品的制造、生产组织、质量管理等专业技术工作的技管结合的高端技能型人才	机械制图及测绘、机械结构设计与改造、机械制造技术、数控编程与操作、机械设备拆装与检修、电工电子及应用、电机及机床电气控制系统、PLC及变频控制技术、生产计划与控制、机电产品质量检验与控制	可在汽车、机械、装备制造等行业从事汽车、工程机械、电气设备等机电产品的制造、生产组织、质量管理等专业技术工作，具体包括机床操作员、设备管理员、工艺员、质检员、电工、品保工程师、体系专员等	广西电力职业技术学院、宁波职业技术学院

第二节　机电设备类

专业	教育目标	课程设置	就业发展方向	专业优势院校
自动化生产设备应用	培养能从事自动化生产设备的控制系统设计、制造、调试、维护和管理工作的高级技术应用型专门人才	电工与电子技术、机械基础、自动化设备检测技术、电气控制技术、单片机接口技术、液压与气动技术、机电设备控制线路与应用、典型自动化设备应用技术、PLC应用实训、气动生产线综合实践	可在机械、纺织、电子、食品、冶金、轻工等行业从事气动液压设备和生产线的安装、调试、运行、维护、维修与检测工作，也可从事自动化生产设备的应用技术开发、引进、改造等领域的管理工作	陕西国防工业职业技术学院、重庆化工职业学院、辽宁机电职业技术学院、昆明工业职业技术学院、无锡职业技术学院
机电设备安装技术	培养掌握本专业必需的基本理论知识，具有设备制造、安装、调试、管理、设计能力的应用型专门人才	机械制图及CAD、电工电子技术、工程力学、机械工程材料、化工单元操作与工艺、化工机械制造技术、腐蚀与防护、机械设计基础、工业设备安装技术、起重机械与吊装技术、化工管道工程、安装焊接、施工组织与管理、安装工程概预算、设备管理	可在机械制造与安装、石油、轻工等行业从事工业设备、机械或装置的安装、调试及大型设备吊装计算、方案编制和施工组织、工业管道施工和设计制作等工作	河北化工医药职业技术学院

续表

专业	教育目标	课程设置	就业发展方向	专业优势院校
机电设备维修与管理	培养掌握机电设备维修与管理知识和专业技能的专门人才	工程力学、电工学、电子电器应用、金属材料及热处理、机械设计制造、模具设计、制造钳工艺、可编程序控制器、机床数控技术及应用、通用机械设备、机器测绘技术、机械设备维修工艺学、数控机床故障诊断与维修、计算机辅助设备管理、机电工程安装管理与实务	可从事机电设备生产线的调试、运行、点检、维护、维修、管理工作,也可以从事机电产品的营销与技术服务等与机电技术应用相关的工作,如生产线技术操作员、生产设备管理员、项目施工管理员、方案技术员	南京科技职业学院、陕西航空职业技术学院、重庆机电职业技术学院、广东理工学院
数控设备应用与维护	培养掌握本专业的基本理论技能,能从事数控设备的应用和管理、数控机床的编程和操作等工作的高级技术应用型专门人才	数控机床与操作、数控编程与工艺、CAD/CAM 应用、数控机床维修、数控 PMC 编程与调试、数控电气控制	可从事数控设备的生产、调试、维护及管理等工作及数控设备的保养、维修和设备管理工作,也可从事数控机床的安装、调试及设备改造工作或数控机械产品制造部门的生产、管理、销售工作	陕西航空职业技术学院、重庆工业职业技术学院、黑龙江职业学院、西安职业技术学院、南通理工学院
制冷与空调技术	培养制冷与空调行业生产第一线需要的高等技术应用型专门人才	工程制图、热工基础、流体力学、泵与风机、制冷原理与设备、空气调节原理与设备、制冷工艺设计、制冷与空调自动化、制冷与空调工程、计算机辅助设计(CAD)	可在制冷空调工程公司、冰箱空调制造企业及大型制冷空调设备设施单位从事现场设计与施工管理、设备运行维护、工艺员、生产管理、质量检验、产品性能试验、销售及维修等技术和管理类的工作	重庆机电职业技术学院、江苏经贸职业技术学院、山东商业职业技术学院、安徽工业职业技术学院
光电制造与应用技术	培养掌握光电产品的加工工艺、装校工艺及其应用方法,具有较强的岗位实践能力和适应能力,满足光学、光电产品制造行业在满足生产、建设、服务和管理等岗位第一线需要的高技能应用型人才	光学技术基础、电路基础、电子技术基础、光学零件加工及特种加工技术、光学装配与校正、光学测量、光电检测技术、传感器技术	可在光学行业、光电行业、光纤通信行业的光学产品加工、光电仪器装配与调校、光电检测技术等岗位从事光学元件及光电产品的生产、开发、技术服务和经营管理等工作	河南工业职业技术学院、中山火炬职业技术学院、重庆电子工程职业学院

续表

专业	教育目标	课程设置	就业发展方向	专业优势院校
新能源装备技术	培养掌握风力发电设备的制造、安装、调试、维护方法和风电场的运行、维护、检修、管理技能，能从事风力发电设备的制造、安装、调试、维护工作和风电场的运行、维护、检修、管理工作的高端技能型专门人才	电力电子器件的应用、继电控制系统的分析与制作、可编程控制技术的应用、风力发电机组的机械装配、风力发电机组电气系统的安装与调试、风电机组检测与控制、风电机组的维护与保养	可从事风力发电设备或机电设备的制造、安装、调试工作和风电场的运行、维护、检修等工作	湖南电气职业技术学院、江西新能源科技职业学院

第三节 自动化类

专业	教育目标	课程设置	就业发展方向	专业优势院校
机电一体化技术	培养能从事机电一体化设备的使用和技术管理工作的高级技术应用型专门人才	电工与电子技术、可从事机械制造技术、液压与气动技术、机电设备控制技术、数控加工工艺与编程、微机原理及应用、可编程控制器、测试技术、数控机床故障诊断与维护	可从事机械制造工艺设计与实施、工装设计与实施、机电一体化设备的管理和维护、数控机床的编程和操作等工作	黑龙江工业学院、成都工业学院、重庆航天职业技术学院、陕西航空职业技术学院
电气自动化技术	培养掌握电气自动化专业的基本理论和知识、技能，能从事工业电气控制设备及系统的安装、设计、调试、维护及技术管理工作的高级技术应用型专门人才	电工基础、电子技术、电机拖动基础、电力电子技术、工厂供电技术、工厂电气控制技术、自动控制系统、单片机与接口技术、PLC技术应用、检测技术、计算机控制技术	可在钢铁、化工、尖端制造、港口、发电等类型的现代化企业从事自动化控制系统及设备的安装、调试、运行、维修、维护、机电技术管理和施工管理等工作	太原学院、成都工业学院、西安航空学院、广州航海学院、南京科技职业学院、陕西航空职业技术学院
工业过程自动化技术	培养掌握过程控制技术基础知识和技能，能从事工业生产过程检测和电气自动化系统的性能分析、设计、调试和安装维护工作的高级技术应用型专门人才	自动控制原理及应用、计算机控制技术、自动化仪表应用技术、PLC可编程序控制应用技术、工厂电气控制技术、集散控制系统控制技术应用、电工技术应用、电子电路应用技术、化工单元操作技术、机械制图、小型自动控制系统安装与调试	可在电力、冶金、石油、化工、制糖、造纸、水泥等行业从事工业过程检测仪表、自动控制装置、管线、阀门的安装、维护、检修工作及工业过程控制系统的投运、维护、管理、系统集成及组态调试等工作	南京科技职业学院、重庆化工职业学院、郑州电力高等专科学校、贵州工业职业技术学院、西安交通工程学院、浙江机电职业技术学院

续表

专业	教育目标	课程设置	就业发展方向	专业优势院校
智能控制技术	培养面向自动化系统工艺实施及安装调试维护、小型智能控制系统集成、自动化产品销售等岗位，具有一定实际工作能力的高端技能型专门人才	电工技术基础、电机及拖动系统、自动检测与转换技术、工厂电气控制设备、PLC应用技术、运动控制系统安装调试与运行、单片机应用技术、智能化仪器及应用、智能检测传感技术、小型智能控制系统集成、智能传感网络实施	可在物联网智能控制设备制造与应用企业从事智能控制系统的工艺实施、智能控制系统的安装调试等工作	无锡职业技术学院
工业网络技术	培养掌握计算机与工业网络技术，能在生产企业从事工业控制计算机的选型、安装、应用开发工作，熟悉工业网络操作和维护流程的高级技术应用型专门人才	通信原理、数字信号处理、自动控制原理、计算机控制技术、计算机安全技术、计算机网络技术、工业网络技术、工业控制机	可从事工业网络系统的安装、调试、维护及应用工作，或从事化工生产与控制、仪表测量、过程自动化、化工操作等工作，也可从事信息系统开发及应用、网络管理等相关工作	北京电子科技职业学院、广东交通职业技术学院、山西工程职业技术学院、江西应用工程职业学院
工业自动化仪表	培养能从事工业自动化仪表的装配、检定、安装、调试、操作、维护等工作的高端技能型人才	电工基础、电子技术、机械制图、仪表机构零件、检测技术及仪表、单片机接口技术、C51程序设计、控制仪表与系统、智能仪表	可在仪表生产企业从事装配、检定、销售等工作，或在仪表应用企业从事仪表安装、调试、操作、维护等工作	辽宁机电职业技术学院、河北化工医药职业、青海柴达木职业技术学院、承德石油高等专科学校
液压与气动技术	培养能从事机械、液压、气动设备的安装、调试、维修保养等技术管理工作，具有设计一般机械、液压、气动系统的能力的高级技术应用型专门人才	机械制图、工程力学、流体力学、机械设计基础、电工与电子技术、机械制造技术基础、液气压传动与控制、电液比例及液压伺服系统、液压与气动设备的故障诊断、现代化设备的控制系统	可从事液压与气动设备的安装、调试、维修及生产设备的技术改造工作，或可从事液压与气压系统分析、故障排除工作及液压与气动产品的设计、开发、生产工作及机电产品管理工作	陕西航空职业技术学院、湖北工程职业学院、河北工业职业技术学院、昆明工业职业技术学院
电梯工程技术	培养掌握本专业必备的基础知识与技能，具备电梯施工、安装、维保、调试、电梯工程项目管理等专业知识和核心职业技能，熟悉国家特种设备法律法规并具备行业职业资格，有一定的专业拓展和创新能力的高素质技术技能型专门人才	电工电子技术与技能、电机与电气控制、可编程控制器(PLC)、电梯的结构原理与设计、电梯安装调试与工程管理、电梯检验与维修保养、电梯生产与质量管理、楼宇设备自控系统	可在电梯公司、建筑工程公司、市政工程公司、轨道交通公司从事维保技术员的工作，并能胜任调试员、资料员、安全员等岗位的要求	重庆机电职业技术学院、广东工程职业技术学院、四川建筑职业技术学院、济南职业学院

续表

专业	教育目标	课程设置	就业发展方向	专业优势院校
工业机器人技术	培养能在生产一线从事工业机器人及其相关机电设备的安装、编程、调试、运行维护和设备管理工作的高端技能型专门人才	机器人机械系统、机器人控制技术、机器人视觉与传感技术、工业机器人应用与编程、现场总线技术及其应用	可在机器人及其关联设备的制造企业从事机器人及其相关机电设备的应用、编程、调试和系统集成等工作	长春汽车工业高等专科学院、无锡职业技术学院、湖北三峡职业技术学院、湖南工业职业技术学院、广东机电职业技术学院

第四节　铁道装备类

专业	教育目标	课程设置	就业发展方向	专业优势院校
铁道机车车辆制造与维护	培养掌握本专业基础理论知识、技术应用能力强、综合素质高，能从事动车组关键零部件加工、动车组组装、机械维修、技术管理工作的高端技能型专门人才	机械制图及计算机绘图、零件几何精度设计与检测、电工电子技术、零件结构与设计、高速铁路概论、动车关键零部件数控加工编程、动车组工程、动车组制造工艺、动车组装备、动车机械设备维修、PLC应用技术、现代设备管理	可在动车组生产企业、装备制造企业、机电行业及其相关行业从事机械设备的设计、生产、安装、调试工作，也可从事车辆零部件制造、车辆安装调试、车辆机械维修、机械产品质量检测等工作	河北轨道运输职业技术学院、重庆工业职业技术学院
铁道通信信号设备制造与维护	培养掌握轨道交通信号设备制造知识，具有较强的设备制造能力和综合维护技能的高素质技能型专门人才	铁道概论、铁路信号基础、计算机网络、车站信号自动控制、区间信号自动控制、GSM-R系统、驼峰信号自动控制、列车调度指挥系统、铁路信号设计与施工、微机监测、列车运行自动控制系统、铁路信号业务管理	可在铁路、城市轨道交通生产一线从事信号设备的施工、维护、维修及一般的信号工程设计等工作	武汉铁路职业技术学院
铁道施工和养路	培养掌握铁道施工、监理、维修、管理等方面的基础知识及操作技能，能从事铁路线路建设和管理等一线岗位工作的高素质技术应用型人才	工程制图、工程测量、铁路线路、铁路桥涵、铁路隧道、施工组织设计与预算、高速铁路、新型轨道结构、施工企业管理	可在铁路线路、桥梁、隧道和高速铁路的勘测设计部门从事工程项目的施工组织和技术引进工作	重庆铁路运输高级技工学校、包头铁道职业技术学院

第五节　船舶与海洋工程装备类

专业	教育目标	课程设置	就业发展方向	专业优势院校
船舶工程技术	培养掌握船舶驾驶和运输等方面的基础理论和基本技能,符合国际或国家颁布的相关职业标准要求,能从事海洋船舶驾驶工作的高级技术应用型专门人才	工程力学、船体结构与制图、船舶电工基础、船舶与海洋工程材料、船舶原理、船舶焊接工艺、船舶设计基础、船舶CAD/CAM、专业英语、造船生产设计、船舶建造工艺、船舶舾装工程基础、船舶检验	可在大中型造船企业和船舶设计、船舶检验企业或事业单位从事船舶工艺技术的操作、建造、修理、检验、生产组织管理等工作	广州航海学院、山东水利职业学院、渤海船舶职业学院、大连航运职业技术学院
船舶机械工程技术	培养获得过工程师基本训练,能从事现代化船舶机电设备的设计、制造、维修、检验及其工程管理工作及造船、修船、船检和航运企业的机务管理工作的高级工程技术人员	工程材料及其工艺学、互换性及测量技术、轮机热工基础、机械原理、机械设计、船舶柴油机、船舶辅机、船舶动力装置设计、船机维修技术、船机制造工艺	可在船舶检验、船舶制造与维修企业从事船舶机电设备检验、安装、使用、调试和维修及技术管理等工作	大连航运职业技术学院、天津海运职业学院、广州航海学院、浙江国际海运职业技术学院、南通航运职业技术学院、浙江交通职业技术学院
船舶电气工程技术	培养具备船舶电气控制系统设计、电气设备安装与调试、工艺管理等方面的专业知识与技能的应用型专门人才	变流与变频应用技术、单片机应用技术、可编程序控制器应用技术、船舶电站、船舶电力拖动	可在船舶修造企业从事船舶供配电、船舶电力拖动、船舶电气自动控制等系统的安装、调试、维护工作	大连装备制造职业技术学院、江苏海事职业技术学院、浙江国际海运职业技术学院、威海职业学院、烟台职业学院、广东交通职业技术学院
船舶舾装工程技术	培养能从事船舶舾装作业的高级应用型技术人才	工程力学、机械设计基础、电工学与工业电子学、船舶焊接、船体结构与制图、船舶原理、造船材料与涂装技术、船舶设计、船体建造工艺、船舶内装工程、船舶甲板舾装工程、造船生产设计、造船CAD/CAM	可在船舶舾装、船体监造与船舶检验等领域从事船体、舾装与涂装的生产设计、生产组织与管理等工作	南通理工学院、浙江国际海运职业技术学院、威海职业学院、南通航运职业技术学院
船舶涂装工程技术	培养掌握船舶涂装工艺的评估、规划、编制方法,能对船舶的涂装工作进行计划、控制和监督的技术人员	船舶结构设计、涂料与涂装技术、船舶结构与设备、涂装工、腐蚀与防护、涂装材料、船舶管系、涂料工业、初级船舶除锈涂装工工艺学	可在造船厂、涂装工程公司从事涂装生产设计、生产组织与管理工作	福建省船舶工程技术学校

续表

专业	教育目标	课程设置	就业发展方向	专业优势院校
游艇设计与制造	培养具备游艇的设计、建造、修理能力及生产组织与管理能力，能胜任游艇总体设计与性能计算、游艇结构设计、游艇舾装设计、游艇建造及FRP船厂生产组织和管理等工作的高端技能型专门人才	船体识图与制图、游艇材料与工艺、游艇制造工艺、游艇概论、船艇结构与强度规范设计、游艇美学与人机学（内饰）、游艇设备与系统、游艇CAD、游艇设计、造船专业英语	可成为游艇造型设计员、游艇制造技术员、工艺员、施工管理员、质量检验员、游艇驾驶员等	九江职业技术学院
海洋工程技术	培养能从事海洋工程装备和船舶制造、修理、生产设计与管理等工作的高素质技术技能型专门人才	船体识图与制图、海洋平台结构与制图、海洋平台与船舶焊接工艺、船舶与海洋工程涂装技术、船体放样、船体加工与装配、海洋工程结构物制造技术、船体强度与结构设计、船体生产设计、海洋平台生产设计、海洋平台与船舶检验、船舶与海洋平台设备与系统、船舶与海洋工程行业英语	可在大型海洋工程装备建造基地和造船企业、修船企业、船舶与海洋工程设计所、海事局、船级社及船舶与海洋工程装备配套厂等从事海洋平台及船体放样、加工、装配、检验、生产设计、生产组织与管理等工作	武汉船舶职业技术学院、江苏海事职业技术学院、南通航运职业技术学院、青岛远洋船员职业学院
船舶通信与导航	培养掌握本专业知识与技能，能够在船舶通信导航领域工作的复合型技术人才	船舶计算机网络、航海雷达、电航仪器、导航定位系统、通信电子线路、船舶电站、卫星定位与导航、海洋管理信息系统	可在造船企业、修船企业、船舶与海洋工程设计所、海事局等从事相关工作	青岛远洋船员职业学院、武汉船舶职业技术学院
船舶动力工程技术	培养掌握现代船舶动力系统的结构、原理和性能，能保证船舶正常航行并完成各种作业的高级技能专业人才	船舶动力系统、船舶动力装置设计、船舶动力学基础、船舶电力系统、船舶操纵、船舶管路系统、船舶动力定位、船舶辅机	可从事船舶设计、管理、使用和维修工作	福建省船舶工程技术学校、渤海船舶职业学院

第六节　航空装备类

专业	教育目标	课程设置	就业发展方向	专业优势院校
飞行器制造技术	培养掌握机械制造及飞机制造技术专业的基础理论知识，能从事飞机制造领域内的设计、制造、试验和管理工作的高级技术应用型专门人才	现代制图、工程力学、航空工程材料、公差配合与测量技术、飞机构造、机械设计基础、机械制造工艺学、机床夹具设计、飞机零件加工与成型工艺、机械加工设备、液压传动、制图测绘	可在航空制造企业从事机械加工设备操作、机械产品装配、机械加工工艺规程的编制和工装设计、飞机零件的数控加工编程等工作	西安航空学院、陕西航空职业技术学院、沈阳航空职业技术学院、成都航空职业技术学院、张家界航空工业职业技术学院、上海民航职业技术学院

续表

专业	教育目标	课程设置	就业发展方向	专业优势院校
飞行器维修技术	培养掌握飞机各系统组成和工作原理，能从事飞机的接收检查、分解、总装与调试工作及飞机外场机械的调试与维护、飞机修理技术文件的编制工作的高素质技术技能型人才	人为因素、航空法规、质量管理、机械制图与CAD、机械设计基础、电工与电子技术、液压传动与控制、空气动力学与热工基础、飞机构造与系统、飞机机体修理、飞机附件修理	可在空军航空修理工厂、飞机制造厂、民用航空公司、民用飞机维修公司工作	江苏工程职业技术学院、滨州职业学院、许昌职业技术学院、长沙航空职业技术学院、广州民航职业技术学院
航空发动机制造技术	培养掌握航空发动机构造和工作原理等必备的基础理论知识和专业知识，具有航空发动机制造能力的应用型专门人才	航空发动机工装制造、航空发动机特种加工、计算机应用、机械制图与CAD、机械设计基础、电工与电子技术、微机原理与应用、航空发动机原理、航空发动机构造与强度、航空发动机自动调节原理	可在航空发动机企业从事航空发动机制造工作	长沙航空职业技术学院、张家界航空工业职业技术学院
航空发动机装试技术	培养掌握航空发动机装配与试车理论知识及操作技能，能胜任现代化生产要求的高等技术应用型专门人才	机械设计基础、航空材料、公差配合与测量技术、航空液压技术、航空电工电子技术、航空概论、飞机结构学、机械CAD技术、航空发动机结构及原理、航空发动机装配工艺、航空发动机试车工艺、航空发动机试验与检测技术、航空发动机新技术	可在航空发动机企业从事航空发动机的装配与试车工作，也可以在机械产品设计、技术引进、技术开发和试验研究领域从事技术工作	张家界航空工业职业技术学院
航空发动机维修技术	培养掌握航空发动机维修必备的专业知识，熟悉航空发动机的构造和工作原理，具有航空发动机维护和修理能力的高等技术应用型专门人才	计算机应用、机械制图与CAD、机械设计基础、电工与电子技术、微机原理与应用、航空发动机原理、航空发动机构造与强度、航空发动机自动调节原理和航空发动机修理	可在空军航空发动机修理工厂、民用航空飞机维修公司和航空发动机维修公司从事航空发动机的修理、装配和试车工作及航空发动机的故障诊断和排故工作	长沙航空职业技术学院
飞机机载设备制造技术	培养掌握飞机机载设备相关的关键制造技术，能确保完成飞行任务、作战任务，保证飞行员及机载成员安全的专门人才	机械基础、机械设计基础、电子技术基础、空气动力学、机械制图与CAD、飞机结构学、飞行控制、机载设备制造	可成为航空工程技术人员、航空产品装配及调试人员、仪器仪表装配人员	长沙航空职业技术学院
飞机机载设备维修技术	培养掌握与飞机机载设备相关的关键维修技术的高技能人才	机械基础、机械制图与CAD、飞机结构学、航空材料、机载设备修理	可成为航空产品的装配、调试人员	长沙航空职业技术学院

续表

专业	教育目标	课程设置	就业发展方向	专业优势院校
航空电子电气技术	培养具备电子设备的使用、安装、调试、运行和维修能力及PCB板的设计与制作能力，具有一般电子产品的初步设计能力的专门技术人才	电工技术、模拟与数字电子技术、高频电子技术、微处理器的应用与实践、电视原理与技术、新型总线技术、电子测量与仪表、检测与传感技术、PCB设计与生产、电子产品分析与制作、数字系统设计与可编程器件	可在航空电子等产业从事飞机航电系统的检查与维修工作	长沙航空职业技术学院、天津开发区职业技术学院
航空材料精密成型技术	培养掌握机械加工技术和模具制造技术的高技术人才	航空精密锻造、航空精密铸造、航空复合材料成型、航空产品3D打印	可成为机械热加工人员、机械冷加工人员、工装工具制造加工人员	西安航空学院、成都航空职业技术学院、陕西省示范性高等职业院校
无人机应用技术	培养掌握无人机的制造、操控、修理知识及技能的高素质技能型人才	机械基础、电子技术基础、空气动力学、专业英语、遥控技术、飞机原理与构造、无人机构造与制作、无人机修理	可在国土局、测绘局、建设局、设计院、科研单位等从事无人机的制造、操控、维修工作，具体岗位包括机械师、技术员、操控师等	天津现代职业技术学院、长沙航空职业技术学院、西安航空职业技术学院
导弹维修	培养适应现代导弹维修企业生产、管理第一线需要，具有导弹维修必备的基础知识，具有较强的导弹维修技能的高等技术应用型专门人才	导弹的控制和制导、引信原理、导弹的构造、导弹修理技术	可在导弹维修企业、导弹制造厂和研究院所从事导弹部、附件的分解、性能测试、修理、装配和调试工作，或从事导弹测试设备的开发和使用等工作	长沙航空职业技术学院

第七节　汽车制造类

专业	教育目标	课程设置	就业发展方向	专业优势院校
汽车制造与装配技术	培养能从事现代汽车制造及零部件加工、汽车装配调试工作，具备从事计算机辅助设计、数控编程、产品质量检测等生产现场控制岗位能力的专业人才	机械制图、工程材料与成型工艺基础、机械设计基础、电工电子基础、汽车结构、汽车制造工艺学、汽车维修、汽车检测技术、汽车电子技术	可在汽车制造企业从事汽车制造与装配技术工作	湖北工业职业技术学院、长春汽车工业高等专科学校、河南机电高等专科学校、扬州市职业大学、济宁职业技术学院、北京现代职业技术学院、沈阳职业技术学院

续表

专业	教育目标	课程设置	就业发展方向	专业优势院校
汽车检测与维修技术	培养具备初步的汽车设计能力，能从事汽车制造、检测、维修、营销、管理、服务等工作的应用型、复合型工程技术人才	汽车概论、汽车构造、汽车电子电器设备、汽车检测与维修、汽车服务、汽车运用、汽车美容、发动机原理与汽车理论、汽车设计、汽车检测与故障诊断技术、汽车维修技术及设备、汽车发动机电控技术、汽车电器与电路、汽车营销管理学	可在汽车制造厂、汽车改装厂及汽车维修企业从事汽车检测、维修、营销等技术和管理工作	山东现代学院、齐齐哈尔工程学院、青海交通职业技术学院、黑龙江职业学院、重庆工程职业技术学院
汽车电子技术	培养能从事各类机动车电器与电路的运行、调试、维修与技术管理等工作的高级技术应用型专门人才	机械设计基础、发动机原理与汽车理论、电工技术、电子技术、汽车电子控制技术、汽车性能与实验、汽车运用与维修、机械设计基础课程设计、汽车拆装、汽车修理、汽车性能实验、汽车电子控制部件检测与调试	可在汽车制造、汽车维修和汽车电子控制部件制造部门从事汽车电子技术的检测、实验、维修与技术服务工作	浙江水利水电学院、山东现代学院、重庆交通职业学院、青海交通职业技术学院、西安汽车科技职业学院、南通理工学院
汽车造型技术	培养具有专业知识，能够对汽车工业产品进行形体塑造制作的高技术专业人才	设计概论、结构素描、视觉传达设计、立体构成、色彩构成、汽车构造、手工造型基础、机械识图、产品工学基础、表现技法、产品设计、计算机辅助设计基础、汽车模型制作与技法、汽车车身设计与工艺	可在汽车制造企业或汽车产品设计部门从事对汽车外形、内饰及车身附件等汽车产品进行形体塑造和制作工作	长春汽车工业高等专科学校
汽车试验技术	培养具备汽车性能试验与评价验证技术的专业人才	汽车使用与维护、汽车构造、汽车发动机电控技术、汽车底盘电控技术、汽车电气系统检修、汽车总线技术、汽车发动机原理、汽车理论、汽车试验技术、信号采集与数据处理、汽车标准与法规	可在汽车研发技术中心、汽车整车及零部件制造企业从事汽车整车性能试验、汽车道路试验、汽车发动机试验、汽车总成性能试验、汽车电器试验、出厂检验等工作	长春汽车工业高等专科学校
汽车改装技术	培养能从事各类机动车的改装设计、改装、维修与技术管理工作的高级技术应用型专门人才	汽车制造基础、机械与汽车设计基础、发动机原理与设计、汽车改装技术、汽车电器与电子控制技术、汽车构造、汽车力学、多种燃料发动机、金工实习、课程设计、汽车拆装	可从事汽车改装设计与制造、汽车检测与管理工作	重庆机电职业技术学院、郑州电子信息职业技术学院、四川汽车职业技术学院、西安汽车科技职业学院

续表

专业	教育目标	课程设置	就业发展方向	专业优势院校
新能源汽车技术	培养能在新能源汽车售后技术服务和管理单位的生产、服务一线从事新能源汽车维修、检测、管理等工作的应用型高技能专门人才	汽车构造（电气、底盘、发动机）、汽车专业英语、汽车电工与电子技术、电动汽车检修、混合动力汽车构造与检修、新能源汽车材料、汽车检测与故障诊断技术、汽车营销实务、商务礼仪	可到汽车制造厂、汽车4S店、汽车检测站、汽车运输管理等部门从事技术与管理工作，或可从事汽车销售、汽车定损与保险理赔等相关工作	长春汽车工业高等专科学院、江西新能源科技职业学院、山东交通职业学院、烟台汽车工程职业学院、湖南机电职业技术学院、广东工程职业技术学院、广州科技职业技术学院

第二十章　生物与化工大类

第一节　生物技术类

专业	教育目标	课程设置	就业发展方向	专业优势院校
食品生物技术	培养能在食品生物领域从事生产与技术管理工作的高级技术应用型专门人才	化学基础、微生物学基础、食品工程原理、生物工艺学、食品生物技术、酿酒工艺、酿造食品工艺、酶制剂、食品检验技术、化学分析技能鉴定、微生物培菌工技能鉴定、酿造工技能鉴定、食品检验工技能鉴定、综合实训	可在食品生物技术应用领域的工程技术与管理部门工作	黑龙江生物科技职业学院、福建农业职业技术学院、甘肃农业职业技术学院、江西生物科技职业学院、江苏食品药品职业技术学院
化工生物技术	培养掌握生物化工专业必需的基础理论知识和技能，能从事生物化工产品的生产、检验分析、技术改造和生产管理等工作的高级技术应用型专门人才	无机化学、有机化学、分析化学、物理化学、生物化学、微生物学、发酵工艺学、生物制药技术、生化分离工程、工业发酵分析、化工原理、生物化工设备、氨基酸工艺学、酿造酒工艺学、酶制剂及应用、专业英语	可在生物化工、医药、精细化工等企业从事生物化工产品生产、检验、技术改造和生产管理等工作	湖北理工学院、南京科技职业学院、贵州工业职业技术学院、河南化工职业学院、河北化工医药职业技术学院
药品生物技术	培养掌握生物技术及应用专业必需的基础理论知识和技能，能从事生物技术产品在药物领域的开发应用、检验分析、技术监督、生产管理等工作的高级技术应用型专门人才	药学、药剂学、药物动力学、药物分析、微生物学、细胞生物学、动物生理学、生物进化、生物化学、分子生物学、基因工程、细胞工程、微生物工程、生化工程、发酵工程设备	可在医药工业、环境保护、生物化工等领域及相关科研院所和大专院校的实验工厂工作	黑龙江工业学院、南京科技职业学院、黑龙江农业职业技术学院、辽宁职业学院
农业生物技术	培养掌握生物技术及应用专业必需的基础理论知识和技能，能从事生物技术产品在农业领域的开发应用、检验分析、技术监督、生产管理等工作的高级技术应用型专门人才	农学、植物生理与生物化学、农业生态学、微生物学、细胞生物学、遗传学、植物学、生态学、植物生理学、生物化学、分子生物学、基因工程、细胞工程、微生物工程、生化工程、发酵工程设备	可在环境保护、生物化工行业和食用菌工厂、花卉苗木公司、食品发酵公司或植物与细胞组织培养领域工作	河南牧业经济学院、南通科技职业学院、黑龙江林业职业技术学院

续表

专业	教育目标	课程设置	就业发展方向	专业优势院校
生物产品检验检疫	培养掌握工业分析与检验专业必需的基础理论知识和技能，能从事工业原料及产品化学成分、结构分析及污染监测等工作的高级技术应用型专门人才	物理化学、电化学分析、色谱分析、光学分析、波谱分析、现代分析技术、电工电子技术基础、分析仪器与技术、计算机在分析检测中的应用、数理统计在分析检测中的应用	可在工业类企业从事原料及产品的化学成分、结构分析及污染监测等工作	兴安职业技术学院

第二节　化工技术类

专业	教育目标	课程设置	就业发展方向	专业优势院校
应用化工技术	培养掌握化学工程与工艺专业必需的基础理论知识和技能，能从事化工生产运行、技术开发、生产技术管理等工作的高级技术应用型专门人才	无机化学、有机化学、分析化学、物理化学、环境化学、化工制图、化工原理、化工热力学、化工设备机械基础、仪器分析、无机化学工艺、有机化学工艺、电工学、反应工程、CAD机械制图	可在化工、炼油、冶金、轻工、医药、环保行业和军工部门从事生产运行、技术开发、生产技术管理等工作	兰州文理学院、南京科技职业学院、南通科技职业学院、青岛职业技术学院、陕西能源职业技术学院、陕西国防工业职业技术学院
石油炼制技术	培养掌握炼油技术专业必需的基础理论知识和技能，能从事炼油生产运行、技术改造与生产技术管理等工作的高级技术应用型专门人才	物理化学、化工原理、化工机械与设备、电工电子技术基础、石油炼制工艺及设备、炼油过程自动化、集散控制系统、课程设计、机泵拆装	可在石油炼制企业从事生产运行、技术改造及生产技术管理等工作	辽宁石化职业技术学院、湖南石油化工职业技术学院、山东化工职业学院、兰州石化职业技术学院
石油化工技术	培养掌握石油化工生产技术专业必需的基础理论知识和技能，能在石油化工生产第一线从事生产、技术、管理等工作的高级技术应用型专门人才	有机化学、物理化学、化工原理、化工分离工程、化工分析技术、石油炼制工程、石油化工工艺	可在石油化工、石油炼制、有机化工、精细化工等相关企业从事生产、技术、管理等工作	新疆工程学院、陕西国防工业职业技术学院、银川能源学院、重庆能源职业学院、辽宁石化职业技术学院、湖南石油化工职业技术学院、扬州工业职业技术学院
高分子合成技术	培养掌握高聚物生产技术专业必需的基础理论知识和技能，能从事高聚物生产工艺、技术改造和生产管理工作的高级技术应用型专门人才	有机化学、无机化学、分析化学、物理化学、化工原理、高分子化学及物理、有机化工工艺学、化工企业管理、高聚物生产技术、聚合物成型工艺、化学反应工程、化工专业英语	可在塑料、橡胶、化纤等高分子材料生产企业从事生产运行、产品质量监控测试及生产技术管理等工作	南京科技职业学院、湖南化工职业技术学院、常州工程职业技术学院、四川化工职业技术学院、兰州石化职业技术学院

续表

专业	教育目标	课程设置	就业发展方向	专业优势院校
精细化工技术	培养掌握精细化学品生产技术专业必需的基础理论知识和技能,能在精细化学品开发与应用技术领域从事生产、技术、管理等工作的高级技术应用型专门人才	无机及分析化学、有机化学、物理化学、化工单元操作、化工仪表及自动化、精细化学品化学、精细化学品检验技术、精细合成化学、精细化工工艺、日用化学品工艺、涂料化学与工艺学、化工安全技术	可在精细化工、医药化工、高分子化工、石油化工等相关企业从事生产、技术、管理等工作	兰州文理学院、南京科技职业学院、陕西国防工业职业技术学院、银川能源学院、重庆化工职业学院、辽宁石化职业技术学院、贵州工业职业技术学院
海洋化工技术	培养具有海洋化工生产、检测、质量控制基础知识和岗位操作技能,能够到化工、炼油、轻工、食品、生物、医药、环保、能源等部门从事化工产品生产、分析检测、质量控制、经营管理、新产品研发及销售等工作的高端技能型人才	化工单元操作、化工设备、化工仪表及自动化、海洋化学、药物化学、海洋技术概论、石油加工生产技术、海洋化工实训	可从事石油存储—冶炼—初级有机化工—精细化工产业群和海藻、海洋药物等精细化工产业群的工作	青岛职业技术学院、日照职业技术学院、青岛求实职业技术学院
工业分析技术	培养掌握工业分析与检验专业必需的基础理论知识和技能,能从事工业原料及产品化学成分、结构分析及污染监测等工作的高级技术应用型专门人才	物理化学、分析化学、电化学分析、色谱分析、光学分析、波谱分析、现代分析技术、电工电子技术基础、分析仪器与技术、仪器分析、计算机在分析检测中的应用、数理统计在分析检测中的应用	可在化工、环保、石油、轻工、医药、冶金、地质、建材等部门从事分析检验工作及实验室的组织管理工作,或从事分析方法的选择、改进和制订等科研工作	兰州文理学院、南京科技职业学院、陕西国防工业职业技术学院、银川能源学院、重庆工业职业技术学院、辽宁石化职业技术学院
化工装备技术	培养掌握化工设备维修技术专业必需的基础理论知识和技能,能从事化工机械设备的设计、制造、运行、维修及管理工作的高级技术应用型专门人才	化工制图、工程力学、机械基础、机械制图与CAD技术、机械工程材料、电路与电机拖动、电工电子技术、化工原理、化工单元操作技术、化工仪表及自动化、化工机械制造、化工容器及设备、化工机器、化工设备腐蚀防护、化工机械故障诊断、化工安全技术、化工设备使用与维修、过程设备管理	可在化工及化工机械制造企业从事技术管理、设备维护、产品开发等工作	四川化工职业技术学院、湖南化工职业技术学院、重庆化工职业学院、辽宁石化职业技术学院

续表

专业	教育目标	课程设置	就业发展方向	专业优势院校
化工自动化技术	培养能将计算机技术和自动化技术应用于油田行业的高级技术应用型专门人才	计算机原理及应用、计算机软件技术基础、过程工程基础、自动控制理论、信号与系统分析、过程检测及仪表、计算机网络、过程控制、运动控制、计算机控制系统、系统工程导论、油矿地质、油层物理、油田化学	可在石化企业、飞机场、炼油厂、油田、铁路从事油田自动化的工作	辽河石油职业技术学院
涂装防护技术	培养能从事汽车、摩托车等工业产品的表面涂装和工程材料表面处理工作的高级工程技术应用型人才	高等数学、基础英语、程序设计语言、物理学、机械制图、金属学、涂装化学基础、金属腐蚀原理、电镀技术、表面处理工艺、涂料制造工艺学、金属防锈工艺、涂装新工艺技术、涂料三废处理、涂装生产管理、耐蚀非金属材料	可在汽车、摩托车、船舶、航空、机器设备制造、家电、轻工、仪表、建材、冶金、机械、化工等行业从事涂装、电镀、表面强化处理的技术工作和研究工作	四川化工职业技术学院、湖南化工职业技术学院、扬州工业职业技术学院
烟花爆竹技术与管理	培养能在花炮生产与经营行业及其质量检测部门工作的高级技能应用型专业人才	花炮原材料、花炮原理、花炮工艺、花炮配方、花炮标准与检测、花炮制作、音乐焰火燃放、市场营销、花炮英语、国际贸易、企业管理	可在花炮生产与经营企业及花炮质量检测部门工作	长沙职业技术学院、湖南安全技术职业学院
煤化工技术	培养具有选煤、炼焦、化产一体的煤化工生产技术理论基础和专业知识，掌握较强的岗位操作技能，具有技术应用能力，能够成为煤化工企业中的各项施工技术负责人，或从事实验室建设、材料应用、质量监控、生产与安全管理等工作的中高级技术人才	无机与分析化学、有机化学、化工原理、化学反应工程、化学分离工程、煤化学及分析检验、煤炭汽化技术、合成氨尿素生产技术、甲醇/二甲醚生产技术、煤炭液化技术、煤焦油深加工技术、化工分析检验、化工安全生产及化工设备维护、化工过程控制及仪表、质量管理基础	可在煤化工企业从事炼焦煤化工和轻体建筑材料等项目的设计、施工工作，也可在各类煤化工实验室从事实验技术管理工作	山西轻工职业技术学院、大同煤炭职业技术学院、重庆工程职业技术学院、陕西能源职业技术学院

第二十一章 轻工纺织大类

第一节 轻化工类

专业	教育目标	课程设置	就业发展方向	专业优势院校
高分子材料加工技术	培养能在高分子材料成型加工领域从事技术开发、工艺、设备与模具的设计、操作、维护与保养，生产与经营管理等工作的高级技术应用型专门人才	材料科学与工程基础、高分子化学及物理学、机械制造原理、高分子合金设计与制备、高分子材料成型原理、高分子材料成型机械、模具工程、高分子材料加工新技术、模具CAD/CAE/CAM、高分子材料加工工程专业实验、高分子材料成型装备控制技术、高分子结构与性能、计算机三维实体造型技术、先进复合材料	可在塑料及橡胶加工业、建材业、包装业、家电行业从事高分子材料成型加工技术与管理工作	广东轻工职业技术学院、安徽职业技术学院、成都纺织高等专科学校、吉林工业职业技术学院、常州工程职业技术学院
制浆造纸技术	培养掌握制浆造纸必需的基础知识和专业技能，能在现代造纸企业的生产、管理和服务一线从事制浆造纸等工作的高级技术应用型专门人才	植物纤维化学、制浆工艺、制浆造纸分析与检测、制浆造纸设备、加工纸工艺及设备、造纸厂仪表自动化、制浆造纸环境保护、制浆造纸企业管理	可在与制浆造纸工程相关的设计院、研究所、公司及生产企业等从事工艺设计、科学研究、教学、生产过程控制、设备安装、新产品开发等工作	湖北轻工职业技术学院、江西工业职业技术学院、安徽职业技术学院、广西工业职业技术学院
香料香精工艺	培养掌握香料、香精工艺的基础知识和技能，能从事香料合成、香精调配及日用化工品的生产、应用工作，能从事新产品开发及生产技术管理工作的高级技术应用型专门人才	香料分析、香料生产过程及设备、香料基础知识、合成香料工艺、常用合成香料产品制备、香精调配技术、加香产品工艺、天然香料及其加工、香料分析与检测技术、香料生产设备工艺设计	可在香料合成、天然香料加工、日化产品、香烟、食品、洗涤剂等生产企业从事香料香精生产、调香加香、新产品开发及生产技术管理等工作	天津渤海职业技术学院

续表

专业	教育目标	课程设置	就业发展方向	专业优势院校
表面精饰工艺	培养掌握表面精饰工艺基本原理与技能,能从事表面精饰工艺的操作、技术改造、工艺设计及生产技术管理工作的高级技术应用型专门人才	金属学、电工电子技术、电化学测量、电镀工艺学、电镀层性能测试技术、电镀车间工艺设计、高分子与涂料、金属腐蚀与防护、涂装工艺技术、涂料与涂膜性能测试、三废处理、金工实习、电镀实习、镀层及涂膜性能测试、腐蚀测量与控制技术	可在机械、电子仪器仪表、轻工、冶金、航空航天、汽车制造等类型的企业从事产品表面电镀与涂装工艺的操作、技术开发与生产技术管理等工作	江门职业技术学院
家具设计与制造	培养具有良好的审美能力、家具设计和生产制作能力,能在家具企业第一线从事现代生产技工、设计师助理工作,具备营销与管理能力的专门人才	设计表达、透视与制图、CAD、Photoshop、人体工程学、家具设计、家具生产工艺	可成为家具企业设计人员、家具企业生产管理人员、家具企业商务人员(兼工程配套设计工作)	黑龙江林业职业技术学院、辽宁林业职业技术学院、福建林业职业技术学院、四川现代职业学院、江苏农林职业技术学院
化妆品技术	培养具有化妆品配方的设计、生产、检验、管理、销售等化妆品专业的基本理论知识与操作技能的高素质技能型专门人才	化妆品原料、化妆品配方设计与制备工艺、洗涤剂配方与生产技术、香精香料应用技术、微生物检验技术、化妆品质量检验技术、化妆品生产质量管理、化妆品安全与有效评价、化妆品管理与法规、化妆品市场营销	可在化妆品企业从事化妆品的配方研发、生产管理、分析检验、质量管理、市场营销等工作	河北化工医药职业技术学院、江苏城市职业学院、浙江医药高等专科学校、福建生物工程职业技术学院、广东食品药品职业学院
皮革加工技术	培养掌握皮革制作各个工序的作用原理、基本理论、操作方法和控制条件等相关专业知识的专门人才	皮革工艺、制革工艺学、现代皮革加工技术、皮革生产的理论与技术、皮革化工材料、皮革工程、染整工程、皮革加工工艺与设备	可在皮革制品企业、皮革制品研究单位从事皮革的加工工作	湖南科技职业学院
皮具制作与工艺	培养具有本专业所需的基本理论和相关知识,熟练掌握本专业的设计技巧,熟悉皮革制品企业的管理流程,具有一定的经营管理、市场营销能力的高级专业人才	速写、皮革制品表现技法、电脑辅助设计、皮革制品图案设计、鞋楦与鞋底设计、皮鞋结构设计、皮鞋工艺、运动鞋结构设计、运动鞋工艺、箱包结构设计、箱包工艺、皮革服装设计、皮革服装制版与制作、服装 CAD、市场营销	可在皮革制品企业、皮革制品研究单位、外贸公司从事皮革制品的设计、经营管理、质量检控、市场营销等工作	湖南科技职业学院、内蒙古商贸职业学院、烟台职业学院

续表

专业	教育目标	课程设置	就业发展方向	专业优势院校
鞋类设计与工艺	培养在鞋靴样板、鞋靴产品设计开发、皮鞋工艺和鞋靴生产技术管理及营销等方面具有较强能力的创新型、应用型的高技能人才	鞋类素描、构成、鞋类图案、鞋靴色彩设计、鞋靴皮具效果图、鞋靴款式构成、鞋靴设计、制鞋材料、鞋楦设计、皮鞋结构设计与样板、皮鞋工艺、成鞋检测、制鞋 CAD、photoshop 鞋图处理、箱包设计与制作、鞋业企划、鞋业营销、鞋业管理	可成为鞋靴或箱包产品的设计师、美工师、板师以及设计助理、鞋类或箱包跟单员、电脑图像处理与配色人员、QC 人员，也可在企业从事产品营销、生产管理等工作	浙江工贸职业技术学院、成都纺织高等专科学校、山东轻工职业学院、重庆工贸职业技术学院
乐器制造与维护	培养掌握必需的文化知识和乐器制造、维护的专业知识，能在国内外乐器制造厂家工作的高等技术应用型人才	钢琴演奏与音色、音乐欣赏、钢琴制造概论、数控机床操作、钢琴调律、钢琴整音、钢琴调律与维修、机械制图、钢琴结构与组装工艺、钢琴木材与涂装工艺、音乐声学基础、钢琴演奏、中外音乐简史、合唱指挥	可在国内外乐器制造厂家、商家从事乐器制造与维护工作	宁波职业技术学院
陶瓷制造工艺	培养具备扎实的陶瓷基础知识，掌握陶瓷制造工艺的专门人才	中外陶瓷史、陶瓷造型基础、装饰基础、陶瓷材料工艺学、陶瓷工艺及设备	可在陶瓷、工艺美术研究部门及陶瓷工厂从事制造工作	景德镇陶瓷学院

第二节　包装类

专业	教育目标	课程设置	就业发展方向	专业优势院校
包装工程技术	培养能从事包装印刷、包装材料及设备的选用、质量检测、技术管理工作的高级技术应用型专门人才	包装概论、印刷色彩、包装工艺、包装印刷、包装材料与加工、包装印刷设备、包装测试、包装印刷实训	可在各类包装企业及商品生产、流通领域从事包装技术工作	成都工业学院、黑龙江林业职业技术学院、重庆轻工职业学院、河南机电职业学院
包装策划与设计	培养能从事现代包装设计、包装印刷工作的高级技术应用型专门人才	包装概论、印刷色彩、包装印刷、平面设计、包装装潢设计、包装结构设计、包装测试、包装设计、包装印刷实训	可在各类包装企业及商品生产、流通领域从事包装策划与设计工作	成都工业学院、黑龙江林业职业技术学院、重庆轻工职业学院、河南机电职业学院
包装设备应用技术	培养掌握不同的包装设备新技术，能够提升包装设备自动化水平的高技能专门人才	包装工艺技术与设备、包装设备与工艺、包装工艺、包装测试、包装设备应用	可在各类包装企业、商品生产和流通企业从事包装设备应用技术工作	重庆轻工职业学院

续表

专业	教育目标	课程设置	就业发展方向	专业优势院校
食品包装技术	培养掌握各种食品包装技术的专业技能型人才	食品包装技术、食品包装、包装概论、食品质量与安全、食品保藏技术、食品质量管理、包装质量检测和技术管理	可在各类包装企业、食品生产企业从事食品包装的研究及管理工作	河北交通职业技术学院、河南机电职业学院、广东轻工职业技术学院、重庆轻工职业学院

第三节　印刷类

专业	教育目标	课程设置	就业发展方向	专业优势院校
数字图文信息技术	培养在印刷图文信息处理及制作方面具有创新精神和实践能力，基础理论知识扎实、技术应用能力强、知识面较宽、素质高的高级技术应用型人才	色彩原理与应用、印刷图像处理、计算机图形制作、排版技术、数字印前工艺、色彩控制与管理、数字工作流程	可在专业电脑制版公司、印务公司、出版社、报社、广告公司、杂志社、网络公司、文化传播公司等从事计算机图像处理、计算机排版、印前图文制作、网页制作、印版制作、印前工艺设计与管理等工作	上海出版印刷高等专科学校、陕西经济管理职业技术学院、重庆轻工职业学院、辽宁机电职业技术学院、贵州轻工职业技术学院
印刷设备应用技术	培养能从事印刷机械电子设备的维护管理、自动控制、营销推广工作的高级技术应用型专门人才	平版印刷机及其操作、印后加工设备与工艺、包装设备与工艺、印刷机安装、调试、维护、印刷设备管理	可成为印刷设备销售及售后服务员或印刷设备的安装、调试、维护与管理员	郑州职业技术学院、湖南都市职业学院、江西传媒职业学院、武汉信息传播职业技术学院
印刷媒体设计与制作	培养掌握艺术设计专业的基础知识，具有较好的艺术修养、审美素质和良好的实际操作技能，能从事涉及出版物及印刷品的平面设计工作，如装帧设计、期刊与样本设计、纸制品设计、包装设计、招贴设计等多方位工作的复合型、应用型设计类人才	印刷媒体工艺与实训、书籍装帧与样本设计项目实训、纸制品设计项目实训、系列包装设计项目实训	可在出版社、报社、期刊杂志社、包装印刷企业、设计与广告公司、企业或事业单位的媒体宣传部门或机构从事平面设计工作	上海出版印刷高等专科学校

续表

专业	教育目标	课程设置	就业发展方向	专业优势院校
印刷媒体技术	培养能从事现代印刷工艺的设计操作、印刷生产组织实施、印刷产品质量检测控制工作的高级技术应用型专门人才	印刷工程、计算机科学与技术、信息与通信工程、材料科学与工程、机械工程、颜色科学与技术、信息获取与输出技术、印前处理原理与技术、印刷原理与工艺、信息记录材料与技术、显示材料与技术、印刷材料与适性、计算机图形学、数字图像处理、数字内容管理、页面描述语言、计算机集成印刷系统、印刷设备、信息与信息编码、通信与信息系统	可在印刷技术、印刷物资、出版等行业的现代印刷工艺设计与管理等部门工作	成都工业学院、河南工程学院、重庆轻工职业学院、贵州轻工职业技术学院、广东理工学院
数字印刷技术	培养具有国际化视野、扎实的专业理论知识，熟练掌握数字信息处理方法、数字印刷生产工艺及控制、管理技术，适应生产、管理、服务岗位的工作需要的高端技能型人才	静电照相印刷、喷墨印刷、数字印刷质量评价、可变数据印刷、数字资产管理、数字印刷工业应用	可在印刷、包装、数字出版、数字媒体、数据处理、数字制造等相关行业工作	上海出版印刷高等专科学校、安徽新闻出版职业技术学院、江西传媒职业学院、湖北科技职业学院

第四节　纺织服装类

专业	教育目标	课程设置	就业发展方向	专业优势院校
现代纺织技术	培养能从事纺织产品的开发工作及车间工艺技术、设备管理、运转操作管理、质量管理与监测工作与纺织品营销工作的高级技术应用型专门人才	机械基础、AutoCAD、纺织材料、纺纱工艺、机织工艺针织工艺、织物组织与结构、织物CAD、纺织工艺设计、纺织厂空气调节、专业英语、纺织认识与运转实习、纺织设备维护实习、织物试织实习	可在纺织品生产企业、纺织品检测机构和纺织品流通领域的产品设计、生产技术管理、产品检测与监控和纺织品营销部门工作	苏州经贸职业技术学院、江西工业职业技术学院、浙江纺织服装职业技术学院、济南工程职业技术学院
丝绸技术	培养能从事丝绸的生产管理、织造设备的维护与管理、生产工艺设计与管理工作，具有丝绸产品的设计与开发、质量检验、面料分析能力的高级技术应用型专门人才	机电基础、丝绸化学、纺织材料、制丝工艺与设计、丝绸工艺与设计、织物组织学、丝绸织品的开发与设计、纹织CAD、品种设计、成品分析与检验、丝绸生产工艺设计、丝绸厂设计、织机维护	可在丝绸技术领域从事技术与管理工作	山东轻工职业学院

续表

专业	教育目标	课程设置	就业发展方向	专业优势院校
染整技术	培养能在企业生产一线从事染整产品的工艺设计、生产运行、质量控制工作及企业管理等工作,能应用现代加工技术解决染整实际问题的高级技术应用型专门人才	英语、计算机应用基础、染整化学基础、染整化工基础、纤维化学与物理、染整工艺学、染整设备、染整助剂、国际贸易实务、染整专业英语、测色配色、印染厂设计	可从事染整产品的研发设计、生产技术管理工作,也可在各类染化料精细化工公司从事技术服务、技术推广和营销工作,或在纺织品贸易公司从事面料采购和产品跟单等工作	苏州经贸职业技术学院、江西工业职业技术学院、浙江纺织服装职业技术学院、济南工程职业技术学院、广东职业技术学院、江苏工程职业技术学院
纺织机电技术	培养能从事新型纺织机电设备的操作、维护管理及传统纺织设备改造工作的高级技术应用型专门人才	工程制图、机械基础、电机与控制单片机技术、调速系统、气动技术、液压与传动技术、传感器与检测技术、新型纺织设备与工艺、纺织设备机电一体化技术、纺织设备管理、计算机制图实训、维修电工实训、机械拆装与设计	可从事新型纺织设备的运行、维护管理工作及传统纺织设备和技术的改造工作以及普通机电设备的检修、维护、改造等工作	苏州信息职业技术学院、浙江纺织服装职业技术学院、广东职业技术学院、江苏工程职业技术学院、山东科技职业学院
纺织品检验与贸易	培养掌握纺织品检验与贸易知识,具有较强的纺织品检验能力和经营能力,能从事纺织品检验与经营工作的高级技术应用型专门人才	英语与专业英语、高等数学、数理统计、办公自动化、电工技术、电子商务、棉纺机织概论、纺织染整工艺学、国际纺织品标准、纤维检测、纱线检测、织物检测、服装质量检测、非织造布与检测、国际贸易实务、纺织品检验学、市场营销	可在出入境检验检疫局、技术质量监督局、海关、中外纺织品服装检测公司、纺织服装贸易公司、纺织服装生产企业从事纺织品及服装检测(纺织原料检测、纺织染整试化验、纺织品性能检测、生态纺织品/服装检测)工作和纺织品与服装贸易、生产等工作	苏州经贸职业技术学院、福建对外经济贸易职业技术学院、江西工业职业技术学院、浙江纺织服装职业技术学院、济南工程职业技术学院
纺织品设计	培养具有纺织品艺术设计的基本理论知识和应用技能,具有国际化视野和创新能力,能从事艺术设计及相关工作的应用型高级专门人才	纺纱工艺与设备、机织工艺与设备、纺织厂空调、织物组织设计及 CAD、纺织新料与纺织新技术、纺织品服用性能	可在纺织行业从事产品开发、工艺设计和实施、成品检测、生产操作、技术管理和设备维护等工作	济南工程职业技术学院、山东科技职业学院、山东轻工职业学院、安徽职业技术学院、陕西工业职业技术学院、常州纺织服装职业技术学院

续表

专业	教育目标	课程设置	就业发展方向	专业优势院校
家用纺织品设计	培养具有较强的艺术理解能力和家纺印花及织花纹样设计、面料艺术设计、配饰产品设计的能力，能从事家用纺织品的艺术设计、产品开发、面料生产工艺设计、产品营销与品牌创意及相关管理工作的高端技能型人才	家纺艺术设计、绣花款式设计与制版、印花面料设计、提花面料设计、室内纺织品配套设计、家纺设计与市场开发	可在家纺、面料、花型设计等企业工作	江苏工程职业技术学院、济南工程职业技术学院
纺织材料与应用	培养具备设计开发新型服装材料的能力，融艺术设计与技术新于一体的应用型专门人才	计算机应用基础、电脑美术设计、纺织品图案设计、纺织品色彩设计、服用材料学与性能检测、纺织生产过程、服用面料功能设计与新型面料、印染与织物后处理、针织原理、针织面料设计、服用面料风格设计、纹织与纹织 CAD、纺织品生产过程见习、机织小样制作、针织小样制作、服装结构设计、服装工艺设计	可在纺织、针织、印染、服装等行业工作	成都纺织高等专科学校
针织技术与针织服装	培养能从事针织面料设计、针织服装设计、针织服装样板设计、针织服装的制单、跟单、报价、检验工作及服装 CAD 辅助设计、服装生产管理等工作的高级技术应用型专门人才	纺织材料、针织工艺(纬编)、针织工艺(经编)、服装 CAD、针织缝纫工艺、针织服装设计、针织认识运转实习、服装制图与制作、成衣基础工艺、针织内衣工艺实训、羊毛衫生产实训	可从事针织面料与针织服装的生产技术与管理工作	江西工业职业技术学院、浙江纺织服装职业技术学院、无锡工艺职业技术学院、成都纺织高等专科学校、广东职业技术学院
服装设计与工艺	培养掌握服装设计工艺的基本理论与技能训练能力，能从事服装设计、服装工艺、服装产品开发等方面的工作，适应现代服装工业要求的高级服装专业人才	服装结构制图与样板、服装制作与工艺、立体裁剪、时装画、服装设计、商品企划、服装生产技术管理、服装市场营销、服装 CAD	可在服装企业从事样板设计、生产、技术管理、质量管理等工作	苏州职业大学、济南工程职业技术学院、江苏工程职业技术学院、山东科技职业学院、山东轻工职业学院、山东服装职业学院、常州纺织服装职业技术学院
皮革服装制作与工艺	培养具有本专业所需的基本理论和相关知识，熟练掌握本专业必备的设计技巧，熟悉皮革服装制作工艺及企业管理的基本流程，具有一定的经营管理能力的高级专业人才	速写、皮革制品表现技法、电脑辅助设计、皮革制品图案设计、皮革服装设计、皮革服装制版与制作、服装 CAD	可从事皮革、毛皮及其制品的加工工作，或可从事专业化设计服务工作	烟台职业学院、湖南科技职业学院、内蒙古商贸职业学院

续表

专业	教育目标	课程设置	就业发展方向	专业优势院校
服装陈列与展示设计	培养适应本专业职业岗位能力要求，在德、智、体、美等方面全面发展，具有良好的综合素质，掌握服装陈列与展示设计专业必备的理论知识，具备与专业相关的职业能力和创新意识，能独立从事服装陈列、橱窗设计工作及博览会、展览会的设计、布展、组织施工和服装营销等工作的管理与服务第一线需要的技术技能型人才	平面构成、色彩构成图案、服装设计基础、平面电脑设计、市场营销、素描、会展设计、电脑平面设计、AutoCAD、电脑三维设计	可从事博览会、展览会的服装陈列、橱窗设计、布展、组织施工和服装营销等工作	浙江纺织服装职业技术学院、无锡工艺职业技术学院、扬州市职业大学、常州纺织服装职业技术学院

第二十二章　食品药品与粮食大类

第一节　食品工业类

专业	教育目标	课程设置	就业发展方向	专业优势院校
食品加工技术	培养能从事食品生产技术管理、产品开发、资源利用、工程设计等工作的高级技术应用型专门人才	食品生物化学、食品微生物、食品分析、食品工程原理、果蔬储藏与加工工艺、畜产品加工工艺、发酵食品工艺、焙烤制品工艺、饮料工艺、食品机械与设备、电工技术	可在食品加工领域从事生产与管理工作	山东药品食品职业学院、山东职业学院、浙江医药高等专科学校、南通科技职业学院、苏州农业职业技术学院、江苏食品药品职业技术学院
酿酒技术	培养能在食品、生物制品行业从事产品的质量检验与品质控制、质量管理与监督等工作的应用型高级技术人才	分析化学、微生物学、生物化学、食品微生物检验、仪器分析、食品分析、食品质量检验、环境保护学、食品企业管理、动物性食品卫生学、食品掺伪检验、管理学	可在酒、饮料及精制茶制造行业或食品加工、生物制造、医药行业以及食品卫生监督、技术监督等单位从事产品检验、经营管理、科研等工作	河南牧业经济学院、湖北轻工职业技术学院、宜宾职业技术学院、泸州职业技术学院、山东文化产业职业学院
食品质量与安全	培养具有化学、生物学、食品质量学与安全学知识，了解食品工业生产流程，能在食品、卫生、环保、质量监督、进出口贸易等领域从事食品质量与安全的检测、评价、监控管理和科学研究等工作的高级技术和管理人才	生物学、化学、食品质量安全理论课	可在全国各级食品卫生监督部门、食品企业、社区的食品营养与安全服务部门、餐饮业及教学、科研等单位从事食品生产、食品营养与安全管理、公共营养等方面的工作	苏州农业职业技术学院、湖南食品药品职业学院、江苏食品药品职业技术学院、江苏经贸职业技术学院、浙江医药高等专科学校、山东药品食品职业学院、江苏农林职业技术学院
食品储运与营销	培养能从事食品生产加工、食品储藏与保管、食品流通与市场经营工作的高级技术应用型专门人才	食品微生物、食品分析、食品储藏与加工工艺、储运设备与维修、物流学基础、仓储与配送、商品养护技术、商品经济基础、财务与统计、市场营销、消费心理学、企业经营与管理、食品储藏与加工实习、物流生产过程模拟设计、食品经营实习	可在食品加工与储运、市场开发与销售部门工作	苏州卫生职业技术学院、江苏食品药品职业技术学院、山东药品食品职业学院

续表

专业	教育目标	课程设置	就业发展方向	专业优势院校
食品检测技术	培养熟悉现代食品的质量检验、检测、生产工艺，具有质量安全管理能力的高级应用型技术人才	食品分析、食品卫生检验、现代仪器分析、现代食品工艺、食品安全法规、食品质量管理、现代企业管理	可在海关、商检、质量监督、卫生防疫部门或现代食品企业从事食品的检测、管理、开发等工作	浙江医药高等专科学校、山东商业职业技术学院、天津开发区职业技术学院、山东畜牧兽医职业学院
食品营养与卫生	培养能在营养与食品卫生领域从事营养卫生技术、食品卫生检验技术工作，能在相关单位从事食品卫生检验、检疫的高素质技能型专门人才	医用基础化学、微生物与食品微生物、实用卫生统计学、医学基础总论、生物化学、食品化学、食品毒理学、保健品概论	可在各级医疗卫生机构、动植物检验部门、营养与食品安全服务部门、食品企业以及食品流通行业、餐饮业、教学单位等从事营养与食品卫生技术工作，也可从事食品安全检测、社区人群营养卫生管理和社区人群卫生保健工作	重庆轻工职业学院、连云港师范高等专科学校、盐城卫生职业技术学院、广西体育高等专科学校、上海震旦职业学院、重庆工贸职业技术学院、淄博师范高等专科学校、上海建峰职业技术学院
食品营养与检测	培养能从事食品营养、食品卫生检验、食品卫生质量管理等工作的高级技术应用型专门人才	食品生物化学、食品微生物、食品分析、仪器分析、食品卫生检验、食品安全、食品质量管理、食品营养、食品工艺、食品毒理学基础、食品添加剂	可在食品类企业从事食品检验监测、食品营养与开发等工作	南通科技职业学院、苏州职业大学、苏州农业职业技术学院、浙江经贸职业技术学院、扬州工业职业技术学院、江苏工程职业技术学院、山东药品食品职业学院、山东职业学院

第二节　药品制造类

专业	教育目标	课程设置	就业发展方向	专业优势院校
中药生产与加工	培养能在中药生产、检验、流通和使用领域从事中药检验、制剂、开发、临床合理用药和管理工作的高级应用型人才	中医学基础、中药方剂学、药用植物学、药理学、中药化学、药物化学、中药鉴定学	可在中药生产企业从事中药生产工艺操作、生产技术改造、原料及产品质量控制、生产技术管理及中药营销等工作	长白山职业技术学院、辽宁医药职业学院、四川中医药高等专科学校

续表

专业	教育目标	课程设置	就业发展方向	专业优势院校
药品生产技术	培养适应我国社会主义现代化建设需要，德、智、体、美全面发展，能在药品生产、检验、流通和使用领域从事药品检验、制剂、开发、临床合理用药和管理等方面工作的高级应用型人才	药理学、药物化学、微生物学、药物分析、人体解剖与生理、生物化学、生物制药工艺、药剂学、无机化学、分析化学（含仪器分析）、有机化学、物理化学（含结构化学）、化学工程基础	可在制药、生化企业和医药管理部门从事技术管理、生产、产品开发工作	南通职业大学、石家庄科技职业学院、苏州工业职业技术学院、江苏农林职业技术学院
兽药制药技术	培养掌握兽药学的基本理论和技能，能从事兽药生产、检验和新产品开发与营销工作的高级技术应用型专门人才	畜禽解剖生理、兽医微生物与药用微生物、药物化学、兽药药理、兽药制剂工艺、兽药分析与检验、饲料药物添加剂、兽药药政管理、新制剂工艺、市场营销、动物药品生产工艺、动物药品检验技术	可在动物药品的生产、检验、开发和营销部门工作	山东畜牧兽医职业学院、江苏农林职业技术学院、湖南环境生物职业技术学院
药品质量与安全	培养能从事药品开发、生产、储藏、销售、使用过程中质量检测和药品质量管理工作的技术应用型专门人才	分析化学、有机化学、药事概论、药理学、药物化学、药物分析、药剂学、药品质量管理技术、现代药剂应用技术、现代药物分析检验技术、药品生物检定技术、药物分析质量管理规范、药学微生物基础技术、现代仪器分析技术	可在药品的生产、经营企业或各级药品监督管理机构从事药品开发、生产、储藏、销售工作及药品使用过程中的质量检测和质量管理等工作	浙江医药高等专科学校、山东商业职业技术学院、天津生物工程职业技术学院、安徽中医药高等专科学校、山东畜牧兽医职业学院
制药设备应用技术	培养熟悉制药工艺，具备制药装备等专业的知识与能力，能够在制药机械和药品生产企业从事制药机械的设计、制造、维修、经营管理等工作的高级应用型技术人才	英语、高等数学、计算机文化基础、电工电子技术、机械设计基础（二）、药剂设备概论、药物制剂机械设计、药品生产过程控制、GMP 及药剂设备验证、工业制剂学	可在制药机械制造企业从事药剂设备的制造、安装、调试和维修、营销等工作，也可在药品生产企业从事药剂设备操作、维护以及设备管理等一线岗位工作	山东药品食品职业学院、重庆医药高等专科学校、上海健康医学院

第三节　食品药品管理类

专业	教育目标	课程设置	就业发展方向	专业优势院校
药品经营与管理	培养有较强的实际操作能力，能从事医药商品的购销、调储、检测、养护及质量控制工作的技术应用型专门人才	无机化学、分析化学、有机化学、物理化学、仪器分析、药物化学、药物分析、药学概论、药理学、药事管理学、经济学、经济法、会计学、企业经营与管理、医药市场营销学、市场价格学概论、现代推销技术	可在药品经营、医药经营、医药工业、医药外贸等企业或部门工作	苏州卫生职业技术学院、盐城卫生职业技术学院、山东药品食品职业学院、山东中医药高等专科学校、安徽医学高等专科学校、天津生物工程职业技术学院、天津医学高等专科学校、江苏健康职业学院
药品服务与管理	培养能从事药品服务工作的专业管理人员，以及能从事医药商品的购销、调储、检测、养护及质量控制工作的技术应用型专门人才	无机化学、分析化学、有机化学、物理化学、仪器分析、药物化学、药物分析、药学概论、药理学、药事管理学、经济学、经济法、会计学、企业经营与管理、医药市场营销学、市场价格学概论、现代推销技术	可在药品经营、医药经营、医药工业、医药外贸等企业或部门工作	苏州卫生职业技术学院、盐城卫生职业技术学院、山东药品食品职业学院、山东中医药高等专科学校、安徽医学高等专科学校、天津生物工程职业技术学院、天津医学高等专科学校、江苏健康职业学院
保健品开发与管理	培养能从事药品、食品健康保健工作及保健品的研究开发、质量检测和控制、生产管理等工作的高级技术应用型专门人才	医学基础、食品工艺学、食品营养与卫生、中医养生学、保健品研究开发技术、保健品商品学、人体解剖生理学、药理学、微生物学、针灸推拿技术、药物制剂技术、市场营销学、药物制剂实习、保健品制剂工艺实习、市场营销调研实习	可在各级食品药品管理机关和食品、药品、保健品制剂及营销企业或部门工作	西安海棠职业学院、福建生物工程职业技术学院、福建卫生职业技术学院、云南新兴职业学院、亳州职业技术学院、安徽中医药高等专科学校
化妆品经营与管理	培养掌握专业必需的理论知识和技能，能在化妆品开发与应用技术领域从事生产、技术、管理等工作的高级技术应用型专门人才	化学理论基础、化工理论基础、反应工程、精细化工工艺学、有机化工工艺学、高分子工艺学、单元反应、化工设备、企业管理、市场营销	可在化妆品等精细化学品行业从事生产、技术、管理等工作	南京科技职业学院、镇江高等专科学校、扬州工业职业技术学院、徐州工业职业技术学院、南通职业大学、山东化工职业学院

第四节　粮食工业类

专业	教育目标	课程设置	就业发展方向	专业优势院校
粮食工程技术	培养能从事粮食生产技术管理、粮油产品加工、粮食工程规划管理等工作的高级技术应用型专门人才	粮食工程概论、粮食生产技术、粮食产品加工、粮食储藏、粮食运输、粮食市场营销、食品工程原理、食品微生物、食品分析、粮油加工工艺、发酵食品工艺、焙烤制品工艺、食品机械与设备、课程设计、粮食储运综合实训、生产实习	可从事粮食生产、储运、加工、销售领域的技术与管理工作	德州职业技术学院、江苏财经职业技术学院、广西工商职业技术学院、河北交通职业技术学院

第五节　粮食储检类

专业	教育目标	课程设置	就业发展方向	专业优势院校
粮油储藏与检测技术	培养掌握粮油储藏与检验知识和技能，具有职业岗位需要的基本素质，既可在粮食行业从事粮油储藏与检验工作，又可在相关行业做同种技术工作，具备营销和管理能力的高级技术应用型专门人才	粮油储藏、粮食及其及制品的检验、粮油食品卫生检验、储粮害虫与防治、粮食微生物学、谷物化学、分析化学、仪器分析、食品营销	可在粮油仓储企业和粮食、油脂、饲料加工企业工作，也可以到商检、外贸、卫生防疫等单位从事粮油、食品、饲料的保管、质量检测和购销工作	黑龙江粮食职业学院、山东商务职业学院

第二十三章　交通运输大类

第一节　铁道运输类

专业	教育目标	课程设置	就业发展方向	专业优势院校
铁道机车	培养具有参与铁道机车生产、运用、检修、管理工作必备的专业知识和综合能力，能胜任铁道机车的生产、运用、管理、检测、检修和机车调度等岗位的高级技术应用型专门人才	电工技术基础、电子技术基础、机车构造、机车电传动、交流调速技术、机车新技术分析、设备管理、机械制造技术、机车运用与管理、机车故障处理、机车检修、微机检测技术	可在铁路机务运用管理部门、电力机车大修厂和生产厂的检测、检修等部门工作	辽宁铁道职业技术学院、西安铁路职业技术学院、西南交通大学希望学院、南京铁道职业技术学院、山东职业学院、天津铁道职业技术学院
铁道车辆	培养能从事铁道车辆的运用、管理、检测和维修工作的高级技术应用型专门人才	工程力学、机械基础、电工与电测、电子技术、车辆工程、车辆制动装置、车辆检修工艺、客车电气装置、客车空调装置、车辆运用与管理、红外线检测技术	可在铁道车辆运用和检修部门工作	辽宁铁道职业技术学院、西安铁路职业技术学院、山东职业学院、武汉铁路职业技术学院、郑州铁路职业技术学院
铁道供电技术	培养能从事电气化铁道供电系统及其装置的设计、运输与施工技术管理工作的高级技术应用型专门人才	电路、模拟电子技术、数字电子技术、微机原理与应用、自动控制原理、计算机接口技术、电机与拖动、电力电子技术、铁道供电、单片机原理与应用、可编程控制器及其应用、检测与传感技术、信号基础	可从事铁路电气化的运营与施工管理工作，或可在城市电气化交通运输、地下铁道、工矿电气化运输行业和工业类企业的供变电等技术部门工作	郑州职业技术学院、辽宁铁道职业技术学院、西安铁路职业技术学院、南京铁道职业技术学院、山东职业学院、天津铁道职业技术学院、武汉铁路职业技术学院、郑州铁路职业技术学院
铁道工程技术	培养能从事铁路线路勘测设计和施工组织工作的高级技术应用型专门人才	工程制图、工程测量、铁路线路、铁路桥涵、铁路隧道、施工组织设计与预算、高速铁路、新型轨道结构、施工企业管理	可在铁路线路、桥梁、隧道和高速铁路的勘测设计及工程项目的施工组织和技术引进、开发部门工作	辽宁铁道职业技术学院、西安铁路职业技术学院、西安铁路工程职工大学、南京铁道职业技术学院、山东职业学院、安徽职业技术学院、天津铁道职业技术学院、武汉铁路职业技术学院、郑州铁路职业技术学院

续表

专业	教育目标	课程设置	就业发展方向	专业优势院校
铁道机械化维修技术	培养具有现代机电使用、维修和管理知识，在铁道检修方面有较强业务能力的高素质技能型专门人才	机械制图及计算机绘图、电工技术、电子技术、机械设计基础、微机原理、高速动车组电器、高速动车组电机、高速动车组机械部分、动车组制动机、高速动车组控制、高速动车组运用与规章、高速动车组检修	可从事轨道交通运输机械设备操作、铁道工程、机械设备修理等工作	陕西铁路工程职业技术学院、辽宁铁道职业技术学院、西安铁路职业技术学院、石家庄铁路职业技术学院、山东职业学院、天津铁道职业技术学院
铁道信号自动控制	培养具有高速铁路信号设备生产、安装、调试、维修、维护、技术管理、工程设计与施工等能力的高素质技能型专门人才	高等数学、英语、计算机文化基础、电子工程制图、电工技术、高速铁道概论、电子技术基础、单片机原理及应用、高速铁路信号基础、C语言程序设计、信号电源、现代通信技术、车站信号自动控制、区间信号自动控制、电气化铁道接触网、列车运行控制系统、驼峰信号自动控制、供配电技术、电气控制及 PLC 应用、电气控制系统安装与维护、信号工程设计与施工、远程信号自动控制、电气制图及 CAD、电子线路 CAD、顶岗实习	可在铁路局、工程局、电气化局等大型国有企业的电务段、供电段、通信段等部门工作	辽宁铁道职业技术学院、西安铁路职业技术学院、西安铁路工程职工大学、石家庄铁路职业技术学院、南京铁道职业技术学院、山东职业学院、天津铁道职业技术学院、武汉铁路职业技术学院、南京信息职业技术学院
铁道通信与信息化技术	培养具有较强的铁路通信网络和设备基本结构、工作原理等专业技术理论知识，以及铁路通信设备安装、调试、日常维护、故障处理及检修等实践技能，具有良好职业道德和沟通、协作能力以及新技术学习应用能力的技术技能型人才	数字通信、光纤通信、数据通信、铁路移动通信、铁路应急通信、通信线路、通信光缆、线路维护、电工电子基础、信号测量、信号电源、车站信号、区间信号、驼峰信号、铁路信号设计与施工	可在铁路、地铁、城市轨道交通等部门从事信号设备施工、操作、检测、调试、分析、维修、故障处理等工作	湖南高速铁路职业技术学院、石家庄铁路职业技术学院、陕西铁路工程职业技术学院、洛阳铁路信息工程学校、辽宁铁道职业技术学院、武汉铁路职业技术学院、四川管理职业学院、广州铁路职业技术学院、郑州铁路职业技术学院、南京铁道职业技术学院、湖南铁道职业技术学院 、天津铁道职业技术学院
铁道交通运营管理	培养能在铁道交通运输业从事运营管理工作的高级技术应用型专门人才	运输营销学、交通运输设施及设备、运输组织、站场及枢纽、牵引计算、运筹学、交通运输统计、物流管理、现代运输信息技术、运输成本管理、铁路运输现场实习、铁路运输设施与设备、铁路运输生产经营机构及组织	可在铁道运输业的经营组织与管理部门工作	辽宁铁道职业技术学院、西安铁路职业技术学院、南京铁道职业技术学院、山东职业学院、天津铁道职业技术学院、武汉铁路职业技术学院、郑州铁路职业技术学院

续表

专业	教育目标	课程设置	就业发展方向	专业优势院校
铁路物流管理	培养能在铁道交通运输业从事经济管理工作的高级技术应用型专门人才	铁路运输经济地理、运输营销、运输组织学、物流管理、铁路运输会计、财务管理、运筹学、现代运输信息技术、运输成本管理、铁路运输人力资源管理、铁路运输经济活动分析、铁路运输现场实习、铁路运输设施与设备、铁路运输生产经营机构及组织、案例教学及模拟实训、毕业综合实训	可从事与轨道交通相关的运输服务工作和仓储、装卸、搬运、运输代理工作以及铁路运输经济管理工作	安徽职业技术学院、河北轨道运输职业技术学院、包头铁道职业技术学院
铁路桥梁与隧道工程技术	培养掌握铁路桥梁与隧道工程的基本理论和知识，具备岗位职业能力，能从事铁路桥梁与隧道工程生产一线的技术与管理工作的高级技术应用型专门人才	工程制图、工程测量、铁路线路、铁路桥涵、铁路隧道、施工组织设计与预算、高速铁路、新型轨道结构、工程力学、土力学与基础、水力与水文、工程地质、道路工程、桥涵工程、道桥工程计量与计价、道桥工程施工技术与施工组织、道路建筑材料、公路勘测技术、公路养护与管理、道桥工程招投标与合同管理、地下建筑结构、地下建筑施工、地下空间规划与设计、地下工程计量与计价、地下工程招投标与合同管理、结构测试与检验、地下室结构设计、地质认识实习、挡土结构设计实践	可从事建筑工程技术、土木工程建筑施工、铁道工程技术、地下工程与隧道工程现场的技术与管理方面的工作	黑龙江交通职业技术学院、陕西铁路工程职业技术学院、重庆能源职业学院、重庆工程职业技术学院、西安铁路工程职工大学、浙江建设职业技术学院、四川交通职业技术学院、安徽交通职业技术学院
高速铁道工程技术	培养能从事高速铁路设计、施工和运营管理等工作的高级技术应用型专门人才	高速铁路概论、高速铁路线桥隧施工、高速铁路轨道构造与施工、高速铁路项目管理与招投标、特殊路基施工与处理、高速铁路概预算、磁悬浮轨道结构与施工、高速铁路站场设计及施工、高速铁路维护与管理、工程测量实习、铁路施工现场实习、工程项目施工组织设计实训、毕业综合实训	可在铁路施工企业和运营管理等部门工作	陕西铁路工程职业技术学院、辽宁铁道职业技术学院、西安铁路职业技术学院、石家庄铁路职业技术学院、山东职业学院、天津铁道职业技术学院

续表

专业	教育目标	课程设置	就业发展方向	专业优势院校
高速铁路客运乘务	培养德、智、体、美全面发展，具有良好的政治素质与道德修养，了解旅客心理、熟悉铁路乘务规章制度和组织管理基本知识，熟练掌握铁路乘务基本理论和实际操作技能，具有较强的服务、管理、协调和灵活应变能力、较高的英语口语和计算机应用能力，能为旅客提供高品位、高质量的服务的具有务实创新精神和终生学习能力的高端技能型人才	综合交通运输概论、高速铁路列车运行指挥、铁路旅客运输组织、高铁动车乘务实务、高铁乘务突发事件应急处理、市场营销、铁路客运规章、铁路客运班组管理、旅客运输心理学、酒店管理概述、客源国概况、高铁乘务英语、基础手语、形体训练	可在高速铁路担任指导车长、列车长、列车值班员、列车员、客运值班员、客运员等岗位，或可成为城市轨道交通方面的站务员、值班站长，也可在传统铁路或者其他旅客运输企业从事相关领域的工作，还可从事民航服务工作或星级酒店的服务及管理工作	南京铁道职业技术学院、天津铁道职业技术学院、湖南高速铁路职业技术学院
动车组检修技术	培养熟悉高速动车组的相关基础知识，掌握列车驾驶、检修能力，能在铁路运输生产的第一线从事高速动车组驾驶与检修等工作的高素质技能型人才	高速动车组结构检修与维修、牵引电机与电器检修与维护、高速动车组制动技术、高速动车组电气控制、列车驾驶、高速动车组驾驶模拟实训、动车组机械师职业技能培训	可在铁路、城市轨道交通等运营企业从事动车组设备的使用、检修、维护、管理等工作	南京铁道职业技术学院、武汉铁路职业技术学院、唐山职业技术学院

第二节　道路运输类

专业	教育目标	课程设置	就业发展方向	专业优势院校
智能交通技术运用	培养具有交通安全与控制技术专业必需的理论知识和技能，能从事交通安全与管理控制工作的高级技术应用型专门人才	交通工程学、道路交通管理、安全系统工程、交通事故调查处理、交通控制技术、高速公路管理、运筹学、计算机网络与通信、社会调查	可在道路和水上运输工程、道路运输服务、高速公路管理、城市道路交通管理、道路交通运输管理等部门工作	南京交通职业技术学院、天津交通职业学院、武汉交通职业学院、山东交通职业学院
道路桥梁工程技术	培养掌握道路与桥梁工程基本理论和知识，具备岗位职业能力，能从事道路与桥梁工程生产一线技术与管理工作的高级技术应用型专门人才	道路工程制图、工程力学、土力学与基础、水力与水文、公路建筑材料、工程地质、道路工程、桥涵工程、道桥工程计量与计价、道桥工程施工技术与施工组织、道路建筑材料、公路勘测技术、公路养护与管理、道桥工程招投标与合同管理	可在公路交通部门从事公路、城市道路、桥梁及隧道工程的勘探设计、试验检测、养护维修等技术与管理工作	青海交通职业技术学院、陕西铁路工程职业技术学院、重庆水利电力职业技术学院、南通理工学院、山东职业学院、南京交通职业技术学院、北京交通职业技术学院、天津交通职业学院、北京交通运输职业学院、江苏建筑职业技术学院、天津铁道职业技术学院、武汉交通职业学院、无锡城市职业技术学院

续表

专业	教育目标	课程设置	就业发展方向	专业优势院校
道路运输与路政管理	培养具有公路运输管理专业必需的理论知识和技能，能从事公路运输管理工作的高级技术应用型专门人才	管理信息系统、运筹学、公路运输工具、运输市场学、企业管理、运输会计、运输组织、物流管理、国际贸易、多式联运、电子商务	可在道路运输企业、生产企业、物流管理及行业管理等部门工作	南京交通职业技术学院、天津交通职业学院、北京交通运输职业学院、浙江交通职业技术学院
道路养护与管理	培养掌握道路管理专业必需的理论知识和技能，能从事道路维护、营运、路政管理等工作的高级技术应用型专门人才	高级公路路基路面、道路建筑材料、高级公路养护与管理、公路与桥梁测试技术、高级公路服务系统、公路勘测设计、结构设计原理、高级公路收费系统管理	可在公路管理局、公路管理处、公路养路段的公路维护、营运和管理部门工作	重庆水利电力职业技术学院、湖南交通职业技术学院、湖北交通职业技术学院、山东水利职业学院、南京交通职业技术学院、北京交通职业技术学院、山东交通职业学院
公路机械化施工技术	培养懂机械、能施工、会管理的高素质、复合型、应用型机械化施工组织与管理人才	工程机械发动机构造与维修、工程机械底盘构造与维修、路面机械与土石方机械构造与维修、公路施工测量、道路建筑材料与公路施工技术、桥梁机械与施工技术、PLC原理与应用技术、工程机械控制技术、公路机械化施工与管理	可在交通、城建、市政等部门从事公路工程机械化施工与管理、工程机械维修与营销工作	云南交通职业技术学院、辽宁交通高等专科学校、吉林交通职业技术学院
工程机械运用技术	培养掌握工程机械运用技术的基本理论和专业技能，能从事工程机械运用设备的设计、安装、调试、检修和技术管理工作的高级技术应用型专门人才	机械制图、电工与电子技术、电液控制理论、自动控制技术、可编程序控制器、单片机原理与运用、自动检测技术、计算机接口技术、工程机械构造、工业企业管理	可在工程机械、电液技术的应用、经营、开发、设计及管理部门工作	南京交通职业技术学院、天津交通职业学院、武汉交通职业学院、山东交通职业学院
交通运营管理	培养熟悉交通运输行业业务知识，具备良好的经营管理能力的高等技术应用型人才	大学英语、高等数学、计算机应用、交通运输学、国际贸易政策与实务、班轮租船业务、运筹学、城市轨道运营管理、交通运输规划原理、交通运输信息技术、运输市场营销学、铁路货运组织管理、航空运输业务、集装箱运输管理、港航商务管理、交通运输专业英语、交通运输统计	可在交通运输企业或事业单位、轨道交通单位、物流公司、国际运输管理企业、货运代理公司、外贸进出口公司、海运公司、集装箱运输公司等单位从事交通运输生产经营管理、场站运输组织与管理、轨道交通运输组织与管理、国际货运管理、国际商贸管理、运输统计、会计、物流企业经营管理工作以及各类一线操作岗位的工作	上海工会管理职业学院

续表

专业	教育目标	课程设置	就业发展方向	专业优势院校
交通枢纽运营管理	培养掌握交通枢纽运营管理的基础理论知识和技能，能从事交通枢纽运营过程中的组织与管理工作的高级技术应用型专门人才	车站设备、地铁供电、消防环控、安全管理、地铁项目管理、车辆、供电、车站实习、运营管理实习、自动售检票系统(AFC)认识实习、运营调度实习	可从事道路运输服务及水上运输服务等相关工作	辽宁经济职业技术学院、广东交通职业技术学院
汽车运用与维修技术	培养拥护党的基本路线，具有与本专业相适应的文化水平和良好的职业道德，掌握一定的专业理论知识，具备本专业的实践技能和经营管理能力，能从事汽车维修、检测、管理、评估、保险、销售等工作，德、智、体、美全面发展的高等技术应用型人才	现代汽车发动构造检测与维修、现代汽车底盘构造检测与维修、电工与电子技术、单片机与接口技术、汽车电气设备、汽车空调、汽车音响、现代汽车电子控制系统、电子电路CAD、汽车使用与技术管理、汽车性能与检测技术、计算机应用、汽车专业英语	可在各类汽车维修企业从事汽车发动机维修、底盘维修、汽车电气维修和汽车外形整修等汽车维修类工作，也可以从事汽车零配件管理、汽车维修业务接待、汽车及配件销售等工作	重庆交通职业学院、湖南汽车工程职业学院、宁夏工商职业技术学院、四川城市职业学院、南昌职业学院
汽车车身维修技术	培养能从事汽车整形(汽车碰撞修复与美容)相关岗位工作的高级技能技术应用型专门人才	汽车机械基础、汽车发动机构造与维修、汽车电工电子基础、汽车电器设备与维修、汽车底盘构造及维修、车身识图、汽车车身修复技术、汽车涂装技术、汽车美容技术	可从事车身的钣金修复、涂装与修补工作及汽车装饰与美容、事故车辆的查勘定损、车身维修车间的设计和维修业务管理、车身设备管理与维护、汽车车身零配件销售等方面的工作，也可在汽车生产与维修单位从事钣金油漆、美容与装饰等工作	南通理工学院、无锡职业技术学院、南京交通职业技术学院、天津交通职业学院、大连汽车职业技术学院、北京交通运输职业学院
汽车运用安全管理	培养掌握本专业必备的安全理论知识和技能，能从事汽车维修、检测和汽车运输等工作的高级技术应用型专门人才	机械基础、汽车发动机结构与维修、汽车电器设备与维修、汽车底盘构造与维修、汽车使用性能与检测、汽车使用与技术管理、自动变速器结构与维修、汽车及配件营销、汽车保险	可在汽车维修企业、汽车运输公司、各国内外大型汽车公司从事汽车检修和保养、汽车及配件销售、汽车保险理赔和租赁工作	郑州职业技术学院、苏州职业大学、无锡商业职业技术学院、南京交通职业技术学院、南昌职业学院、天津交通职业学院

续表

专业	教育目标	课程设置	就业发展方向	专业优势院校
新能源汽车运用与维修	培养熟练掌握新能源汽车的维修操作技能，具有对新能源汽车进行故障诊断和性能检测的能力，能从事新能源汽车的使用、维护、检测和诊断等方面工作的高等技术应用人才	汽车专业英语、汽车电力电子技术、汽车结构与性能、汽车电机控制技术、动力电池及能量管理技术、机械基础、电工电子学、汽车发动机、底盘结构与检修、汽车电器设备、纯电动汽车结构与控制、混合动力汽车结构与控制、汽车网络技术、汽车使用与维护、混合动力汽车诊断与检测技术、汽车维修质量检验	可在汽车销售服务公司(4S店)、物流服务公司、汽车维修公司、汽车保险公司、二手车评估公司从事新能源汽车的诊断、维修、检测、营运管理等	上海交通职业技术学院、重庆工商职业学院、四川汽车职业技术学院、广东工贸职业技术学院

第三节　水上运输类

专业	教育目标	课程设置	就业发展方向	专业优势院校
航海技术	培养具备海洋船舶驾驶、船舶运输管理等方面的知识，能在海洋运输行业从事海洋船舶驾驶和营运管理工作，符合国际和国家对海船船员的适任标准要求的高级航海技术人才	航海力学、航海气象学、电路与电机、船舶无线电技术基础、海洋船舶驾驶、海洋货物运输、海商法、船舶原理、船舶自动化基础	可在船舶航行及管理部门工作	广州航海学院、青岛远洋船员职业学院、河南交通职业技术学院、湖南电子科技职业学院、湖北交通职业技术学院、大连职业技术学院、天津海运职业学院、武汉交通职业学院、江苏海事职业技术学院
国际邮轮乘务管理	培养具有国际邮轮管理的基本知识、相关技能以及一定的实习经历和良好英语沟通能力，能胜任邮轮、涉外星级酒店服务和管理的高素质技能型专门人才	旅游学概论、旅游心理学、商务礼仪、酒店与邮轮英语、酒店与邮轮管理、秘书实务、会计基础、客轮证培训、四小证培训、国际航线英语	可从事水上运输服务等工作	山东海事职业学院、大连航运职业技术学院、青岛远洋船员职业学院、浙江交通职业技术学院
船舶电子电气技术	培养适应船舶自动化技术工作要求，熟练掌握电气技术、电子技术(包括电力电子、通信电子)、控制技术、计算机控制技术及网络技术颁布的知识，满足国际海事组织STCW公约中规定的“电气、电子和控制工程”“维护和修理”和“无线电通信”三项高级海员职能要求，能够胜任现代船舶各项自动装置的维护和修理任务的高级工程技术人才	电路原理、模拟电子技术、数字电子技术、电力电子技术、通信电子线路、自动控制原理、计算机网络应用、微机原理及应用、电机学、交流调速、船舶电站、船舶电力拖动系统、船舶机舱自动控制系统、船舶综合驾驶台系统、船舶电子电气工艺、船舶电子电气专业英语	可从事现代船舶各项自动装置的维护和修理工作	大连航运职业技术学院、天津海运职业学院、青岛港湾职业技术学院

续表

专业	教育目标	课程设置	就业发展方向	专业优势院校
船舶检验	培养具备船舶内燃机制造、维修、装配、调试、操作能力及船舶机舱的布置设计、动力装置安装与调试能力，能在国防工业单位从事船舶内燃机制造与维修、船舶设备安装调试等工作的高级应用型技术人才	工程制图、机械制造基础、船舶内燃机使用与维修、内燃机制造工艺学、内燃机装配调试工艺、船舶机舱布置CAD、船舶动力装置及安装工艺、柴油机测试技术	可从事船舶生产质量管理、船舶检验、海事技术监督等工作	山东海事职业学院、厦门海洋职业技术学院、武汉交通职业学院、九江职业技术学院、江西交通职业技术学院、南通航运职业技术学院
港口机械与自动控制	培养掌握港口机械与自动控制方面的运行管理、使用、维修知识和实务技能，能适应港口机械操纵和管理工作需要的高级技术应用型专门人才	集装箱机械、机械电气控制技术与设备、机械维护技术、机械状态监测技术、机械设备管理、可编程序控制器、自动控制系统、电气技术管理、电机与电力拖动、集装箱机械操作模拟器、机械电气维修、机械状态监测、电子技术线路操作	可在港口、码头、仓储公司、机场、车站及厂矿的装卸部门和物流设备的操作、维修和管理部门工作	青岛职业技术学院、青岛港湾职业技术学院、连云港职业技术学院、南通理工学院、福建船政交通职业学院、浙江经济职业技术学院、广西交通职业技术学院
港口电气技术	培养德、智、体、美全面发展，掌握必备的港口电气专业知识，遵守行业安全规范，能够熟练使用电工工具、仪表进行以港口电动装卸设备为主的电气设备的使用、维修、保养、安装、调试工作以及电气设备产品的质检和管理工作具有较强的实践能力和技术应用能力的高等技术技能型人才	电工与电子技术、自动控制原理、港口机械液压与液力传动、港口起重机械、电机及拖动、港口输送机械与集装箱机械、单片机原理、港口机械PLC控制技术、港口电气设备、变频器技术、港口供配电技术、传感器技术、低压电气设备与拖动电路、现场总线技术	可从事与港口电气设备相关的技术管理工作，包括港口电气设备维护、设计与调试等相关工作	青岛港湾职业技术学院、大连航运职业技术学院、江苏海事职业技术学院、南通航运职业技术学院
港口与航道工程技术	培养具有港口工程技术专业必需的专业知识和实务技能，能适应港口规划、设计、施工和管理等，能从事港口航道工程的项目勘测、设计、施工、管理以及航道维护工作的高级技术应用型专门人才	工程测量、水力水文、水工、钢筋混凝土结构、港口规划与布置、水工建筑物、航道整治与疏浚、港航工程管理、测量实习、工程力学、水力学、工程水文、土力学与地基基础、钢筋混凝土与砖木结构、工程测量、港口水工建筑物、航道工程施工工艺、施工组织、项目管理、测量实习、课程设计、航道工程施工实习、毕业综合实训	可在港口建设施工部门（港务局、航道局、筑港公司、建港指挥部、市政建设公司等）及航道工程领域的技术与管理部门工作	浙江水利水电学院、青岛港湾职业技术学院、连云港职业技术学院、盘锦职业技术学院、广西交通职业技术学院、山东水利职业学院、武汉交通职业学院、安徽交通职业技术学院、南通航运职业技术学院

续表

专业	教育目标	课程设置	就业发展方向	专业优势院校
港口与航运管理	培养掌握本专业基本理论知识，具有较强的港口与航运业务实务操作能力，能够在现代港口与航运企业从事经营管理、现代集装箱运输组织管理工作，能够处理现代仓储管理、国际货运代理业务、理货业务、报关业务、报检业务的高级应用型、管理型、外向型人才	港口管理、航海概论、物流基础概论、国际贸易实务、国际金融实务、国际海运地理、远洋运输业务、国际物流与货运代理、国际航运业务英语、集装箱船舶经营管理、集装箱码头运营管理、现代港口仓储管理、供应链管理、港口装卸工艺、港口与航运业务单证与软件、电子商务与物流、报关报检实务、海商法	可在各级交通运输管理部门、各类港口公司、船务公司、国际货运及船务代理公司、物流公司、生产或流通企业的储运（物流）部门、制造企业、国际贸易公司等工作	重庆交通职业学院、广西交通职业技术学院、广东交通职业技术学院、山东海事职业学院、山东外事翻译职业学院、深圳职业技术学院、辽宁交通高等专科学校
港口物流管理	培养能从事运输、仓储、库存控制、配送工作，具有港口物流管理能力及技术操作能力，具有良好的职业道德的第一线应用型人才	港口物流概论、港口水运商务管理、港口企业经营管理、港口物流仓储与配送、物流运输组织与管理、物流管理信息系统、国际货运代理实务、国际集装箱运输与多式联运	可在港口物流中心、港口企业、货运企业和第三方专业化物流企业从事港口物流系统规划与管理、保险与报关等工作，或处理海上货物运输业务、集装箱业务等业务的工作	烟台汽车工程职业学院、江西财经职业学院、广东交通职业技术学院、南京交通职业技术学院、大连枫叶职业技术学院、苏州健雄职业技术学院、唐山工业职业技术学院
轮机工程技术	培养掌握机械原理和轮机系统等方面的知识，能在海洋运输类从事轮机操纵、维修和船舶监造工作的高级技术人才	工程热力学、传热学、流体力学、理论力学、材料力学、机械设计基础、金属材料、电路与电子技术、轮机工程、轮机操作、自动化技术基础	可在航运及相关企业的轮机管理部门工作	青岛远洋船员职业学院、福建船政交通职业学院、江苏海事职业技术学院、山东交通职业学院、南通航运职业技术学院
海上救捞技术	培养德、智、体全面发展，了解救助与打捞的相关法律法规，掌握先进的救捞技术及专业技能，熟悉现代化的救捞设备的高级工程技术人才	理论力学、材料力学、流体力学、结构力学、画法几何及机械制图、电工学、机械设计、大学计算机基础、计算机程序设计基础、船舶与海洋工程导论、船舶设计、船舶动力装置与特种装备、海洋工程环境、海洋平台设计、船舶驾驶概论、轮机工程概论、潜水技术基础、救助工程、打捞工程、海洋工程施工技术、救捞工程项目管理、国际标准合同、救助与打捞政策与法规、救捞应急管理、救捞技术与案例分析、救助与打捞前沿技术	可在交通部所属的救助打捞系统、各类海洋工程公司及研究、设计、制造救助打捞装备的研究所、设计所、企业以及进行救助打捞技术培训的教育机构从事设计、研究、制造、检验、指挥、管理及实施等工作	大连航运职业技术学院

续表

专业	教育目标	课程设置	就业发展方向	专业优势院校
水路运输与海事管理	培养能在交通运输管理部门、交通运输企业等从事交通运输组织、指挥、决策工作，具备航运与管理知识，具有较坚实的航海技术和行政管理知识基础，系统掌握我国及国际通行的海上交通安全法规，英语水平较高，能从事海事管理工作的高级技术应用型专门人才	船舶概论、海洋运输业务、财务管理、系统工程、交通运输学、交通运输企业经营管理、管理学、港口管理、组织行为学	可在水运及路政管理部门、各类港航企业或事业单位及部门工作	广州航海学院、连云港职业技术学院、福建船政交通职业学院、天津海运职业学院、江苏海事职业技术学院、河北交通职业技术学院
集装箱运输管理	培养掌握集装箱运输企业管理一线岗位所需的专业知识和实务技能，能适应集装箱运输企业管理工作需要的高级技术应用型专门人才	国际贸易、国际货运代理、集装箱运输、集装箱运行技术、集装箱多式联运、集装箱装卸机械与工艺、集装箱运行计算机管理、现代物流、集装箱运行技术、集装箱运行计算机管理、单证处理	可在外贸公司、物流中心、航运企业、船舶代理企业、货物运输代理企业、货物储运公司、港口集装箱码头公司和集装箱内陆港航站等从事货运业务、生产调度、库场策划、闸口作业、场站理货、单证操作、集装箱管理等工作	青岛港湾职业技术学院、天津交通职业学院、江苏海事职业技术学院、南通航运职业技术学院、浙江交通职业技术学院

第四节　航空运输类

专业	教育目标	课程设置	就业发展方向	专业优势院校
民航运输	培养掌握民航运输工作必要的专业基础知识和技能，能从事民航运输生产及服务工作的高级技术应用型专门人才	管理学基础、经济法、空运市场营销、民航国内旅客运输、民航国际旅客运输、民航国内货物运输、民航国际货物运输、民航国际结算、危险品运输、飞机载重与平衡、物流概论	可在航空公司、机场和销售运输服务与管理等部门工作	西安航空学院、重庆海联职业技术学院、无锡科技职业学院、广州民航职业技术学院

续表

专业	教育目标	课程设置	就业发展方向	专业优势院校
民航通信技术	培养掌握本专业的基础知识和技能，能从事民航空管通信工作，掌握雷达、导航技术，具备管理的高级技术应用型专门人才	民航概论、飞机无线电导航、通信导航雷达、电路分析基础、低频电子线路、高频电子线路、脉冲数字电路、信号与系统、通信原理与系统、数据通信、微机原理与接口技术、卫星通信、综合业务数字通信网原理、实用电工电子实训、毕业综合实训	可在民航空管通信、雷达、导航技术和管理部门工作	西安航空学院、长沙航空职业技术学院
定翼机驾驶技术	培养掌握本专业基础知识和技能，符合国际民航培训标准要求的高级技术应用型专门人才	飞行原理、航空气象、空中领航、飞机系统、航空动力装置、无线电通信、航空电气及仪表、空中交通管制概论、仪表飞行程序、无线电通话、机型理论、军事训练、商用飞行员飞行训练、毕业综合实训	可从事工业、农业和其他行业的通用航空驾驶工作	重庆海联职业技术学院、正德职业技术学院
直升机驾驶技术	培养掌握民航通用航空飞机驾驶技能和相关知识，符合国际民航培训标准的高级技术应用型专门人才	飞行原理、航空气象、空中领航、飞机系统、航空动力装置、无线电通信、航空电气及仪表、空中交通管制概论、仪表飞行程序、无线电通话、机型理论、军事训练、商用飞行员飞行训练、毕业综合实训	可从事工业、农业和其他行业的通用航空驾驶工作	重庆海联职业技术学院、正德职业技术学院
空中乘务	培养掌握民航空中服务操作与管理知识和技能，能从事航空乘务服务与管理工作的高级技术应用型专门人才	管理学基础、社交礼仪、公共关系、民航运输法律概论、民航旅客服务心理学、客舱服务、乘务英语、医疗常识与急救、危险品与空防安全	可在航空公司从事空中乘务服务与管理工作	西安航空学院、南京科技职业学院、青岛职业技术学院、江苏信息职业技术学院、山东商业职业技术学院、上海东海职业技术学院、天津交通职业学院
民航安全技术管理	培养掌握本专业基础知识和技能，能从事民航安全管理工作的高级技术应用型专门人才	民航安全概论、安检服务、民航法律教程、犯罪心理学、安检法规、危险品运输、防火与防爆、X光机图像识别、安全防范技术管理、安检设备的原理与维护、民航安全管理系统	可在民航机场、航空客运及货运公司的安检和管理部门以及相关的邮政、海关、商检、铁路运输安全检查和管理部门工作	山东旅游职业学院、哈尔滨科学技术职业学院、上海交通职业技术学院

续表

专业	教育目标	课程设置	就业发展方向	专业优势院校
民航空中安全保卫	培养政治素质高、思想品德好、技能战术精、形象气质佳、学科知识广、爱岗敬业、愿为民航空中安全保卫事业奉献青春的实用性人才	体能训练、散打技能、危害空防安全行为处置、客舱谈判技战术、控制与防卫、航空危险品管理、空中安全保卫法	可在航空公司的空中保卫部门从事空中安全保卫工作	上海交通职业技术学院
机场运行	培养坚持四项基本原则，德、智、体、美、劳诸方面全面发展，能适应现代空港快速发展的需要，具有航空港管理(航空服务)方面的专业知识和较强的操作技能，能在各级管理部门从事现代航空港管理及其他工作的应用型专门人才	运输经济学、管理学基础、航空港概论、人力资源管理、航空法、民航市场营销、民航服务心理学、空港货运管理、公关礼仪及形体、民航英语、航空公司运营管理实务及案例评析	可在机场、航空公司、航空代理公司及相关行业工作	重庆海联职业技术学院
飞机机电设备维修	培养掌握民航飞机机电设备的维修知识和技能，能从事飞机机电维修领域内的机电设备维修及运行管理等工作的高级技术应用型专门人才	民航概论、实用电工电子技术、航空电气基础、工程制图、机械基础、金钳工基础、数字电子技术基础、航空法律法规、空气动力学基础及飞行原理	可在航空公司、飞机维修公司、飞机制造公司、机场、通用航空公司、航空运动学校、飞机部件维修公司、航空器材公司工作	广州民航职业技术学院
飞机电子设备维修	培养掌握本专业基础知识和技能，能从事飞机电子维修工作的高级技术应用型专门人才	微机原理与接口技术、飞行管理与电子显示、自动飞行控制系统、飞机无线电导航、机载雷达、电工技术、高频电子线路、低频电子线路、脉冲数字电路、飞机维修理论	可在航空公司和机场的飞机电子设备维修、民用电子设备维修部门工作	西安航空学院、陕西航空职业技术学院、西安航空职工大学、沈阳航空职业技术学院、江西航空职业技术学院、西安航空职业技术学院、上海交通职业技术学院
飞机部件修理	培养能从事飞机机体结构与附件的修理、装配和调试工作及飞机的试飞、故障诊断、排故工作和飞机修理技术管理、飞机外场维护等工作的高等技术应用型人才	人为因素、航空法规、质量管理、机械制图与CAD、机械设计基础、电工与电子技术、液压传动与控制、空气动力学与热工基础、飞机构造与系统、飞机机体修理、飞机附件修理、基本钳工实训、装配钳工、钣金成型与铆接实训、飞机装配与调试实训	可在空军航空修理工厂、飞机制造厂、民用航空公司、民用飞机维修公司从事飞机维修工作	江苏工程职业技术学院、长沙航空职业技术学院、广州民航职业技术学院

续表

专业	教育目标	课程设置	就业发展方向	专业优势院校
航空地面设备维修	培养掌握民航特种车辆维修知识和技能，具有从事民航机场特种车辆设备的使用、调试、维修与管理等工作能力的高等技术应用型专门人才	英语、计算机应用、航空概论、机械制图与CAD、机械零件、机械原理、液压传动、汽车理论、汽车电气、汽车构造、汽车检测技术、汽车质量技术及安全标准、汽车维修工艺与管理、汽车故障分析、特种车原理与技术、金工实习、电工电子实习、特种车辆维护实训	可在机场和航空公司的地面特种车辆保障部门从事民航特种车辆维修及管理等工作	西安航空学院、重庆海联职业技术学院、西安航空职业技术学院
机场场务技术与管理	培养适应民航产业发展，掌握机场场务技术，能从事机场道面维修、机场道面标志线维护、机场土质地带维护、机场除冰雪作业以及机场鸟害综合防治等工作，具有一定的分析综合能力和逻辑思维能力，能够应用相关理论与实践技术解决生产现场的实际问题上，具有自我更新和自我提高能力的高技能人才	民航概论、航空法与民航法规、机场道面土基基础、机场场道工程材料识别与应用基础、机场鸟类学基础、机场植物学基础、机场动物生态学基础、飞行区道面维护与维修、机场标志识别与维护、机场净空保护、机场鸟击防范与管理、机场有害生物的控制技术、机场野生杂草的识别与治理、机场鸟击现场勘查与应急救援、鸟击防范预测预报	可从事机场道面维修、机场道面标志线维护、机场土质地带维护、机场净空管理、机场除冰雪作业、机场鸟害防治等工作，还可以从事相关领域的培训工作	广州民航职业技术学院
航空油料	培养掌握民航油料管理和应用方面的专业基础知识和技能，能从事民航油气储运工程方面的规划、设计、生产、管理和科学研究工作的高级技术应用型专门人才	油料学与炼油工艺、泵与压缩机、油库设计与管理、油气集输、输油管设计与管理、加油器材与维护、油库自动化系统、油库设备、油品计量与分析、腐蚀与防护、油库安全技术、加油器材与维护实训、油品计量与分析实训、毕业综合实训	可在民航油料储运、应用和管理部门工作	吉林化工学院
航空物流	培养具备物流管理的应用程序操作能力以及物流信息组织、分析研究、传播与开发利用的能力，能进行物流系统的分析、设计和规划工作，具有物流管理基本能力的专门人才	物流概论、货物学、航空概论、采购与供应管理、运输管理、仓储管理、配送管理、国际物流学、国际贸易理论与实务、运输实务、仓储管理实务、物流配送中心设计、国际物流实务、经济法、素质拓展训练	可在航空公司、机场及酒店从事空中乘务、民航运输、酒店服务和相关岗位的管理及培训工作	广州民航职业技术学院、西安航空职业技术学院

续表

专业	教育目标	课程设置	就业发展方向	专业优势院校
通用航空器维修	培养德、智、体、美全面发展，掌握必要的基本文化知识，具有创新精神，具备通用航空器维修专业的理论知识基础和较强的实践动手能力，能从事通用航空器维修生产第一线工作的高等技术应用型专门人才	大学英语、计算机应用基础、专业英语、工程制图、工程力学、机械基础、实用电工技术、实用电子技术、航空材料、飞行原理、通用航空运营与管理、通用航空器结构腐蚀与防护、航空法规与航空出版物、航空应急救援、通用航空器系统、通用航空器结构修理、活塞发动机原理与结构、活塞发动机系统与附件、涡轴发动机原理与结构、涡轴发动机系统与附件、喷气式通用航空器(机型)、活塞式通用航空器(机型)	可在各航空公司、机场及航站的机务工程部(或航修厂)从事航线维护的航前、航后、短停时的检查、维护、勤务及故障隔离与排除工作，也可在通航主机或附件维修单位从事主机或附件的检测与修理工作，或在通航企业的技术、生产、质量管理部门从事维修文件、维修资料的收集整理及维修质量监控工作，也可在非航空类的企业或事业单位从事机械设备的设计、生产、设备维护、技术管理等工作	长沙航空职业技术学院、广州民航职业技术学院、西安航空职业技术学院
通用航空航务技术	培养掌握民航空中交通管制技术，能从事民航空中交通管制工作的高级技术应用型专门人才	民航概论、电工学、飞行原理、飞行性能与计划、航空气象、空中交通管制基础、机场管制理论与实践、程序管制理论与实践、领航、通信导航雷达服务设施、航空器系统与动力装置、仪表飞行程序、航空法规、空管实训、毕业综合实训	可在民航空中管制部门工作	长沙航空职业技术学院、中国民航大学职业技术学院、广西蓝天航空职业学院

续表

专业	教育目标	课程设置	就业发展方向	专业优势院校
飞机结构修理	培养德、智、体、美全面发展，掌握必要的基本文化知识，具有创新精神，掌握本专业基础理论知识，具有较强的实践动手能力，能从事飞机结构修理生产第一线工作的高等技术应用型专门人才	政治理论、高等数学、工程数学、大学英语、计算机应用基础、专业英语、工程制图、计算机绘图、机械基础、工程力学、电工学、航空材料、钳工工艺学、机床与刀具、航空概论、数控技术、钣铆工艺学、维修基础、飞机结构与修理、腐蚀与防护、复合材料结构与维修、飞机结构疲劳强度与断裂分析、飞机客舱设施与修理、飞机系统与附件、典型机型结构修理	可在民航各航空公司、机场及航站的机务工程部（或航修厂）从事飞机结构修理、飞机客舱设施修理、复合材料结构修理工作，也可在飞机与发动机主机或附件维修单位从事机械加工及飞机结构或附件的检测与修理工作，或可在民航企业的技术、生产、质量管理部门从事飞机修理文件、飞机修理资料的收集整理及飞机修理质量监控工作，还可在非民航类的企业或事业单位从事有关机械专业的设计、生产、设备维护、技术管理等工作	广州民航职业技术学院

第五节　管道运输类

专业	教育目标	课程设置	就业发展方向	专业优势院校
管道工程技术	培养能从事管道工程设计、应用技术开发与管理工作的高级技术应用型专门人才	工程流体力学、工程热力学、工程测量、管道工程材料、土力学、管道工程结构、管道工程设计、管道工程施工、管道腐蚀与防护、管道工程监理、测量实习、课程和项目设计、毕业综合实训	可在石化、建筑、物业等行业或单位的流体管道工程设计与管理部门工作	福建船政交通职业学院、天津海运职业学院、河北石油职业技术学院
管道运输管理	培养掌握油气储运、管道运输的基本理论与技能，能从事管道运输维护、管理工作的高级技术应用型专门人才	工程流体力学、工程热力学、油气储运设备、管道运输工艺、检测技术与仪表、油气管道自动控制工程、管道设备运行管理、金属腐蚀与防护、油气集输、城市配气及管道运输安全管理、管道运输故障诊断、管道运行监测、管道泄漏与防护、管道运输管理实务实习、毕业综合实训	可在石化、建筑、物业等流体管道运输领域的技术维护与管理部门工作	昆明工业职业技术学院

第六节　城市轨道交通类

专业	教育目标	课程设置	就业发展方向	专业优势院校
城市轨道交通车辆技术	培养具有轨道交通自动控制设备的操作、维护、常见故障处理及施工管理能力和智能化电子仪表维护能力的高等技术应用型技术人才	城市轨道交通概论、模拟电子技术、数字电子技术、微机接口基数、通信原理、通信电路基础、车站信号、区间信号、微机联锁、电气集中设计与施工、ATC 实训	可在城市轨道交通单位的车辆检修、维护(或驾驶)部门工作	黑龙江交通职业技术学院、重庆公共运输职业学院、西安铁路职业技术学院、西安交通工程学院、广东交通职业技术学院、山东职业学院、北京交通职业技术学院
城市轨道交通机电技术	培养掌握现代通信技术、信号技术及列车自动控制方面的基本理论和技能,能从事城市轨道通信系统的设备维护、检修、管理、安装、施工工作和信号设备的维护、监控、管理工作的高素质技能型专门人才	轨道交通电工电子技术、城市轨道交通信号技术、城市轨道交通通信技术、城市轨道交通自动化系统与技术、城市轨道交通综合监控系统与集成、城市轨道交通车站机电设备、城市轨道交通联锁设备维护、城市轨道交通列车运行控制、轨道交通专用通信、信号基础、通信线路、程控电话交换、光纤数字通信、计算机网络、专业英语、列车自动控制、通信、信号新技术	可在城市轨道交通控制设备的运用、测试与维护部门工作	黑龙江交通职业技术学院、重庆交通职业学院、西安交通工程学院、北京交通职业技术学院、北京交通运输职业学院、天津铁道职业技术学院、武汉铁路职业技术学院
城市轨道交通通信信号技术	培养掌握本专业基本知识和基本技能,能从事城市轨道交通控制设备的运用、测试与维护工作的高级技术应用型专门人才	城市轨道交通概论、通信系统原理、微机接口技术、通信网络技术、智能交通通信与信息技术、自动控制原理、车站信号自动控制、列车控制技术、计算机联锁、轨道电路	可从事电气信号设备装置制造、建筑安装施工、轨道交通运输机械设备操作等工作	西安铁路职业技术学院、广州市信息工程职业学校、石家庄铁路职业技工学校
城市轨道交通供配电技术	培养具有变电站供电运行与检修、接触网(轨)施工与检修能力的应用型中等专业技术人才	机械制图、电工电子基础及技能、铁道概论、钳工基础技能、城轨交通概论、城轨交通供电与规程、接触网施工、维护与规程	可在城市轨道交通部门从事变电站值班员、城轨接触网检修工、维修电工的工作或其他电力设备的安装、运行、检修与供电等工作	天津铁道职业技术学院、西安铁路职业技术学院、、南京交通科技学校

续表

专业	教育目标	课程设置	就业发展方向	专业优势院校
城市轨道交通工程技术	培养掌握城市轨道交通基础工程方面的基本知识和技能,能从事城市轨道交通工程的设计、施工、监理及养护工作的高级技术应用型专门人才	城市轨道交通概论、工程力学、结构力学、建筑材料、工程机械、土力学与基础工程、结构设计原理、线路工程、地下工程、桥梁工程、工程经济及管理	可在城市轨道交通基础工程的设计、施工、监理与养护部门工作	西安铁路职业技术学院、甘肃交通职业技术学院、湖南交通职业技术学院、南京交通职业技术学院、安徽职业技术学院、北京交通职业技术学院、江苏建筑职业技术学院
城市轨道交通运营管理	培养掌握城市轨道交通运营管理的基础理论知识和技能,能从事城市轨道交通运营的组织与管理工作的高级技术应用型专门人才	城市轨道交通概论、车站设备、城市轨道交通车辆、地铁供电、轨道交通运营管理、轨道交通行车组织、轨道交通客运组织、轨道交通通信信号、消防环控、安全管理、地铁项目管理、车辆、供电、车站实习、运营管理实习、自动售检票系统(AFC)认识实习、运营调度实习	可在城市轨道交通的运营组织与管理部门工作	青岛港湾职业技术学院、重庆公共运输职业学院、郑州职业技术学院、西安铁路职业技术学院、北京交通职业技术学院、大连职业技术学院

第七节　邮政类

专业	教育目标	课程设置	就业发展方向	专业优势院校
邮政通信管理	培养掌握邮政业务管理、邮政组织管理、邮政技术设备与管理的基本理论和方法,熟悉邮政企业支局(所)管理、计算机应用等方面的理论与技能,接受过邮政企业营业、分拣等环节业务操作初步训练的高素质、高技能邮政专门人才	管理学基础、运筹学、邮政业务与管理、邮政组织管理、邮政技术设备与管理、国际邮政通信组织、邮政管理信息系统、邮政支局(所)经营管理、邮政业务操作实训、物流模拟运营实训	可在各级邮政企业与物流企业等生产与服务管理第一线从事经营和管理工作	黑龙江信息技术职业学院
快递运营管理	培养具备市场开发与维护、数据挖掘及分析、线路设计与优化、车辆调度与管理能力及邮政普遍服务管理、快递业务基础管理等业务能力,具有良好的职业素养、职业精神和创新能力的高技能应用型专门人才	速递生产运作管理与实务、邮政业务与管理、邮政技术与设备管理、邮政通信地理、现代物流运筹学、邮政营销策划、BTOC电子商务配送系统建设、CRM客户关系管理系统、商业智能管理与应用、速递管理信息系统课程设计、速递运营模拟训练	可在邮政系统或速递、物流、电子商务类的企业从事客户服务、市场开发、信息系统维护、人资培训、速递业务基础管理等工作	山东劳动职业技术学院、山东职业学院、淄博职业学院、柳州职业技术学院

第二十四章　电子信息大类

第一节　电子信息类

专业	教育目标	课程设置	就业发展方向	专业优势院校
电子信息工程技术	培养具备电子技术和信息系统的基础知识，能从事各类电子设备和信息系统的研究、设计、制造、应用和开发的高等工程技术人才	电路理论系列课程、计算机技术系列课程、信息理论与编码、信号与系统、数字信号处理、电磁场理论、自动控制原理、感测技术	可在生产制造企业从事电子产品的工艺实施、生产组织、技术管理等工作，以及电子设备及系统的操作、管理与维护工作	西安航空学院、苏州职业大学、南通理工学院、湖南信息学院、山东职业学院
应用电子技术	培养德、智、体、美、劳全面发展，具有大学专科文化层次，掌握现代电子基本理论和基本技能，熟悉常用电子产品的性能和工作原理的高级技术应用型专门人才	数字电子线路、微机原理及应用、单片机原理及应用、自动化控制技术、通信技术基础、电子设计自动化、仪器原理与电测技术	可在电子企业、电子公司和事业单位从事数控设备或仪表、家电控制系统、智能玩具、汽车电子、工业控制网络通信设备、医疗仪器、环境监控等产品的生产检测、维修、调试，以及生产管理和销售工作	成都工业学院、西安航空学院、南京科技职业学院、重庆航天职业技术学院、郑州电子信息职业技术学院、苏州职业大学、南通理工学院
微电子技术	培养掌握大规模集成电路及其半导体器件的设计方法和制造工艺，具有从事芯片生产过程的工艺加工、设备维护、器件测量能力的高级技术应用型专门人才	计算机基础、电子技术、微电子概论、半导体物理、半导体器件物理、集成电路工艺原理、集成电路 CAD、电子测量技术、电子技术实验	可面向微电子产品的生产企业和经营单位，从事半导体芯片、电子元器件的制造、封装与测试、检验、质量控制、设备维护、工艺改进以及中小规模半导体集成电路版图设计等技术工作，以及生产管理和微电子产品的采购、销售及服务工作	成都工业学院、苏州职业大学、江苏信息职业技术学院、无锡职业技术学院、常州信息职业技术学院、山东电子职业技术学院、大连职业技术学院、南京信息职业技术学院、苏州市职业大学

续表

专业	教育目标	课程设置	就业发展方向	专业优势院校
智能产品开发	培养掌握智能电子产品的软硬件设计、调试、维护技能,具有计算机应用、计算机系统维护能力,具有良好品德、健康心理、职业素养,能适应生产、经营、管理和服务第一线的高技能应用型人才	模电基础、数字电路、EDA技术、C语言、数据结构、数据库/VB、软件程序员、单片机原理、单片机应用、电子CAD、应用程序设计、智能电子产品设计、电子设备装调工培训	可从事智能电子产品的软硬件设计、调试、维护、生产和技术服务,也可从事办公自动化、计算机系统维护、计算机相关产品的销售、技术服务等工作	江门职业技术学院
智能终端技术与应用	培养掌握计算机基本理论原理与技能,具有系统美术方面的知识和技能,具备图文信息处理能力和图文软件的应用开发能力的高级技术应用型专门人才,以及能够运用计算机网络技术进行网络开发与应用,具有网站设计与制作,以及网络组建、管理与维护等相关岗位能力的高技能应用型人才	计算机操作基础、商务办公计算机组装与维护、实用美术基础、计算机和互联网应用技术、大学英语、VB程序设计、C语言程序设计、经济数学、线性代数、概率论统计、财政与金融统计学、会计学、会计电算化、视觉艺术、广告传媒项目实训网络技术、数据库应用项目实训网页设计、网站建设项目实训家装、工装、建筑表现项目实训企业项目实训	可从事公司计算机管理网站、电子商务网站设计、开发与制作、公司网络硬件环境组建、管理与维护等工作,或从事公司办公自动化、计算机软硬件维护、软件编程等工作	福建信息职业技术学院、漯河职业技术学院、湖南软件职业学院、安徽现代信息工程职业学院
智能监控技术应用	培养适应智能监控领域生产、建设、管理、服务第一线需要,具备德、智、体、美等方面全面发展,掌握智能监控系统的安装、调试、维护、工程组织实施和评估的高等技术应用型人才	电工电子技术、传感器应用与检测、单片机应用、计算机网络组建、网络设备安装与调试、监控系统规划与设计	可面向市政交通、公共服务部门、工农业加工生产企业、智能小区、智能家居等监控系统管理、监控设备安装与维护、监控系统工程、信息工程建设监理与招投标、质量监督部门等企业,从事安防管理员、智能系统管理师、技术员、项目主管助理、售后服务与技术支持、职业技能培训员、技术监理员等岗位的一线技术及管理工作	河北化工医药职业技术学院、连云港职业技术学院、陕西交通职业技术学院

续表

专业	教育目标	课程设置	就业发展方向	专业优势院校
汽车智能技术	培养与我国社会主义现代化建设要求相适应，在德、智、体、美等方面全面发展，掌握汽车智能电器技术和车身控制技术，能从事汽车智能设备生产、安装、调试，在检测、维修、销售、服务等方面具有较强实践能力和良好职业道德的高素质技能型专门人才	汽车电工电子技术、汽车智能仪表与检测技术、汽车电路识图及分析、汽车构造与原理、汽车电器设备与维修、汽车传感器与检测技术、汽车单片机与车载网络技术、汽车电控技术、汽车故障诊断与综合检测	可在汽车销售公司（4S店）、汽车专业维修厂、汽车检测站、汽车运营企业、汽车生产企业、车用电子产品生产企业、保险公司等部门，从事汽车检测与维修、汽车运行与管理、汽车营销与评估、汽车配件销售、汽车保险与理赔及相关技术服务等工作	哈尔滨应用职业技术学院、芜湖职业技术学院、烟台汽车工程职业学院
电子产品质量检测	培养能够胜任一般电子类制造工厂的QC（IQC/IPQC/OQC/FQC）职位的工作人员，能对一般质量异常和客户投诉进行分析处理，对质量管理的发展史、品质系统、品质活动等有一定的了解，并掌握质量管理的基本规律和职业发展方向的高素质技能型专门人才	数字电路、模拟电路、电子技术基础、电子外观检验、电子功能检测、品质意识与基本常识、ISO体系介绍、抽样计划与方法、QC七大手法、QC作业流程、静电防护与安规、品质工具、表面贴装技术、质量管理体系与审核、供应商与客户管理、QA品质异常与客户投诉处理流程、品质分析与报告	可在电子企业从事进料品质管理、制程品质管理、成品品质管理、品质工程技术等技术岗位，担任助理品保技术员、品保技术员、高级品保技术员、助理品保工程师、品保工程师、高级品保工程师、品质专员、主任品保工程师等	苏州工业园区职业技术学院、湖南汽车工程职业学院、重庆财经职业学院、黄河水利职业技术学院、江西信息应用职业技术学院
电子产品营销与服务	培养具有本专业综合职业能力，具有团队意识和协作精神，在生产企业及销售服务行业中的技术员、设备维修技术员、品质工程师、电子产品营销员、电子产品售后技术服务员等第一线工作的，具有较强的实践能力、创新能力、就业能力、创业能力、学习能力的，德、智、体、美全面发展的高素质、高技能复合型人才	电路分析基础、模拟电子技术、数字电子技术、营销原理与实务、多媒体应用技术、电子测量与仪器、单片机原理与应用、计算机网络技术、通信技术、商务网站建设与维护、电子产品市场营销、微机组装与维护、市场调研与预测、电视技术、数码电器、传感器技术等，认识实习、单片机应用系统实训、电子产品营销实训（考证）、岗位能力实训、顶岗实习等实践环节	可面向各电子、IT产业等相关行业的制造公司、生产企业和经营单位，从事电子电器产品的销售、客户开发、业务管理及售后服务工作，以及技术员、设备维修技术员、品质工程师等工作	武汉职业技术学院

续表

专业	教育目标	课程设置	就业发展方向	专业优势院校
电子电路设计与工艺	培养具有从事电子电路设计、制造、装配和测试工作的综合能力，具有较强的实践动手能力和较高的文化素质，能够胜任电子电路相关的生产、经营、管理和服务等工作的工程技术人才	模拟电子线路、数字电路、印制电路技术、电路CAD/CAM基础、表面处理与镀覆、材料分析与检测、表面安装技术、可编程控制器、数据库基础、质量管理技术、电工实训、电子整机装配实训、计算机组装与维护实训、印制电路制造实训、电路CAD/CAM课程设计、表面处理与镀覆课程设计	可在电子类工厂或研究所从事电子电路的产品设计和生产准备、精密图形制造、数控加工、电路制造的制程控制、电路制造的测试、电路制造的品管和控制工作，也可以从事电子电路及原辅材料的采购和销售、片式元件装联等工作	青岛职业技术学院、重庆城市职业学院、益阳职业技术学院、南京信息职业技术学院
电子制造技术与设备	培养掌握现代信息电子技术及计算机应用技术所必需的基本知识，具有电子设备的装配、调试、操作、运行管理能力的高级技术应用型专门人才	电路分析基础、电子技术、信号与网络、电子测量原理、信号处理技术、检测技术、PLC原理与应用、电子设计自动化(EDA)、微机原理与接口技术、汇编语言、电子设备故障诊断与维修、电子工艺实习、电子线路测试、电子设备故障诊断实训等，以及各校的主要特色课程和实践环节	可在电子设备、工业电气控制设备的生产和销售公司从事电子设备和工业电气控制设备的研制、生产、调试、销售、操作及维护等工作	郑州职业技术学院、山西水利职业技术学院、山东电子职业技术学院、南京机电职业技术学院、四川工业科技学院、淮安信息职业技术学院
电子测量技术与仪器	培养适应社会主义现代化建设需要，德、智、体、美全面发展，掌握集现代电子测量技术、计算机技术、网络技术、通信技术以及数据库技术等多学科技术，适应发电厂及电力系统运行操作，兼顾安装检修技术管理的高等工程技术工作的高等技术人才	电子仪器、仪表工作原理，具备电子测量应用技术、电子仪器测控技术	可在电子产品生产和销售企业从事电子仪器及设备的运用与开发工作、电子仪器的检测与维修工作、电子仪器的应用研究等工作	浙江水利水电学院、陕西航空职业技术学院、重庆电力高等专科学校、重庆电信职业学院、无锡职业技术学院、山东电子职业技术学院、山东电力高等专科学校、南京机电职业技术学院、苏州工业职业技术学院、北京工业职业技术学院
电子工艺与管理	培养掌握电子产品工艺设计的基本理论，具有电子设备的设计、制造、调试、安装、维修、管理能力的高级技术应用型专门人才	机械设计、集成电路原理与应用、电子技术、自动控制原理、单片机原理与应用、电子设备结构与工艺、电子设计自动化(EDA)、微机原理与接口技术、电子测量原理、信号处理技术	可在电子产品生产企业从事电子产品的工艺设计、制造、调试、维修和管理等工作	陕西国防工业职业技术学院、无锡职业技术学院、山东职业学院、南京机电职业技术学院、武汉铁路职业技术学院、苏州工业职业技术学院

续表

专业	教育目标	课程设置	就业发展方向	专业优势院校
声像工程技术	培养具备电子声像产品的生产和检测技能，具有现代声像设备及系统的生产、安装、调试、维护能力的高级技术应用型专门人才	集成电路原理与应用、计算机原理及应用、传感技术、电子测量技术、通信原理与应用、现代音响设备、现代视频技术、摄录技术、卫星接收与闭路电视、多媒体技术	可从事电子工程技术、广播、电视、电影和影视录音制作、舞台专业制作等相关工作	山东传媒职业学院、四川信息职业技术学院、西安航空职业技术学院
移动互联应用技术	培养掌握移动互联网相关理论知识、WEB网站开发运营与营销、移动应用编程技术、智能移动终端系统应用与维护相关知识，具有基于WEB、Android系统的软件开发方面基本能力的技术应用型专门人才	计算机网络概论、JAVA 程序设计、数据库应用技术、网页设计制作技术、JSP动态网站技术、移动终端UI设计、Android应用程序开发、Android项目开发、手机游戏开发、移动终端服务器管理与配置	可从事IT企业素材采集加工、网页制作、移动互联网站开发与维护、移动终端软件设计与应用、移动终端服务器管理与维护、Android应用程序开发、手机游戏开发、软件维护、测试、销售、技术支持、技术咨询等工作	天津电子信息职业技术学、南京工业职业技术学院、苏州工业职业技术学院、江苏信息职业技术学院、南京信息职业技术学院、无锡科技职业学院
光电技术应用	培养有较强的实践动手能力，从事液晶显示器为主的平板显示、光电器件等领域光电产品生产制造、装配、检测、设备操作与维护、技术服务、生产管理等方面的高级应用型技术人才	平板显示技术、光电子技术、电路CAD技术、模拟电子线路、数字电路、电子驱动技术、光学基础、应用光学、液晶材料、液晶器件制造工艺、集成电路制造工艺、印制电路技术、专业英语、电子整机装配实训、应用光设计、平板显示技术课程设计、光电子技术课程设计、电路CAD技术课程设计	可从事光电子产品、器件和平板显示器的制造、装配、调试、维修、检测、生产管理、售后服务、产品代理和销售等多方面工作	苏州工业园区职业技术学院、福建水利电力职业技术学院、无锡科技职业学院、扬州职业大学、山东科技职业学院、大连职业技术学院、南京信息职业技术学院
光伏工程技术	培养德、智、体等全面发展，具有良好的职业素质，掌握光伏发电系统所涉及的相关基本理论知识及其实际操作能力，能够从事光伏离网、并网发电系统的分析、设计、安装、调试与技术管理电能质量管理等岗位工作的高等应用型技术人才	光伏太阳能电池、PLC技术、单片机原理与应用、电力电子技术、数电、工厂供电、传感器技术应用、PLC技术实训、光伏智能控制器的设计与实践	可从事光伏材料加工、光伏产品生产、检测与质量控制、光伏发电系统的安装调试、光伏发电系统的运行维护、光伏产品的销售及售后服务、小型光伏系统集成、生产技术管理等太阳能方向工作	江苏信息职业技术学院、常州工程职业技术学院、无锡科技职业学院、苏州市职业大学、扬州市职业大学

续表

专业	教育目标	课程设置	就业发展方向	专业优势院校
光电显示技术	培养具有信息显示与光电技术专业所必需的基础知识、基本理论和基本技能，具有扎实的数理基础和电子技术、新材料基础理论，具有液晶显示及相关技术专业知识，了解学科前沿及相关领域知识，具有较强的计算机辅助设计和工程实践能力，并具有一定的产品开发和参与技术改进的高等应用型技术人才	发光原理基础、平板显示驱动技术、液晶电子学、场致发光显示、气体放电与等离子体显示、真空微电子学与场发射显示、大屏显示技术、电子光学及其应用、现代薄膜技术、显示器件制造技术等现代显示技术课程及通信原理、计算机实用网络技术	可从事信息显示、光电技术及相关领域内的科研、教学、应用、开发、生产、管理工作	福州理工学院、电子科技大学成都学院、漳州职业技术学院、安徽电子信息职业技术学院
物联网应用技术	培养能够系统地掌握物联网的相关理论、方法和技能，具备通信技术、网络技术、传感技术等信息领域专业知识的高级工程技术人才	信息与通信工程、电子科学技术、计算机科学与技术、物联网导论、电路分析基础、信号与系统、模拟电子技术、数字电路与逻辑设计、微机原理与接口技术、工程电磁场、通信原理、计算机网络、现代通信网、传感器原理、嵌入式系统设计、无线通信原理、无线传感器网络、近距无线传输技术、二维条码技术、数据采集与处理、物联网安全技术、物联网组网技术	可从事物联网应用技术以及联网智能项目管理等工作	南通职业大学、扬州市职业大学、北京电子科技职业学院、天津现代职业技术学院、江苏城市职业学院、徐州工业职业技术学院

第二节　计算机类

专业	教育目标	课程设置	就业发展方向	专业优势院校
计算机应用技术	培养掌握计算机软件设计和开发、硬件接口的设计与编程、计算机硬件的安装、配置、管理和运行操作技术的高级技术应用型专门人才	微机原理与应用、数据库原理与应用、数据结构、VB程序设计、JAVA 程序设计、网络操作系统、WEB技术、计算机网络基础、网络应用软件、计算机接口技术	可在交通系统各单位、交通信息化与电子政务建设与应用部门、各类计算机专业化公司、广告设计制作公司、汽车营销技术服务等从事IT行业工作	重庆航天职业技术学院、青岛工学院、苏州农业职业技术学院、南通理工学院、江苏联合职业技术学院、江苏城市职业学院、浙江经贸职业技术学院

续表

专业	教育目标	课程设置	就业发展方向	专业优势院校
计算机网络技术	培养掌握计算机网络基本理论和基本技能，具有计算机网络硬件组网与调试、网络系统安装与维护以及网络编程能力的高级技术应用型专门人才	组网技术与网络管理、网络操作系统、网络数据库、网页制作、计算机网络与应用、网络通信技术、网络应用软件、JAVA 编程基础、服务器配置与调试、网络硬件的配置与调试	可在软件园、高新技术园区、各大电脑公司、网络公司、网站、高新技术企业、公司、企业或事业单位和信息部门中从事网络管理、网站维护、网页设计与创意和电子商务等工作	郑州电子信息职业技术学院、苏州职业大学、南通理工学院、江苏经贸职业技术学院、浙江机电职业技术学院、济南职业学院、扬州职业大学
计算机信息管理	培养掌握信息处理和信息管理技术，具备程序设计、信息管理、系统软件开发和维护能力的高级技术应用型专门人才	计算机组成原理、高级语言程序设计、计算机应用技术、数据库技术及应用、管理信息系统、统计学原理、办公自动化原理及应用、计算机网络技术	可面向商业、贸易、金融、网络等企业，从事网络应用、硬件组装与维修、软件开发、系统维护、信息统计分析与处理、数据库系统与应用、网站设计与维护和电子商务等工作	苏州职业大学、天津城市职业学院、苏州工业职业技术学院
计算机系统与维护	培养具备计算机通信网开发设计和研究的初步能力，具有对通信设备和信息网络进行操作、维护、维修能力的高级技术应用型专门人才	计算机原理及接口、计算机通信基础、数字通信原理、现代通信交换技术、TCP/IP 协议、光纤通信技术、程控交换技术、计算机通信网	可在企业或事业单位从事计算机硬件测试、维护和应用软件的编程及调试工作	重庆电信职业学院、辽宁工程职业学院、福建信息职业技术学院、山东电子职业技术学院、南京交通职业技术学院、南通航运职业技术学院、淮安信息职业技术学院
软件技术	培养具有一定的计算机软件专业理论知识，掌握至少一种主流软件开发平台，具有较强编程能力的高级实用型专业人才	C 语言程序设计、VB 程序设计、JAVA 应用系统开发、JAVA 企业级开发、计算机网络与通信、网络操作系统、软件工程、多媒体技术与应用、大型数据库处理技术	可在各类企业或事业单位、计算机软件公司等从事计算机网络系统的规划和组网、网络系统的管理和维护、各类网站的建设与管理、网页制作、网络应用软件的开发以及计算机网络相关软硬件的营销及技术支持等工作	青岛职业技术学院、陕西电子信息职业技术学院、苏州经贸职业技术学院

续表

专业	教育目标	课程设置	就业发展方向	专业优势院校
软件与信息服务	培养适应社会发展需求，德、智、体、美全面发展，具有扎实的计算机应用理论和知识基础，掌握软件工程领域的前沿技术和软件开发方法，具有较强的实践能力和创新精神，具备较强的软件项目的系统分析、设计、开发和测试能力，能够按照工程化的原则和方法从事软件外包的人才	电路原理、模拟电子技术、数字逻辑、数字分析、计算机原理、微型计算机技术、计算机系统结构、计算机网络、高级语言、汇编语言、数据结构、操作系统、编译原理、系统分析与控制、信号处理原理、通信原理概论	可从事企业应用软件的开发与维护以及外包软件的沟通和文档管理、软件测试等工作	无锡商业职业技术学院、南通理工学院、南京信息职业技术学院、南通农业职业技术学院、山东商业职业技术学院
动漫制作技术	培养具备计算机动画设计、数字声像合成技术能力，以及计算机二维、三维动画制作及影视后期制作能力的高级技术应用型专门人才	动画技法、动态技法、影视技术概论、视觉传达、平面设计、动画设计、多媒体技术及应用、声像合成、影视剧作、分镜头故事脚本、二维三维静帧技法	可在动画公司、电视台以及其他广告传媒等单位从事动画片制作、影视广告制作、后期合成等工作	陕西职业技术学院、重庆信息技术职业学院、西安职业技术学院、江苏信息职业技术学院、无锡科技职业学院
嵌入式技术与应用	培养熟练掌握嵌入式技术及应用的专业理论知识，具有较强的计算机接口驱动应用开发和应用程序设计能力，能够从事各类嵌入式技术及应用方面工作的高端技能型人才	大学英语、高等数学、C语言程序设计、数据结构、模拟电子技术、数字电子技术、印刷电路板的设计与制作、嵌入式系统接口设计、嵌入式 Linux 操作系统、C++程序设计、嵌入式图形界面设计	可从事面向行业应用的嵌入式操作系统开发、软件设计、技术支持、运营与维护、测试、教学及科研、技术推广、售后服务等相关工作	青岛职业技术学院、常州信息职业技术学院、山东信息职业技术学院、天津职业大学、北京信息职业技术学院
数字展示技术	培养具有大专文化层次，具有良好职业道德和综合素质，并具有一定艺术素养的高端技能型专门人才以及具有数字展示基本理论、专业知识、基本技能与方法，掌握三维数字模型制作及渲染、展览展示视频制作、互动媒体制作等核心技术，具备较强的数字展示软件应用能力，熟悉现代网络和信息安全的基本原理及应用技术，具有良好的团队组织与合作能力和职业道德的高端技能型专门人才	视听语言、影视剪辑、动漫创作、计算机图形学、游戏引擎原理及应用、移动平台游戏开发、游戏创作、摄影摄像技术、艺术设计基础、数字媒体技术概论、程序设计基础、数据库设计、网页设计与制作、交互式多媒体网站开发、数字信号处理、数据结构、算法设计与分析、面向对象程序设计(JAVA)、计算机图形图像处理、人机交互技术、多媒体数据库	可在多媒体设计与制作公司从事数字展示领域模型制作、动画渲染、视频编辑等比较复杂的技能岗位的工作，也可从事组织策划商业展览、展示及影视媒体发布等工作	江苏城市职业学院、北京信息职业技术学院、北京汇佳职业学院、武汉职业技术学院

续表

专业	教育目标	课程设置	就业发展方向	专业优势院校
数字媒体应用技术	培养适合各大门户网站、网络公司、电视台或电台网站、广告制作公司、电子音像出版社、多媒体软件开发与制作公司、电脑视音频娱乐产品开发与制作公司、交互式多媒体应用开发与制作公司等单位的具有较高综合艺术素养的人才	造型基础、艺术创新思维、艺术设计理论、设计基础、西方新媒体艺术、计算机网络原理、计算机网络编程、网页设计与脚本程序、网站整体形象策划与设计、网络Flash动画、网络三维动画、网络广告创意与设计、网络视频设计、网络音频设计、多媒体技术原理与应用、多媒体交互艺术	可在游戏公司、门户网站、移动媒体、电视台、高校、科研院所以及其他相关企业或事业单位从事游戏策划、设计、开发、制作、运营和管理等方面的工作	湖北职业技术学院、浙江商业职业技术学院、广西水利电力职业技术学院、四川水利职业技术学院、江苏农林职业技术学院
信息安全与管理	培养具有扎实的计算机网络技术基础和网络安全管理能力，掌握网管系统安全补丁、漏洞检测及修补、病毒防治等工作技能的高级技术应用型人才	计算机原理、计算机体系结构、计算机网络、操作系统原理、数据结构、C语言程序设计、汇编语言程序设计、网络程序设计、分布式系统、计算机安全入门、编码理论与应用、网络和计算机系统的攻击方法、安全程序设计、应用密码技术、计算机和网络安全、容错系统、信息系统安全、数据库安全、计算机取证、电子商务安全	可在计算机网络公司、软件公司、科研部门、教育单位和行政管理部门及现代化企业，从事计算机安全系统的研究、设计、开发和管理工作，也可在IT领域从事网络日常管理与维护、网站设计与开发、网络数据库的应用与维护或信息安全产品销售与服务等工作	苏州信息职业技术学院、扬州职业大学、常州信息职业技术学院、山东电子职业技术学院、山东城市建设职业学院
移动应用开发	培养适应移动互联网产业高速发展需要，胜任智能手机、平板电脑等移动终端的软件设计、开发、维护与技术支持，以及移动互联网运营与管理等工作的高端技能型人才	数据结构与算法、面向对象程序设计，WEB应用开发、客户端编程、计算机网络、无线网络技术、Android移动应用开发、Android手机游戏开发、移动数据库技术、移动增值开发与应用	可在IT公司从事移动互联网应用软件设计、编码、测试与维护岗位等的工作，也可在移动通信公司的移动互联网运营、技术支持等相关岗位群就业	南京铁道职业技术学院、安徽财贸职业学院、重庆工程学院、达州职业技术学院
云计算技术与应用	培养掌握云计算专业职业岗位(群)所需的基本理论知识和专业技能，能进行云平台的搭建，从事基于云的软件服务、云安全的管理与维护、云存储服务的提供以及云产品的销售等，具备自主创业的大专层次高素质技能型专门人才	Oracle数据库、Linux操作系统、虚拟化技术与实施、云计算安全及管理、中间件技术、私有云平台搭建、存储技术与实践	可从事云计算软件工程、云计算系统监控、云计算数据库维护、云计算软件测试、云计算网络维护等工作	内蒙古电子信息职业技术学院、山东科技职业学院、重庆工程职业技术学院

续表

专业	教育目标	课程设置	就业发展方向	专业优势院校
电子商务技术	培养具有扎实的经济与管理等方面的基本理论，熟悉信息科学与技术的基本知识和方法，掌握电子商务系统工程的开发、应用与管理的技术和技能的高级人才	物流与配送管理、连锁与超市经营管理、市场营销原理与实务、服务营销、商务管理、互联网及其应用、计算机网络实用技术基础、网页设计与制作、计算机工具软件使用	可在企业事业单位的电子商务领域内的技术与管理岗位工作	郑州电子信息职业技术学院、连云港师范高等专科学校、辽宁职业学院、江苏经贸职业技术学院、济南职业学院、无锡科技职业学院、扬州工业职业技术学院

第三节　通信类

专业	教育目标	课程设置	就业发展方向	专业优势院校
通信技术	培养掌握通信技术的基础理论，具有通信系统的安装、调试能力以及通信设备生产、技术支持能力的高级技术应用型专门人才	电子设计自动化(EDA)、微机原理与应用、电子测量技术、数字通信原理、通信网络、光通信系统、移动通信系统、移动通信终端设备、程控交换原理	可面向通信和电子、信息等行业的运营商、生产型企业从事通信设备、电子设备、系统和网络的研究、设计、开发、运营和技术管理以及通信设备的营销、装配、调试、维修和检验等技术工作	郑州信息科技职业学院、西安交通工程学院、苏州职业大学、南通理工学院、浙江邮电职业技术学院
移动通信技术	培养具有移动通信设备的安装、调试、维护能力以及公众移动通信网络、专用移动通信系统、无线寻呼系统的工程规划和维护能力的高级技术应用型专门人才	电子技术、计算机网络基础、数字通信原理、无线电通信基础、高频电子电路、移动交换与信令、CDMA与个人通信、移动通信设备、无线局域网、数字移动通信原理及设备	可从事移动通信终端设备的生产研发与调试、移动通信终端客服中心的技术主管与终端设备的测试、移动基站设备的研发与维护、移动通信的工程安装调试与维护、移动通信业的运营、移动通信相关产品的生产、检修、测试、营销等工作	苏州工业园区职业技术学院、四川邮电职业技术学院、湖南邮电职业技术学院、陕西邮电职业技术学院、南京信息职业技术学院、江苏信息职业技术学院

续表

专业	教育目标	课程设置	就业发展方向	专业优势院校
通信系统运行管理	培养掌握通信系统的组成原理及通信协议，具有通信系统硬件设备的检测和维护、通信系统运行程序的编程、调试等能力的高级技术应用型专门人才	电子技术、数字通信原理、微机原理与接口、数字信号测量技术、信号与系统、程控交换原理与应用、通信协议、现代通信交换技术、通信系统终端设备	可在通信行业从事通信系统硬件设备的生产、调试、销售以及通信系统的运行、维护、管理等工作	天津电子信息职业技术学院、陕西电子科技职业学院、上海电子信息职业技术学院、辽宁经济职业技术学院
通信工程设计与监理	培养具备通信技术、通信系统和通信网等方面的知识，能在通信领域中从事研究、设计、制造、运营，及在国民经济各部门和国防工业中从事通信技术与设备的开发、应用的高级工程技术人才	电路理论与应用的系列课程、计算机技术系列课程、信号与系统、电磁场理论、数字系统与逻辑设计、数字信号处理、通信原理	可从事无线通信、电视、大规模集成电路、智能仪器及应用电子技术领域的研究、设计和通信工程的研究、设计、技术引进和技术开发工作，主要在邮电实业公司、运营公司、设计公司、工程公司及监理公司等相关企业从事通信工程勘查、施工、设计、工程监理及管理等工作	郑州信息科技职业学院、西安交通工程学院、苏州职业大学、南通理工学院、浙江邮电职业技术学院
电信服务与管理	培养充分利用现代通信与计算机技术，如IVR(交互式语音应答系统)、ACD(自动呼叫分配系统)等，自动灵活地处理大量不同的电话呼入和呼出业务服务，使企业能根据用户的需求提供受理商品订货、市场调查、技术支持、客户开拓、客户管理、客户服务等不同功能服务的高级应用型、技能型的技术和管理人才	企业文化、客服工作概述、语音艺术、电信商务服务流程、电信业务知识、地理和姓氏常识、客服人员规范用语、呼叫系统软件、呼叫情景模拟、案例分析、安全教育、职业素质、呼叫中心发展及特点、行业分析	可在各种行业或部门，如电信、银行、保险、证券、电力等大型企业或政府机关工作	重庆电讯职业学院、重庆电信职业学院、海南工商职业学院、湖南商务职业技术学院
光通信技术	培养现代通信运营企业及相关企业所需的光纤传输设备安装维护、光电缆线路施工维护、通信工程设计、工程监理等方面的专门人才，以及该类企业一线需要的生产、销售、技术支撑和维护及技术管理等方面的应用型专门人才	英语、高等数学、计算机基础、电路与信号、通信电子电路、数字逻辑电路、数据库应用、数字数据通信原理、光缆线路工程、光纤通信原理与设备、通信线路工程、接入网技术、通信电源、通信工程概预算、交换技术、AutoCAD、移动通信原理、市场营销	可在光纤通信设备、电源设备安装、调试与维护及相关领域工作	安徽邮电职业技术学院、湖南邮电职业技术学院、四川邮电职业技术学院、深圳职业技术学院

续表

专业	教育目标	课程设置	就业发展方向	专业优势院校
物联网工程技术	培养能够系统地掌握物联网的相关理论、方法和技能,具备通信技术、网络技术、传感技术等信息领域宽广的专业知识的高级工程技术人才	信息与通信工程、电子科学技术、计算机科学与技术、物联网导论、电路分析基础、信号与系统、模拟电子技术、数字电路与逻辑设计、微机原理与接口技术、工程电磁场、通信原理、计算机网络、现代通信网、传感器原理、嵌入式系统设计、无线通信原理、无线传感器网络、近距无线传输技术、二维条码技术、数据采集与处理、物联网安全技术、物联网组网技术	可从事物联网应用技术以及物联网智能项目管理等工作	北京电子科技职业学院、北京信息职业技术学院、重庆电子工程职业学院、常州信息职业技术学院、南京工业职业技术学院、苏州工业职业技术学院、无锡职业技术学院

第二十五章　医药卫生大类

第一节　临床医学类

专业	教育目标	课程设置	就业发展方向	专业优势院校
临床医学	培养具备基础医学、临床医学的基本理论和医疗预防的基本技能，能在医疗卫生单位、医学科研等部门从事医疗及预防、医学科研等方面工作的医学高级专门人才	人体解剖学、组织胚胎学、生理学、生物化学、药理学、病理学、预防医学、免疫学、诊断学、内科学、外科学、妇产科学、儿科学、中医学	可在城市社区卫生服务中心、农村乡镇卫生院的临床医疗岗位工作	湖北中医药高等专科学校、安徽医学高等专科学校、上海医药高等专科学校、重庆医药高等专科学校
口腔医学	培养具备医学基础理论和临床医学知识，掌握口腔医学的基本理论和临床操作技能，能在医疗卫生机构从事口腔常见病、多发病的诊治、修复和预防工作的医学高级专门人才	物理学、生物学、口腔解剖生理学、口腔组织病理学、口腔材料学、口腔内科学、口腔颌面外科学、口腔修复学、口腔正畸学	可在各级口腔医院和综合性医院口腔科的口腔治疗技术与工艺技术岗位工作	菏泽医学专科学校、湖北中医药高等专科学校、安徽医学高等专科学校
中医学	培养具备中医药理论基础、中医学专业知识和专业实践技能，能在各级中医院、中医科研机构及各级综合性医院从事中医临床医疗工作和科学研究工作的医学高级专门人才	中医学基础、现代医学基础、中医古典医籍、中医诊断学、中药学、方剂学、中医内科学、中医外科学、中医妇科学、中医儿科学、中医骨伤科学、针灸学	可在社区卫生服务中心、县乡医院中医科的中医临床医疗岗位工作	湖北中医药高等专科学校、南阳医学高等专科学校、重庆医药高等专科学校、江西中医药高等专科学校
中医骨伤	培养掌握中医骨伤的基础知识和基本技能、可从事中医骨伤治疗的高级技术应用型专门人才	现代医学基础、中医基础理论、中医诊断学、人体解剖学、中医骨伤学、中医外科、中医骨伤治疗、中医骨病治疗、推拿治疗、手法学、理疗学、各科见习、针灸推拿见习等，以及各校的主要特色课程和实践环节	可在各级中医院、综合性医院的中医骨伤科和社区卫生保健机构的骨伤治疗技术岗位工作	湖北中医药高等专科学校、南阳医学高等专科学校

续表

专业	教育目标	课程设置	就业发展方向	专业优势院校
针灸推拿	培养掌握中医学理论基础以及针灸推拿的专业知识与技能、可从事针灸推拿治疗技术工作的高级技术应用型专门人才	中医基础理论、中医诊断学基础、中药学基础、中医内科、中医骨伤科、经络脉穴学、刺灸学、推拿治疗、手法学、人体解剖、现代医学基础、理疗、中西各科见习、针灸推拿见习等，以及各校的主要特色课程和实践环节	可在各级中医院、综合性医院的中医针灸科、推拿科和社区卫生保健机构的针灸推拿技术岗位工作	湖北中医药高等专科学校、南阳医学高等专科学校、重庆医药高等专科学校
蒙医学	培养掌握蒙医学的基本理论和专业技能、可从事蒙医学临床诊疗工作的助理蒙医师	蒙医基础理论、蒙药学、蒙医方剂、蒙医诊断、蒙医内科、蒙医温病学、蒙医医疗、中医学概论、人体解剖生理学、现代医学基础、综合性医院见习、蒙医院见习、毕业实习等，以及各校主要特色课程和实践环节	可在蒙族地区县乡医院的蒙医科和社区卫生服务中心的蒙医临床医疗岗位工作	赤峰学院、内蒙古医学院
藏医学	培养掌握藏医学的基本理论与专业技能、可从事藏医临床诊疗工作的助理藏医师	藏医人体学、藏医病机学、藏医诊断、藏医方剂、藏医外治、藏医内科、藏医外伤、藏医妇科、藏医儿科、藏医热病疫病、人体解剖生理、中医学概论、现代医学基础、藏医院见习、综合医院见习、毕业实习等，以及各校主要特色课程和实践环节	可在藏族地区县乡医院的藏医科社区卫生服务中心的藏医临床医疗岗位工作	西藏藏医学院、山东医学高等专科学校、菏泽医学专科学校
维医学	培养掌握维医学基本理论和专业技能、可从事维医临床诊疗工作的助理维医师	维医基础理论、维药学、维药方剂学、维医诊断、维医内科、维医外科、维医妇科、维医儿科、人体解剖生理学、中医学概论、现代医学基础、维医院见习、综合性医院见习、毕业实习等，以及各校主要特色课程和实践环节	可在维吾尔族地区县乡医院的维医科和社区卫生服务中心的维医医疗技术岗位工作	新疆维吾尔医学专科学校
傣医学	培养德、智、体、美全面发展，热爱傣医药事业，具有良好职业道德，系统掌握傣医药基本理论、基本知识和临床诊疗技能，具备傣医药传承和傣医临床思维能力，具备必要的西医学、中医学基本知识，能在傣医和中医等机构从事傣医药的医疗、教学、科研及傣药开发的高级专门人才	傣医基础理论、傣医诊断学、傣药学、傣医方剂学、傣医药学史、傣医内科学、傣医妇科学、傣医儿科学、傣医外科学、傣医治疗学、正常人体解剖学、诊断学基础(含影像学)、西医内科学、西医外科学、中医学基础、中药学、中医方剂学、中医内科学、中医妇科学、中医儿科学、中医外科学	可在傣医和中医等临床或科研机构工作	西双版纳职业技术学院

续表

专业	教育目标	课程设置	就业发展方向	专业优势院校
哈医学	培养德、智、体等全面发展，符合哈医学教育标准对知识、能力、素质要求，能在医疗管理及哈医专科医疗机构从事哈医科研、哈医专科及社区医疗卫生服务的符合未来发展潜质的哈医学应用型专业人才	正常人体形态学、人体机能学、药理学、诊断学基础、内科学、儿科学、外科学、妇科学、哈医妇科学、针灸学、哈医基础理论、哈医诊断学、哈药学、哈医方剂学、《齐帕格尔巴彦》选读、哈医内科学、哈医儿科学、哈医外科学、哈医骨伤科学、哈医特色疗法学	可在医疗、教学、科研等领域从事实际工作	哈尔滨医药专科学校

第二节　护理类

专业	教育目标	课程设置	就业发展方向	专业优势院校
护理	培养适应社会主义现代化建设需要，德、智、体、美全面发展，具有护理基础理论、专业知识和熟练的操作技能，具备在各级医疗卫生机构从事临床护理、护理保健以及护理管理等方面工作的高级技术应用型人才	人体解剖学、药理学、基础护理技术、母婴护理、心理和精神护理、儿科护理学、成人护理、社区护理	可在各级医院、社区卫生服务中心、养老院从事临床护理工作	苏州卫生职业技术学院、盐城卫生职业技术学院、泰州职业技术学院、山东中医药高等专科学校
助产	培养掌握护理学以及妇幼保健的基本理论和助产专业技能，从事临床助产和母婴保健工作的高级技术应用型专门人才	人体结构与功能、病原生物与免疫、药理学基础、病理学基础、生物化学、健康评估、护理学基础、妇科护理、产科护理、外科护理、儿科护理、预防医学、临床营养学、护理基本技术操作见习、毕业实习(重点是妇科、产科、新生儿科)等，以及各校的主要特色课程和实践环节	可在各级医院的妇产科、社区卫生服务中心及妇幼保健机构的助产岗位工作	苏州卫生职业技术学院、天津医学高等专科学校、山东医学高等专科学校

第三节　药学类

专业	教育目标	课程设置	就业发展方向	专业优势院校
药学	培养具备药学学科基本理论、基本知识和实验技能，能在药品生产、检验、流通、使用、研究与开发领域从事鉴定、药物设计、一般药物制剂及临床合理用药等方面工作的高级科学技术人才	有机化学、物理化学、生物化学、微生物学、药物化学、药剂学、药理学、药物分析学、药事管理学、临床医学概论	可在医院药房、药物制剂室、药厂、医药公司、药检所从事技术岗位与管理岗位工作	齐鲁医药学院、青海卫生职业技术学院、苏州卫生职业技术学院、江西卫生职业学院、浙江医药高等专科学校、山东药品食品职业学院
中药学	培养适应我国社会主义现代化建设需要，德、智、体、美全面发展，能在中药生产、检验、流通和使用领域从事中药检验、制剂、开发、临床合理用药和管理等方面工作的高级应用型人才	中医学基础、中药方剂学、药用植物学、药理学、中药化学、药物化学、中药鉴定学	可在医院中药房、中药制剂室、中药厂和中药药检部门的技术岗位工作	山东现代学院、苏州卫生职业技术学院、盐城卫生职业技术学院、浙江医药高等专科学校、山东药品食品职业学院、山东中医药高等专科学校
蒙药学	培养掌握药剂学、药理学、药物化学和药物分析等学科基本理论、基本知识的高级应用型人才	人体解剖生理学、微生物和免疫学、医学统计学、天然药物化学、有机化学、物理化学、生物化学、药物化学、药剂学、药理学、药物分析学、药事管理学、临床医学概论	可在制药厂和医药研究所从事各类药物开发、研究、生产质量保证和合理用药指导等方面的工作，也可从事药品销售代理	呼伦贝尔职业技术学院
维药学	培养既掌握项目管理方面的基础知识，又具有管理学和经济学知识及能力，具备从事项目决策、项目实施全过程管理的基本能力的高级应用型人才	人体解剖生理学、微生物和免疫学、医学统计学、天然药物化学、有机化学、物理化学、生物化学、药物化学、药剂学、药理学、药物分析学、药事管理学、临床医学概论	可在医药公司、各级医疗机构等工作	新疆维吾尔医学专科学校
藏药学	培养具有创新精神和实践能力，熟练掌握藏医基础理论和藏药基础理论知识，基本掌握现代药学基础知识，全面系统地掌握藏药材辨认、配制、药理分析和研究技能的高素质专业人才	藏医概论学、藏医人体学、藏医病机学、藏药学、藏医三大基因学、藏医保健学、藏医伦理学、藏药植物学、藏药动物学、藏药矿物学、藏医药物学、水银洗练法、藏医常用配方学、藏药冶炼学、藏药炮制学、藏药方剂学、藏药泻治学、药理学、药剂学、天然药物化学、药物制剂分析、生药学、民族药物学、药事管理学	可从事藏药材辨认、配制、药理研究等工作	西藏藏医学院

第四节 医学技术类

专业	教育目标	课程设置	就业发展方向	专业优势院校
医学检验技术	培养具有基础医学、临床医学、医学检验等方面的基本理论知识和基本能力,能在各级医院、血站及防疫等部门从事医学检验及医学类实验室工作的医学高级专门人才	生物化学、医学统计学、分析化学、检验仪器学、生理学、病理学、寄生虫学及检验、微生物学及检验、免疫学及检验、血液学检验、临床生物化学及检验	可在各级医院、血站、卫生防疫站的检验技术岗位工作	西安医学高等专科学校、苏州卫生职业技术学院、盐城卫生职业技术学院、安徽医学高等专科学校、北京卫生职业学院、江苏建康职业学院
医学生物技术	培养掌握医学生物技术的基本理论和操作技能,可从事医学生物领域实验和技术操作的高级技术应用型专门人才	人体解剖生理、细胞生物学基础、生物药物学基础、实验动物学、免疫生物技术、微生物技术、生化生物技术、输血技术、生物制品学基础、医学生物实验操作技术实训、毕业实习等,以及各校的主要特色课程和实践环节	可在生物制品研究所、生物医药公司、企业、医学院校、医院的生物技术操作岗位工作	辽宁医药职业学院、聊城职业技术学院、天津医学高等专科学校
医学影像技术	培养掌握医学影像学的基本理论和操作技能,可从事临床影像检查、诊断与治疗技术工作的高级技术应用型专门人才	人体解剖学基础、医学电子学、诊断学基础、内科学基础、外科学基础、医学影像诊断、医学影像检查技术、核医学与放射治疗、医学影像设备原理及构造、课程实习、毕业实习等,以及各校主要特色课程和实践环节	可在各级医院医学影像检查的技术岗位工作	齐鲁医药学院、西安医学高等专科学校、盐城卫生职业技术学院、江西卫生职业学院、济南护理职业学院、安徽医学高等专科学校
医学美容技术	培养掌握基础医学、临床医学的基本理论知识以及医疗美容技能,可从事临床医学美容技术工作的高级技术应用型专门人才	人体解剖学基础、美容应用解剖学、组织学基础、病原生物学与美容微生物学、免疫学基础、病理学基础、美容药学概论、医学美学与美容化妆品	可在各级医疗美容机构和美容保健行业工作	福建卫生职业技术学院、盐城卫生职业技术学院、湖北职业技术学院、常德职业技术学院、山东协和学院、天津医学高等专科学校、江苏健康职业学院
口腔医学技术	培养具备医学基础理论和临床医学知识,掌握口腔医学的基本理论和临床操作技能,能在医疗卫生机构从事口腔常见病、多发病的诊治、修复与预防工作的医学高级专门人才	物理学、生物学、口腔解剖生理学、口腔组织病理学、口腔材料学、口腔内科学、口腔颌面外科学、口腔修复学、口腔正畸学	可在各级口腔医院和综合性医院口腔科的口腔治疗技术与工艺技术岗位工作	苏州卫生职业技术学院、盐城卫生职业技术学院、湖北职业技术学院、济南护理职业学院

续表

专业	教育目标	课程设置	就业发展方向	专业优势院校
卫生检验与检疫技术	培养具有预防医学、卫生理化检验及生物学检验等方面的基本知识和操作技能的高级技术应用型专门人才	医用化学、分析化学、生物学、卫生微生物及检验、生物材料检验、水质卫生理化检验、食品卫生理化检验、空气卫生理化检验、卫生毒理学、生物化学及检验、预防医学、寄生虫学及检验、实验室质量管理、免疫学检验	可在省、市、自治区各级疾病预防控制中心、卫生监督所从事卫生理化检验、微生物检验和毒理学评价工作；在海关及省、市进出口检验检疫局的相关检验科室从事进出口产品理化检验和微生物检验工作；在医院检验科及营养科从事生物材料检验与食品的生化、病毒和细菌学检验工作；在各级自来水公司从事水质理化和微生物检验工作；在各级环境监测站从事水质、土壤、空气等环境样品的检测工作；在各类食品厂、化妆品厂等企业的产品检验科从事食品和化妆品产品质量检验工作；在技术监督局、药检所从事检验工作	青海卫生职业技术学院、辽宁医药职业学院、苏州卫生职业技术学院、扬州环境资源职业技术学院、山东医学高等专科学校
眼视光技术	培养掌握眼视光专业的基本理论和操作技能，可从事验光配镜工作的高级技术应用型专门人才	人体解剖学基础、生理学基础、医学遗传学、光学基础、视光学技术、眼镜技术、眼科学基础、眼科光学仪器	可在医疗卫生技术、康复矫正服务以及眼镜公司（店）的管理岗位与技术岗位工作	南京科技职业学院、镇江高等专科学校、辽宁医药职业学院、苏州卫生职业技术学院、山东科技职业学院、天津职业大学

续表

专业	教育目标	课程设置	就业发展方向	专业优势院校
放射治疗技术	培养从事放射线治疗工作的专科层次高等医学放疗人才	英语、计算机、人体解剖学、组织胚胎学、生理学、病理学、生物化学、药理学、电工学、模拟电子技术、数字电子技术、断层解剖学、临床医学概要、放射线物理学、辐射生物学、生物医学工程概论、核医学影像技术学、医学影像诊断学、肿瘤学、医学影像技术学、介入放射学、诊疗放射线设备学、放疗计划学、放射治疗技术学、专业英语	可在各级各类医院、医学科研单位从事放射线治疗技术或影像技术工作，也可从事诊疗放射线设备的销售、维修、管理等工作	山东医学高等专科学校、上海健康医学院
呼吸治疗技术	培养掌握基础医学、临床医学的基本知识和呼吸治疗的基本技能，能在医院监护病房（ICU）、呼吸科等从事机构通气、危重监护的高级技术应用型专门人才	心肺解剖生理学、微生物学基础、药理学基础、呼吸治疗设备、呼吸治疗学基础、机构通气、重症监护、医院监护病房（ICU）见习、呼吸科见习、急诊科见习、肺功能检查室见习、血气分析室见习、毕业实习等，以及各校的主要特色课程和实践环节	可在医院ICU、呼吸科等工作岗位工作	西安医学院、郑州铁路职业技术学院

第五节　康复治疗类

专业	教育目标	课程设置	就业发展方向	专业优势院校
康复治疗技术	培养掌握康复医学的基本理论和操作技能，可从事康复治疗技术和康复保健的高级技术应用型专门人才	英语、政治、体育、大学计算机基础、基础医学概要（含解剖学、生理学、病理学、人体发育学、生物化学、药理学）、康复医学导论、运动学、临床医学基础及康复评定学、临床疾病概要、运动疗法技术学、临床运动疗法学、理疗学、基础作业疗法学、临床作业疗法学、言语治疗学、中国传统康复治疗学、假肢与矫形器学、临床康复学、康复心理学、社区康复学	可在各级康复机构、保健康复机构和老年看护机构的康复医学技术岗位工作	青海卫生职业技术学院、苏州卫生职业技术学院、聊城职业技术学院、盐城卫生职业技术学院、宁波卫生职业技术学院、上海健康职业技术学院

续表

专业	教育目标	课程设置	就业发展方向	专业优势院校
言语听觉康复技术	培养适应中国特色社会主义残疾人康复事业发展需要，具有良好的人文精神和职业素养、较强的人际沟通和社会工作能力，掌握言语、语言、听觉障碍的矫治知识和技能，德、智、体、美全面发展的高端技能型言语听觉康复技术人才	言语科学基础、听力学基础、助听器验配技术、听觉康复原理与方法、构音障碍评估与训练、嗓音障碍测量与矫治、语言障碍评估与训练、吞咽障碍的诊断与治疗	可在各级各类医疗卫生机构康复医学科、儿童保健科、儿科、耳鼻喉科等相关科室、康复机构、聋哑学校、其他特殊教育学校、普通学校资源教室从事言语障碍、语言障碍及听觉障碍康复或教育工作	宁波卫生职业技术学院
中医康复技术	培养德、智、体、美全面发展，富有创新创业精神，具有中西医养生保健康复技能，能运用中西医康复技能开展康复治疗保健工作的中西医结合的高素质技能型人才	德育、中医学基础、中药学基础、中医养生康复、推拿、针灸、食疗、人体解剖生理学基础、现代康复医学基础、常见病诊疗概要、现代医学心理学基础	可在各级医院康复科、疗养院、康复保健中心、社区康复保健机构、社会福利机构从事中医康复、保健工作	苏州卫生职业技术学院、盐城卫生职业技术学院

第六节　公共卫生与卫生管理类

专业	教育目标	课程设置	就业发展方向	专业优势院校
预防医学	培养具备预防医学基本理论知识和卫生检测技术，能在卫生防疫、环境卫生或食品卫生监测等机构从事预防医学工作的医学高级专门人才	生物化学、医学微生物学、免疫学、生理学、病理学、诊断学、内科学、卫生统计学、流行病学、环境卫生学、营养与食品卫生学、劳动卫生学、儿少卫生学	可从事临床科研工作（进流行病、地方病研究所），或者从事卫生防疫、卫生宣传普及、卫生事业管理、社会医学研究等相关工作；非医领域可从事环境保护与监测、海关疫检等工作	安徽医学高等专科学校

续表

专业	教育目标	课程设置	就业发展方向	专业优势院校
公共卫生管理	培养具有基础医学、临床医学的基本知识和公共卫生管理的基本能力，能从事疾病预防控制和公共卫生管理的高级管理人才	病原生物学、诊断学基础、内科、流行病学基础、社会医学概论、卫生统计学、卫生法律、环境卫生学、营养与食品卫生、劳动卫生与职业病、少儿卫生、公共卫生管理	可在公共卫生辅助服务岗位以及县级疾病控制中心、社区公共卫生管理等岗位工作	青海卫生职业技术学院、宁波卫生职业技术学院、江苏健康职业学院、四川中医药高等专科学校
卫生监督	培养掌握医学和卫生监督执法的基本知识与技能，可从事卫生执法与卫生监督工作的高级管理人才	正常人体学概论、医学微生物学基础、病理学基础、临床医学概论、卫生统计学、流行病学基础、环境卫生学、劳动卫生与职业病、营养与食品卫生、学校卫生、行政法学基础、卫生法学概论、卫生事业管理、公共卫生监督实习、临床实习、专业实习等，以及各校主要特色课程和实践环节	可在各级卫生监督部门、疾病控制中心以及企业或事业单位卫生管理部门的管理岗位工作	承德护理职业学院、长春医学高等专科学校
卫生信息管理	培养掌握医学和管理学的基本理论技能，可从事卫生信息管理的高级管理人才	基础医学概论、临床医学概论、流行病学基础、卫生统计学、预防医学基础、卫生法学概论、管理学基础、医院管理、卫生信息管理、病案管理、卫生经济学	可在各级医疗卫生机构、计划生育机构以及卫生行政管理部门从事管理岗位工作	青海卫生职业技术学院、苏州卫生职业技术学院、福建卫生职业技术学院、盐城卫生职业技术学院、安徽医学高等专科学校

第七节　人口与计划生育类

专业	教育目标	课程设置	就业发展方向	专业优势院校
人口与家庭发展服务	培养具有运用人口学相关理论和分析技术独立进行人口学相关问题的调查、研究和分析能力的专门人才	人口学概论、心理学概论、管理学基础、社会工作概论、法律基础与实务、人口统计学、人际交流技巧、人口社会学、人口和计划生育工作概论、优生优育、计划生育技术、社会调查研究与方法、人口信息管理、人口与家庭伦理、社会医学、人口文化学、心理咨询学、人口与计划生育法规、人口资源环境经济学、当代中国社会问题	可从事婚姻服务及健康咨询服务等相关工作	安徽广播电视大学、东莞市广播电视大学

续表

专业	教育目标	课程设置	就业发展方向	专业优势院校
生殖健康服务与管理	培养掌握生殖健康医学知识,具备基础医学、临床医学和预防医学方面的基本技能,通过国家执业医师资格考试,能在基层从事生殖类常见病的防治,也能在生殖业务及行政部门从事临床、预防、科研、管理等方面工作的医学高级管理专门人才	生殖医学基础、性与生殖健康咨询、优生优育、计划生育技术、生殖保健	可从事健康咨询服务等相关工作	坊医学院、泰山医学院、石家庄医学高等专科学校

第八节　健康管理与促进类

专业	教育目标	课程设置	就业发展方向	专业优势院校
健康管理	培养适应社会主义市场经济需要,德、智、体、美全面发展,具备良好的职业道德、职业技能、科学素养、人文素养和传统文化底蕴以及扎实的卫生保健学、卫生信息管理及健康管理学等相关知识与技能,可在医疗服务机构、社区卫生服务中心、健康体检中心、健康管理公司、营养咨询公司、心理咨询机构、医药公司、养生会所、康体中心、养老院等从事健康监测、分析、评估、健康教育、健康咨询、健康指导和健康危险因素干预等工作及可进行自主创业的高素质技术技能型专门人才	解剖生理学、基础医学、预防医学概论、询证医学基础、中医中药学基础、营养学基础、营养与膳食、运动与健康、健康心理学、健康管理概论、健康保障与健康保险、食品卫生与安全、健康教育与健康咨询、健康营销学、医学信息学、医学伦理学、卫生法律法规、职业道德与服务礼仪	可在医疗服务机构、社区卫生服务中心、社区健康工作站、健康体检中心、健康管理公司、心理咨询机构、保险公司、大型保健品公司、正规直销公司、高档健身养生会所或俱乐部、旅游休闲基地或大型旅游景点、养老机构、企业或事业单位医疗室等单位担任健康管理师、高级健康顾问、私人保健师、高级健康讲师、高级营销师、心理咨询师	武汉商贸职业学院、山东中医药高等专科学校

续表

专业	教育目标	课程设置	就业发展方向	专业优势院校
医学营养	培养能够对人体营养状况及膳食营养进行评价、管理和指导，可开展预防常见的以及与营养相关的慢性病的饮食营养指导工作，具备膳食营养状况调查分析、营养食品开发的设计与评价能力的应用型高等职业技术人才	中医学基础、解剖生理学、病理学及病理生理学、中药学、方剂学、药理学、基础营养学、西医内科学、西医外科学、食品微生物学、食品毒理学、食品卫生学、烹饪学基础、临床营养学、中医药膳学、卫生法规与监督、食品添加剂、预防医学、中医诊断学、免疫学基础、妇幼保健学	能胜任在各级医疗卫生单位、各级食品卫生监督机构和各类餐饮业及食品加工流通企业、学校、幼儿园、企业或事业单位的公共食堂从事膳食营养的评价、管理和指导工作，以及营养食品教学、科研、食品卫生监督和检测、营养咨询等方面的工作	石家庄医学高等专科学校、山东中医药高等专科学校、辽宁卫生高等职业技术学院、苏州卫生职业技术学院、天津医学高等专科学校、上海健康职业技术学院、铁岭卫生职业学院、长春医学高等专科学校、潍坊护理职业学院、廊坊卫生职业学院
中医养生保健	培养中医康复保健人员	德育、中医学基础、中药学基础、中医养生康复、推拿、针灸、食疗、人体解剖生理学基础、现代康复医学基础、常见病诊疗概要、现代医学心理学基础	面向各级医院康复科、疗养院、康复保健中心、社区康复保健机构、社会福利机构，从事中医康复、保健工作	成都中医药大学、河北医科大学西校区、南京中医药大学、第二临床医学院、福建中医药大学康复医学院、上海中医药大学、海南医学院中医学院、河南中医学院、河北中医学院、辽宁中医药大学、山西中医学院
心理咨询	培养掌握心理咨询方面的基本知识，具有进行心理测量、心理咨询与心理治疗、职业指导等基本技能的高级技术应用型专门人才	普通心理学、社会心理学、发展心理学、心理测量、心理咨询与心理治疗、社会发展与人才预测、心理卫生学、职业指导概论、社会调查、课程实习、心理咨询实务、心理测量与调查	从事心理咨询师工作	鹤岗师范高等专科学校、四川职业技术学院、焦作师范高等专科学校、济宁学院、上海师范大学、山西师范大学、成都中医药大学、广西医科大学、岭南师范学院
医疗设备应用技术	培养掌握生命科学、电子技术、计算机技术及测控制技术基础知识，具备医学与工程技术相结合的工程实践能力，能在医院、医疗器械企业等从事精密医疗设备制造维修、技术管理、应用开发等工作，德、智、体、美全面发展，具有职业生涯发展基础的应用型高技能专门人才	医学基础、机械设计基础、电工与电子技术基础、核医学成像装置、放射物理与辐射防护、超声医学仪器原理与维护、医院设备管理、金工实习、电工电子实习、CT 及 X 射线机的使用与维修、核磁共振设备的使用与维修、影像设备操作实训、医院实习	在医院、医疗器械企业等从事各类医学影像设备的生产、检验、安装、维护管理应用等工作	河北北方学院、辽源职业技术学院、郑州铁路路职业技术学院、重庆三峡医药高等专科学校、盐城卫生职业技术学校、山东医药高等专科学校、北京卫生职业学院

续表

专业	教育目标	课程设置	就业发展方向	专业优势院校
精密医疗器械技术	培养具备精密医疗器械设计、研制、开发和应用的综合能力，具有医工结合、机电结合的复合型特征，为医疗器械行业、医疗卫生系统及政府医疗器械监督管理部门输送精密机械、电子技术、光学、计算机应用和医学相结合的高级工程技术及管理人才	机械学、电子学、光学、计算机、医学等的基础理论知识，着重掌握精密医疗器械的系统设计方法，接受现代医疗器械技术及典型医疗器械应用的训练。本专业开设的主干课程：大学英语、微积分、人体解剖学、人体生理学、工程制图、工程力学、精密机械设计、电工技术基础、模拟电子技术、数字电子技术、自动控制原理、微机原理及应用、生物医学工程材料、生物医学检测技术、医用检验仪器、医用光学仪器、人体功能代行装置、医院设备及器械	可在各中外医疗器械企业从事医疗器械的研制、新产品的开发设计和经营管理，或在各级医疗卫生系统从事医院设备的应用、管理和维护，或在政府各级医疗器械监督管理部门从事医疗器械的技术管理工作	中南民族大学、南华大学、上海交通大学、新乡医学院、上海医疗器械高等专科学校、上海理工大学、大连理工大学、四川大学、集美大学
医疗器械维护与管理	培养掌握医疗器械制造和维修保养基础理论与知识，从事医疗器械生产、维修和销售等工作的高级技术应用型专门人才	模拟电子技术、数字电子技术、电器控制、治疗器械、诊疗器械、医院设备、医用超声、医用传感器、医疗器械的维修与保养、医疗器械管理与营销	从事医疗器械的制造、维修和销售工作	山西药科职业学院、赣南医学院、上海医疗器械高等专科学校、浙江医药高等专科学校、沈阳药科大学、西安海棠职业学院、广东食品药品职业学院、铜陵职业技术学院、苏州工业园区职业技术学院、山东药品食品职业学院
康复工程技术	与我国社会主义现代化建设要求相适应，德、智、体、美等全面发展，具备康复医学、基础理论知识以及康复医学与工程技术结合的基本技能，能在康复工程技术领域从事技术服务的高级应用人才	诊断学基础、内科学、神经病学、精神病学、传染病学、外科学、妇产科学、儿科学、眼科学、耳鼻咽喉科学、口腔科学、皮肤病学与性病学	从事养生康复医疗工作	盐城卫生职业技术学院、山东医学高等专科学校、上海医疗器械高等专科学校
康复辅助器具技术	培养适合我国残疾人和老年人康复事业发展实际需要的、实践能力强的高素质技能型人才	解剖学、人体运动学、社区康复、功能障碍评估、假肢矫形器、个人移动、生活自理与防护、助听助视、电脑辅具、家居环境无障碍设计与改造	在各类康复辅助器具生产服务机构(如辅助器具生产销售企业、福利企业或事业单位、残疾人辅助器具服务中心等)从事评估适配、使用训练、客户服务、市场营销等工作	北京社会管理职业学院、宁波卫生职业技术学院、泰州职业技术学院、上海健康职业技术学院、郑州澎青医学高等专科学校、聊城职业技术学院、青海卫生职业技术学院、盐城卫生职业技术学校、安庆医药高等专科学校

续表

专业	教育目标	课程设置	就业发展方向	专业优势院校
假肢与矫形器技术	面向假肢矫形技术行业和相关领域，培养掌握假肢矫形器专业理论，具备假肢矫形器设计与制造的专业知识和技能，具有良好人文素质和专业素质的高技能应用型专门人才	人体解剖学基础、生理学基础、医学心理学基础、诊断学基础、内科、外科、神经科、康复医学概论、中医康复、运动疗法、作业疗法、物理因子疗法、言语治疗、假肢与矫形器	可在假肢矫形器装配企业或事业单位从事假肢矫形器设计、制作、维修、技术支持、技术培训等工作，可在综合医院康复科、残疾人康复中心等医疗康复机构从事患者临床评估、假肢矫形器设计、制作和维护等工作，可在假肢矫形器贸易公司从事市场营销、客户服务和技术培训、技术支持等工作	宁波卫生职业技术学院、泰州职业技术学院、宝鸡职业技术学院、上海健康职业技术学院、郑州澎青医学高等专科学校、聊城职业技术学院、青海卫生职业技术学院、盐城卫生职业技术学校、北京社会管理职业学院
老年保健与管理	培养具备老年社会工作、老年护理保健、老年服务管理等方面的知识和技能，熟悉老年方面的政策法规，能胜任老年人服务与管理工作岗位的高级技术应用型专门人才	社会学概论、社会心理学、老年学概论、老年社会工作、老年政策、老年福利机构经营管理、老年病学、老年护理与老年保健、社会调查	毕业后就业采取双向选择的方式，择业方向主要是养老机构，即各类公办养老福利机构、民办养老机构；社区养老服务单位，包括各类社区居家养老服务站、社区集中养老服务机构等；老龄产业相关机构，包括老年产品生产机构、老年产品销售机构、老年服务相关机构	北京社会管理职业学院、长沙民政职业学院、天津职业大学、上海邦德职业技术学院、重庆城市管理职业学院、广州医科大学卫生职业技术学院、江苏经贸职业技术学院、浙江旅游职业学院、山东英才学院、大连职业技术学院

第二十六章 财经商贸大类

第一节 财政税务类

专业	教育目标	课程设置	就业发展方向	专业优势院校
财政	培养掌握财政学的基本知识，具备处理财政税收业务的基本能力，从事财政、税务以及其他经济管理工作的高级管理人才	财政学、税收概论、西方财政学、国际税收、税收管理与检查、中国税制、国家预算、财务审计、成本会计、比较财政学、财务管理、纳税登记、税收管理与检查、编制全面预算、调查研究	从事财政、税务以及其他经济管理工作的税务咨询师工作	石家庄信息工程职业学院、青海大学、河北农业大学、武汉纺织大学、内蒙古财经大学、广西财经学院、陕西财经职业技术学院、济宁职业技术学院、江西财经职业学院
税务	培养拥护党的基本路线的，社会主义市场经济建设需要的，德、智、体、美、劳全面发展的，牢固掌握税务专业理论知识的，具备建账建制、账务处理、办理各种涉税手续、财务审计能力的，从事税务代理、财务会计、税收政策咨询等业务的高等技术应用型人才	政治经济学、微观经济学、宏观经济学、税收学、中国税制、税收管理、税务代理、税务筹划、外国税制、国际税收、西方税收学、会计学、成本会计、预算会计、管理会计、税务会计、财务管理、审计学、经济法、财政学、货币银行学、国际经济学	在税务师事务所、会计师事务所、财务公司等税务咨询代理机构及财政、税务等政府部门、银行、工商企业或事业单位从事税务、财务相关工作	广东商学院、浙江财经学院、兰州商学院、河北经贸大学、广东技术师范学院、安徽财经大学、南京财经大学、红山学院、南京审计学院、西安财经学院、吉林财经大学
资产评估与管理	培养掌握资产评估的基本知识和实务操作技能，从事资产评估管理和实务操作的高级管理人才	资产评估、资产管理基础知识、财务会计、审计、信息学、中国税收、会计电算化、项目评估、投资经济学、货币银行学、股份制经济概论、公司通论、国际金融、证券经济学、资产评估实务、会计模拟实习	在资产评估机构、企业、会计师事务所从事资产评估与管理工作	河北工业大学、河北金融学院、河北经贸大学、河北建材职业技术学院、秦皇岛职业技术学院、上海师范大学、上海对外贸易学院、上海立信会计学院、上海电机学院、上海金融学院
政府采购管理	培养具有坚定正确的政治方向，系统掌握采购与供应链管理的理论和方法，能够从事企业采购与供应链管理以及政府采购管理工作，具有国际化运作能力的高素质复合型专业人才	政府采购管理、政府采购管理国际规范与实务	在各种类型的工商企业、政府采购管理部门以及行业管理部门从事相应的采购供应管理工作	北京物资学院、广东科贸职业学院、成都理工大学工程技术学院、西南财经大学天府学院

第二节　金融类

专业	教育目标	课程设置	就业发展方向	专业优势院校
金融管理	培养具备金融学方面的理论知识和业务技能，能在银行、证券、投资、保险及其他经济管理部门和企业从事相关工作的专门人才	审计学、风险管理、电子商务概论、高级财务会计、英语、国际财务管理、商业伦理导论、财政学、国际金融	在跨国公司、外资企业、进出口公司、金融机构、企业或事业单位从事金融、财务、审计、组织管理等相关工作	湖南商学院、云南财经大学、湘潭大学、山东工商学院、山东交通学院、湖南农业大学、中南大学、西北农林科技大学、长春税务学院
国际金融	培养具备国际金融知识领域先进理念、专业知识和业务技能，既熟知中国金融业发展进程和方向，又了解欧美发达国家金融业的现状，具有国际化水准的外向型、应用型、复合型金融人才	高等数学、线性代数、概率统计、金融市场与机构、财务会计、管理会计、国际商业基础、国际金融、国际结算、管理信息系统、合同法、商业法、税务筹划、保险学、财务报表、投资分析与管理、管理学、市场营销学和英语强化课程	可到国际和国内银行、证券、保险、基金、期货、信托、投资等金融机构；会计师事务所、评估师事务所和税务师事务所等专业服务机构；各类工商业机构的财务和投资部门以及政府行政管理部门等工作	天津财经大学、湖北经济学院、中南财经政法大学武汉学院、河北经贸大学、福州大学、上海财经大学、浙江学院、广州海洋大学、吉林财经大学
证券与期货	培养适应社会主义市场经济建设需要，德、智、体全面发展，具有较高投资管理水平的复合应用型人才	证券发行与承销、证券投资学、证券经纪人实务、外汇交易实务、期货与期权交易、证券投资分析、投资衍生工具、基金管理学、公司理财、金融营销学、证券期货投资信息系统、证券技术分析实训、期货投资模拟实训、外汇交易模拟实训	可在各证券公司及其营业部从事证券经纪、客户管理等工作，在各期货公司及其营业部从事期货经纪、客户管理等工作，在各类企业的证券投资部从事证券和期货投资、管理、咨询等工作，在各类投资公司的基金管理部门从事证券和期货投资、管理工作，在国内外自然人投资者的证券和期货投资顾问、经纪人等工作	四川现代职业学院、上海中桥职业技术学院、深圳大学、上海师范大学、上海商学院、吉林工商学院、湖北第二师范大学、西南财经大学天府学院、武昌理工学院、沈阳职业技术学院

续表

专业	教育目标	课程设置	就业发展方向	专业优势院校
信托与租赁	培养拥护党的基本路线，适应区域建设和社会发展需要，面向信托公司、租赁公司以及各类投资类公司、资产管理类公司、融资担保类公司的一线业务岗位，具有较好的理财产品营销和推广能力，德、智、体全面发展高端技能型人才	经济学基础、经济法基础、会计学基础投资学、财务会计、信托投资学、金融租赁实务、商业银行授信业务、担保实务、基金、融资租赁实务	可从事信托公司、租赁公司以及各类投资类公司、资产管理类公司、融资担保类公司的一线业务岗位以及各类企业的财务部门或资金运作部门的一线业务岗位工作	天津财经大学、湖北经济学院、中南财经政法大学武汉学院、河北经贸大学、福州大学、上海财经大学、浙江学院、广州海洋大学、吉林财经大学
保险	培养适应我国保险业现代化、国际化发展要求，具有保险学、保险业务与管理、金融投资等方面的理论知识与业务技能，能够从事商业性保险业务的营销、经营管理、社会保险基金运作与管理、保险监管等实际工作以及科学研究工作的高级保险人才	国际经济学、货币银行学、国际金融学、保险精算、财产保险原理与实务、人寿保险原理与实务、保险企业经营管理、保险营销学、公司金融、政治经济学、微观经济学、宏观经济学、货币银行学、财政学、国际金融、国际贸易、会计学、统计学、经济法、民法、国际商法、保险学原理、财产保险、人身保险、海上保险、再保险、责任和信用保险、社会保险、保险投资、保险会计、保险学原理和保险理论与实务专题、运筹学、利息理论、精算数学、生命表构造与设计、寿险精算实务、资产负债管理、损失分布、风险理论、人口理论、社会保险	可到中外商业性保险公司从事保险业务的营销、经营管理，可到社会保障机构、中央银行、相关监管机构和政府其他经济管理部门从事宏观保险管理工作，也可到外贸公司和其他企业或事业单位从事相关管理和研究工作	广东商学院、北京工商大学嘉华学院、天津商业大学、江西中医学院、山西财经大学华商学院、湖北工业大学、长春理工大学光电信息学院、仰恩大学、兰州商学院、山东财经大学东方学院
投资与理财	培养能够运用现代信息技术检索资料，熟练运用主要投资分析软件，具有股票、期货、债券、房地产、外汇等的实际投资操作能力，具有投资的基本分析和技术分析能力，具有企业财务状况分析和投融资管理分析能力，具有一定的资产重组、产权交易实际操作能力的专门人才	证券投资、期货投资、投资技术分析、商业银行业务与管理、公司理财、项目投资、保险理论与实务、房地产投资、个人理财	可从事企业或事业单位、证券金融机构的基础理财和证券业务操作等工作。具体的职业岗位主要包括：企业或事业单位的会计、理财岗位；投资公司、证券机构、基金管理公司的投资分析和业务代理岗位；金融和保险机构的业务、投资咨询、理财服务、投资银行的经理人岗位	浙江工商职业技术学院、浙江商业职业学院、上海震旦职业学院、云南经济管理学院、新疆天山职业技术学院、广东理工职业学院、江西工商职业技术学院深圳大学、武汉纺织大学、齐鲁工业大学

续表

专业	教育目标	课程设置	就业发展方向	专业优势院校
信用管理	培养掌握信用管理专业知识，理论功底扎实，创新能力、管理能力较强，并熟悉相关的国际惯例和法则，掌握信用风险管理技术，能在国际经济活动中进行沟通和交流的高层次金融管理人才	管理信息系统、经济法、市场调查与分析、会计学、财务管理、国家信用管理体系、信用和市场风险管理、企业和个人信用管理、征信数据库应用开发、资信评估、客户关系管理	工作岗位分布于国家政府部门的财政部、工商管理局、海关、征信局，金融行业的商业银行、保险公司、信用卡公司，企业的信用管理部门，研究单位、高等院校、信用评级机构、资产评估机构、会计师事务所、风险管理部门和资金借贷部门，大型企业中的会计审计部门、风险控制部门，还有政府监管部门	贵州商学院、辽宁金融职业学院、浙江工贸职业技术学院、浙江金融职业学院、浙江经贸职业学院、民办合肥财经职业学院、广西经贸职业技术学院、兰州商学院、浙江财经学院、南京审计学院
农村金融	培养适应新时代农村市场经济发展需要，具备良好的财贸素养，掌握现代农村金融基本理论与实务操作技能，了解农村合作经济领域相关知识的高素质应用型人才	证券投资理论与实务、保险理论与实务、商业银行理论与实务、个人理财规划、财务会计、税务会计、财务管理、期货投资、国际金融、农村合作金融、经济学概论、统计学、综合计算技术、珠算与点钞、制单技术、专业综合实训	主要在村镇银行、小额贷款公司、农村资金互助社等新型农村金融机构及农村商业银行、农业银行等银行部门的银行柜员、客户经理、信贷员、银行卡业务员、基层管理等岗位工作	重庆商务职业学院、浙江金融职业学院、重庆城市管理职业学院、安徽财贸职业学院
互联网金融	培养适应社会需要，掌握金融、互联网、统计、营销等方面的基本知识和技能，具有良好的专业素养、创新精神和较强的实践能力，能在互联网金融相关企业或事业单位从事运营管理、数据分析、企划、风险控制等工作的应用型人才	经济学、会计学、统计学、国际金融学、电子商务、证券投资学、公司金融、金融市场学、互联网金融、第三方支付、互联网金融法律法规、金融风险管理、金融营销与客户经营、市场调查与预测、金融数据分析、互联网金融产品设计	在互联网金融企业、传统金融机构、电子商务企业等企业或事业单位从事互联网金融运营管理、互联网金融数据分析、互联网金融产品设计与营销、金融风险控制、企划专员等相关工作	湖南商学院、云南财经大学、湘潭大学、山东工商学院、山东交通学院、湖南农业大学、中南大学、西北农林科技大学、长春税务学院、武汉工商学院

第三节 财务会计类

专业	教育目标	课程设置	就业发展方向	专业优势院校
财务管理	培养掌握经济管理、理财、金融和网络信息技术等方面的知识和能力，能够用现代化技术和手段从事企业或事业单位、政府部门财务管理活动的高级技术应用型专门人才	基础会计、财务会计、财务管理、会计电算化、经济活动分析、税务会计、审计学、会计制度设计、购并原理及案例、网络技术、经济学基础、管理学基础、货币银行学、财政学、财务会计模拟实训、财务管理实践	从事企业或事业单位、政府部门财务管理工作	长春金融高等专科学校、广州涉外经济职业技术学院、安徽财贸职业学院、广州华商职业学院、华南农业大学、深圳大学、四川农业大学、山东师范大学、江西师范大学、西藏大学
会计	培养具有诚信、敬业的良好职业素质，熟悉国家经济法律法规，系统掌握会计理论与会计实务的高级技术应用型专门人才	经济学基础、会计基础、经济法、税法、财务会计、成本会计、财务管理、管理会计、企业审计、会计电算化、会计制度设计、手工会计分岗综合模拟实训、电算会计综合实训、企业实践	可在银行、证券公司、保险行业、内外资企业、事务所等单位工作，也可以成为理财咨询师、公务员、教师等	浙江金融职业学院、山西财政税务专修学校、宁波城市职业技术学院、山东管理学院、九江职业大学、北京农业职业学院、北京财贸职业学院、河北工业职业技术学院
审计	培养德、智、体、美全面发展，掌握会计专业知识、计算机基础知识及电算化知识，熟悉工商企业、金融企业及行政事业单位的会计业务与管理，熟练应用各种财务软件处理经济业务，有较强的综合业务能力和实际操作能力，适应现代企业管理的高级应用复合型专业技术人才	经济学基础、经济法、税法、会计学原理、企业财务会计、企业财务管理、审计学原理、企业财务审计、建筑工程概论、会计电算化、建筑项目预决算编制与审计、审计电算化、会计实训、审计实训	从事企事业机关单位会计、审计工作	广东农工商职业技术学院、陕西警官职业学院、武汉东湖学院、青岛酒店管理职业技术学院、华北科技学院、成都理工大学工程技术学院、重庆机电职业技术学院、江苏城市职业学院、云南三鑫职业技术学院、石家庄邮电职业技术学院

续表

专业	教育目标	课程设置	就业发展方向	专业优势院校
会计信息管理	培养德、智、体、美全面发展，具备大专水平的文化素质，能适应我国社会经济发展形势需要，掌握现代财务信息管理基本理论和基本知识，具有从事本专业实际工作的综合职业能力，满足社会对高层次、高素质、现代化、信息化财务管理专业人才的需求，适应各行业财务信息管理需要的第一线高级技术性应用型人才	管理学、微观经济学、宏观经济学、管理信息系统、统计学、会计学、财务管理、市场营销、经济法、中级财务管理、高级财务管理、商业银行经营管理（或金融机构管理）、投资学、跨国公司财务、项目评估	面向企业、事业单位、农村信用社系统、财务信息提供和监管部门，其主要业务工作范围是：在工业企业、商业企业从事财务会计核算、财务管理、审计等方面的工作；在商业银行、农村信用社等金融企业从事财务会计核算、稽核、财务管理等方面的工作；在工商、金融等企业从事财务信息输入、输出和财务信息分析运用方面的工作；在各类企业、事业单位从事财务预算、财务计划、财务决策等方面的工作	四川工业学院、云南财贸学院、兰州商学院、新疆财经学院、北京工商大学、北京机械工业学院、天津轻工业学院、河北经贸大学、山西财经大学

第四节　统计类

专业	教育目标	课程设置	就业发展方向	专业优势院校
信息统计与分析	培养掌握现代企业、事业、机关单位经济统计的基本理论和基本技能，从事统计调查、统计信息管理、数据分析等工作的高级技术应用型专门人才	统计学原理、抽样调查、统计预测和决策、概率论、数理统计、经济与社会统计、国民经济核算、管理统计、会计、运筹学、经济分析软件、多元统计分析、社会调查、计算机操作	从事企业、事业、机关单位的统计调查、统计信息管理、数据分析岗位工作	广东海洋大学寸金学院、福州大学阳光学院、成都理工大学工程技术学院、湖北经济学院法商学院、上海财经大学浙江学院、河北经贸大学经济管理学院、云南师范大学商学院、常州财经学院、南京师范大学中北学院、福建农林大学

续表

专业	教育目标	课程设置	就业发展方向	专业优势院校
统计与会计核算	培养掌握现代企业、事业、机关单位会计和统计基本理论和基本技能，可从事会计核算和统计信息管理、分析等工作的高级技术应用型专门人才	基础会计、财务会计、成本会计、财务管理、会计电算化、统计学原理、统计预测和决策、经济与社会统计、经济分析软件、社会调查	从事企业、事业、机关单位的会计、统计岗位工作	石家庄工程职业学院、绵阳职业技术学院、重庆商务职业学院、日照职业技术学院、辽宁商贸职业学院、内蒙古机电职业技术学院、重庆公共运输职业学院、重庆信息技术职业学院、兰州文理学院、百色职业学院

第五节　经济贸易类

专业	教育目标	课程设置	就业发展方向	专业优势院校
国际贸易实务	培养适应中国社会主义现代化建设和对外经济贸易发展需要，德、智、体、美全面发展，具备国际贸易及相关的经济、法律等方面的理论知识和较强的实践能力，能在外经贸相关企业从事外销、跟单、报关、报检、单证等业务工作，具有一定的创新能力与创业能力，适应对外贸易行业一线需要的高技能专门人才	国贸理论与政策、国际贸易专业英语、外贸英语听说、外贸跟单实务、进出口商品检验检疫、报关实务、海关商品归类、国际贸易单证实务、国际商法	面向与外经贸相关的各类企业，从事进出口交易磋商及签约、跟单、报检、报关、单证处理等业务工作或经营管理工作	九江职业大学、广州科技职业技术学院、江西财经职业学院、广东女子职业技术学院、广州华南商贸职业学院、湖北经济学院法商学院、武汉铁路职业技术学院、扬州环境资源职业技术学院、青岛酒店管理职业技术学院、长江职业学院
国际经济与贸易	培养具有较强国际贸易实际能力，主要从事进出口业务、外贸企业管理、国际经济技术合作、跨国经营等对外经济和对外贸易活动的高级技术应用型专门人才	外贸英语、西方经济学、管理学、国际贸易地理、国际贸易、国际贸易实务、国际金融、国际市场营销、外贸会计、电子商务概论、中国对外贸易政策法规、国际贸易规则与惯例	从事涉外经济贸易部门及外贸企业的经营与管理岗位工作	北京物资学院、北京服装学院、首钢工学院、北京农学院、河海大学文天学院、天津商学院、天津外国语学院、天津农学院、上海对外贸易学院、上海杉达学院、上海应用技术学院、上海电机学院

续表

专业	教育目标	课程设置	就业发展方向	专业优势院校
国际商务	培养具有开阔的视野和扎实的国际商务理论、实务和国际商法基础，能较熟练地应用国际法规、外语开展商务活动的复合型、应用型人才	专业英语、管理学理论、微观经济学、宏观经济学、会计学、国际经济学、财政管理、国际营销学、国际金融、国际贸易法、货币银行学、国际营销学、中国对外贸易等必修课程，以及西方经济史、国际商务英语、国际金融实务、国际贸易实务、发展经济学、国际商务谈判、国际商务礼仪、外贸管理法、国际税法、跨国公司、人力资源管理、国际经济合作、国际投资法、电子商务、中国对外贸易、WTO专题、证券市场概论、财税法、国际贸易法、国际金融法、国际信贷与结算、欧洲联盟法、国际技术转让、商业伦理、心理学、社会学、海商法、审计学与审计法、公共关系学、合同法、公司法、组织行为学等选修课程	在跨国公司、外向型企业和外资企业等作为国际商务活动的商务代表、单证员、国际商务师及国际化经营的高级管理人才进行工作，或者在涉外经济贸易部门及政府机构从事对外经营管理、政策法规制定与实施以及国际化商务活动策划等工作	广西国际商务职业技术学院、安徽国际商务职业学院、江西外语外贸职业学院、山东外贸职业学院、福建对外经济贸易专业技术学院、湖南外贸职业学院、安徽财贸职业学院、四川商务职业学院、天津商务职业学院、阜阳科技职业学院
服务外包	培养掌握开发工具、方法、语言以及其他技能的高素质复合型人才	软件工程、国贸理论与政策、国际贸易专业英语、外贸英语听说、国际贸易法、国际金融法	可在IT行业或软件公司等从事系统分析、架构设计、技术研发、高端咨询、解决方案设计、系统设计、项目管理、数据库管理、程序开发、数据处理、分析、测试等工作	江西先锋软件职业技术学院、民办南华工商学院、重庆财经职业学院、重庆科创职业学院、苏州工业园区服务外包职业学院
经济信息管理	培养具有全面素质和综合职业能力，能够在工商企业及其他系统从事经济信息收集、处理和分析的高级技术应用型专门人才	经济学基础、经济法、国际金融、统计学、财务会计、市场调查与预测、管理学、管理信息系统、经济情报分析、商务英语	从事企业或事业单位的经济信息收集、处理与分析等基层管理岗位工作	甘肃钢铁职业技术学院、西北大学、华南农业大学、深圳大学、河北农业大学、广州大学、西华师范大学、成都学院、廊坊师范学院、广东技术师范学院

续表

专业	教育目标	课程设置	就业发展方向	专业优势院校
报关与国际货运	培养具有国际货运管理及报关必需的基础知识和技能,能从事报关与国际货运业务的高级技术应用型专门人才	货物学、国际货运、国际贸易与实务、外贸仓储管理、外贸运输保险、计算机信息处理、海关法、商法、关税理论与实务、报关原理与实务、外贸货运与仓储实习、单证流转操作	根据企业对报关与国际货运人才的需求分析,报关与国际货运专业分设报关报检单证和国际货运两个方向,其中报关报检单证方向主要需要熟悉报关报检疫及国际货运业务、可熟练地对单证进行操作的应用型人才,国际货运方向则主要需要熟悉报关报检以及国际货运业务并可熟练掌握海洋、航空、陆路货运流程及操作技巧的应用型人才	九江职业大学、江西财经职业学院、广东交通职业技术学院、常州纺织服装职业技术学院、青岛酒店管理职业技术学院、重庆工业职业技术学院、连云港师范高等专科学校、河北工程技术学院、山东理工职业学院、黑龙江农垦职业学院
商务经纪与代理	培养具有良好的职业道德、较强法制观念和诚信意识及较高人文修养,掌握商务经纪代理专业基本理论和技术,能较为熟练地开展现代商务经纪与代理事务的高素质商务经营管理人才	现代商务概论、市场调查与预测、国际贸易实务、公共关系、商务谈判、电子商务、市场营销、经纪人原理、经纪实务、商务代理通论、客户关系管理、外贸单证实务、货运代理、报关代理、报检代理、房地产经纪与代理	适宜在贸易、保险、房地产、证券、中介、技术研发等企业及文化产业等机构从事商务经纪、中介、代理、经营管理等岗位的工作,也可自主创业,从事商务经纪与代理或中介业务	西北大学、鞍山师范学院、长春金融高等专科学校、成都文理学院、天津商务职业学院、湖南外贸职业学院、浙江农业商贸职业学院、潍坊科技学院、北海职业学院

续表

专业	教育目标	课程设置	就业发展方向	专业优势院校
国际文化贸易	培养具备经济、贸易、文化、传播、法律、管理等方面的基础知识，掌握当代国际文化贸易的现状和发展趋势，熟悉通行的国际文化贸易规则、惯例以及中国对外文化贸易的政策法规，了解文化产业的发展特点和运行机制，能在广播电视机构或其他文化机构、涉外经济贸易部门、企业或事业单位以及政府机构从事对外文化贸易、管理、研究、发行和策划等方面工作的专门人才	文化概论、艺术概论、经济学、国际传播学、国际经济学、会计学、统计学、财政学、计量经济学、货币银行学、国际文化政策与法规、国际贸易理论、国际文化贸易实务、国际金融、国际市场营销、中国对外文化贸易、国际商务谈判	可以到广播电视机构或其他文化机构从事影视文化作品、艺术作品、文学作品的海外发行，也可以到涉外经济贸易部门、企业或事业单位以及政府机构从事对外经济与贸易、对外文化交流工作，还可以在文化产业的其他领域为其商业发展创造机会，如采购、发行、营销、策划、教学、研究、公关、翻译等	北京第二外国语学院、中国传媒大学南广学院

第六节　工商管理类

专业	教育目标	课程设置	就业发展方向	专业优势院校
工商企业管理	培养德、智、体全面发展，掌握现代企业管理理论，具有较强企业管理能力、语言文字表达能力、人际沟通能力，外语水平高，知识面广，能熟练利用计算机技术、网络技术等现代管理技术，在工商企业从事各方面管理工作的高级应用型人才。这类人才应具有较大的发展潜力，可以成为企业或事业单位的各级管理人才	大学英语、经济学基础、大学计算机、管理学基础、会计学基础、统计学基础、生产与运作管理、财务管理、管理信息系统、市场营销、人力资源管理、国际贸易理论与实务、电子商务、经济法	可在各大中型企业、外资企业及跨国企业从事生产管理、营销管理和一般业务管理工作，也可从事人力资源管理、财务管理、营销策划、商品调研、市场预测和经济数量分析等工作	浙江金融职业学院、无锡商业职业技术学院、浙江经贸职业技术学院、广西农业职业技术学院、中山职业技术学院、浙江水利水电学院、福建江夏学院、广西外国语学院、天津轻工业职业技术学院、东营职业学院

续表

专业	教育目标	课程设置	就业发展方向	专业优势院校
商务管理	培养掌握现代信息技术和管理手段，符合现代行政管理、经济建设和商务活动要求的经营管理人才	政策与经济学、组织行为学、电子商务概论、商业伦理导论、战略管理教程、风险管理、管理系统中计算机应用、国际商务管理学、企业管理咨询、市场营销策划、国际市场营销学	适合在工贸公司、商贸公司、科贸公司、技术引进、货物进出口、国际国内融资、劳务输出、有进出口经营权的外贸公司、其他各类从事大型商务活动的单位以及银行、证券、基金、保险、财务公司等单位从事业务管理、财务管理、信息收集及分析管理、人力资源管理工作，同时也能胜任其他类型组织的一般管理工作	青岛职业技术学院、湖南科技职业学院、西安高新科技职业学院、上海工商职业技术学院、苏州托普信息职业技术学院、西北大学、华南师范大学、河北工业大学、成都理工大学、长江大学、湖北工业大学
商检技术	培养掌握现代商检测试的基本知识和基本技能，能从事商品检测、质量分析、质量控制与管理的高级技术应用型专门人才	商品学基础、光谱分析、色谱学基础、电化学分析、仪器维修、商品检验学、质量保证与质量管理、商检业务概论、抽样调查理论与方法、包装鉴定、装载鉴定、重量鉴定、残损鉴定、分析化学操作、商品检测、微生物学基本操作、商品检验综合应用技能训练	可在各级技术监督与商品检测机构、海关、进出口商品检验等部门的质量监督、监测、检验等岗位及卫生检验、药品检验部门的技术岗位工作	江苏工程职业技术学院、贵州轻工职业学院
连锁经营管理	培养具有良好的思想道德素质，熟悉有关计算机技术，具备较强的外语应用能力，掌握现代商业管理基本原理以及与现代连锁经营相适应的理财、营销、物流、法律等综合知识，具备较强的现代管理技能，具有良好职业道德的高素质技能型人才	物流管理基础、连锁企业商品采购管理、经济学基础、管理学基础、商品学、基础会计、经济法、税法、消费者心理学、连锁经营管理、连锁企业门店营运管理、连锁企业配送营销管理、电子商务、连锁企业卖场布局与商品陈列、供应链管理	可在各类连锁企业从事营销策划、市场调研、商品采购、总部管理、门店管理、电子商务、人力资源管理、物流配送、商店理财等工作	北京财贸职业学院、江苏经贸职业技术学院、上海商学院、哈尔滨职业技术学院、浙江商业职业学院、浙江经贸职业技术学院、山东经贸职业学院、柳州城市职业学院、广东财经大学华商学院、重庆城市职业学院

续表

专业	教育目标	课程设置	就业发展方向	专业优势院校
市场管理与服务	培养适应生产、建设、管理、服务第一线需要，具有良好的职业道德、爱岗敬业精神，有责任意识和创新意识，掌握现代营销管理与策划理论知识，具有较强的市场营销业务与实际策划能力，能进行汽车、房地产、体育产业市场调研、产品销售、市场推广、营销渠道管理、营销策划、广告等业务工作的高素质、高技能专门人才	市场营销、市场调研与预测、计算机应用能力、推销与谈判、网络营销与电子商务、营销策划、品牌经营与管理、营销渠道管理、物流管理、管理学原理、客户关系管理、营销沙盘模拟演练、经济学基础、经济法概论、消费者行为学、会计基础知识、国际贸易实务、商务函电与谈判、广告实务、汽车构造、汽车市场营销、房地产市场营销、体育产业经营	主要在汽车、房地产、体育企业和销售市场从事市场开发、产品销售管理、营销策划、企业策划、客户关系管理、广告策划、经营业务管理、物流管理等工作	四川城市职业学院、重庆城市职业学院、锦州师范高等专科学校、福建农林大学、四川师范大学、太原科技大学、西北政法大学、内蒙古科技大学、辽宁科技大学、沈阳大学
品牌代理经营	培养符合市场经济发展要求，掌握广告活动作业流程及企业营销活动实务，德、智、体、美全面发展的高素质技能型、应用型人才	公共关系学、广告美术、广告设计、广告文案写作、广告经营与管理、广告学、市场营销、广告摄像与摄影、品牌管理、中外广告法规、广告运作策略、企业管理、服务营销、广告效果评估、传播学、广告心理、广告媒体、广告创意、客户关系管理、消费行为研究、广告案例分析、商务谈判	可在各类新闻媒体(报社、杂志社、广播电台、电视台、大型网络公司等)的广告部门、各种广告公司以及其他大型企业或事业单位从事广告经营与策划工作，也可到工商管理部门从事商业广告管理和市场信息管理工作	贵州商学院、辽宁广告职业学院、梧州职业学院

第七节　市场营销类

专业	教育目标	课程设置	就业发展方向	专业优势院校
市场营销	培养具备管理、经济、法律、市场营销等方面的知识和能力，能在企业或事业单位及政府部门从事市场营销与管理以及教学、科研方面工作的工商管理学科高级专门人才	管理学、微观经济学、宏观经济学、管理信息系统、统计学、运筹学、会计学、财务管理、市场营销、经济法、消费者行为学、消费心理学、国际市场营销、市场调查、基础会计、金融概论、企业销售策划、商业银行实务、人力资源管理学、市场调查与预测、分销渠道管理、银行营销、服务营销、客户关系管理、定价管理、现代推销技术、营销创新、广告理论与实务、财政与税收、公共关系学、广告沟通、促销管理以及商务礼仪和商务谈判	可从事市场调研、营销策划、广告策划、市场开发、营销管理、推销服务和教学科研等工作	安徽商贸职业技术学院、山东商业职业技术学院、宁夏财经职业技术学院、重庆工商职业学院、山西省财政税务专科学校、内蒙古京贸外语职业学院、武昌职业学院、湖南九嶷职业技术学院、南昌职业学院、西北大学

续表

专业	教育目标	课程设置	就业发展方向	专业优势院校
汽车营销与服务	培养适应我国汽车产业需要，具有良好的政治素质、文化修养、职业道德、服务意识，德、智、体、美全面发展，掌握现代汽车的基本理论和技术、汽车整车及配件营销的理论及技巧，具有汽车市场调查与预测、汽车营销策划、汽车推销技巧和汽车故障诊断的能力，可满足汽车营销企业管理、服务第一线需要的高等职业技术教育专科层次的专业技术人才	汽车营销学、汽车商务英语、汽车及配件营销、汽车销售礼仪与谈判技巧、汽车售后服务管理、车辆保险与理赔、形体训练、计算机网络基础、汽车机械基础、汽车发动机构造与维修技术、汽车底盘构造与维修技术、汽车电器设备原理与维修技术、汽车发动机电子控制技术、汽车底盘电子控制技术、汽车车身电子控制技术、汽车计算机应用技术、汽车驾驶技术	可到汽车4S店、汽车配件销售、汽车运输、汽车租赁、二手车市场等企业从事营销、技术服务及经营管理等工作，也可在银行从事汽车信贷或在保险公司从事汽车保险咨询及定损核赔工作，还可到各大汽车专业维修店、销售公司、检测站、交通运输公司、汽车运营等部门从事汽车检测与维修、汽车运行与管理、汽车营销与评估、汽车配件销售以及相关技术服务工作	山东交通学院、宁波工程学院、重庆交通学院、淮阴工学院、皖西学院、上海电机学院、天津职业技术师范学院、湖北汽车工业学院、湖南工程学院
广告策划与营销	培养符合市场经济发展要求，掌握广告活动作业流程及企业营销活动实务的高素质技能型、应用型人才	素描、色彩、构成、市场营销学、消费心理学、广告策划原理与实务、广告创意与表现、广告设计软件运用、广告公司经营与管理、广告文案写作	可在相关企业或事业单位（包括广告公司、企业广告与营销策划机构、市场调研机构等）从事广告与营销活动策划、推广、执行与控制等工作	辽宁广告职业学院、贵州商学院、梧州职业学院
茶艺与茶叶营销	培养具备扎实的茶艺、茶文化、茶学、食品科学等方面的基本知识和技能，综合素质高、实践能力强，具有一定创新能力和可持续发展能力的大专层次的应用型、技能型高级专门人才	计算机应用基础、市场营销知识、沟通能力训练、推销实务、营销员考证辅导、客户服务管理、茶叶知识与茶文化、中级茶艺师考证辅导、茶叶的品质与审评、茶叶市场	可在茶叶标准化生产和管理、茶叶贸易与商检、观光茶园管理等相关岗位工作	武夷山职业学院、昆明学院、百色学院、云南科技信息职业学院、安徽林业职业技术学院、云南热带作物职业学院、益阳职业技术学院、江西工业贸易职业学院、柳州城市职业学院、江西农业工程职业学院

第八节　电子商务类

专业	教育目标	课程设置	就业发展方向	专业优势院校
电子商务	培养系统掌握电子商务的基础知识和基本技能，熟悉各类电子商务活动的基本业务流程，熟练运用电子商务技能和现代信息技术从事电子商务活动、电子商务网站及系统建设和安全维护工作、电子商务管理业务的高级应用型技术人才	计算机网络原理、电子商务概论、网络营销实务、电子商务、国际贸易概论、电子商务信函写作、电子商务营销写作实务、营销策划、网页配色、网页设计、数据结构、Photoshop、JAVA 语言、WEB 标准与网站重构、FlashActionScript 动画设计、UI 设计、电子商务网站建设、电子商务管理实务、ERP 与客户关系管理、电子商务物流管理、消费心理学、电子商务实验、网上创业、电子商务专业英语、新闻采集、写作和编辑的基本技能。网络营销、网络数据库、移动商务、企业信息化、电子商务系统设计、广告策划、电子商务与物流、Photoshop 图片处理技术、Access 数据库、市场营销学、企业经营与管理、企业信息化、网络消费心理学	可从事银行的后台运作（网络运作）、企业或事业单位网站的网页设计、网站建设和维护或网络编辑、网站内容的维护和网络营销（含国际贸易）、企业商品和服务的营销策划等专业工作，或从事客户关系管理、电子商务项目管理、电子商务活动的策划与运作、电子商务系统开发与维护工作，还可在各级学校从事电子商务教学等工作，专科学生还可以在呼叫中心从事电话营销、电子商务助理等文职的工作	浙江经济职业技术学院、福建信息职业技术学院、深圳信息职业技术学院、陕西职业技术学院、广东科学技术职业学院、成都职业技术学院、江苏经贸职业技术学院、石家庄工程职业学院、江苏联合职业技术学院、绍兴职业技术学院
移动商务	对接移动通信产业和电子商务产业，培养具有电子商务专业基本素质，同时具备电子商务网站设计与制作、移动广告设计、移动增值业务开发与管理、网络营销及电子商务网站运营与管理等能力，适应移动电子商务发展需要的高素质技能型人才	移动通信系统、电子商务技术基础、移动广告设计、电子商务网站建设、网络信息编辑、移动商务应用、网络营销与策划、移动业务管理与客户服务、电子商务支付与安全	可在中国移动、中国电信、中国联通、阿里巴巴、百度等企业从事网络营销与策划、移动商务应用推广、移动商务网站开发与管理、移动业务管理与客户服务等工作	湖南邮电职业技术学院、天津电子信息职业技术学院

续表

专业	教育目标	课程设置	就业发展方向	专业优势院校
网络营销	培养具有独创精神和较强实践能力，掌握必要的文化基础和专业知识，具备扎实的计算机及网络知识、商务基础知识、网络营销知识以及电子商务平台建设和管理能力的专门人才	计算机基础、计算机网络与应用、电子商务基础、电子商务网站建设及管理、商务外语基础、商业财务基础、网络营销、礼貌礼仪	可面向阿里巴巴、百度、慧聪等各种综合和专业网站从事产品推广及其他业务工作	浙江经济职业技术学院、福建信息职业技术学院、深圳信息职业技术学院、陕西职业技术学院、广东科学技术职业学院、成都职业技术学院、江苏经贸职业技术学院、石家庄工程职业学院、江苏联合职业技术学院、绍兴职业技术学院

第九节　物流类

专业	教育目标	课程设置	就业发展方向	专业优势院校
物流工程技术	培养具备物流学、运筹学、管理学、交通运输组织学、运输经济学、运输商务管理等基本理论和基本知识，可在物流企业、交通运输企业及机械或电子制造企业、科研院所、政府机构等部门从事物流系统规划与设计、物流技术设备和物流自动化系统的设计与集成、物流系统运行与维护工作的复合型、应用型的高级工程技术与管理人才	物流电子商务、供应链管理、工程数据库、物流信息技术应用、物流自动化、物流系统规划与设计、物流设施设备、仓储规划与技术、第三方物流、运输与配送管理、物流法规、物流系统建模与仿真、机械设计基础、物品标识技术与条形码技术、电机与拖动基础、交通运输网络规划、物流中心设计与运作、工程经济学、集装箱与国际多式联运、港口作业技术	可在物流企业、交通运输企业及机械或电子制造企业、科研院所、政府机构等部门从事物流系统规划与设计、物流技术设备和物流自动化系统的设计与集成、物流系统运行与维护工作	唐山工业职业技术学院、南京交通职业技术学院、江西财经职业学院、广东交通职业技术学院、烟台汽车工程职业学院、苏州健雄职业技术学院、大连枫叶职业技术学院、湖南现代物流职业技术学院
物流信息技术	培养具备现代物流基本理念，具有物流行业及软件开发行业相应岗位需要的理论知识和专门知识，具有较强的物流基层岗位操作能力、软件开发能力，能从事物流技术及信息管理工作的高等技术应用型人才	条码技术与应用、RFID 技术与应用、物流信息系统管理、货物智能跟踪与定位(GIS 与 GPS 技术)、JAVA 程序设计	可在大中型物流企业、大型商业企业、IT 企业或其他企事业单位从事信息中心主管、信息系统设计师、信息处技术员等岗位的工作	湖南现代物流职业技术学院、福建信息技术学院、漯河职业技术学院、湖南软件职业学院、安徽现代信息工程学院

续表

专业	教育目标	课程设置	就业发展方向	专业优势院校
物流管理	培养具有一定的物流规划与设计、物流管理、物流业运作等能力，能在经济管理部门、贸易公司、物流企业从事政策制定和物流业运作管理工作的应用型、复合型、国际化的物流管理人才	物流概论、物流规划与设计、采购与供应管理、采购项目管理、运输管理、仓储管理、配送管理、国际物流学、国际贸易理论与实务、采购过程演练、运输实务、仓储管理实务、物流配送中心设计、国际物流实务、成功学、创新学、素质拓展训练	可在物流企业、工商企业、货代公司、配送中心、港口、货物集散中心和物流基地（园区）、物流管理咨询公司及相关行政、事业单位等从事采购、仓储、包装、配送、运输、规划等物流业务运作管理、物流服务咨询与策划、供应链管理以及物流系统规划与设计等工作	广东商学院、石河子大学、广西财经学院、河南工业大学、陕西理工学院、厦门理工学院、河北农业大学、北方民族大学、西南财经大学天府学院、苏州科技学院、湖南现代物流职业技术学院
物流金融管理	培养德、智、体、美全面发展，基本理论扎实，富有创新精神和实践能力，系统掌握物流管理和现代金融业务专业知识，能够开发、设计、综合运用新的金融工具和手段，创造性地解决物流金融实务问题，具有创新、创业意识，具有竞争和团队精神，外语水平较高，能够在物流公司、银行、证券、保险等单位从事物流、金融、财务管理等工作，适应现代金融信息服务业发展的高素质、复合型人才	管理学、经济学原理、市场营销学、物流学概论、仓储管理、运输管理、供应链管理、物流信息管理、金融学、金融市场学、商业银行经营管理学、证券投资学、国际金融学	可在专门的物流公司、企业的物流部门或港口物流、船务、报关、报检、仓储、运输企业以及关联的国际贸易等行业部门工作	临沂大学、湖南现代物流职业技术学院
工程物流管理	培养具备物流学、运筹学、管理学、交通运输组织学、运输经济学、运输商务管理等基本理论和基本知识，适合在物流企业、交通运输企业及机械或电子制造企业、科研院所、政府机构等部门从事物流系统规划与设计、物流技术设备和物流自动化系统的设计与集成、物流系统运行与维护的复合型、应用型的高级工程技术与管理人才	管理学、运筹学、工程图学、机械设计基础、生产与库存控制、物流基础、物流信息系统、物流学导论、供应链管理、物流工程、物流机械技术、国际物流学、电子商务概论、物流仓储技术、物流系统工程、运输会计学、专业英语（物流）	就业方向包括：类物流企业，工商企业的物流管理部门，各级物流行政管理部门，交通运输企业或事业单位，物流系统规划与设计部门，商业、流通业管理部门，物流设备研发、销售企业，科研院所、大专院校等。亦可报考物流管理与工程类、管理科学与工程类、工业工程类或其他经济管理类研究生继续深造	重庆工学院、中国民用航空飞行学院、南京信息工程大学、成都信息工程学院、大连工业大学、钦州学院、湖北经济学院、湖南现代物流职业技术学院、武汉科技学院、沈阳建筑大学、湖北汽车工业学院

续表

专业	教育目标	课程设置	就业发展方向	专业优势院校
冷链物流技术与管理	培养具备较强的物流业务处理能力和管理能力，能够胜任物流企业和其他企业物流管理岗位工作的高端技能型人才	现代物流基础、采购管理、仓储与配送管理、运输管理、物流信息技术、冷链物流运营事务、物流市场营销	可在第三方物流企业或相关企业的物流管理岗位，从事采购、仓库管理、配送、客服、物流信息管理、物流规划等工作	威海职业学院、湖南现代物流职业技术学院
采购与供应管理	培养采购供应管理事业发展急需的，基本掌握采购供应管理的理论与技能，具有较强的采购供应决策能力、策划能力和实务操作能力，能从事采购供应市场分析、方案设计、谈判、验收、结算等工作，下得去、留得住、用得上、干得好的，心上有思考技能、眼上有观察技能、手上有做事技能的应用型采购供应管理人才	现代采购管理原理、物流管理知识、供应链管理、超级市场营销管理、商业票据与结算、合同准备和合同管理、商业组织与商业过程、采购与供应中的绩效测量、有效的谈判、采购与供应案例分析	可在外资企业、制造业、流通业、零售业、物流业、旅游业、对外贸易等行业和部门从事采购规划、仓储管理、流通加工、营销方案策划与设计、市场营销等工作	百色学院、南京工业职业技术学院、石家庄工商职业学院、重庆科创职业学院、广西壮族自治区经济管理干部学院、苏州工业园区服务外包职业学院

第二十七章　旅游大类

第一节　旅游类

专业	教育目标	课程设置	就业发展方向	专业优势院校
旅游管理	培养适应新形势旅游企业或事业单位需要的一线服务与管理类专门人才，具有旅游管理专业知识、较好的思想道德品质和综合素质，具备较强的综合职业能力和发展基础，能在各级旅游行政管理部门、旅游企业或事业单位从事旅游管理工作的高级专门人才	旅游学概论、旅游管理学、旅游政策与法规、旅行社业务、旅行社管理、旅游地理学、旅游心理学、旅游经济学、旅行社经营与管理、旅游市场营销、旅游英语、旅游会计学、酒店管理学、酒店餐饮学、旅游学概论、旅游文化学、旅游资源开发管理、景点规划与管理、旅游安全学、旅游企业人力资源管理、生态旅游、旅游客源、地区概况、旅游财务管理、旅游项目管理、旅游信息系统、微观经济学	可在旅游行政管理部门、旅行社、旅游景区、旅游咨询公司、旅游电子商务企业、旅游规划策划机构、主题公园从事旅游经济管理和企业管理工作，也可进行旅游与休闲行业的自主创业	沈阳师范大学、江西师范大学、新疆大学、重庆师范大学、贵州大学、福建师范大学、湖北大学、山西大学、中南民族大学、贵州财经大学、西南林学院、江西科技师范大学
导游	培养掌握现代旅行社管理及导游服务的基本理论和技能，可胜任旅行社经营管理和导游接待服务工作的高级技术应用型专门人才	旅游学概论、旅游经济学、旅游市场营销、旅游资源学、旅行社经营与管理、旅游企业会计基础、旅游企业财务管理、旅游法规、导游基础知识、导游业务、景区开发与管理	可在全国各大旅行社、旅游企业、景区景点、国家军事博物馆等企业或机构工作	湘潭大学、青海大学、云南民族大学、忻州师范学院、泰山学院、武夷学院、辽东学院、四川旅游学院、云南旅游职业学院、三峡旅游职业学院、河北旅游职业学院、南京旅游职业学院
旅行社经营管理	培养与社会主义现代化建设要求相适应，德、智、体全面发展，掌握必备的文化基础知识和专业理论，具备导游服务及管理、旅行社计调与外联业务、计算机应用等专业技能，具有现代经营管理理念，熟悉旅行社经营管理法规，有较强旅行社经营管理职业能力和基层工作能力的高等应用型技术人才	旅游学概论、旅游经济学、旅游市场营销、旅游资源学、旅行社经营与管理、旅行社财务管理、旅游企业会计基础、旅游法规、导游基础知识、导游业务、景区开发与管理、旅行社（计调、外联、导游等）岗位实习	可在全国各大旅行社或旅游企业工作	黑龙江商业职业学院、河北旅游职业学院、厦门东海职业技术学院、山东旅游职业学院、三亚理工职业学院、三峡学院、绵阳师范学院、昆明学院、百色学院、山东女子学院

续表

专业	教育目标	课程设置	就业发展方向	专业优势院校
景区开发与管理	培养掌握现代景区开发与管理的基本知识和技能，可从事旅游景区、景点开发与管理和导游接待服务工作的高级技术应用型专门人才	旅游学概论、旅游经济学、旅游市场营销、统计学原理、旅游资源学概论、建筑学原理、环境与规划基础、景区开发与管理、旅行社经营与管理、旅游企业财务管理、旅游法规、导游基础知识、导游业务、客源国概况、国际礼仪、景区开发与管理、导游岗位实习、景点考察调研	可从事旅游景区、景点开发与管理以及导游接待工作	湖北大学知行学院、成都职业技术学院、绵阳职业技术学院、河北旅游职业学院、日照职业技术学院、四川工程职业技术学院、浙江旅游职业学院、重庆旅游职业学院、三亚城市职业学院、华南农业大学
酒店管理	培养拥护党的基本路线，可满足生产、建设、管理、服务第一线要求，德、智、体、美等全面发展的中等职业技术应用型专门人才。要求掌握经济管理基础理论以及酒店、餐饮与旅游基础知识，具备基本的酒店管理与服务能力	现代酒店管理、酒店心理学、旅游学概论、前厅客房服务与管理、餐饮服务与管理、菜点与酒水、酒店英语、现代酒店营销、酒店财务管理、会议服务与管理、康乐服务与管理	可在以下岗位工作：各类酒店、饭店、宾馆的门迎、前厅接待人员和客房服务人员，各类旅游公司、旅游管理部门的工作人员	秦皇岛职业技术学院、浙江旅游职业学院、南宁职业技术学院、成都职业技术学院、上海旅游高等专科学校、广州番禺职业技术学院、天津职业大学、山西省财政税务专科学校、吉林大学、西北大学、深圳大学
休闲服务与管理	培养适应社会主义现代化建设需要，德、智、体、美、劳全面发展，具备良好的职业素养和敬业精神，熟练掌握休闲服务与管理的职业技能，具有较强的休闲服务事业的组织策划、休闲市场营销、休闲企业经营与管理的实践能力和专业技能，可活跃在休闲产业服务与管理第一线的高端技能型专门人才	高尔夫运动、运动休闲指导、休闲活动策划、市场营销、城市游憩、茶艺与茶道、户外运动、茶文化、企业经营管理	可在高尔夫俱乐部、球会、体育俱乐部、健身俱乐部等单位从事训练、服务、产品项目管理、开发、员工培训、市场营销、管理等工作	武汉商学院、黑龙江旅游职业技术学院、无锡城市职业技术学院、南京旅游职业学院、南充职业技术学院、山东旅游职业学院、浙江农业商贸职业学院、三峡旅游职业技术学院、广西经济职业学院、内蒙古商贸职业学院

第二节　餐饮类

专业	教育目标	课程设置	就业发展方向	专业优势院校
餐饮管理	培养掌握现代餐饮管理的基本知识和服务技能，可从事餐饮业经营管理和服务的高级管理人才与高级技术应用型专门人才	饭店管理概论、现代饭店餐饮管理、现代饭店餐饮营销、餐饮服务、酒水知识与酒吧管理、厨房设计与管理、公共关系、饭店英语、食品营养与卫生、中西餐知识、餐饮管理与服务综合实习	可在各类餐饮企业从事餐饮业经营管理和服务工作	青岛酒店管理职业技术学院、成都信息工程大学银杏酒店管理学院、四川外国语大学、重庆南方翻译学院、济南职业学院、四川城市职业学院、上海旅游高等专科学校、威海职业学院、四川现代职业学院、陕西旅游烹饪职业学院
烹调工艺与营养	培养掌握现代烹饪、营养、餐饮管理的基本知识，具有较强烹饪技术，能从事烹饪操作、营养分析、营养配餐以及餐饮业管理的高级技术应用型专门人才	烹饪原料熔点沸点的测定、面粉的面筋含量的测定、烹饪原料组织结构观察、烹饪原料主要种类特征识别、微生物鉴定常见的生化反应实验、微生物检验的基本操作、食物中蛋白质脂肪的测定试验、中医辨证实验、烹饪工艺学实验、烹饪基本功实验、江苏名菜实验、中国名菜实验、冷拼实验、食雕实验、面点工艺学实验、中国名点实验、西餐实验、药膳实验	可在各类餐饮企业从事烹饪、营养配餐等工作	南昌职业学院、青岛酒店管理职业技术学院、昌吉职业技术学院、辽宁现代服务职业技术学院、上海旅游高等专科学校、重庆商务职业学院、武汉商学院、天津青年职业学院、信阳农林学院、江苏食品药品职业技术学院
营养配餐	培养掌握传统食品和现代食品生产与加工、膳食咨询指导、营养餐制作、食品营养检测、食品质量控制、餐饮业经营与管理、食品营销与服务的基础理论知识和实践操作技能，具有良好的职业素养和敬业精神，可在食品生产操作，食品生产检测、管理、质量控制以及膳食指导、营养配餐、餐饮经营管理及服务等岗位工作的一线高素质技能型人才	计算机应用、大学生就业指导、食品原料学、饮食营养与保健、食品微生物、食品化学、食品分析、中医学基础、营养餐设计与制作、面点工艺、烹调工艺学、餐饮经营与管理、食品加工工艺学、中国饮食文化、食谱编制软件应用	可在食品加工企业从事生产工艺、质量管理、内部审核、食品检验工作，也可在学校、幼儿园、社区、医院、酒店、家庭、保健机构、配餐公司等进行膳食指导、营养配餐及制作工作，还可从事食品营销、食品广告策划、餐饮店经营等工作	平顶山工业职业技术学院、江苏食品药品职业技术学院、青岛酒店管理职业技术学院、陕西旅游烹饪职业学院

续表

专业	教育目标	课程设置	就业发展方向	专业优势院校
中西面点工艺	培养既具有现代烹饪理论知识，又能够从事中西面点品种制作，可在酒店、宾馆、中西餐厅中担任中式面点技术和西式面点技术工作的中级应用型技术与管理人才	烹调原料学、烹饪营养学、烹饪卫生学、饮食文化、西餐概论、餐饮服务、烹饪工艺美术、筵席设计、冷菜食品雕刻、中点工艺学、中点综合实训、中式烹调技术、西点工艺学、西点综合实训、成本核算、烹饪英语、西餐工艺、切配技术、餐饮经营与管理	可在中、高级中、西烹饪、面点岗位和营养配餐等基层管理岗位工作	青岛烹饪职业学校、江苏食品药品职业技术学院、青岛酒店管理职业技术学院、陕西旅游烹饪职业学院、南京旅游职业学院、武汉商学院、山东旅游职业学院、黑龙江旅游职业学院、安徽工商职业学院
西餐工艺	培养适应生产、建设、管理、服务第一线需要的德、智、体、美全面发展的高等技术应用型专门人才。应在具有必备的基础理论知识和专业知识的基础上，重点掌握从事本专业领域实际工作的基本能力和基本技能，具有良好的职业道德和敬业精神，能在餐饮及食品加工企业从事生产和管理的应用型高级职业技术人才和管理人才	烹饪原料学、烹饪营养学、烹饪卫生学、西餐概论、西餐工艺、中餐切配技术、中餐烹调技术、西点工艺、餐饮经营与管理、烹饪专业英语	可在大中型酒店、宾馆的西餐制作一线技术管理岗位、大中型高级西餐厅经营管理工作岗位、西式配餐公司的营养与配餐技术和管理工作岗位、食品企业的加工及管理工作岗位、大中专职高和技校相关专业的教学和培训工作岗位工作	四川旅游学院、武汉商学院、陕西旅游烹饪职业学院、青岛烹饪职业学校、江苏食品药品职业技术学院、青岛酒店管理职业技术学院、山东旅游职业学院、黑龙江旅游职业学院、安徽工商职业学院、南京旅游职业学院

第三节　会展类

专业	教育目标	课程设置	就业发展方向	专业优势院校
会展策划与管理	培养适应社会主义市场经济和会展事业发展需要，德才兼备，熟练掌握会展实际运作，能够在会展业、旅游业、广告业、大中型企业或事业单位、政府宣传部门从事会展策划和管理以及展览设计的高级应用型人才	管理经济学、企业管理学、国际贸易概论、市场营销学、会计学、人力资源管理学、市场调查和预测、展览实务、会议组织和管理、展示设计、计算机辅助设计、场景制作、会展设备管理、会展礼仪、广告学、公共关系学、商务谈判、会展经济与实务、会展概述、会展文案、会展运营与管理、会展营销	可在会展业、旅游业、广告业、机关企业或事业单位的宣传部门、公共关系部门与发展开拓部门从事会展的市场调研、策划、组织管理和运作工作	四川农业大学、上海第二工业大学、上海商学院、河南牧业经济学院、四川旅游学院、郑州师范学院、上海中侨职业技术学院、黑龙江生态工程职业学院、上海民远职业技术学院、厦门东海职业技术学院

第二十八章　文化艺术大类

第一节　艺术设计类

专业	教育目标	课程设置	就业发展方向	专业优势院校
艺术设计	培养以马克思主义、毛泽东思想、邓小平理论和“三个代表”重要思想为指导，能较系统地掌握艺术设计的知识、技能，并具有艺术设计的能力，并能较好地承担艺术设计工作的相关专门人才	设计素描、设计表达技法、平面构成与设计、色彩构成与设计、立体构成与设计、工业设计导论、工业设计史、模型制作、工程制图、工程力学、机械设计基础、机械制造基础、平面设计、产品形态设计、多媒体设计表达、技术美学、产品设计程序与方法、产品计划与价值分析、产品创新设计、计算机辅助产品设计、计算机辅助工业设计、产品设计原理	本专业培养的人才能够胜任产品设计、环境艺术设计、视觉传达设计、现代传媒设计等工作，可在与本专业相关的教学、科研、设计、制作、策划部门从事相关的设计、项目策划、产品开发、技术管理、科学研究以及教学等工作	上海出版印刷高等专科学校、湖北工业职业技术学院、上海工艺美术职业学院、西安工程大学、武汉工程科技学院、南昌理工学院、浙江商业职业学院、衢州职业技术学院、金华职业技术学院、宁波城市职业技术学院
视觉传播设计与制作	培养平面广告设计人才	素描、色彩、构成、图案设计、表现图技法、摄影基础、艺术概论、现代广告设计概论、POP广告手绘技法、广告图形创意、平面广告形象设计、插画设计、世界优秀平面广告设计作品赏析、平面广告设计原理、广告设计艺术表现技法、世界包装设计赏析、港台日视觉艺术赏析、海报招贴设计、机构形象(VI)设计、书籍装帧设计、包装结构与装潢设计、平面设计软件应用(Photoshop、Illustrator)、Indesign 排版应用、3ds Max 三维效果表现、印刷工艺	可在广告公司、设计公司的平面设计部门担任平面设计师；在电视台、报社、杂志社、大型网站等媒体单位的平面设计部门担任美术编辑；在企业或事业单位的策划部门担任平面设计师	中国信息大学、大连工业大学、山东工艺美术学院、鲁迅美术学院、东北师范大学、山东艺术学院、河北美术学院

续表

专业	教育目标	课程设置	就业发展方向	专业优势院校
广告设计与制作	培养具有广告学理论与技能，能在新闻出版、影视媒体广告部门、广告公司、企业或事业单位从事广告经营与管理、广告策划创意与设计制作、广告市场调查分析和营销的广告业高级专门人才	广告学概论、传播学概论、广告心理学、广告策划与创意、广告经营管理、中外广告法规、广告文案写作、广告效果研究、广告摄影与摄像、广告美术设计、计算机美术辅助设计、计算机图形与图像信息处理、广告市场调查与分析、广告市场营销学	可在报社、杂志社、电视台、广播电台、出版社等新闻出版单位的广告部门，企业或事业单位广告部门，中外广告公司，市场调查与咨询行业等从事相关工作	天津工业大学、青岛科技大学、四川师范大学、塔里木大学、北京联合大学、河北地质大学、太原学院、宿州学院、四川文理学院、四川理工学院
数字媒体艺术设计	培养具备游戏设计、游戏美术制作方面的理论知识，有较高审美和艺术修养，能熟练掌握游戏设计、制作方法和技能，具有较强的创新能力和实践能力的应用型高级专门人才	数字游戏概论、游戏三维视觉制作技术、游戏原画设计、游戏界面设计、游戏引擎应用技术、游戏三维场景制作技术、游戏场景设计、游戏角色设计、游戏三维角色制作技术	能在游戏机游戏开发公司、网络游戏开发公司、网页游戏开发公司、手机及移动平台游戏开发公司等从事游戏美术设计与制作、游戏策划与开发、团队项目管理工作，以及在游戏相关教育行业从事教育、研究工作	渭南师范学院、辽宁师范大学、长沙理工大学、西北师范大学、南京信息工程大学、河海大学、西北民族大学、中国传媒大学南广学院、南京艺术学院、华中师范大学、武汉传媒学院
产品艺术设计	培养熟悉文化创意类产品精密制造与装配技术的外观设计人才。除了钟表设计的专业知识与技能之外，还培养学生了解首饰、精致礼品、眼镜等精美饰品的一般制造工艺并熟悉其设计	钟表原理与装配、CAD/CAM基础、概念设计、佩饰设计、产品结构与制图、基础设计 A、产品项目设计	可在文化创意产品行业从事外观设计、新产品开发辅助策划、计算机辅助设计与加工制造等工作，以及精致礼品及饰品行业的产品设计及辅助制造工作	广东科学技术职业学院、上海工艺美术职业学院、北海艺术设计学院、浙江农业商贸职业学院、河北大学、青岛科技大学、武汉纺织大学、西华大学、中原工学院、长春大学
家具艺术设计	培养能适应现代化建设的需要，德、智、体全面发展，能适应现代化社会对更具有时代感的家饰产品（主要是家具方面）的需求，培养具备从事家庭及家具设计与制作和营销管理的专门人才	素描、色彩、平面构成、色彩构成、立体构成、速写、世界工业设计史、电脑设计、设计学概论、家具制图与透视、模型与制作、产品专题设计、手绘效果图、广告设计、展示设计、家具材料学、家具设计	在家具企业从事设计、生产管理、商务及市场营销（兼工程配套设计）等工作	石家庄信息工程职业学院、江西环境工程职业学院、上海工艺美术职业学院

续表

专业	教育目标	课程设置	就业发展方向	专业优势院校
皮具艺术设计	培养具有良好的审美能力和艺术修养，熟悉皮具设计工艺与流程，有较强的设计能力，能够驾驭电脑设计工具，具有创新精神和实践能力的时尚皮具、服饰开发设计人才	图形创意设计、计算机设计色彩、缝制工艺、市场调研、手袋手绘表现、皮具品牌策划、手袋制图与板房工艺、计算机三维拉箱表现、包装设计与制作、字体设计与编排、网页美术设计	可在皮具设计、生产企业中从事产品开发及管理，在服饰时尚媒体中担任编辑助理和咨询顾问，在平面设计公司承担平面制作工作	湖南工艺美术职业学院、湖南外贸职业学院、广州番禺职业技术学院、广州工商学院
服装与服饰设计	培养具有完备的服装和服饰设计理论知识，以艺术审美与社会需求为参照，善于借鉴我国传统服饰文化，掌握和利用现代国内外服装信息，具有较高的设计水平和较强的工艺制作能力的高水平应用型人才	中西服装史、服装立体构成、设计概论、服装画手绘技法、服饰图案、服装结构原理、女装结构设计、男装结构设计、品牌设计与开发、服装 CAD、服装市场营销、服装定制设计、服装展示设计	可在相关企业、媒体、学校、科研机构从事服饰文化研究、服饰设计、服装营销及管理、时尚编辑等工作	江阴职业技术学院、湖南工艺美术职业学院、上海工艺美术职业学院
室内艺术设计	培养具有一定现代设计理念，能运用现代设计手段进行室内装潢设计，既具有一定的自身艺术素养和设计理论水平，又具有较高的审美能力、艺术造型能力和设计实践能力的高级专门技术人才	素描速写、色彩构成、室内设计、制图与识图、实用美术基础、室内设计概论、手绘结构图、室内设计原理、工艺构造及施工管理、装饰综合特训指导、家装及工装特训练习	可成为广告设计师、装潢装饰设计师、专业讲师、培训师、服装设计师、形象设计师等	上海工艺美术职业学院、江苏工程职业技术学院、湖南外贸职业学院、湖南工商职业学院、无锡工艺职业技术学院、怀化职业技术学院、湖南软件职业学院、泉州信息工程学院、重庆工业职业技术学院、济源职业技术学院
展示艺术设计	培养掌握展览展示艺术设计和展示空间搭建的基本理论、知识和技能，能熟练进行手工绘制和利用计算机技术进行展览展示艺术设计和创新，具有独立设计与制作能力，能在会展、广告、各类媒体业从事空间设计、策划和管理等工作的专门技术型人才	中外设计史、设计素描、设计色彩、平面构成、色彩构成、立体构成、传播学概论、版式设计、Photoshop、Illustrator、字体设计与标志设计、设计制图、CAD 设计制图、3ds Max、Lightscape、手绘效果图、主题展示场馆设计、展示空间分析、展示空间搭建、展示空间设计、会展策划、会展空间系统规划设计、施工工艺与工程预算	到会展公司、会展专业组织、会展服务公司、会展行业协会、会展中心、广告部门、艺术设计部门、各类新闻媒体及宣传部门、企业或事业单位等从事会展策划运作、展览展示艺术设计等工作	南通理工学院、天津轻工职业技术学院、四川航天职业技术学院、河北旅游职业学院、湖南工艺美术职业学院、山东城市建设职业学院、成都艺术职业学院、浙江艺术职业学院、天津开发区职业技术学院、廊坊东方职业技术学院

续表

专业	教育目标	课程设置	就业发展方向	专业优势院校
环境艺术设计	培养面向园林与建筑企业，具备园林规划设计、园林植物配置与造景设计、园林工程施工、室内外装饰设计、空间设计等方面能力，并具备创新设计的基本素质和综合职业能力，牢固掌握城市园林专业必需的专业文化基础理论和专业技术，从事城市园林设计、建筑、管理、经营、销售及生产等工作的高技术应用型专门人才	素描、色彩、建筑速写、构成学、测量学、室内制图、效果图技法、摄影、装饰结构与材料、风格流派、家居空间设计、办公室空间设计、商业空间设计、模型制作、景观建筑设计、环境景观设计、植物配置、模型制作、园林规划与设计、景观设计表现技法、计算机辅助设计、景观工程技术、经济学概论，管理学概论、工程估价、写生(实习)家具设计，环境艺术设计概论、色彩构成、立体构成、平面构成	在建筑装饰行业从事室内装饰设计、家具设计、展示设计、建筑外观装饰设计、景观设计等工作	四川建筑职业技术学院、郑州轻工业学院、南阳职业学院、海南师范大学、西安建筑科技大学、海口经济学院、华中科技大学、石家庄铁道大学、河北传媒学院、河北大学工商学院
公共艺术设计	培养掌握公共艺术设计的基本理论、基本知识和基本技能，能从事公共环境景观设施、城市雕塑、环境陶艺、壁画艺术、室内外装饰品、光动艺术、水体艺术等设计工作的应用型专业人才，具有完整公共艺术品设施设计职业能力，包括具有系统设计专业能力、科技综合运用能力和自我发展能力的优秀公共艺术设计人才	装饰基础、雕塑基础、材料与工艺、建筑与环境设计、空间形态设计、展示设计、公共景观设计、园林建筑设计、公共设施设计、环境雕塑造型、壁画与浮雕、数码图形处理	可在各级市政规划局、交通部门、建筑和规划部门、各类设计院所等政府部门和企业或事业单位从事设计、研究、教学及管理等工作	广西艺术学院
雕刻艺术设计	培养具备雕塑艺术的基本知识和基本技能，具有一定艺术素养，从事雕塑、装饰壁画以及小型装饰品的创作设计的高级技术应用型专门人才	专业素描、基础图案、色彩构成、平面构成、立体构成、装饰基础、雕塑基础、金属工艺基础、建筑设计与环境规划、室内设计、模型翻制工艺、计算机辅助设计	可在城市规划部门、建筑工程公司等雕塑艺术设计岗位工作	江西陶瓷工艺美术职业技术学院、无锡工艺职业技术学院、许昌陶瓷职业学院、重庆艺术工程职业学院、景德镇陶瓷职业技术学院、河北大学、通化师范学院、廊坊师范学院、韩山师范学院、邢台学院、陕西服装工程学院
包装艺术设计	培养掌握平面包装设计、广告艺术设计领域的专业知识及专业技能，符合包装设计、广告艺术设计、企业企划(营销)设计岗位的需要，具有良好职业素养和可持续发展能力的高素质、高技能人才	包装设计、广告设计、包装结构、容器造型、标志设计、企业视觉识别(VI)设计。专业课程：色彩、包装印刷工艺与经济成本核算、现代设计史、市场调研与设计定位、包装促销与消费、包装设计与品牌塑造、包装策略及其应用	可就职于流通企业、包装企业、包装材料、广告传播、包装科研机构、企业单位的包装部门	天津科技大学、西安理工大学、兰州交通大学、湖南工业大学、武汉纺织大学(原武汉科技学院)、武汉理工大学、郑州轻工业学院、中原工学院、哈尔滨商业大学、湖南工业大学

续表

专业	教育目标	课程设置	就业发展方向	专业优势院校
陶瓷设计与工艺	培养适应生产、建设、服务、管理第一线需要，德、智、体、美全面发展，具有行业相应岗位必备的理论基础知识和专业理论知识，具有较高的专业技能和较强的实际工作能力，具有良好的职业道德、创业精神和健全体魄，胜任陶瓷艺术设计与工艺制作能力，能从事陶瓷釉上与釉下彩绘技术、日用陶瓷造型设计、生活陶艺制作、陶瓷工艺饰品设计与制作、雕塑、拉坯、修坯、翻制模具、施釉、烧制等工艺制作与生产技术管理工作的高技能专门人才	美术基础、装饰设计、中国花鸟画、书法、电脑辅助设计、现代陶艺创作、拉坯成型、青花装饰基础、新彩装饰、古彩装饰、釉下五彩、陶瓷雕塑、日用陶瓷设计、陶瓷饰品设计、写生创作考察	本专业毕业生本土就业，服务当地经济。适合在各大陶瓷公司、陶瓷厂、陶瓷作坊、工艺品公司、装饰公司、设计公司及其他企业或事业单位从事陶艺设计与制作、日用陶瓷设计、陶瓷工艺与生产、彩绘工艺员、室内陈设品设计及相关的教育、管理等工作	唐山工业职业技术学院、湖南科技职业学院、景德镇学院、淄博职业学院、许昌职业技术学院、湖南工艺美术职业学院
刺绣设计与工艺	培养适应生产、建设、服务、管理第一线需要，德、智、体、美全面发展，具有湘绣行业相应岗位必备的理论基础知识和专门知识，具有较强的湘绣设计及制作能力，能从事湘绣设计、绣品制作、湘绣生产技术管理、湘绣品牌策划、湘绣营销等工作的高技能型专门人才	平色构成、中国画、装饰画、油画、工笔花鸟、工笔人物、图案设计、写意山水、湘绣简史、绣稿设计、湘绣技法、湘绣制品、古诗词欣赏、美术鉴赏、企业管理、经济法	适合在湘绣制作部门和研究机构进行相关设计和绣品制作工作，也可以从事湘绣生产技术管理、湘绣品牌策划、湘绣营销、专业教育等工作	湖南工艺美术职业学院
玉器设计与工艺	培养具有较高审美意识和玉雕艺术创作的基本理论、基本技能，能够熟练运用现代科技和专业器材从事玉雕艺术设计，能够在与玉雕相关的企业或事业单位从事研究、经营管理等工作的复合型高级专门人才	中国玉文化概论、珠宝玉器鉴赏、素描、电脑制图、白描、玉雕塑材料与工艺、玉雕雀鸟创作、玉雕人物创作、玉雕花卉创作、玉雕工艺实习	适于从事玉器雕刻的设计和制作、营销、研究等工作，也适于在中等以上院校从事教学、科研工作	蚌埠经济技术职业学院
首饰设计与工艺	培养首饰设计创作与首饰制作工艺相结合的高等应用型人才	中国工艺美术史、首饰设计、设计创意、手绘临摹、手绘创意、毕业实习等，以及各校的主要特色课程和实践环节	可在宝玉石鉴定、加工及营销相关的部门和行业从事首饰技术鉴定、珠宝首饰设计、宝石款式设计、首饰加工制作等工作	云南国土资源职业学院、梧州职业学院

续表

专业	教育目标	课程设置	就业发展方向	专业优势院校
工艺美术品设计	培养从事工艺美术品设计制作、适应特种雕刻(玉器)、漆艺、景泰蓝、玻璃、陶瓷、工艺设计制作、工艺绘画、雕塑设计制作、旅游工艺品设计制作的专业技术工作,素质高、有创意、能设计、会制作的应用型技术人才	玉雕技能课程、漆艺技能课程、景泰蓝技能课程、玻璃与陶瓷技能课程、工艺绘画技能课程、工艺雕塑技能课程	可在工艺美术品生产企业、雕塑公司、礼品公司及创意设计公司等就职	上海工艺美术职业学院、辽宁经济职业技术学院
动漫设计	培养掌握计算机图形/图像、动漫设计与制作的基本理论知识和相关应用领域知识,熟悉图形/图像制作环境,具有动漫设计、动漫制作、绘画、广告设计、网页设计等技能,并具备熟练计算机操作能力的技术应用型人才	基础素描、基础色彩、Maya、3ds Max、影视特效、电视广告、三维动画、影视后期合成、动漫艺术设计、建筑设计基础、矢量卡通角色绘制、游戏场景设计制作、影视动画设计制作、游戏角色进阶设计合成、广告特效动画设计、影视后期特技、卡通造型数字手绘、交互式3D场景游戏设计、影视剪辑输出与包装	可在电视台、游戏公司、影视广告公司、影视特技公司、数字媒体及多媒体设计公司、动漫设计制作公司等从事动画片制作、影视广告制作、后期合成等工作	山东职业学院、黑龙江三江美术职业学院、北京吉利学院、武昌首义学院、湖北商贸学院、武昌理工学院、哈尔滨石油学院、哈尔滨广厦学院、湖北工业大学工程技术学院
游戏设计	培养具备游戏设计、游戏美术制作方面的理论知识,有较高审美和艺术修养,能熟练掌握游戏设计、制作方法和技能,具有较强的创新能力和实践能力的应用型高级专门人才	数字游戏概论、游戏三维视觉制作技术、游戏原画设计、游戏界面设计、游戏引擎应用技术、游戏三维场景制作技术、游戏场景设计、游戏角色设计、游戏三维角色制作技术	可在国内的动漫动画公司、游戏公司、电视台、影视公司等从事原画、动画模型、动作、材质灯光、特效、后期合成等技术岗位的工作	上海电影艺术职业学院、长沙师范学院、石家庄职业技术学院、深圳职业技术学院、辽宁传媒学院、苏州托普信息职业技术学院、广东理工职业学院、上海工艺美术职业学院、无锡工艺职业技术学院
人物形象设计	培养适应未来市场需求,与国际水平接轨,懂设计、会造型,具有精湛技术和时尚审美观、理论与实践相结合的美容化妆、形象设计专业高级资格的复合型人才、营销人才、管理人才、专业师资人才	形象设计概论、素描、色彩、美容医学基础、专业美容、化妆、服装与服饰设计、市场营销学、计算机辅助设计、管理学、消费心理学	可在各类企业或事业单位的宣传部门、各大媒体、电视台、文化艺术单位、广告公司等从事广告、公关策划等工作,或可从事模特公司各方面的人物形象培训工作,也可在专业形象设计机构从事色彩诊断、形象指导工作,还可在化妆品、美容公司担任技术总监、顾问或美容导师	辽宁现代服务职业技术学院、抚顺职业技术学院、山西华澳商贸职业学院、湖北科技职业学院、深圳大学、武汉纺织大学、大连工业大学、河北科技大学、上海第二工业大学

续表

专业	教育目标	课程设置	就业发展方向	专业优势院校
美容美体艺术	能胜任美容服务、化妆服务、美容院管理、影楼管理、美容院影楼门市、化妆品公司培训、影视剧拍摄化妆造型服务、广告公司形象设计的工作，具有从事本专业领域实际工作的基本技能和能力的技能型人才	美容面部护理、身体护理、面部皮肤、身体皮肤、分析皮肤、判断皮肤、美容院管理能力、化妆品分析使用和销售能力、服装搭配、服装设计的技巧影视化妆	可从事美容服务、化妆服务、美容院管理、影楼管理、美容院影楼门市、化妆品公司培训、影视剧拍摄化妆造型服务以及广告公司形象设计等工作	石家庄花都艺术学校
摄影与摄像艺术	培养具有美学基础和造型艺术理论知识、现代摄影理念和技能，能使用和维护各种摄影设备，掌握暗室制作技术与技艺的应用型人才	计算机应用基础、摄影光学、色彩与构图、暗房技术、摄像技术、数码技术、多媒体技术、人像摄影、广告摄影、影像编辑艺术	可在新闻、印刷、影像、大中型企业或事业单位从事摄影编辑等工作	江西服装学院、沈阳艺术职业学院
美术	本专业为美术史论、美术教育领域培养教学和科研、美术评论和编辑、艺术管理和博物馆等方面的高级专门人才	中外美术史、美术概论、中外画论概要、古文字学与古代汉语、美术考古学基础、书画鉴定概论、美术与摄影基础	可在游戏公司、动画公司、软件公司、电影制作公司、广告公司、电视台、教育机构、杂志社或出版社等单位工作	保山学院、文山学院、甘肃民族师范学院、四川理工学院、邯郸学院、山西师范大学、咸阳师范学院、台州学院、惠州学院、嘉应学院

第二节　表演艺术类

专业	教育目标	课程设置	就业发展方向	专业优势院校
表演艺术	培养掌握现代表演艺术的基本技能，能从事影视表演、配音、舞台演出、节目主持等表演工作的高级技术应用型专门人才	大学语文、作品分析、表演与台词、声乐基础、节目主持、艺术概论、影视文化、音乐赏析、美术作品欣赏、影视配音、化妆、表演基础训练与习作、技能训练（骑马、射击、格斗、游泳、驾驭）、形体训练、影视表演基础训练、戏曲表演基础训练、节目主持与配音训练、综合训练与演出	可在各级各类艺术团体从事表演、配音和节目主持等工作	四川师范大学、长春师范大学、伊犁师范学院、泰州学院、云南文化艺术职业学院、福建艺术职业学院、长江职业学院、陕西服装工程学院、上海新侨职业技术学院、四川电影电视学院
戏剧影视表演	培养德、智、体、美全面发展，能从事戏剧影视表演、节目主持、播音、配音及编辑等方面艺术工作的专门人才	艺术语言、表演基础理论、声乐，形体、表演艺术、表演技巧、影视作品创作与鉴赏、戏剧理论、艺术概论	可在影视传媒部门、文艺团体、大中型企业或事业单位、各类学校从事表演及教学、文艺活动组织等方面的工作	湖南大众传媒职业技术学院、华中师范大学武汉传媒学院、江南影视艺术职业学院、浙江横店影视职业学院、广东亚视演艺职业学院、深圳大学、河北大学、成都学院、重庆师范大学涉外商贸学院、南昌理工学院

续表

专业	教育目标	课程设置	就业发展方向	专业优势院校
歌舞表演	培养具有一定的马克思主义基本理论素养，具备和掌握歌舞表演艺术的基本理论和基本技巧，能够从事与文化艺术事业相关的各级政府管理部门、文化传播部门、文化产业、企业或事业单位的歌舞表演、创作、辅导、培训、教学及管理工作，可从事中国—东盟艺术交流等相关工作，适应社会文化建设需求和中国—东盟艺术交流歌舞表演方面要求的应用型高等专门人才	民族声乐演唱、西洋声乐演唱、通俗歌曲演唱、钢琴基础、视唱练耳、基本乐理、优秀音乐作品赏析、中外音乐史、古典舞基训、芭蕾舞基训、各民族民间舞蹈训练、东盟舞蹈训练、编导、优秀舞蹈作品赏析、中外舞蹈史、东盟国家优秀歌舞作品排演、舞台表演	可从事各种文艺团体歌舞表演工作，也可从事演艺活动策划、文艺市场经营、企业或事业单位文艺活动组织及音乐舞蹈教育工作	山西艺术职业学院、江西艺术职业学院、安徽黄梅戏艺术职业学院、长沙南方职业学院
戏曲表演	培养具有戏曲表演的专业知识和艺术素养，掌握戏剧表演专业技能的高级技术应用型专门人才	表演、化妆、形体训练、台词训练、声乐训练、中外戏剧史、中外戏剧名家名著、戏剧美学、影视艺术概论、影视文化、艺术讲座、乐理、演出学习、毕业剧目排练等，以及各校的主要特色课程和实践环节	可从事各级各类艺术演出团体的戏曲表演与管理岗位工作	安庆师范大学、云南文化艺术职业学院、福建艺术职业学院、广东舞蹈戏剧职业学院、四川艺术职业学院、湖南艺术职业学院、晋城职业技术学院、山西戏剧职业学院、北京戏曲艺术职业学院、浙江艺术职业学院
曲艺表演	经过四年精心指导培养，掌握评书、相声、小品的表演与创作的理论、方法，成为能表演、会创作、善主持、符合时代要求、适应艺术人才市场需要、具有优秀综合素质的艺术人才	评书表演、相声表演、小品表演、曲艺概论、小品创作、评书创作、相声创作、喜剧美学及专业基础训练	可在各级各类学校、社会艺术团体、文化机构、部队文工团、企业或事业单位从事戏曲教学、表演、宣传、创作、编辑和艺术管理等工作	浙江艺术职业学院、四川艺术职业学院、北京戏曲艺术职业学院、安庆师范大学、安徽黄梅戏艺术职业学院、河南艺术职业学院、福建艺术职业学院、安徽艺术职业学院、云南文化艺术职业学院、湖南艺术职业学院
音乐剧表演	培养在各种综合性舞台剧目中从事表演、编导、管理工作的德、智、体、美全面发展的现代新型多才多艺的人才	艺术概论、表演基础训练、声乐演唱、视唱练耳与乐理、现代舞、爵士舞、舞台语言基础、经典片段训练、剧目课以及舞台语言技巧、和声与合唱、音乐剧赏析	可适应一般音乐剧、影视剧目、话剧、歌剧等团体的工作，也可适应普通教育部门艺术教师和艺术馆、文化馆等艺术辅导员的工作	江西艺术职业学院、湖南艺术职业学院、厦门演艺职业学院

续表

专业	教育目标	课程设置	就业发展方向	专业优势院校
舞蹈表演	培养具有舞蹈表演的专业知识和舞蹈编导能力，掌握舞蹈表演专业技能，能进行舞蹈表演的高级技术应用型专门人才	基本乐理、基础训练、民间舞、舞蹈概论、舞蹈简史、技能、表演、身韵、舞蹈欣赏、音乐欣赏、编导、创作、现代舞蹈训练、考察观摩、舞蹈素材收集、毕业演出等，以及各校的主要特色课程和实践环节	可就职于各级各类专业及群众艺术团体、组织与部门	深圳大学、内蒙古师范大学、西华师范大学、伊犁师范学院、岭南师范学院、曲靖师范学院、韶关学院、唐山师范学院、忻州师范学院、山东青年政治学院
国际标准舞	培养基础扎实、知识面宽、创造力强、综合素质高、富有创新精神，可从事国际标准舞的表演、竞赛、教学及理论研究、创作编排的德才兼备的高水平专门人才	拉丁舞、摩登舞、爵士舞、芭蕾基本功训练、舞蹈学基础知识、舞蹈解剖学	首选自主灵活就业，也可在剧院团体、学校、少年宫、活动中心、学校培训基地、演艺机构等工作	北京现代音乐研修学院、四川工商学院
服装表演	培养具有一定服饰造型设计能力并掌握专业的设计理念的高级复合型服装造型表演人才及管理人才	模特学、模特概论、模特生物学基础、音乐基础、公共关系学、美学基础、模特表演、模特编导、模特经纪与管理、音频与图像设计、公关礼仪、策划学、演讲与口才	可在国内外模特经纪公司培养模特人才，同时一些服装表演专业的毕业生也可以从事服装表演教学、服装发布会组织编导工作，也可成为服装设计师、模特经纪人、时尚节目主持人、时尚机构演职员等	北京北电中视影视艺术学院、北京服装学院、中华女子学院、北京城市学院、北京电子科技职业学院艺术设计学院、东华大学、上海视觉艺术学院、上海工程技术大学、天津科技大学、沈阳音乐学院艺术学院
模特与礼仪	通过规范化、专业化、精品化的教学模式，培养既有较高文艺理论修养、良好艺术气质，能进行模特艺术表演，又具备良好人际沟通能力、较高文化素养，能从事公关礼仪、高级文秘及营销策划工作的复合型应用人才	中国文化史、美学、艺术鉴赏(音乐＋舞蹈＋影视＋服装)、模特专业理论、模特表演基本技能、基训、形体、模特从业技巧、舞台表演、声乐、仪容仪态训练、化妆与造型、形象设计、服装史、服装美术、服装表演编导、实用秘书学教程、商务礼仪、营销策划、人际沟通与谈判技巧	可成为职业时装模特、汽车模特、产品形象模特、礼仪模特、酒店及宾馆的公关部经理等；也可从事公关策划、礼仪管理等工作	云南文化艺术职业学院、河北省艺术职业学院、广西英华国际职业学院
现代流行音乐	根据社会对现代流行元素的广泛需求，培养熟练掌握现代器乐演奏的知识和技法，具有良好的和声、视奏、即兴演奏等音乐表演能力和复合型创作能力的现代音乐人才	基础课：视唱练耳、中国音乐史、西方音乐史、流行音乐概论、中国民歌与民间音乐、钢琴基础等。专业课：独奏、重奏、合奏、和声、曲式、复调、配器、流行音乐写作技法、流行音乐经典作品分析、音乐赏析	可在文艺团体、艺术院校、电视台、文化公司、乐队组合等部门从事电吉他、电贝斯、爵士鼓、键盘、萨克斯管的演奏、教学和研究工作	河北省艺术职业学院、江西艺术职业学院

续表

专业	教育目标	课程设置	就业发展方向	专业优势院校
作曲技术	培养具有一定的马克思主义基本理论素养，具备较全面的音乐创作知识、能力和专业化水平，能在有关文艺单位、艺术院校、科研机构以及出版、广播影视部门从事作曲的创作、教学、研究、编辑等方面工作的高级专门人才	作曲、作曲技术理论、视唱练耳、音乐史、戏曲史、中外民族民间音乐、钢琴或其他乐器演奏、中国传统音乐分析、现代音乐分析	可在有关文艺单位、艺术院校、科研机构以及出版、广播影视部门从事作曲与作曲技术理论的创作、教学、研究、编辑等方面的工作	河北省艺术职业学院、安徽黄梅戏艺术职业学院
音乐制作	培养全面系统地掌握现代音乐制作的基础知识和基本理论、技能，具备音乐制作能力的专业人才	音乐理论、和声、视唱练耳、各种音序器的使用、混音技术、编曲艺术、钢琴基础课、钢琴伴奏课、艺术概论、民间音乐概论、配器法	可在有关文艺单位、艺术院校、科研机构以及出版、广播影视部门从事音乐制作的创作、教学、研究、编辑等方面的工作	北京现代音乐学院、西安电子科技大学、南广学院、浙江传媒学院、星海音乐学院
钢琴伴奏	培养掌握一定音乐理论知识，具有良好的钢琴伴奏能力、一定的键盘演奏能力和较高综合素质，适于从事音乐艺术伴奏、艺术表演、教学、音乐评论和演出活动策划组织等工作的高等艺术人才	视唱练耳、基本乐理、和声、曲式、钢琴基础课、钢琴伴奏课、艺术概论、民间音乐概论、中国音乐史、西方音乐史、音乐欣赏、钢琴伴奏精品赏析、美学、音乐教学法、复调基础、配器法	可成为中小学音乐教师、中等学校专业教师、青少年宫钢琴教师、社区文化管站文化干部，也可从事社会艺术教育，为专业团体进行钢琴伴奏、舞蹈伴奏等工作	河北省艺术职业学院
钢琴调律	培养掌握钢琴调律专业的技术业务知识，能够胜任钢琴调律、调整、修理等工作的高技能人才	声学、律学、乐器学、木材工艺、涂饰工艺、钢琴结构、音乐理论、钢琴调律、调整及维修的技能、钢琴演奏	可成为钢琴生产企业人员、琴行业务人员、琴行售后服务人员、艺术院校钢琴调律技术人员	北京电子科技职业学院、科尔沁艺术职业学院、河北省艺术职业学院、郑州铁路职业技术学院、湖南艺术职业学院、湖北三峡职业技术学院
舞蹈编导	培养能在专业表演团体、学校、科研单位、演艺机构等从事中国舞、芭蕾舞、现代舞等舞蹈、舞剧编导以及教学与研究工作的高级专门人才	舞蹈编导、舞蹈基本功训练、现代舞技术、舞蹈组合训练、舞蹈剧目分析、舞蹈创作实习、音乐（钢琴、曲式分析）、舞蹈编导理论、现代舞专业基础课程、现代舞课程	可从事本专业教学和初步科研工作	上海戏剧学院、广西艺术学院、吉林艺术学院、大连艺术学院、浙江传媒学院、星海音乐学院、云南艺术学院、北京舞蹈学院、沈阳音乐学院、南京艺术学院、山东艺术学院

续表

专业	教育目标	课程设置	就业发展方向	专业优势院校
戏曲导演	培养具有戏曲导演、戏曲影视导演和影视表演的基础知识、基本理论、基本技能，且具有开拓精神与实践能力的创新型高级专门艺术人才	导演基础、导演史论、剧本分析、导演构思、身段功法、剧目、小品(话剧小品、戏曲小品)、小戏片断创作、角色创作、戏曲史、文学史、剧目读解、锣鼓与调度、英语、毛泽东思想概论、政经、邓小平理论、中国革命史、体育、艺术概论、中西戏曲比较、美学、影视欣赏、影视导演基础、影视文学创作、摄影基础与艺术、戏曲学	可从事全国文化系统、戏曲、影视、艺术教育界的导演、表演工作	上海戏剧学院、中国戏曲学院
舞台艺术设计与制作	培养具有戏剧、影视美术设计专业理论与技能，具有全面艺术修养、创造性思维能力，能独立完成戏剧舞台设计、影视美术设计、大型晚会和电视栏目设计以及相关领域艺术设计与制作的高级专门人才	素描、色彩、舞台美术设计、影视美术设计、舞台设计、舞台技术、绘景、中外舞美史、灯光设计、展示设计	可从事戏剧舞台设计、影视美术设计、大型晚会和电视栏目设计等工作	福建艺术职业学院、黑龙江民族职业学院、天津艺术职业学院、重庆城市职业学院、湖南艺术职业学院、山西戏剧职业学院、黑龙江艺术职业学院、广西演艺职业学院
音乐表演	培养具有一定的马克思主义基本理论素养，并具备音乐表演方面的能力，能在专业文艺团体、艺术院校等相关部门、机构从事表演、教学及研究工作的高级专门人才	音乐学、作曲与作曲技术、理论音乐、表演、绘画、雕塑、美术学、艺术设计学、艺术设计、舞蹈学、舞蹈编导、戏剧学表演、导演戏剧、影视文学、戏剧、影视美术、设计、摄影、录音、艺术动画、播音与主持艺术、艺术学、影视学、会展艺术与技术、景观建筑设计、数字媒体艺术	可在专业文艺团体或社区文化团体等单位从事文体艺术表演、宣传教育、教学等工作	华南农业大学、河北大学、河北农业大学、广州大学、西华师范大学、安庆师范大学、湖南文理学院、南阳师范学院、伊犁师范学院、德州学院

第三节　民族文化类

专业	教育目标	课程设置	就业发展方向	专业优势院校
民族表演艺术	培养熟练掌握民族表演艺术基本知识、基本理论和基本技能，具有较高的文化艺术素养，能在各级各类文艺团体、学校、企业、社区、专项俱乐部等单位从事艺术表演、教学、编导及组织管理的高水平应用型人才	艺术概论、表演基础理论与技能、音乐基础理论、舞蹈解剖学、编导理论与实践、健美操理论与实践、体育舞蹈理论与实践、芭蕾形体训练、现代舞、团体操、民族舞	可在各级各类文艺团体、学校、企业、社区、专项俱乐部等单位从事艺术表演、教学、编导及组织管理等工作	沈阳民族艺术学校、西南民族大学、广西艺术学院、湖北民族艺术学院
民族美术	培养具有美术学基本理论、基本知识和基本技能的复合型专业人才	素描、色彩、国画、油画、中外美术史、透视学、解剖学、平面构成、色彩构成、立体构成、基础图案、美术教学法、书法艺术、摄影基础、计算机平面设计、计算机三维设计、民族美术	可在中等学校、新闻出版机构、文化宣传和企业或事业单位从事美术教学、绘画与创作和广告设计等工作，也可在艺术设计相关单位从事设计、绘画及专业管理等工作	山西艺术职业学校、河北省艺术职业学校、安徽艺术职业学院
民族服装与服饰	培养服务于本土的服装专业人才	服装电脑设计、特种缝纫、针织服装、打版、裁剪、高速平缝、服装新技术	可从事民族服饰、民族旅游产品的设计、制作等工作，担任服装企业特别是与民族服饰相关企业的设计师、技术员、销售经理等职务	中央民族大学、北京服装学院、广西纺织工业学校
民族民居装饰	培养民族民居装饰工程施工与管理、装饰工程预算、建筑装饰工程监理的工作人员	美术基础、民族建筑彩绘、民族建筑构造、民族建筑及室内设计施工识图、装饰材料及构造、施工管理、室内设计经典案例、与客户的沟通技巧、建筑装饰预算与招投标、石膏花饰、木雕、砖饰、木棂格窗制作、金属花窗制作	可在民族地区建筑装饰企业、建筑装饰监理公司等从事民族民居装饰工程施工与管理、装饰工程预算、建筑装饰监理等工作	中央民族大学、北京服装学院、西南民族大学
民族传统技艺	培养具有较高的民族文化素养，能够推广和传承民族传统手工艺文化的高级技艺人才	雕刻、刺绣、皮画、剪纸、印染、纺织、编织	可从事教学、训练、科研、竞赛、裁判、管理等方面的民族传统技艺工作	西南民族大学、青海民族大学

续表

专业	教育目标	课程设置	就业发展方向	专业优势院校
少数民族古籍修复	培养具有一定的文化艺术修养，掌握少数民族古籍文物修复知识和技能的高级技术应用型专门人才	中国历史、博物馆学、考古学通论、中国古代建筑、中国绘画、中国雕塑、中国陶瓷、中国文房四宝、中国印章、中国钱币、文物鉴定、文物修复、书画鉴定实训、钱币鉴定实训、陶瓷鉴定实训、文房四宝及印章鉴定实训	在各级各类博物馆、文化部门从事有关中国文化与历史文物的鉴定、修复与管理工作	四川艺术职业学院、赤峰学院、保定学院、天津轻工职业技术学院、廊坊东方职业技术学院、北京艺术传媒职业学院、河南艺术职业学院、山西旅游职业学院、上海工会管理职业学院、天津艺术职业学院、黑龙江工程学院昆仑旅游学院
中国少数民族语言文化	培养掌握马克思主义的基本原理和关于语言、文学的基本理论，了解我国关于民族、语言、文学方面的方针和政策，掌握语言文学的基本理论、基础知识和基本技能并了解本专业的新成就、新发展，有一定的实际工作能力和初步的教学科研能力，能较熟练地阅读汉语一般专业书刊并具备互译的基本技能，同时具有较强的阅读本专业外文书刊的能力、一定的听的能力、初步的写和说的能力的专门人才	维吾尔古代文学、维吾尔现代文学、维吾尔当代文学、中国古代文学、中国现代文学、中国当代文学、现代维语、文学理论、写作、外国文学、中学语文教学法	能在学前、小学进行汉语教学工作，或从事企事业部门的语言文字工作	西昌学院、内蒙古师范大学、青海民族大学、喀什大学、昌吉学院、四川民族学院、河北民族师范学院、新疆师范高等专科学校、黑龙江民族职业学院、和田师范高等专科学校

第四节　文化服务类

专业	教育目标	课程设置	就业发展方向	专业优势院校
文化创意与策划	培养拥护党的基本路线，政治素质高，具备文化素质和良好职业道德，德、智、体全面发展，具有文化创意意识和专业理论知识，懂得奢侈品品牌知识，熟练掌握奢侈品市场及相关时尚行业的营销服务理论和基本技能，能适应目前中国急速扩张的奢侈品市场的知识技能型紧缺人才	时尚奢侈品概论、奢侈品品牌营销战略、奢侈品营销技巧与案例、商务礼仪、形体训练、色彩搭配、美学导论、消费者心理学、奢侈品牌的信息化管理、奢侈品品牌文化创意与设计、奢侈品牌客户关系管理、奢侈品牌的消费行为研究、奢侈品牌商业策划、奢侈品品牌分销及商业模式	在奢侈品生产与营销企业从事高档时装、珠宝、首饰、化妆品、古玩等产品营销和VIP客户服务、奢侈品营销策划、运营和相关行业一线管理的工作	北京科技职业学院、河北省艺术职业学院、淄博职业学院、北京工商大学嘉华学院、武汉城市职业学院

续表

专业	教育目标	课程设置	就业发展方向	专业优势院校
文化市场经营管理	培养具有相应的文化知识和一定的艺术素养，能从事文化市场营销、推广和经纪人事务的高级管理人才	中国文化、世界文化、绘画音乐知识、文物知识、经济学原理、市场营销、法律、商业合同、口才与谈判艺术、文化市场营销操作实习、商业演出策划实习、文化市场调查和预测培训、商业谈判和合同知识培训等，以及各校的主要特色课程和实践环节	可在文化事业单位、演出公司等部门工作	九江学院、石家庄学院、邯郸学院、邢台学院、陕西学前师范学院、四川旅游学院、郑州师范学院、四川外国语大学、重庆南方翻译学院、云南工商学院、内蒙古商贸职业学院
公共文化服务与管理	培养具有现代管理理念、技术与方法，能在政府与公共文化事业单位从事文化经营与管理工作的高级管理人才	管理学基础、文化经营管理概论、文化活动创意、信息管理、秘书学概论、广告学概论、社会学概论、公共关系、文化市场营销、中外文化思潮、社会调查方法	可在政府和文化事业部门从事经营与管理工作	应天职业技术学院、河北农业大学、云南民族大学、伊犁师范学院、廊坊师范学院、内江师范学院、新乡学院、山东女子学院、电子科技大学成都学院、河北传媒学院
文物修复与保护	培养具有一定的文化艺术修养，掌握文物鉴定、修复知识和技能的高级技术应用型专门人才	中国历史、博物馆学、考古学通论、中国古代建筑、中国绘画、中国雕塑、中国陶瓷、中国文房四宝、中国印章、中国钱币、文物鉴定、文物修复、书画鉴定实训、钱币鉴定实训、陶瓷鉴定实训、文房四宝及印章鉴定实训	可在各级各类博物馆、文化部门从事有关中国文化与历史文物的鉴定、修复与管理工作	四川艺术职业学院、赤峰学院、保定学院、天津轻工职业技术学院、廊坊东方职业技术学院、北京艺术传媒职业学院、河南艺术职业学院、山西旅游职业学院、上海工会管理职业学院、天津艺术职业学院、黑龙江工程学院昆仑旅游学院
考古探掘技术	培养文化遗产保护领域的高素质发掘技术人才	中国古代史、古代汉语、考古学基础、考古发掘基础、考古勘探基础、考古调查基础、田野考古操作规程、体质人类学、动物标本鉴定基础、考古摄影、考古测绘、田野考古报告整理、照片及考古用图编辑与处理、线图编辑与编排、考古发掘实物	可在各级考古发掘研究机构、文物保护机构、博物馆从事相关工作	中国科学技术大学、内蒙古师范大学、陕西文物保护专修学院

续表

专业	教育目标	课程设置	就业发展方向	专业优势院校
文物博物馆服务与管理	培养具备文物学、博物馆学的系统知识，能在政府文物管理和研究机构、各类博物馆和陈列展览单位、考古部门、文物与艺术品经营单位、海关、新闻出版、教育等单位从事文物与博物馆管理、研究工作的博物馆学高级专门人才	博物馆学概论、博物馆陈列设计、博物馆藏品管理、博物馆经营管理、物质文化史、文化人类学、文物学概论、文物管理与法规、中国历史地理、古代工艺美术、民俗学、艺术史、考古学通论、文物与考古技术、文物保护基础	可从事政府文物管理和研究机构、各类博物馆和陈列展览单位、考古部门、文物与艺术品经营单位、旅游部门、新闻出版和教育单位的文物陈列与保护、博物馆管理和研究以及公安、海关、商检、拍卖典当、珠宝行等文物鉴定、评估和保护等工作	兰州大学、南京师范大学、陕西师范大学、河南大学
图书档案管理	培养能在图书情报机构和各类企业或事业单位从事信息服务及管理工作的高级技术应用型专门人才	图书馆学基础、图书馆管理、电子文件管理、档案文献复制技术、企业档案管理、文书学、档案管理学、档案保护技术、档案文献编纂、科技档案管理、档案文献检索、公共关系学	可在国家机关和各类企业或事业单位从事图书情报与档案管理等工作	辽宁科技学院、扬州市职业大学、江苏农牧科技职业学院、西安高新科技职业学院、漳州城市职业学院、四川艺术职业学院、安徽艺术职业学院、河北外国语职业学院

第二十九章　新闻传播大类

第一节　新闻出版类

专业	教育目标	课程设置	就业发展方向	专业优势院校
图文信息处理	培养能从事彩色图像图形文字及多媒体信息处理、电子制版工艺、计算机应用的高级技术应用型专门人才	电脑排版技术、图像处理、图形处理、组版技术、扫描与输出技术、制版工艺、晒版与打样、印刷工艺、多媒体技术、网页制作、版面设计	可从事书报刊出版、印刷、广告等领域的印前图文信息处理和计算机应用等工作	北京印刷学院、广东轻工职业技术学院、广西机电职业技术学院、天津职业大学
网络新闻与传播	培养具有网络编辑、传播制作、网站管理、企划宣传、营销推广等方面能力的高级应用型复合人才	互联网编辑与制作、网页编辑、网页平面设计、网页特效与动画、电视节目编辑与制作、网站管理、广告策划、图形图像处理、摄影摄像、市场营销	可在各种专业网站、媒体、学校、政府等企业或事业单位网站从事网络筛选、采集、编辑、策划、制作、管理、营销等工作	湖南大众传媒职业技术学院、广州城市职业学院
版面编辑与校对	培养适应新闻出版行业发展需求，掌握出版编辑、出版规范与标准等方面的基本知识，具有出版物校对、版面编辑与设计等方面技能，具备良好职业道德和职业素养，能够从事出版行业生产、管理、服务等一线工作的高素质技能型专门人才	书刊规范编排技术、校对实务、书籍装帧设计、出版编辑实务、图书编排技术、书报刊排版实训、出版物校对实训	可在出版社、报社、杂志社等企业生产一线从事出版物的排版设计、网页版面设计、手机报编辑、文字校对等工作	北京印刷学院、重庆传媒职业学院、武汉信息传播职业技术学院、安徽新闻出版职业技术学院、上海出版印刷高等专科学校
出版商务	培养熟悉出版物生产流通环节，具有较强的市场调研分析能力和计算机信息处理能力，通晓版权事务，具备较强的出版物发行、出版电子商务实际操作能力的应用型人才	出版概论、出版物发行实务、出版物市场调查与预测、统计决策与分析、版权理论与实务、出版营销实务、图书会展实务、电子商务、出版物流管理实务、会计实务	主要面向出版社、期刊社、报社、书店、图书公司、文化公司、图书网站、广告公司等，从事出版物发行、营销策划、购销管理、市场调研、电子商务的工作，还可以在各类企业或事业单位从事销售、市场调研、营销策划工作	上海出版印刷高等专科学校、北京印刷学院、重庆传媒职业学院、武汉信息传播职业技术学院、安徽新闻出版职业技术学院

续表

专业	教育目标	课程设置	就业发展方向	专业优势院校
出版与电脑编辑技术	培养具备编辑出版理论知识和技能、扎实的语言文字和文化科学基础、良好的人文素养和职业素质，能在书刊出版、新闻传播、网络媒体、文化宣传等单位和部门从事内容策划、图文编辑、版面设计、校对以及印制管理等岗位工作的、适应现代出版产业发展需要的应用型高级专业技术人才	现代汉语、出版概论、出版法规、编辑理论与实务、期刊编辑实务、校对实务、印刷工艺基础、美术设计基础、排版技术、版面设计实务、出版物经营实务、出版信息管理系统、数字出版技术	可在出版社、期刊社、报社等新闻出版单位从事校对、技术编辑、编辑助理、编务、电脑设计和制作、出版信息管理等工作；在文化广告公司从事文案策划、图文编辑、校对、平面设计和制作、印制管理等工作；在新兴的数字传媒企业从事电子书和电子杂志制作、网页制作、文字编辑、校对等工作；在各类企业或事业单位从事内刊编辑、网站编辑、宣传企划、资料管理等工作	上海出版印刷高等专科学校、上海震旦职业学院、石家庄信息工程职业学院、江西传媒职业学院、漳州理工职业学院、
出版信息管理	培养具有良好的职业道德和扎实的专业基本功，熟悉印刷工艺流程、印刷业务，能进行印刷生产组织和调度、印刷品的报价与成本核算、印刷材料的鉴别并具有较强沟通与协作能力的高技能应用型专门人才	营销策划、印刷品报价实务、商务谈判、计算机应用、数据库操作及应用、计算机网络应用、企业 ERP 信息系统、印刷工艺流程实训、企业 ERP 软件使用与操作	可在各类出版、印刷、传媒企业内从事业务开拓、企业信息化技术支持与管理、企业营销策划、企业文案、网络营销等工作	江西传媒职业学院、安徽新闻出版职业技术学院
数字出版	培养系统掌握数字印刷技术专业的基本理论知识和技能，具有数字印刷、数字图文和跨媒体信息处理及传播的能力，熟练掌握图文信息处理的操作技术、数字印刷技术、数字印刷工艺设计、印刷品质量测控的基本方法，能在印刷、出版、广告、包装以及相关行业从事数字印刷技术、工艺管理及质量控制、数字印刷新产品开发、跨媒体信息处理及传播等相关工作的技能型人才	电介质物理学、压电陶瓷材料、铁磁体与铁电体、印刷色彩学、印刷图像处理、印刷媒体准备、静电照相复制工艺与原理、数字印刷材料、计算机集成印刷、数字加网技术、喷墨印刷、可变数据印刷、特种数字印刷、直接成像与无水胶印、数字印刷质量检测	面向数字印刷企业、设计与广告公司、大型印刷企业、数字出版企业、印刷设备与器材销售公司等，可以从事图文设计制作、可变数据处理、网络印刷、工艺管理、电子出版物制作、设备及耗材销售、设备安装与调试、售后服务等岗位的工作。同时，还可在文化创意产业链、印刷传媒产业链等与本专业相关的岗位群就业	上海出版印刷高等专科学校、上海震旦职业学院、石家庄信息工程职业学院、江西传媒职业学院、漳州理工职业学院

续表

专业	教育目标	课程设置	就业发展方向	专业优势院校
数字媒体设备管理	培养具有数字出版、数字印刷技术和工艺知识背景，具备数字媒体设备专业知识、数字媒体处理能力，数字媒体设备管理实践技能强的复合型技术人才	模拟电路、数字电路、印刷概论、色彩原理与应用、页面描述语言、计算机网络技术、数据库技术、数字出版媒体准备、数字资产管理、印刷图像处理、数字印刷、印刷数字工作流程、多媒体技术基础、数字媒体设备的使用与维护、数字印刷机结构与维护、印刷工艺原理、计算机集成印刷、可变数据印刷	毕业生同时具备数字出版、数字印刷工艺与数字媒体设备管理的专业知识和技能，适应能力和创新意识强，基础知识扎实，专业实践技能和综合素质高，可在数字出版、数字印刷、影视动画等相关企业从事数字出版、数字印刷工艺技术及各种常用数字媒体设备的使用、日常维护、营销和技术支持工作	上海出版印刷高等专科学校、上海震旦职业学院、石家庄信息工程职业学院、江西传媒职业学院、漳州理工职业学院、

第二节　广播影视类

专业	教育目标	课程设置	就业发展方向	专业优势院校
新闻采编与制作	培养掌握电视节目制作基础理论，熟练掌握影视制作的技术要领，具有电视新闻专业理论与技能，能够在各级电视台、电台、影视制作公司、广告公司等部门从事新闻采访、拍摄、编辑、写作、评论等工作的专业人才	广播电视艺术学、电视采访与写作、电视新闻摄像、电视新闻采编、新闻学概论、传播学概论、纪录片创作、非线性编辑	可在各级电视台、电台、影视制作公司、广告公司等部门从事新闻采访、拍摄、编辑、写作、评论等工作	保定学院、河北民族师范学院、唐山师范学院、廊坊师范学院、湖南大众传媒职业技术学院、山东传媒职业学院、华中师范大学武汉传媒学院、山西传媒学院、西安外事学院、西安欧亚学院、安徽广播影视职业技术学院
播音与主持	培养具备主持与播音的基本知识与技术技能，能从事广播电视播音与节目主持工作的高级技术应用型专门人才	中国语言文学、新闻传播学、艺术学、广播电视文化概论、语言传播艺术、播音创作基础、语言表达、播音学概论、语言学概论、电视节目制作、心理学、美学、新闻采编、形象造型与形体、电视播音与主持、文艺作品演播、节目主持艺术、演讲与论辩	可在广播电视及其他新闻部门从事编辑、采访、节目主持、节目策划、媒介经营管理等工作	湖南大众传媒职业技术学院、山西传媒学院、山东传媒职业学院、安徽广播影视职业技术学院、华中师范大学武汉传媒学院、河北民族师范学院、山东青年政治学院、中国传媒大学、河北传媒学院、浙江传媒学院

续表

专业	教育目标	课程设置	就业发展方向	专业优势院校
广播影视节目制作	培养在数码影视制作生产一线能从事数码摄像、数字剪辑、后期包装等技术岗位工作，具备良好的职业素养及团队精神，有一定的创意和策划能力，德、智、体、美全面发展，具有职业发展基础的高素质技能型人才	电视基础、电视设备与系统、视听语言、摄影技术与艺术、摄像技术与艺术、电视剪辑、电视节目编导、电视广告制作、影视后期包装	可在各类影视节目制作公司、电视广告公司、音像制作机构、电视教学节目制作单位以及其他影视创作部门等工作	湖南大众传媒职业技术学院、山西传媒学院、山东传媒职业学院、安徽广播影视职业技术学院、河北青年管理干部学院、浙江传媒学院、四川文化产业职业学院、广东亚视演艺职业学院、河南艺术职业学院、保定职业技术学院
广播电视技术	培养德、智、体全面发展，具有广播电视基本理论知识，可在电视演播室系统、网络系统、动画制作系统、虚拟演播室系统、微波站及音像制作公司等单位工作，具有较强的实际操作技能，熟练掌握广播电视节目的制作流程，能在广播电台、电视台、广告公司、网络公司、各类电教部门和宣传部门从事广播电视节目制作及设备维护管理等工作的应用型专门人才	大众传播概论、广播电视概论、摄影基础与构图、高等数学、数字电子技术基础、Photoshop应用、电视原理与接收机、3ds Max应用、电视节目制作技术、实用电视摄像、电视画面编辑、非线性编辑软件、数字广播电视原理、录音基础与艺术、AfterEffect应用、电视文体写作、电视节目编导	可在各级广播电台、电视台、影视节目制作公司、电视广告制作公司、电影公司、网络多媒体开发公司、音像制作机构、电视教学节目制作单位及其他广播影视创作部门工作	四川文化产业职业学院、中原工学院、昭通学院、武汉东湖学院、湖南大众传媒职业技术学院、拉萨师范高等专科学校、沈阳职业技术学院、江苏联合职业技术学院、河北传媒学院、南昌理工学院
影视制片管理	培养掌握影视专业的基本理论知识和专业技能，熟练应用本专业的现代化专业设备及计算机和网络知识，具备一定的影视创作、管理和后期制作能力，了解我国现阶段影视市场的运行机制的复合型专业技能人才	电视制片管理、影视艺术概论、中外电影史、电视节目策划、视听语言、导演基础、影视广告、编剧艺术与实践、影视制作基础与实践、影视摄影与摄像、美术基础、影视美术、播音与主持、Photoshop、Flash动画制作	可在各地各级电视台、广告公司、影视制作公司、影视后期公司、网络视频公司、制片厂、电视剧制作中心等各类企业或事业单位从事艺术设计、影片特效、影片剪辑等工作	北京京北职业技术学院、哈尔滨传媒职业学院、四川文化产业职业学院、山西传媒学院、浙江传媒学院、赤峰学院

续表

专业	教育目标	课程设置	就业发展方向	专业优势院校
影视编导	培养面向媒体内容处理相关领域，运用计算机软件和现代电子技术等信息技术处理手段，着眼于视音频处理、信源压缩、影视制作与节目管理、节目播出与分发等，能做到艺术与技术相结合、基础理论与工程实践并重的专业技术人才	几何石膏、静物、石膏人像、人物头像、人体、速写、风景、电工与电子基础、计算机实用基础、高级语言程序设计、计算机图形学、微机原理与汇编语言、数据结构基础、数据库系统基础、网络技术、数字图像处理、软件工程导论、美学、传播学、电视学、电影艺术概论、影视作品分析、广告学、电视节目策划、纪录片创作、剪辑学、影视美术、摄影技术、照明技术、三维动画、录音工程、影视特技制作、影视合成技术、数字非线性编辑、电子游戏制作	可在国内各类电视台、大型网站、网络软件制作部门、电影厂、音像出版社、大型广告公司、企业策划宣传部门从事影视与多媒体制作、高级计算机平面设计、三维动画等方面的专业工作	四川文化产业职业学院、中原工学院、昭通学院、武汉东湖学院、湖南大众传媒职业技术学院、拉萨师范高等专科学校、沈阳职业技术学院、江苏联合职业技术学院、河北传媒学院、南昌理工学院
影视美术	培养具有一定的马克思主义基本理论素养，并具备戏剧、戏曲、影视和其他舞台演出的美术设计（含灯光设计、服装与化妆设计、布景绘制）等方面的能力，能在剧院、电影厂、电视台、电视剧制作中心从事美术设计的高级专门人才	舞台影视美术设计、灯光设计、服装道具设计、化妆设计、绘画、绘景、计算机辅助设计、特技美术	可在剧院、电影厂、电视台、电视剧制作中心从事美术设计工作	北京电影学院、中国戏曲学院、北京舞蹈学院、山东艺术学院、四川音乐学院、云南艺术学院、四川美术学院、山东工艺美术学院
影视多媒体技术	培养具有一定艺术鉴赏与节目策划能力，掌握图形图像处理、动画制作的基本方法和技巧，熟悉摄影摄像技术和影视后期编辑应用技术的中高级实用型人才	广播电视概论、影视艺术概论、多媒体技术基础、新闻传播学、视听语言、影视编辑、多媒体技术、栏目包装、动画广告设计、网页设计与制作	可在各级各类影视制作中心、电视台、广告公司、各级企事业宣传部门从事视音频媒体制作等相关工作	河北科技大学、唐山师范学院、石家庄学院、四川文理学院、山东传媒职业学院、浙江艺术职业学院、重庆航天职业技术学院、景德镇学院
影视动画	培养具有电影、电视动画创作所需要的理论基础知识，面向电影、电视等媒体的制作岗位，能从事动画原画、动画创意设计与三维电脑动画制作的高级专门人才	运动规律、背景设计、动作设计、摄影摄像、动画创作、视听语言、数码艺术综合设计、动画短片创作、摆拍动画、计算机动画、数码手绘实训	可在各类公司从事动画原画、动画创意设计和二维、三维电脑动画制作等工作	河北科技大学、河北美术学院、电子科技大学成都学院、深圳职业技术学院、广东轻工职业技术学院、北京汇佳职业学院、福建信息职业技术学院、中国美术学院、黑龙江农业职业技术学院、上海电影艺术职业学院、华中师范大学武汉传媒学院

续表

专业	教育目标	课程设置	就业发展方向	专业优势院校
影视照明技术与艺术	培养具备传播学、影视艺术与技术基础理论和广博的科学文化知识，掌握电视演播室、大型晚会、影视剧的灯光设计和使用的理论与技能，能够从事舞台剧、影视剧、纪录片、电视文艺节目、大型直播晚会、电视台的演播室、灯光设计绘图绘表、影视剧照明与布光、电化教育、影视制作的照明设计、策划管理和现场执行操作等工作的高等技能型人才	影视精品导视、中外摄影史、中外影视史、影视艺术概论、色彩写生、立体构成、影视色彩学、光学原理、照相技术与艺术、数字影视制作、电视节目制作技术、电视摄像、灯光控制技术、摄影构图、演播室照明、影视剧照明、电视综艺节目照明、舞台美术设计、中外摄影经典作品分析、中外美术作品分析、电视画面编辑、非线性编辑、影视录音、虚拟演播室、视觉心理学、专业外语	可在市区各级电视台、技术中心、各电视剧制作单位、影视剧表演团体和舞美中心、大中型企业、大中专院校的宣传部门、广告制作单位以及生活艺术造型和模特表演单位从事灯光师、照明师工作	天津艺术职业学院、安徽广播影视职业技术学院、北京城市学院、湖南艺术职业学院、山东传媒职业学院
音像技术	教学理论与实践相结合，通过采用实训式理论教学模式及工学结合的办学原则，与全国各地大中型音响公司共同培养实践能力强、综合素质高、适应时代需求的音响高等技能型人才	计算机绘图、电视摄像技术、电视节目编辑与制作、音乐录音及编辑、音响调音技术、舞台灯光设计、音响工程设计、专业录音技术、Photoshop 图像处理、Flash 动画制作、3ds Max 三维动画制作、媒体矩阵	可在广播电台、电视台、广告设计制作公司、音响工程厂商等音响行业从事音视系统工程设计施工工作，也可在影视广告部门从事多媒体节目制作工作，或在宾馆、企业或事业单位从事音响系统的运行使用、维护管理等工作	湖北艺术职业学院、云南艺术学院、邯郸职业技术学院、北京城市学院、北京联合大学、上海震旦职业学院、安徽广播影视职业学院、山西工商学院、厦门城市职业学院
录音技术与艺术	培养德、智、体、美全面发展，具有较高的艺术素质和修养，具备一定的音乐功底，熟知各种录音设备，同时又掌握一定的录音理论及技巧，能在各级广播电视台、文化艺术部门、音响工程公司、音响设备制造公司等单位从事现场扩声、音频节目录制、音频编辑与制作、音响工程设计与施工等工作，具备良好职业道德、团队精神和创新精神的懂技术、有专长的高端技能型人才	计算机应用技术导论、音乐理论基础、视唱练耳、录音技术、数码键盘技法、经典音乐欣赏、配器法、和声、经典配乐欣赏、声部和谐训练、旋律写作法、动漫音效设计、游戏音效设计、曲式与作品分析、视频配乐	可在影视、动漫、游戏、音像、广告、出版、电信、网站等制作公司、各级广播系统、各类演出公司、各类电化教育、各级文化馆等行业及单位从事音乐、语言等各类音频采集、音频编辑、影视动漫游戏配乐工作，以及计算机音乐创作及编配、音乐节目编导与策划等工作	南京信息职业学院、山东传媒职业学院、山西传媒学院

续表

专业	教育目标	课程设置	就业发展方向	专业优势院校
摄影摄像技术	培养掌握电视节目制作基础理论,具有影视策划、创作、制作等方面的专业知识,具有较高理论修养和艺术鉴赏能力,能从事影视编导、影视制作、广告策划等方面工作的专业人才	电视艺术学概论、摄影技术、电视摄像、电视画面编辑、三维动画制作、纪录片创作、稿本写作、影片分析、非线性编辑系统、电视广告、影视后期合成	可就职于各级电视台等新闻媒体及影楼、影视公司、广告公司	保定学院、武汉职业技术学院、漯河职业技术学院、宁波职业技术学院、湖南大众传媒职业技术学院、山东传媒职业学院、四川文化产业职业学院、浙江传媒学院、浙江横店影视职业学院、河南艺术职业学院
传播与策划	培养具备信息传播工作必备的传播理论专门知识,熟练掌握公关、广告和新闻传播等实际工作的基本技能和职业素养,能从事公关活动策划与执行、组织网站策划与编辑、内刊编辑、广告策划与文案、视频节目策划与编辑制作、媒介策划、新闻采编等信息传播工作的高等服务应用型人才	公关实务、公关策划、广告原理与实务、广告策划与创意、媒介关系、公共关系写作、公关口才、沟通技巧、消费者行为、整合营销传播、新闻采写编、新闻摄影、方正电子排版、网络新闻实务、网站整体策划与编辑、网页设计与制作、图形图像处理;摄像技术、After-effect 应用技巧、专题节目策划与编导	可从事公关专员、宣传策划、活动执行、视频编辑、广告创意、文案策划、网络编辑、新闻采编、版式编辑、客户开发与服务等工作	长沙民政职业技术学院、牡丹江大学、镇江市高等专科学校、黎明职业大学、上海东海职业技术学院、邯郸职业技术学院、上海震旦职业学院、四川传媒学院
媒体营销	培养能够在电视台、影视制作企业、广告公司等传统传媒行业和以手机电视、移动电视、楼宇电视为代表的新传媒领域从事媒体调查、策划、媒体营销、媒体管理等方面工作的高级技能应用型专门人才	媒体管理、媒体营销、广告策划、影视财务管理、传媒经济学、市场调查与预测、电视策划、人力资源管理、影视发行、消费行为学、客户关系管理、文化产业概论、公共关系、新媒体运营	可在电视台、影视制作企业、广告公司等传统传媒行业和以手机电视、移动电视、楼宇电视为代表的新传媒领域从事媒体调查、策划、媒体营销、媒体管理工作	山西传媒学院、湖南大众传媒职业技术学院、山东传媒职业学院、四川文化产业职业学院、浙江传媒学院

第三十章　教育与体育大类

第一节　教育类

专业	教育目标	课程设置	就业发展方向	专业优势院校
早期教育	培养具备早期教育专业知识,能在托幼机构从事保教和研究工作的教师、学前教育行政人员以及其他有关机构的教学、研究人才	中国近现代史纲要、马克思主义基本原理概论、英语、课程与教学论、学前教育原理、学前教育心理学、学前游戏论、学前比较教育、学前教育史、学前儿童家庭教育学、学前教育科学研究与论文写作、学前特殊儿童教育、学前教育行政与管理、学前教育诊断与咨询、学前儿童心理卫生与辅导	可在幼儿园及学前教育机构工作,也可在各级学前教育部门从事行政管理工作	运城幼儿师范高等专科学校、黑龙江幼儿师范高等专科学校、四川幼儿师范高等专科学校
学前教育	培养掌握学前教育的基本理论、基本知识和基本技能,能在学前教育机构从事教育、保育和研究工作的教师或管理人员	幼儿园语言教育、幼儿园数学教育、幼儿园音乐教育、幼儿园体育教育、幼儿美术教育、幼儿科学教育、幼儿健康教育、学前教育概论、学前心理学、学前卫生学、学前儿童社会性发展与教育、儿童文学、游戏理论与指导、现代教育技术	可从事学前教育行政管理、幼儿教育或幼儿园管理工作	长沙师范学院、潍坊工程职业学院、大连商务职业学院、西安城市建设职业学院、内蒙古丰州职业学院、上海欧华职业技术学院、临沂职业学院、宁夏民族职业学院、华南师范大学、深圳大学
小学教育	培养基础宽厚,具有良好的道德品质和科学人文素养,掌握教育专业理论知识和技能,能胜任小学语文或小学数学等学科教学,具备一定的学校管理和教育科研能力,适应现代教育发展要求的初等教师资格	小学课程论、教育概论、中外教育史、发展心理学、逻辑学、现代教育技术、儿童教育实践活动设计与指导、教育科学研究方法、教育统计与测量、家庭教育学、小学活动课、形体与舞蹈、素描、乐理与试唱	可在中小学、教育行政部门及教育研究机构从事教学、业务、管理等工作	连云港师范高等专科学校、桐城师范高等专科学校、聊城大学东昌学院、丽江师范高等专科学校

续表

专业	教育目标	课程设置	就业发展方向	专业优势院校
语文教育	培养掌握语文教育的基本理论、基本知识和基本技能,具有初步语文教学研究能力和应用能力的中小学语文教师	古代汉语、现代汉语、文学概论、中国现当代文学、教育原理、教育心理学、中小学语文教材教法、中小学语文教学研究、现代教育技术、写作、中小学语文教学实习、毕业实习等,以及各校的主要特色课程和实践环节	小学教师、边远地区的初中教师	商洛学院、济宁学院、萍乡学院、昭通学院、景德镇学院、九江职业大学、连云港师范高等专科学校、南昌师范高等专科学校、淄博师范高等专科学校
数学教育	培养掌握数学教育的基本理论、基本知识和基本技能,具有初步数学教学研究能力和应用能力的中小学数学教师	数学分析、高等代数、解析几何、概率统计、初等数论、教育原理、教育心理学、中小学数学教材教法、中小学数学教学研究、现代教育技术、中小学数学教学实习、毕业实习等,以及各校的主要特色课程和实践环节	小学教师、边远地区的初中教师	萍乡学院、陕西学前师范学院、亳州师范高等专科学校、南昌师范高等专科学校、淄博师范高等专科学校、河套学院、普洱学院、铁岭师范高等专科学校、罗定职业技术学院、信阳职业技术学院
英语教育	培养掌握英语教育的基本理论、基础知识与基本技能,具有初步英语教学研究能力和应用能力的中小学英语教师	英语精读、英语泛读、英语听说、英语语法、英语语音、教育原理、教育心理学、英语教材教法、英语教学研究、现代教育技术、英语写作、英语教学实习、毕业实习等,以及各校的主要特色课程和实践环节	小学教师、边远地区的初中教师	河套学院、萍乡学院、南昌师范高等专科学校、丽江师范高等专科学校、马鞍山师范高等专科学校、广东省外语艺术职业学院、广西师范大学漓江学院、眉山职业技术学院、酒泉职业技术学院
物理教育	培养掌握物理教育的基本理论、基础知识与实验技能,具有较好的实际操作能力,能运用教育教学理论与教育技术组织教学的初中物理教师	高等数学、力学基础、热学基础、电磁学基础、光学基础、原子物理、教育心理学、电工及实验、电子技术及实验、普通物理实验、计算机操作、教育学原理、教材教法、中学物理教材教法、现代教育技术、毕业实习等,以及各校的主要特色课程和实践环节	小学教师、边远地区的初中教师	陕西学前师范学院、苏州大学、江西师范大学、山西师范大学、赣南师范学院、喀什大学、安庆师范大学、伊犁师范学院、九江学院、岭南师范学院
化学教育	培养掌握化学基本理论、基础知识与实验技能,具有较好的实际操作能力,能正确运用教育教学理论与教育技术组织教学的初中化学教师	高等数学、大学物理、无机化学、有机化学、物理化学、分析化学、教育心理学、现代教育技术、无机化学实验、有机化学实验、物理化学实验、分析化学实验、化学工艺学、生物化学、化学教学理论与方法、中等化学教学技能训练、综合实习等,以及各校的主要特色课程和实践环节	小学教师、边远地区的初中教师	陕西学前师范学院、德宏师范高等专科学校、华南师范大学、江西师范大学、河北农业大学、山西师范大学、青海民族大学、赣南师范学院、喀什大学、安庆师范大学、伊犁师范学院

续表

专业	教育目标	课程设置	就业发展方向	专业优势院校
生物教育	培养掌握生物学基本理论、基础知识与实验技能，具有较好的实际操作能力，能正确运用教育教学理论与教育技术组织教学的初中生物教师	生物化学、植物学、动物学、植物生理学、动物生理学、微生物学、遗传学、生态学、生物统计学、生物教学法、教育心理学、现代教育技术、课堂教学基本技能、计算机辅助生物教学、学生生物科技活动、毕业实习等，以及各校的主要特色课程和实践环节	小学教师、边远地区的初中教师	陕西学前师范学院、河北民族师范学院、德宏师范高等专科学校、江西师范大学、赣南师范学院、喀什大学、安庆师范大学、伊犁师范学院、九江学院、岭南师范学院、南阳师范学院
历史教育	培养能够在中小学从事历史教育的教师和可在市、县各级文化馆、历史博物馆工作的高级技术应用型人才	史学概论、中国古代史、中国近代史、世界近代史、中国现代史、世界现代史、世界当代史、历史要籍简介及选读、历史教学法、教育心理学、现代教育技术、社会调查、毕业实习等，以及各校的主要特色课程和实践环节	小学教师、边远地区的初中教师及各级文化馆、历史博物馆工作人员	河北民族师范学院、山西师范大学、喀什大学、安庆师范大学、伊犁师范学院、九江学院、德州学院、岭南师范学院、咸阳师范学院、上饶师范学院
地理教育	培养掌握地理学的基本理论、基础知识，能在中小学从事地理教学的教师和教育管理人才	地球概论、土壤与生物，气象气候学基础、中国地理、世界地理、人文地理、自然地理学、经济地理学、测量与地图学、地理信息系统、地理教学法教育心理学、现代教育技术、社会调查、毕业实习等，以及各校的主要特色课程和实践环节	小学教师、边远地区的初中教师	喀什大学、安庆师范大学、九江学院、咸阳师范学院、上饶师范学院、韶关学院嘉应学院、湖北科技学院、宜春学院、泰山学院、石家庄学院
音乐教育	培养具有较强的音乐表演和教学的基本技能，能在中小学从事音乐教学、组织课外文艺活动和竞赛工作的中小学音乐教师	音乐基础理论、声乐、器乐、舞蹈、形体训练、视唱练耳、教育学、教育心理学、中小学音乐教材教法、中小学音乐教学研究、现代教育技术、社会调查、教学实习、毕业实习等，以及各校的主要特色课程和实践环节	中小学、企事业、群众团体的音乐教师或管理人员	广西艺术学院、马鞍山师范高等专科学校、长沙师范学院、桂林师范高等专科学校、信阳职业技术学院、德宏师范高等专科学校、四川幼儿师范高等专科学校、广西幼儿师范高等专科学校、山东师范大学、江西师范大学
美术教育	培养掌握美术教育的基本理论和基础知识，具有较强的美术绘画技能技法，能在中小学从事美术教学、组织课外活动和竞赛工作的中小学美术教师	美术基础理论、基础素描、色彩写生、色彩构成、教育学、教育心理学、中小学音乐教材教法、中小学音乐教学研究、现代教育技术、社会调查、教学实习、毕业实习等，以及各校的主要特色课程和实践环节	中小学、企事业、群众团体的美术教师或管理人员	河套学院、普洱学院、桂林师范高等专科学校、信阳职业技术学院、陇南师范高等专科学校、天津师范大学、江西师范大学、内蒙古师范大学、山西师范大学、长江大学

续表

专业	教育目标	课程设置	就业发展方向	专业优势院校
体育教育	培养具备体育教育的基本理论、基础知识和基本技能,具有较强的实践能力,能从事体育教学、课外体育活动和竞赛工作的中小学体育教师或管理人员	教育学、心理学、学校体育学、人体解剖学、人体生理学、体育保健、体育心理学、田径、球类、体操、武术、社会调查、专业考察、教学技能实践、毕业实习	可胜任学校、企事业部门、群众活动团体等的工作岗位	天津体育学院、衡水学院、石家庄学院、保定幼儿师范高等专科学校、阳泉师范高等专科学校、晋中师范高等专科学校、通辽职业学院、呼和浩特职业学院、锦州师范高等专科学校
思想政治教育	培养具备马克思主义基本理论和思想政治教育专业知识,能在党政机关、学校、企业或事业单位从事思想政治工作的专门人才	马克思主义思想政治教育理论基础、思想政治道德观教育、中华人民共和国史、伦理学、教育学、管理学、心理学基础、思想政治教育史、思想政治教育案例分析	主要从事思想宣传工作、高校学生工作等,其发展方向是管理干部、政工干部、思想宣传工作者、中学政治课教师、高校思想政治教学科研骨干、高等或中等学校从事马克思主义理论与思想政治教育学科的教学与科研等高级人才,也可在新闻机构从事政治、时事方面的报道,还可在企业的政工科、工会、宣传部等部门就职	中国人民武装警察部队学院、晋中师范高等专科学校、锦州师范高等专科学校、盐城师范学院、连云港师范高等专科学院、南昌师范学院、曲阜师范大学、济宁学院、广东石油化工学院
舞蹈教育	培养具有舞蹈表演的专业知识和舞蹈编导能力,掌握舞蹈表演专业技能,能进行舞蹈表演的高级技术应用型专门人才	舞蹈基础训练(芭蕾舞基训、中国古典舞基训、现代舞)、舞蹈表演(中国民族民间舞、中国古典舞身韵、流行舞、国际标准舞、剧目、表演基础、舞蹈考级等)、舞蹈教学法(包括各门类课程的教学法)、舞蹈编导、舞蹈学(舞蹈史学类、舞蹈欣赏类等)与音乐相关的基础理论(包括乐理、音乐欣赏、钢琴演奏基础)	可在各级各类专业及群众艺术团体、组织与部门就职	石家庄幼儿师范高等专科学校、徐州幼儿师范高等专科学校、桐城师范高等专科学校、江西应用科技学院、平顶山教育学院、长沙师范学院、江门职业技术学院、广东省外语艺术职业学院、广西幼儿师范高等专科学校

续表

专业	教育目标	课程设置	就业发展方向	专业优势院校
艺术教育	培养德、智、体全面发展，并具有先进教育理念、综合艺术特长的人才，为学前教育、基础教育、特殊教育学校与机构输送从事儿童综合艺术教育的教师和社会工作者	艺术概论、学前教育概论、特殊教育概论、艺术教育、现代教育技术培训、中外音乐史、中外美术史、艺术欣赏、中外文学名篇欣赏、综合艺术创作原理与实践、艺术康复与治疗、乐理、视唱练耳、声乐基础、钢琴基础、钢琴合奏、和声学、曲式学、歌曲伴奏写作、歌曲创作、乐器基础、合唱与指挥、学校乐队编配与排练、舞蹈、儿童舞蹈表演与创作、素描、色彩、中国画、书法、写生、美术创作、美术设计、艺术专业外语	可从事中小学的艺术教育工作，亦可在艺术研究单位从事研究工作，或在各级文化单位和业余艺术学校从事艺术训练工作	北京艺术传媒职业学院、首都师范大学继续教育学院、河北艺术职业学院、河北外国语职业学院、扬州市职业大学
特殊教育	培养具备普通教育和特殊教育的知识和能力，主要能在特殊教育机构及与特殊教育相关的机构从事特殊教育实践、理论研究、管理工作等方面的高级专门人才	教育学、心理学、医学、特殊教育导论、盲童心理与教育、聋童心理与教育、弱智儿童心理与教育、残疾儿童生理与病理、残疾儿童康复、特殊教育技术、残疾儿童生理、病理实验、残疾儿童心理实验、特殊教育技术和设备实验	可在特殊教育福利机构从事特殊教育工作，或在中等特殊教育学校及师范学校的特殊教育专业进行教学工作，也可在教育科研单位等工作	保定学院、阳泉师范高等专科学校、营口职业技术学院、齐齐哈尔高等师范专科学校、黑龙江幼儿师范高等专科学校
科学教育	培养适应社会与经济发展需要，德、智、体全面发展，掌握科技创新教育、综合实践活动课程与教学论、以技术设计为核心的技术教育等基本理论、知识和技能，具备专业化科技教育、传播与普及能力，能够担当中小学综合实践活动必修课中的科技教师、高中技术课程的教师；同时培养可在科协、科技教育场、馆、所、基地、社区科普站、新闻媒体等部门工作的科技教育、传播与普及的专业化人才	普通心理学、教育心理学、中国教育史、外国教育史、教育通论、教学论、德育原理、教育社会学、教育统计测量评价、教育哲学、中小学语文或数学教学法	报社、广电等大众媒体科普栏目的科技传播者；社区、农村、企业等科技站工作者；科普管理者（科协、社区、科技站等）的人员；信息网络大众科普产品制作的人才；科普产业自由人等科技教育、传播与普及的专业化人员	北京理工大学远程教育学院、沧州师范学院、石家庄幼儿师范高等专科学校、保定幼儿师范高等学校

续表

专业	教育目标	课程设置	就业发展方向	专业优势院校
现代教育技术	培养掌握现代教育技术必需的科学文化基础与专业知识，具有在新技术教育领域从事教学媒体和教学系统设计制作、电化教学设备运用能力的教师或管理人员	现代教育技术、计算机信息处理与图像制作、计算机网络、多媒体应用技术、摄影技术基础、录像教材设计与制作、电化教育管理、多媒体课件设计与制作、教育网络应用、电视电声教材制作、教学方案设计、教学设备调试与维修、毕业实习、毕业设计等，以及各校的主要特色课程和实践环节	可在教育机构、教育研究机构、学校、电教馆、文化馆等从事现代化教育技术方面的技术性工作	北京青年政治学院、首都师范大学继续教育学院、沧州师范学院、河北工程技术学院、河北外国语职业学院、山西师范大学、阳泉师范高等专科学校、通辽职业学院
心理健康教育	培养具备心理学的基本理论、基本知识、基本技能，能在教育、工程设计部门、工商企业、医疗、司法、行政管理等部门从事教学、管理、咨询与治疗、技术开发等工作的高级专门人才	普通心理学、实验心理学、心理统计、学习心理学、社会心理学、心理测量、工业心理学、教育心理学、临床心理学	心理师、幼教、初等和中等学校心理学教师与研究人员，各级各类学校的心理健康教育和辅导教师，医院、心理咨询等相关行业的心理学专门人才	南开大学滨海学院、张家口学院、晋中师范高等专科学校、泰州师范高等专科学校、信阳师范学院华锐学院、开封文化艺术职业学院

第二节　语言类

专业	教育目标	课程设置	就业发展方向	专业优势院校
汉语	培养具备文艺理论素养和系统的汉语言文学知识，能在新闻、文艺、出版部门以及高校、科研机构和机关企业或事业单位从事文学评论、汉语言文学教学与研究工作，或从事文化、宣传方面实际工作的汉语言文学高级专门人才	语言学概论、现代汉语、古代汉语、文学概论、中国文学史、中国语言学史、计算语言学、汉语史、汉语方言调查、逻辑学、欧美语言学、实验语音学、中文信息处理	可在大中院校和中学从事教学工作或相关领域的研究工作，或在报社、期刊社、杂志社、电视台和电视台从事新闻工作，还可从事文秘工作	北京美国英语语言学院、首都师范大学继续教育学院、天津天狮学院、河北科技大学、河北传媒学院、衡水学院、沧州师范学院、保定学院、泊头职业学院
商务英语	培养具有较强的运用英语进行商务贸易、商务谈判和企业管理的综合能力，适应现代各类经贸活动要求的高级技术应用型专门人才	外贸英语（精读、听力、口语、泛读）、剑桥商务英语、外贸应用文与函电、英美概况、国际商法、国际贸易实务、经贸英语翻译、经贸英语写作、外刊经贸知识选读	可在外资企业、涉外企业或事业单位从事商务贸易等方面的接待服务和管理工作	北京联合大学、北京农学院、北京信息职业技术学院、北京工业职业技术学院、北京电子科技职业学院、北京吉利学院、北京经贸职业学院、北京经济技术职业学院、北京经济管理职业学院、北京汇佳职业学院

续表

专业	教育目标	课程设置	就业发展方向	专业优势院校
应用英语	培养了解英美政治、经济、历史、文化、文学等方面的基础知识，能在外事、经贸、新闻出版、文化教育、旅游等部门从事经营管理和接待服务的高级技术应用型专门人才	基础英语、实用英语语法、英语读写、英语听说、英汉互译、英美概况、英文报刊选读、英语写作、文学作品选读、计算机辅助教学、自然科学概论	可在各级政府部门、企业或事业单位及教育部门从事外事、国际文化交流等方面的接待服务和管理工作	北京信息职业技术学院、北京北大方正软件技术学院、北京美国英语语言学院、首都师范大学继续教育学院、北京联合大学应用技术学院、天津中德职业技术学院、华北理工大学
旅游英语	培养熟练掌握英语听、说、读、写、译等基础知识，具有国际旅游与饭店管理专业英语技能，了解旅行社与旅游业务，全面掌握国际与饭店管理专业知识的高等应用型管理人才	基础英语（精读、泛读、听力、口语）、商务英语、旅游英语、实用英语写作、地理学与交通经济、旅游和商务会议、酒店服务与管理、国际市场营销、沟通交流技巧、商务谈判、旅游心理学、公关礼仪、美事历史与文化、大型会议组织与管理、基础会计、办公自动化、人力资源开发与管理	可在国际旅行社、星级酒店、旅游行政管理部门、会展中心及各类企业或事业单位、商业公司从事导游、宾馆与餐饮经营管理、中外会议、展览与商务活动的策划与经营管理工作，还可从事涉外旅游产品贸易等工作	中国劳动关系学院、北京青年政治学院、北京经贸职业学院、北京财贸职业学院、北京美国英语语言学院、北京艺术传媒职业学院、承德石油高等专科学校、河北民族师范学院、张家口职业技术学院
商务日语	培养具有较强的运用日语进行商务贸易、商务谈判和企业管理的综合能力，适应现代各类经贸活动要求的高级技术应用型专门人才	外贸日语（精读、听力、口语、泛读）、商务日语、外贸应用文与函电、国际商法、国际贸易实务、经贸日语翻译、经贸日语写作、外刊经贸知识选读、社会调查、商务日语实习等，以及各校的主要特色课程和实践环节	可在外资企业、涉外企业或事业单位从事商务贸易等方面的接待服务和管理工作	北京科技大学、北京联合大学、北京培黎职业学院、北京科技大学国际学院、首都师范大学继续教育学院、北京联合大学应用技术学院、天津滨海职业学院、天津商务职业学院、天津中德职业技术学院、河北民族师范学院
应用日语	培养了解日本政治、经济、历史、文化、文学等方面的基础知识，能在外事、经贸、文化、新闻出版等部门从事管理及接待工作的高级技术应用型专门人才	基础日语、日语语法、日语阅读、日语听说、日语写作基础，报刊导读、日本历史、日本概况、日本文学史、日本经济、语言实践活动、社会实习等，以及各校的主要特色课程和实践环节	可在各级政府涉外部门、企业或事业单位、科研机关、学校、三资企业等部门从事外事、国际文化交流等方面的接待服务和管理工作	北京吉利学院、北京联合大学应用技术学院、天津商务职业学院、河北科技师范学院、石家庄学院、河北民族师范学院、河北外国语学院、河北工程技术学院、河北外国语职业学院
旅游日语	培养具有良好的日语基础、旅游专业知识和组织活动能力，能胜任导游、翻译、领队、旅行社管理及其他涉外工作的高级技术应用型专门人才	基础日语综合、日语泛读、日语视听说、日语口语、应用文写作、日文报刊选读、旅游概论、中国历史文化、中国旅游地理、导游日语、旅游景点考察、旅行社业务见习及各校的主要特色课程和实践环节	可就业于旅行社及其他旅游企业、接待部门	河北旅游职业学院、河北外国语职业学院、太原旅游职业学院、山西旅游职业学院、黑龙江工业学院、黑龙江旅游职业技术学院、上海旅游高等专科学校

续表

专业	教育目标	课程设置	就业发展方向	专业优势院校
应用韩语	培养具有良好的韩语实用基本技能，能在涉外部门、企业或事业单位从事韩语翻译、国际经贸业务等工作的高级技术应用型专门人才	韩语泛读、韩语听力、韩语口语、韩语视听说、韩国概况、韩中文化比较、应用文写作、韩语写作基础、专题讨论、翻译（汉译韩、韩译汉）实习、文学选读、报刊阅读、教学实习、社会实践等，以及各校的主要特色课程和实践环节	可在各级政府涉外部门、企业或事业单位、科研机关、学校、三资企业等从事外事、国际文化交流等方面的接待服务和管理工作	北京吉利学院、天津职业大学、天津商务职业学院、河北外国语学院、河北旅游职业学院、河北外国语职业学院、太原旅游职业学院、山西旅游职业学院、山西华澳商贸职业学院
应用俄语	培养具有良好的俄语实用基本技能、比较广泛的科学文化知识，能从事俄语翻译、商贸业务、文化交流工作的高级技术应用型专门人才	基础俄语、俄语语法、俄语视听说、俄语阅读、俄语口语、俄语写作、俄罗斯国情、俄罗斯文学选读、旅游俄语、俄语报刊选读	可在各级政府涉外部门、企业或事业单位、科研机关、学校、三资企业等从事外事、国际文化交流等方面的接待服务和管理工作	石家庄学院、河北外国语学院、河北旅游职业学院、河北外国语职业学院、太原旅游职业学院、呼伦贝尔学院、满洲里俄语职业学院
应用法语	培养具有良好的法语实用基本技能，能在涉外部门、企业或事业单位从事法语翻译、经贸业务等工作的高级技术应用型专门人才	法语泛读、法语听力、法语口语、法语写作、法语视听说、法语写作基础、法国概况、文学选读、欧洲文学史、报刊阅读、应用文写作、口译实习、毕业实习等，以及各校的主要特色课程和实践环节	可在涉外部门、企业或事业单位、科研机关、学校、三资企业等从事外事、国际文化交流等方面的接待服务和管理工作	北京吉利学院、北京联合大学应用技术学院、天津商务职业学院、石家庄邮电职业技术学院、河北外国语学院、河北外国语职业学院、太原旅游职业学院、上海行健职业学院、上海邦德职业技术学院、上海工商外国语职业学院
应用德语	培养具有良好的德语实用基本技能，了解德国的经济、文化等方面的基础知识，能在涉外部门、企业或事业单位从事德语翻译等工作的高级技术应用型专门人才	德语精读、德语阅读、德语口语、德语听力、德语视听说、德语写作基础、报刊导读、德语国家文学选读、应用文写作、德国历史、德国国家概况、口译实习、毕业实习等，以及各校的主要特色课程和实践环节	可在各级政府涉外部门、企业或事业单位、科研机关、学校、三资企业等从事外事、国际文化交流等方面的接待服务和管理工作	天津商务职业学院、天津中德职业技术学院、河北外国语学院、河北外国语职业学院、上海行健职业学院、上海工商外国语职业学院、泰州师范高等专科学校、无锡职业技术学院、江苏经贸职业技术学院、常州信息职业技术学院
应用西班牙语	培养适应社会主义现代化建设需要，德、智、体、美全面发展，能从事一般商务活动或其他现代服务领域工作的实用型西语人才	基础西班牙语、商务西班牙语会话、阅读、语法、口译、西班牙语视听说、西班牙语国家概况、西班牙语涉外秘书、外贸业务实训、国际贸易理论与实务、国际金融、计算机基础	可在外资企业、外商驻中国办事机构、合资企业、涉外宾馆、旅行社等企业或事业单位担任秘书、翻译、销售代表及管理人员等职务	北京联合大学、北京联合大学应用技术学院、天津中德职业技术学院、河北外国语学院、河北旅游职业学院、上海中桥职业技术学院、上海邦德职业技术学院、上海工商外国语职业学院、上海旅游高等专科学校

续表

专业	教育目标	课程设置	就业发展方向	专业优势院校
应用越南语	培养爱岗敬业、恪守职业道德，能适应中国—东盟自由贸易区的建立和中越社会经济建设和发展需要，具有较扎实的越南语语言文化基础知识和较广泛的科学文化知识，具有较强的越南语听、读、写、说、译等方面的能力，能适应国内外各项工作的德才兼备的越南语应用型人才	越南语语音、综合越南语、越南语阅读、越南语视听、越南语口语、越汉翻译、越南风俗、经贸越南语、旅游越南语、东南亚概况、国际贸易理论与实务、商务单证制作、商务英语	可在教育、文化部门从事越南语教学工作、文化交流相关翻译工作	河北外国语学院、广西民族大学、广西职业技术学院、南宁职业技术学院、广西国际商务职业技术学院、广西外国语学院、广西城市职业学院、广西农业职业技术学院、广西经济管理干部学院、昆明冶金高等专科学校
应用泰语	培养爱岗敬业、恪守职业道德，能适应中国—东盟自由贸易区的建立和中泰社会经济建设和发展需要，具有较扎实的泰国语语言文化基础知识和较广泛的科学文化知识，具有较强的泰国语听、读、写、说、译等方面的能力，能适应国内外各项工作的德才兼备的泰国语应用型人才	基础泰国语、高级泰国语、泰国语听力、泰国语口语、泰国语写作、泰语翻译理论与实践、泰国语报刊选读、泰国语文学、基础英语	可在泰国曼谷和国内上海、成都、杭州、北京、广西、广东等地各类外贸企业担任经理助理、报关员、翻译、教师、导游、管理人员	广西民族大学、钦州学院、桂林旅游高等专科学校、南宁职业技术学院、广西国际商务职业技术学院、广西外国语学院、广西城市职业学院、广西英华国际职业学院、广西农业职业技术学院、广西民族师范学院
应用阿拉伯语	为涉外企业、国家外经外贸等事业部门培养高级口译人员；为各级政府机关培养接待外宾、涉外会议或出国访问、考察的专职随行翻译；培养在外国驻华企业、中国驻外领事馆从事翻译或其他工作的人员；培养各类民间团体、学术团体、艺术团体在国外的随行翻译，以及各新闻考察团在国外的随行翻译	基础阿拉伯语、阿拉伯概况、阿拉伯口语、视听阿拉伯、阿拉伯语应用文写作、英语精读	可在外资企业、外商驻中国办事机构、合资企业、涉外宾馆、旅行社等企业或事业单位担任秘书、翻译、销售代表及管理人员等职务	河北外国语学院、河北外国语职业学院、金华职业技术学院、江西外语外贸职业学院、山东外事翻译职业学院、山东外国语职业学院、山东青年政治学院、郑州轻工业学院、湖南外国语职业学院、兰州外语职业学院
应用外语	培养德、智、体、美全面发展，具有熟练的外语语言运用能力、系统的外语语言基本理论和基础知识、广泛的语言文化知识和社会科学知识，掌握现代办公手段，能够胜任口笔译工作等的以市场为导向的复合型应用人才	中英法语泛读、中英法语听力、中英法语口语、中英法语写作、中英法语视听说、中法语写作基础、法国概况、经济学、国际贸易、市场营销、统计学、国际经济学、财政学	在政府、学校及出版、旅游、外贸等单位或领域从事翻译和教育等工作	河北外国语学院、广西外国语学院、安徽外国语学院、浙江越秀外国语学院、吉林华桥外国语学院、黑龙江外国语学院

第三节 文秘类

专业	教育目标	课程设置	就业发展方向	专业优势院校
文秘	培养具有较强的文字功底和沟通能力，能熟练地运用现代化办公设备的高级技术应用型专门人才	秘书学概论、文书学概论、档案管理学、行政管理学、应用文写作、新闻学基础、广告学基础、公共关系学、计算机应用软件、现代办公设备使用与维护、汽车驾驶、文秘实习、综合实习等，以及各校的主要特色课程和实践环节	可从事行政机关、企业或事业单位的秘书和办公室接待工作	北京联合大学、北京青年政治学院、北京信息职业技术学院、北京科技经营管理学院、北京农业职业学院
文秘速录	培养符合《速录师国家职业资格标准》的速录员、速录师	国育速录技术、速录工作的职业道德、中文速记基础	可在政府机关、公检法机关、企业或事业单位、网站、电视台等媒体以及学校等机构从事资料整理和现场会议服务工作	河北外国语学院、牡丹江大学

第四节 体育类

专业	教育目标	课程设置	就业发展方向	专业优势院校
运动训练	培养具备专项运动方面的基本理论和基本知识，具有专项运动训练的基本能力，能从事运动训练、教学、科研、管理等方面工作的高级技术应用型专门人才	体育学、运动训练、运动心理学、运动生理学、运动解剖学、运动保健、运动选材、教育心理学、专项训练、运动技术分析与诊断、运动营养与恢复、运动训练管理学、球类、田径、游泳、举重、毕业实习等，以及各校的主要特色课程和实践环节	可在学校、企事业部门、群众活动团体从事运动训练、体育教学和管理工作	山西体育学院、内蒙古体育职业学院、辽宁体育运动职业技术学院、大兴安岭职业学院、安徽体育运动职业技术学院、福建体育职业技术学院、江西师范大学、嵩山少林武术职业学院、湖北体育职业学院
运动防护	培养从事保健按摩和健身健美工作的实用型人才	社会体育概论、社会体育管理学、健身概论、中华体育养生学、大众健身娱乐体育项目的理论与方法	可在运动康复所、健身健美场所工作	上海体育学院、广东体育职业技术学院、安徽体育运动职业技术学院、安徽工商职业学院
社会体育	培养具有社会体育的基本理论、知识与技能，能在社会体育领域从事群众性体育活动的组织管理、咨询指导、经营开发以及教学科研等方面工作的高级管理人才	运动生理学、运动心理学、运动保健、社会体育概论、社会体育管理、体育健身概论、中华体育养生、健身、武术、乒乓球、健美操、毕业实习等，以及各校的主要特色课程和实践环节	可在社区、体育俱乐部等从事体育教学和管理工作	廊坊师范学院、河北传媒学院、衡水学院、石家庄学院、河北民族师范学院、沧州师范学院、邯郸职业技术学院、保定学院、张家口学院、石家庄科技职业学院

续表

专业	教育目标	课程设置	就业发展方向	专业优势院校
休闲体育	培养德、智、体全面发展，适应新世纪社会发展需要，具有休闲体育的基本理论、知识与技能，能够从事休闲体育研究、体育旅游、休闲体育产品策划与设计工作的高素质、应用型专门人才	休闲体育理论与方法、运动休闲事业管理、心理学、教育学、体育产业与经济、体育俱乐部经营管理、体育市场营销、高尔夫、时尚有氧运动、攀岩、户外运动、体育舞蹈、民间体育、健身操舞	可从事休闲体育研究、体育旅游、休闲体育产品策划与设计等工作	北京汇佳职业学院、内蒙古体育职业学院、上海体育学院、安徽体育运动职业技术学院、福建体育职业技术学院、安阳师范学院、武汉商学院、广东体育职业技术学院、广西体育高等专科学校
高尔夫球运动与管理	培养高尔夫运动管理人才和高尔夫产业相关领域复合型专门人才	外语、计算机、公务员应试、高尔夫礼仪、高尔夫赛事、高尔夫规则、高尔夫英语、高尔夫专业术语、高尔夫草皮概论、高尔夫球车驾驶、高尔夫球场介绍与认识、高尔夫球场运营、高尔夫球技、距离手册的制作、球童心理辅导、中外高尔夫起源和历史、中外高尔夫现状与发展、体育管理概论、体育产业概论、体育经纪人、体育营销学、社会体育竞赛与编排	可从事高尔夫球技教学、高尔夫设施管理、协会管理、市场推广和营销、高尔夫咨询、高尔夫产品销售、高尔夫技术研究、竞赛、高尔夫项目开发等工作。也可在高尔夫设备制造业、高尔夫球场维护业、高尔夫传媒业及高尔夫用品业就业	廊坊东方职业技术学院、海南职业技术学院
民族传统体育	培养具备民族传统体育教学、训练、科研基本知识与技能，能从事武术、传统体育养生及民族民间体育工作的高级专门人才	民族传统体育概论、中国武术史、中国文化概论、武术理论基础、传统体育养生学、中医学基础、专项理论与技术、运动生理学、运动解剖学、运动心理学	可从事武术教练，或者在一些科研机构进行中国传统体育的研究，也可以在一些教育机构从事教育教学工作	锡林郭勒职业学院、河南理工大学、广西体育高等专科学校、德宏师范高等专科学校
体育艺术表演	培养德、智、体、美全面发展，具有一定的马克思主义理论素养，熟悉表演学理论，比较熟练地掌握当代体育表演的知识与技能，能够胜任体育表演设计、组织及编导的专门人才	舞蹈学、体育学、表演基础理论、艺术概论、表演基本技能、文学修养、编导概论、表演剧目、音乐基础理论、专项训练	可从事社区舞蹈编排、行政管理工作，或在新闻界或舞评界就业，也可从事舞谱撰写、视觉设计工作，还可以在一些教育机构从事教育教学工作	安徽体育运动职业技术学院、郑州师范学院、湖南体育职业学院、广东体育职业技术学院、广西体育高等专科学校、乐山师范学院
体育运营与管理	培养在体育以及体育相关领域从事体育产业运营与管理的应用型专门人才	体育市场营销、体育管理学、场馆管理与功能开发、体育灯光音响与电子设备、管理信息系统、项目管理、创业实践	可从事各级体育场馆运营与管理工作	广州体育职业技术学院、北京经济技术职业学院、北京汇佳职业学院、北京建设大学、河北建材职业技术学院、石家庄信息工程职业学院、石家庄理工职业学院、石家庄经济职业学院

续表

专业	教育目标	课程设置	就业发展方向	专业优势院校
体育保健与康复	培养德、智、体、美全面发展，掌握运动人体科学的基本理论、体育保健康复的基本知识和技能，具有体育保健的教学、研究、实验操作的基本能力和运用体育康复手段进行社区保健康复的基本能力，能从事运动健康促进指导、临床康复体疗指导、运动伤害防护、运用传统手法进行伤病预防和治疗等工作，掌握体育保健的指导、教学、科研和管理的基本能力的实用型人才	运动人体科学基础、营养学、运动免疫学、中医基础知识、传统体育养生、推拿按摩、体疗康复、运动创伤等专业基础课	可在各级体育行政部门、业余和专业训练机构、教学单位或各大型企业或事业单位从事运动健康促进指导、临床康复体疗指导、运动伤害防护、运用传统治疗手法进行伤病预防和治疗以及体育保健的指导、教学、科研和管理等工作	天津体育学院、上海体育学院、南京体育学院、安徽体育运动职业技术学院、福建体育职业技术学院、广州体育学院、广西体育高等专科学校、成都体育学院
健身指导与管理	培养具有体育管理综合理论知识、技能和较强社会适应能力，具有良好体育素质，能从事群众性体育活动的组织管理、咨询指导、体育产业的经营、开发与管理并具有体育教学能力等方面工作能力的实用型人才	管理学概论、组织行为学、体育管理概论、体育产业概论、体育经纪人、体育营销学、服务与服务管理、体育传播学导论、休闲体育概论、经济法、社会体育竞赛与编排等专业基础课	可在各大型企业或事业单位工会、团委等部门或各基层体育局从事体育服务与管理工作，或从事体育产品开发、相关企业经营等工作	内蒙古体育职业学院、河南理工大学

第三十一章　公安与司法大类

第一节　公安管理类

专业	教育目标	课程设置	就业发展方向	专业优势院校
治安管理	培养熟悉我国公安工作的基本路线、方针、政策和相关的法律法规，掌握治安管理的基本知识和基本技能，能从事治安管理工作的高级技术应用型专门人才	邓小平理论、哲学、毛泽东思想概论、大学语文、警察伦理学、逻辑学、外语、高等数学、计算机应用、犯罪心理学、社会学、警察体育、法学基础理论、刑法、刑诉法、民法、治安管理学基础理论、治安秩序管理、交通管理、消防管理、户口管理、治安处罚条例、治安防范、出入境管理、道路警务、查缉战术、安全防范、侦查技术	可在公安机关治安部门、派出所、公安机关和企业或事业单位的保卫部门工作	天津公安警察职业学院、河北公安警察职业学院、内蒙古警察职业学院、吉林警察学院、黑龙江司法警官职业学院、南京森林警察学院、江西警察学院、江西司法警官职业学院
交通管理	培养熟悉我国公安工作的基本路线、方针、政策和相关的法律法规，掌握公安道路交通管理的基本知识和技能，能从事道路交通管理工作的高级技术应用型专门人才	管理学原理、VB、合同法、国际贸易实务、班轮运输实务与法规、租船运输实务与法规、货运代理实务与法规、船务代理实务与法规、航运管理、多式联运组织与管理、集装箱码头业务与管理、航运管理信息系统、供应链管理	可在公安机关的交通管理部门从事相关工作	天津公安警官职业学院、河北工业职业技术学院、内蒙古警察职业学院、江西警察学院、海南政法职业学院、甘肃警察职业学院
信息网络安全监察	培养熟悉我国公安工作的基本路线、方针、政策和相关的法律法规，掌握计算机基本知识和技能，能从事计算机网络安全监察工作的高级技术应用型专门人才	电路与系统、信息论、编码理论、微型计算机原理、软件工程基础、现代控制原理、通信系统原理、信息网络基础、数据采集、数字信号与信息处理	可在公安机关、企业或事业单位保卫部门从事相关工作	天津公安警官职业学院、黑龙江司法警官职业学院、江西警察学院、甘肃警察职业学院
防火管理	培养熟悉我国公安工作的方针政策，掌握消防法规、消防监督管理、防火监督检查等方面的基本知识和技能，能从事防火监督检查工作的高级技术应用型专门人才	防火管理、电工电子技术、消防技术规范、建筑消防系统、工程制图及工程 CAD、消防工程概预算	公安消防部队	山东商业职业技术学院

续表

专业	教育目标	课程设置	就业发展方向	专业优势院校
边防检查	培养熟悉我国公安工作的方针政策，掌握部队管理、边防检查等方面的基本知识和技能，能从事部队管理、边防检查工作的高级技术应用型专门人才	部队管理科学基础、参谋业务基础、公安学概论、出入境管理学、护照签证制度、口岸管理学、边防外事、出入境边防检查学	公安边防部队	中国人民武装警察部队学院
边境管理	培养熟悉我国公安工作的方针政策，掌握部队管理、边境管理等方面的基本知识和技能，能从事部队管理、边境检查的高级技术应用型专门人才	部队管理科学基础、参谋业务基础、治安管理学、边防案件侦查、边防情报学、边境管理学、边防勤务学、基层公安边防部队实习、社会调查	公安边防部队	新疆警察学院、湖北警官学院
特警	培养德、智、体全面发展，能够适应治安管理第一线工作需要，在各种形式的执法战斗中具有较强作战能力，并具备一定的警察执法战斗指挥理论基础的高等应用型人才	宪法、刑法、刑诉法、治安管理处罚法、马列主义、毛泽东思想和邓小平理论	公安机关	山西警官高等专科学校、广西警官高等专科学校、甘肃警察职业学院
警察管理	培养熟悉我国公安工作的基本路线、方针、政策和相关的法律法规，掌握公安工作的基本知识和技能，能从事行政管理、队伍建设、文书处理等工作的高级技术应用型专门人才	公安基础理论、公安管理、管理心理学、公安秘书学、公安信息学、警察公共关系、计算机应用、公安应用写作、警察心理健康教育、治安管理基础、治安案件查处、乘警勤务、刑事侦查、刑事技术、刑法、刑事诉讼法、铁路站车查缉战术、警体（擒敌、射击等）、驾驶训练	可在公安机关从事警察管理工作	铁道警察学院、河南司法警官职业学院

续表

专业	教育目标	课程设置	就业发展方向	专业优势院校
公共安全管理	培养具备安全科学与技术、公共突发事件应急管理、公共安全法律等方面基础知识与能力，掌握风险管理、预案编制、演习设计、预测与预警、安全评价等基本技术与方法，具备较强的实践技能、全面的协调能力和缜密的分析思维能力，能够在各级政府安全监管部门、应急管理机构、企业事业单位、城市社区、职业安全健康中介机构从事安全管理监察与管理、公共安全研究与管理、安全评价与咨询、突发事件应急等方面工作的、富有创新精神的应用型专门人才	安全系统工程、安全学原理、安全人机工程学、行政管理学、现代社会调查方法、公共安全管理、公共安全管理概论、公共安全预案编制、公共安全演习设计	可在政府机构、社区和大型企业或事业单位从事公共安全管理工作，也能够在机关、团体、企业单位从事保卫工作，或者在公共安全服务企业里担任技术防范研究人员和中层管理者，或者是担任公安基层单位的协管人员，也可以在相关研究部门和学校从事科研和教学等工作	黑龙江司法警官职业学院、上海公安高等专科学校
森林消防	培养熟悉我国公安工作的方针政策，掌握消防法规、消防监督管理、防火监督检查等方面的基本知识和技能，能从事森林火灾的预防、扑救和森林火灾案件侦破工作的高级技术应用型专门人才	林火基础理论、森林防火通信、林火预测预报、林火生态、林火管理学、航空护林、森林火灾扑救与指挥、森林火灾调查与统计、消防监督管理	森林公安消防部队	南京森林警察学院
部队后勤管理	培养熟悉我国公安工作的方针政策和相关的法律法规，掌握部队后勤管理和勤务能力的基本知识和技能，能从事财务、军需、营房、军械、运输等方面工作的高级管理人才	后勤工作概论、基础会计学、财政与金融、经济法、财务管理、会计管理、会计核算、军需管理、建筑构造与识图、工程建设与房地产管理、军械运输管理、审计学、后勤参谋学、后勤管理学	公安现役部队	公安海警学院
部队政治工作	培养熟悉我国公安工作的方针政策和相关的法律法规，能在公安边防、消防、警卫部队从事政治工作和部队管理等方面工作的高级技术应用型专门人才	邓小平理论概论、部队基层政治工作概论、部队政治机关工作概论、部队政治工作方法论、部队管理、技能训练	公安边防、消防、警卫部队	陆军航空兵学院

第二节 公安指挥类

专业	教育目标	课程设置	就业发展方向	专业优势院校
警察指挥与战术	培养熟悉我国公安工作的方针政策和相关的法律法规，掌握警察战术、警察战斗指挥、警察缉捕等方面的基本知识和技能，能从事公安执法、战斗指挥与参谋工作的高级技术应用型专门人才	警察战术学、警察战斗指挥学、武器警械器材与保障、警察识图与应用、警察缉捕战术、巡逻盘查与清查战术、交通工具查控术、警察协同战术、报警与警察指挥自动化、警察战术谋略	公安机关与部门	安徽公安职业学院、上海公安高等专科学校、重庆警察学院
边防指挥	培养熟悉我国公安工作的方针政策和相关的法律法规，掌握部队管理、作战指挥等方面的基本知识和技能，能胜任部队管理、作战指挥等任务的高级技术应用型专门人才	部队基层政治工作、部队基层行政管理、参谋业务基础、公安学概论、边境管理学、边防情报学、边防勤务学、边防战术学	公安边防部队	中国人民武装警察部队学院
船艇指挥	培养熟悉我国公安工作的方针政策，掌握公安边防海防法规、指挥管理、船艇操纵等方面的基本知识和技能，能胜任部队管理、船艇操纵、执勤执法等任务的高级技术应用型专门人才	公安边防海防法规、海洋气象、船艇武器战斗使用、航海学、航海仪器、船艇观察与通信、船艇操纵与避碰、船艇机动与编队、船艇训练与管理	公安边防部队	镇江船艇学院
通信指挥	培养熟悉我国公安工作的方针政策和相关的法律法规，能从事部队管理、通信组织训练与指挥、通信设备维护管理等工作的高级技术应用型专门人才	高等数学、大学英语、物理学、电路基础、电子技术基础、通信电子线路、现代通信概论、电波传输与天线、公安边防业务、通信参谋业务、海警通信组织与指挥、程控交换机、单边带通信、警用移动通信	公安边防部队	中国人民解放军通信指挥学院、中国人民解放军西安通信学院
消防指挥	培养熟悉我国公安工作的方针政策和相关的法律法规，能从事部队管理、灭火救援指挥、组织训练等方面工作的高级技术应用型专门人才	工程力学、化学工程、消防燃烧理论、建筑防火设计原理、灭灾对策学、消防技术装备、消防法规、防火工程、消防监督管理、消防队伍管理、灭火救援、火灾调查、消防专业外语、军队指挥学基础理论、部队管理科学基础、火灾科学概论、灭火技术、灭火战术、消防技能训练、现代消防装备、灭火救援指挥、消防司令部工作、消防监督管理	公安消防部队	重庆安全技术职业学院、广西建设职业技术学院、武汉警官职业学院、河南建筑职业技术学院、济南工程职业技术学院、厦门安防科技职业技术学院

续表

专业	教育目标	课程设置	就业发展方向	专业优势院校
参谋业务	培养熟悉我国公安工作的方针政策和相关的法律法规，能从事部队管理和司令部参谋等方面工作的高级技术应用型专门人才	参谋基础理论、军事地形学、战术标图、作战指挥、司令部工作综合演练、基层部队管理、公安现役部队实习、社会调查	公安现役部队	解放军信息工程大学
抢险救援	培养熟悉我国公安工作的方针政策和相关的法律法规，能在公安消防部队从事灾害事故救援、灭火救援组织指挥等方面工作的高级技术应用型专门人才	灾害抢险救援技术、抢险救援技术训练、救生救助技术训练、灭火救援组织指挥方法、灾害抢险救援行动概论、现场医疗急救技术、部队管理、技能训练	公安消防部队	中国人民武装警察部队学院

第三节　公安技术类

专业	教育目标	课程设置	就业发展方向	专业优势院校
刑事科学技术	培养具备痕迹检验、文件鉴定、微量物证分析、公安图像技术等方面知识和技能，能在公安、司法等部门从事刑事技术鉴定工作的高级专门人才	公安技术、物理、化学、电子信息科学、刑事科学技术概论、心理学、逻辑学、刑事证据学、现场勘察、刑审侦察学、光学仪器检验与分析	可从事收集、检验和鉴定与犯罪活动有关的物证等工作	铁道警察学院、辽宁警察学院
警犬技术	培养熟悉我国公安工作的方针政策和相关的法律法规，掌握警犬技术的基本知识和技能，能从事警犬技术工作的高级技术应用型专门人才	政治理论、大学英语、公安文书写作、计算机应用、公安法规、刑法、刑诉法、刑事案件侦查、临场查缉战术、犯罪现场勘查、痕迹检验、刑事照相、警犬学概论、犬解剖生理、犬病学、养犬学、警犬训练学、警犬使用学、犬行为学、警察体育、擒拿格斗、射击	可从事公安机关的警犬技术工作	吉林警察学院、中国刑警警察学院

第四节　侦查类

专业	教育目标	课程设置	就业发展方向	专业优势院校
刑事侦查	培养掌握刑事侦查基本理论与技术,可从事狱内刑事侦查业务的高级技术应用型专门人才	刑法、刑事侦查学、现场勘查、刑事影像学、痕迹检验学、文件检验学、刑事化验学、刑事侦查技术、基层公安机关实习、社会调查	可在监狱、劳教所及其管理部门的技术与服务岗位工作	黑龙江司法警官职业学院、陕西警官职业学院、河南检察职业学院、河北司法警官职业学院、湖南司法警官职业学院、武汉警官职业学院、吉林司法警官职业学院、河北公安警察职业学院、四川司法警官职业学院
国内安全保卫	培养熟悉新形势下国内安全保卫工作的规律、特点,掌握维护国家安全和社会稳定方面的综合技能,能够胜任国内安全保卫的实际工作和本专业教学、科研工作的高级专门人才	公安学基础理论、刑法、刑事诉讼法、刑事侦查学、公安行政法、犯罪学、治安管理学、擒敌、射击、查缉战术、汽车驾驶、国内安全基础理论、国内安全措施与手段、国内安全情报信息、国内安全案件侦查、保卫学、安全防范技术、事故对策学、痕迹学、刑事图像技术、文件检验、刑事化验、法医学、侦查讯问学	可在基层公安机关和行政、企业或事业单位安全保卫部门工作	广西警官等专科学校、西藏警官高等专科学校、天津公安警官职业学院、河南司法警官职业学院、浙江警官职业技术学院、嵩山少林武术职业学院、广西体育高等专科学校、新疆兵团警官高等专科学校、北京政法职业学院、江西司法警官职业学院、海南政法职业学院、新疆警察学院
经济犯罪侦查	培养熟悉我国公安工作的基本路线、方针、政策和相关的法律法规,掌握经济犯罪侦查工作的基本知识和技能的人才	政治理论、法律、高等数学、大学语文、大学英语、计算机基础、社会学、犯罪学、心理学、逻辑学、痕迹检验、刑事摄影、文件检验、公安文书写作、犯罪现场勘查、侦查措施、刑事特情、预审学、查缉战术、会计学原理、经济犯罪案件侦查概论、会计资料勘验、金融犯罪案件侦查、涉税犯罪案件侦查、走私犯罪案件侦查、射击、驾驶、擒拿格斗	可在检察、纪检部门、公安部门以及企业或事业单位相关岗位工作	铁道警察学院、西藏警官高等专科学校、安徽公安职业学院
禁毒	培养熟悉我国公安工作的方针政策和相关的法律法规,掌握禁毒工作的基本知识和技能,能从事禁毒工作的高级技术应用型专门人才	禁毒学导论、毒品学(含检验)、禁毒法学、禁毒情报、戒毒学、毒品公开查缉、毒品犯罪案件侦查(含措施、预审)、毒品预防、国外禁毒概论(双语)、艾滋病与职业防护	可在公安、检察、国家安全等部门从事侦查、刑事执法、预防和控制犯罪以及侦查学教学、科研等工作	安徽公安职业学院、甘肃警察职业学院、湖南警察学院、广西警官高等专科学校

第五节　法律实务类

专业	教育目标	课程设置	就业发展方向	专业优势院校
司法助理	培养具有良好的政治思想和道德素质，掌握法律基本理论和应用技能，可从事法官、检察官和律师助理业务以及行政执法部门、社区乡镇司法助理的高级技术应用型专门人才	法理学、宪法学、刑法学、民法学、行政法学、诉讼法学、经济法、合同法、商法、证据法、法律文书、劳动法、物权法、犯罪心理学和调解原理与实务等，还有实用英语、计算机信息技术等公共必修课程	法官、检察官和律师助理岗位	兰州文理学院、滇西科技师范学院、镇江高等专科学校、重庆海联职业技术学院、河南司法警官职业学院、淮南联合大学、民办华南工商学院、广东司法警官职业学院、南昌职业学院
法律文秘	培养掌握文秘基本理论和操作技能，了解和掌握相关法律知识，可从事法律文秘业务的高级技术应用型专门人才	刑法概论、民商法概论、行政法原理与实务、诉讼法概论、应用写作、法律文书、秘书学基础、档案学基础、社会学基础、网络技术与办公自动化、电子信息管理	秘书、法院和检察院的书记员、其他国家机关及企业或事业单位的文秘人员	北京工业职业技术学院、北京农业职业学院、北京政法职业学院、天津商务职业学院、唐山师范学院、邯郸职业技术学院、河北政法职业学院、河北司法警官职业学院
法律事务	培养系统掌握法学知识，熟悉我国法律和党的相关政策，能在国家机关、企业或事业单位和社会团体，特别是能在立法机关、行政机关、检察机关、审判机关、仲裁机构和法律服务机构从事法律工作的高级专门人才	法律原理与技术、宪法、刑法原理与实务、民法原理与实务、经济法概论、行政法原理与实务、诉讼原理、诉讼实务、证据原理与实务、法律论辩、法律文书、调解原理与实务、案例解析	可在司法部门、行政执法部门、法律服务部门和企业或事业单位法律事务部门从事案件登记、文书送达、协助调查取证、法律文书起草、办案记录、案卷整理、登记与保管、司法保卫、基层法律服务、企事业法制化管理等工作	北京青年政治学院、北京工业职业技术学院、北京吉利学院、北京政法职业学院、北京培黎职业学院、北京科技职业学院
检察事务	培养全面掌握法律基本理论、精通检察实务、熟练掌握检察业务基本技能的高层次法律专门人才	法理学、宪法学、法律逻辑学、刑法理论与实务、民法理论与实务、刑事诉讼法理论与实务、民事诉讼法理论与实务、行政法与行政诉讼法理论与实务、证据学理论与实务、司法文书、检察业务概论、公诉理论与实务、民事行政检察实务、反贪污贿赂检察实务、控告与申诉检察实务、渎职检察实务	检察院	河南检察职业学院

第六节　法律执行类

专业	教育目标	课程设置	就业发展方向	专业优势院校
刑事执行	培养掌握刑事法律基本理论和刑事执行技能，可从事罪犯管理和教育的高级管理专门人才	刑法、刑事诉讼法、警体、监狱学基础、狱政管理、罪犯教育、监狱制度、罪犯劳动管理、罪犯矫正心理学、监狱安防实务、法律文书、射击与警械具、罪犯个别教育方案设计与应用、现场处置、罪犯心理矫正训练、法律文书制作、刑事执行综合实训、毕业论文等，以及各校的主要特色课程和实践环节	可在监狱机关和公安机关看守所从事刑事执行工作及其他相关的专业技术工作，也能胜任国家机关及企业或事业单位的治安保卫工作	北京政法职业学院、河北司法警官职业学院、山西警官职业学院、吉林司法警官职业学院、黑龙江司法警官职业学院、浙江警官职业学院、安徽警官职业学院
民事执行	培养掌握民事法律基本理论和民事执行技能，可从事民事执行业务的高级管理专门人才	法学基础理论、宪法、民法、知识产权法、婚姻家庭继承法、刑法、商法概论、民事诉讼法、刑事诉讼法、法律文书、司法心理学、公证业务知识、执行业务知识、基础技能	可在民事执行部门的技术与服务岗位就职	山西省政法管理干部学院、吉林司法警官职业学院
行政执行	培养掌握劳动教养管理基本知识和技能，可从事劳教管理工作的高级管理专门人才	法理学、刑法学、刑事诉讼法学、民法学与民事诉讼法学、治安管理处罚法、行政法与行政诉讼法学、犯罪心理学、劳教学基础理论、司法文书写作、劳动教养人员心理矫正、劳动教养教育学、劳教管理理论与实务、刑事侦查学、擒敌、散打、枪支与警械具使用、社会实践	可从事劳教人员的管理与教育工作	北京政法职业学院、山西警官职业学院、山西省政法管理干部学院、吉林司法警官职业学院、浙江警官职业学院、广东司法警官职业学院、海南政法职业学院、云南司法警官职业学院
司法警务	培养掌握司法警察业务的基本知识和技能，了解和掌握相关法律知识，可从事司法警察业务的高级技术应用型专门人才	毛泽东思想和中国特色社会主义理论、思想修养与法律基础、计算机应用、英语、大学语文、法律逻辑、警察体育、法学基础理论、宪法、刑法、刑事诉讼法、行政诉讼法、民法、民事诉讼法学、司法制度、警察学、司法心理学、司法口才学、证据学、司法文书、警务礼仪、查缉战术、射击与警械具使用	可在法院、检察院的司法警察岗位就职	河北司法警官职业学院、山西警官职业学院、山西省政法管理干部学院、吉林司法警官职业学院、黑龙江省政法管理干部学院、浙江警官职业学院、安徽警官职业学院、江西司法警官职业学院、山东司法警官职业学院

续表

专业	教育目标	课程设置	就业发展方向	专业优势院校
社区矫正	培养具有扎实的法学、社会学、心理学基础理论知识，熟练掌握社会工作方法与流程、心理咨询与罪犯矫治技术、刑罚执行实务等实践技能，自愿投身于社区矫正工作的高素质技能型专门人才	法律概论、普通心理学、社会学概论、社区矫正工作实务、社会心理学、社会工作概论、社会工作实务、民事法律原理与实务、刑法原理与实务	可在基层司法行政机关从事社区矫正专业管理、监狱管教、社区服务等工作	吉林司法警官职业学院、浙江警官职业学院、湖南司法警官职业学院、广东司法警官职业学院、海南政法职业学院、四川司法警官职业学院、云南司法警官职业学院、新疆兵团警官高等专科学校

第七节　司法技术类

专业	教育目标	课程设置	就业发展方向	专业优势院校
刑事侦查技术	培养掌握刑事侦查基本理论与技术，可从事狱内刑事侦查业务的高级技术应用型专门人才	刑法、刑事侦查学、现场勘查、刑事影像学、痕迹检验学、文件检验学、刑事化验学、刑事侦查技术、基层公安机关实习、社会调查	可在监狱、劳教所及其管理部门的技术与服务岗位就职	河北司法警官职业学院、吉林司法警官职业学院、黑龙江司法警官职业学院、南京森林警察学院、江西司法警官职业学院、河南财经政法大学、河南检察职业学院、武汉警官职业学院、湖南司法警官职业学院
安全防范技术	培养具有良好的政治思想和道德素质，掌握安全防范技术专业岗位所需的知识技能，能够在智能小区、银行、企业或事业单位的安防技术部门从事安全防范系统建设、管理、维护工作，并能够在安全防范行业从事工程实施、设备生产与销售等辅助性岗位工作的高素质技能型人才	刑事法律、民事法律、电路电工、模拟电子技术、数字逻辑电路、数据库技术、犯罪学、犯罪预防、安全防范技术、安防工程、监控技术、消防技术、安全管理、治安管理、电工实验、安防工程集成与施工监督、安防设备使用与维护、犯罪控制模拟训练、现场处置	可在监狱、劳教所、银行、民航、博物馆、社区及企业或事业单位安全防范领域的技术与管理岗位就职	北京政法职业学院、河北司法警官职业学院、山西警官职业学院、辽宁警察学院、吉林司法警官职业学院、上海科学技术职业学院、浙江警察学院、浙江警官职业学院、厦门安防科技职业学院
司法信息技术	培养掌握信息技术基本原理和应用技能，了解和掌握相关法律知识，可从事司法信息业务的高级技术应用型专门人才	计算机文化、计算机组装与维护、C 程序设计、数据结构、Visual FoxPro 程序设计、Visual Basic 程序设计、网页制作、网络技术应用、法理、宪法、民法、刑法、国际法、行政法与行政诉讼法、法律文书、民事诉讼法、刑事诉讼法、知识产权法、经济法、国际私法、商法、国际经济法、中国法制史、庭审速录	可在司法机关、法律服务部门、行政执法部门信息技术领域的技术与管理岗位就职	河北司法警官职业学院、山西省政法管理干部学院、吉林司法警官职业学院、黑龙江司法警官职业学院、山东司法警官职业学院、广东司法警官职业学院、广西政法管理干部学院、四川司法警官职业学院、宁夏司法警官职业学院

续表

专业	教育目标	课程设置	就业发展方向	专业优势院校
司法鉴定技术	培养掌握司法鉴定技术(文件痕迹检验)的基本理论与技术,熟悉相关法律知识和司法制度,可从事司法鉴定业务(文件痕迹检验)的高级技术应用型专门人才	刑法、民法、诉讼原理与实务、证据原理与实务、司法鉴定制度、文检学、痕检学、文检实务、痕检实务、司法鉴定图像技术与应用、物证技术、刑事摄影、模拟现场勘查、笔迹对比分析、指纹和脚印的提取与识别	可在司法机关及相关鉴定机构的技术与服务岗位就职	辽宁警察学院、吉林司法警官职业学院、盐城卫生职业技术学院、江西司法警官职业学院、河南检察职业学院、河南司法警官职业学院、武汉警官职业学院、湖南司法警官职业学院、广东司法警官职业学院、海南政法职业学院
司法信息安全	培养掌握信息安全基本理论和技术,熟悉相关法律知识,可从事司法信息安全业务的高级技术应用型专门人才	刑事法律、民事法律、信息安全基础、网络安全、通信技术、软件工程、计算机病毒防治、加密与解密技术、黑客攻击与防范技术、信息监听与隐藏技术、司法网站建设与维护、信息安全方案设计与应用、信息对抗、网络侦查与取证、计算机病毒防治、信息安全业务	可从事司法机关、行政机关信息安全领域的技术与管理工作	北京政法职业学院、黑龙江司法警官职业学院、浙江警官职业学院、江西司法警官职业学院、武汉警官职业学院、湖南司法警官职业学院、广东司法警官职业学院、四川司法警官职业学院、云南司法警官职业学院
罪犯心理测量与矫正技术	培养和输送有较高法律素养,具备劳教、监狱业务基本知识以及心理矫治和心理咨询等技能的应用型高等职业人才	刑法学、刑事诉讼法学、狱政管理学、劳教学基础、普通心理学、人格心理学、心理测量与评价、犯罪心理学、司法精神病学、心理咨询与治疗、罪犯与劳教人员心理与行为矫治技术、警察体育	可在监狱、劳动教养管理所教育和心理矫治工作岗位就职,也能基本适应公安机关看守所、收容教育所岗位和社区矫正类岗位的工作	黑龙江司法警官职业学院、江西司法警官职业学院、云南司法警官职业学院
戒毒矫治技术	培养能从事药物脱毒、心理行为矫治、戒毒机构管理和无毒社区建设的高级技术应用型专门人才	药理学基础、传染病学、精神病学、毒品学概论、成瘾医学、急救医学、中药戒毒原理、护理学基础、法学概论、社会学概论、戒毒社会工作、社会心理学、犯罪心理学、药物戒毒技术、心理咨询与治疗技术、常见毒品检测技术、禁毒政策与法规实务、戒毒机构管理实务、综合实训等,以及各校的主要特色课程和实践环节	可在各类戒毒机构中的技术岗位与管理岗位就职	长沙民政职业技术学院、四川司法警官职业学院

续表

专业	教育目标	课程设置	就业发展方向	专业优势院校
职务犯罪预防与控制	培养熟悉我国公安工作的基本路线、方针、政策和相关的法律法规，掌握职务犯罪预防与控制工作的基本知识和技能的人才	犯罪学原理、西方犯罪学、刑事政策学、犯罪被害人学、犯罪预防学、犯罪心理学、罪犯矫治学、犯罪评估导论、犯罪学研究方法、犯罪统计学、公安学概论、刑事侦查学、治安管理学、刑事科学技术、刑法学、刑事诉讼法学、社会学概论、社会工作概论、普通心理学、社会心理学、人格心理学、变态心理学	可在检察、纪检、公安部门以及企业或事业单位相关岗位工作	铁道警察学院、西藏警官高等专科学校、安徽公安职业学院

第三十二章 公共管理与服务大类

第一节 公共事业类

专业	教育目标	课程设置	就业发展方向	专业优势院校
社会工作	培养掌握社会工作的基本知识和相关法规政策，能对社会工作从事规划、管理和服务工作的高级管理人才	社会学概论、社会工作概论、个案与团体工作、社区工作、社会行政、社会保险与社会福利、社会环境保护、组织社会学、社会心理学、青少年社会工作	可在民政、妇联、共青团、工会、卫生、司法、教育等系统和城乡社区组织、社会团体、社会服务机构从事社会工作的服务与管理工作	北京青年政治学院、北京政法职业学院、北京中医药大学东方学院、北京社会管理职业学院、河北民族师范学院、河北政法职业学院、华北理工大学轻工学院、内蒙古财经大学、齐齐哈尔工程学院、航海工会管理职业学院
社会福利事业管理	培养具有较强的沟通协调和组织管理能力，熟悉国家关于社会福利方面的政策法规，能从事社会福利事业的经营管理、项目策划、项目评估等工作的高级管理人才	儿童社会工作、残疾儿童康复治疗与训练、特殊儿童教育、婴幼儿照护、儿童福利服务与管理、儿童权益保护与救助	可就业于社会福利机构、非营利组织、社区、民政部门、工会、共青团、妇联等部门	北京社会管理职业学院、重庆城市管理职业学院
青少年工作与管理	培养掌握青少年工作的基本知识和专业技能，熟悉关于未成年人的政策法规，具有一定的创新能力、实际操作能力与组织管理能力的高级管理人才	共青团与少先队工作实务、青少年社会工作实、青少年事务与管理、社会调查方法、青少年活动设计与指导、青少年心理咨询	可在共青团、各类儿童福利机构、中小学校、社区组织、社会服务机构和新闻媒体从事儿童青少年服务与管理工作	北京青年政治学院、张家口职业技术学院、内蒙古师范大学、连云港师范高等专科学校、泰州职业技术学院、江西青年职业学院、湖北青年职业学院
社区管理与服务	培养具备管理、经济、法律、工程技术及社会学等方面的知识和管理、组织能力，能从事社区服务与物业管理工作的高级技术应用型专门人才	社区建设与管理、社区行政管理、社会工作实务、社区调查、社区心理学、社区规划、社区信息系统管理、社区物业管理、社区活动组织与策划、民事争议与调节、社会保障理论与实务、公文写作与处理	可就职于社区服务与物业管理工作岗位	中华女子学院、北京现代职业技术学院、北京政法职业学院、北京培黎职业学院、北京中医药大学东方学院、北京社会管理职业学院、天津职业大学、天津公安警官职业学院、天津青年职业学院

续表

专业	教育目标	课程设置	就业发展方向	专业优势院校
公共关系	培养具备社会调查、策划咨询、形象设计、沟通协调、组织管理等能力，并具有较强社会交往能力和初步研究能力的高级技术应用型专门人才	管理学基础、公共关系原理、公共关系实务、公共关系调查与策划、公关语言艺术、公关心理学、公关礼仪、公关策划及实施、社会调查	可就职于各类组织的公共关系和公共活动部门	哈尔滨传媒职业学院、衢州学院、江西司法警官职业学院、山东省工会管理干部学院、山东管理学院、河南科技学院、铁道警察学院、武汉职业技术学院
人民武装	培养具有扎实的军事理论基础和实际能力，热爱人民武装事业，能适应未来社会需要的人民武装管理人才	大学英语、马克思主义政治理论、计算机基础、数据库、信息处理、网络技术、C语言程序设计、人事管理、步兵技战术、军事理论课、人民武装工作概论、国防概论、军事思想、管理学原理、国防教育概论、军事教学法、人民防空、地缘政治与国家安全、民兵工作学、预备役工作学、兵役工作学、人民武装动员学、行政管理学、行政法学、军事地形学、管理心理学	可从事基层武装工作和中小学国防教育、军事体育、军事训练等工作	中国人民武装警察部队学院、内蒙古师范大学、辽宁科技大学、黑龙江司法警官职业学院、南昌大学

第二节　公共管理类

专业	教育目标	课程设置	就业发展方向	专业优势院校
民政管理	培养具有良好的民政职业道德，熟悉我国民政行政管理法规、政策，能在国家各级民政行政机关、社会事务管理部门、社会团体等从事管理服务工作的高级管理人才	管理学原理、社会学概论、民政概论、民政法规、民政软件、法学概论、社会调查、行政管理学、人力资源开发与管理、行政法、社会心理学、秘书学、公文写作、计算机基础、电子政务	可在国家机关、社会团体和企业或事业单位从事行政管理工作	北京社会管理职业学院、天津青年职业学院、运城职业技术学院、武汉民政职业学院
人力资源管理	培养掌握现代企业人力资源开发与管理的定性、定量分析方法和基本技能，在机关、企业或事业单位从事人力资源开发与管理、劳动人事管理工作的高级管理专门人才	西方经济学、统计学、组织行为学、管理学、会计学、薪酬管理、工作分析与评价、福利管理、劳动关系、战略管理、绩效管理、培训与开发、雇员流动管理、国际人力资源管理、人力资源规划	可在国家机关、企业或事业单位、科研机构、各类国有及非国有企业及其咨询机构人力资源管理相关岗位从事部门管理、企业管理、劳动人事管理工作	首钢工学院、北京科技经营管理学院、北京吉利学院、北京经贸职业学院、北京汇佳职业学院、北京劳动保障职业学院、北京美国英语语言学院、北京理工大学远程教育学院、首都师范大学继续教育学院、天津农学院

续表

专业	教育目标	课程设置	就业发展方向	专业优势院校
劳动与社会保障	培养熟悉社会保障的政策法规，能在基层劳动社会保障部门、民政部门、企业或事业单位从事劳动、社会保险、社会救济、社会福利、社会服务工作的高级管理人才	心理学、教育学、马克思主义哲学原理、经济学原理、管理学原理、政治学原理、社会学、法学概论、社会调查理论与方法、普通逻辑学、伦理学原理、社会保障学、社会保险学、社会保障基金管理、人力资源管理、劳动经济学、社会救助学、社会福利学、社会统计学、劳动与社会保障法	可在基层劳动社会保障部门、民政部门、企业或事业单位从事劳动、社会保险、社会救济、社会福利、优抚安置、社会服务等工作	北京政法职业学院、北京劳动保障职业学院、天津铁道职业技术学院、河北劳动关系职业学院、石家庄职工大学、辽宁金融职业学院、上海工会管理职业学院、安徽警官职业学院、长沙民政职业技术学院
网络舆情监测	培养适应网络舆情服务行业发展，具有一定网络舆情信息检索、采集、抽样、统计、研判和应对的专业基础知识及市场开拓能力，能适应互联网络传播环境下信息发展需求的人才	传播学概论、现代汉语、舆论学原理、网络传播学概论、新媒体概论、网络舆情概论、网络信息检索与采集、网络舆情抽样与统计、网络信息编辑实务、网络危机传播管理实务、网络信息制作与发布、网络舆情报告写作、公共关系原理与实务、社会学概论、网络舆情热点追踪实训、网络舆情抽样与统计实训、网络信息制作与发布综合实训、网络舆情信息写作综合实训、网络舆情业务综合实训	可在媒介机构从事媒介信息和舆情信息的监测、调查、分析、发布和引导等工作，也可在在各级政府机关、企业单位的宣传部门、网信办、高校、媒介调查机构、文化网络传播机构、网络、手机、移动媒体等领域中的信息部、事业部、公关部、销售部等相关部门担任网络信息监测员、网络舆情助理分析师、舆情引导专员、舆情市场开发专员、企业信息管理员、信息采集员、网络编辑员、危机公关员、新媒体运营专员、公关策划员等	四川文化产业职业学院
公共事务管理	培养掌握现代管理理论、技术与方法，能在文化、教育、卫生、环保、社会保险等部门从事管理工作的高级管理人才	管理学原理、政治学原理、社会学原理、法学基础、管理信息系统、计算机原理与应用、人力资源开发与管理、社会学基础、保险学基础、卫生管理、教育学、公共关系、管理文秘、课程实习、计算机应用实践、社会调查、毕业实习等，以及各校的主要特色课程和实践环节	可在文化、教育、卫生、环保、社会保险等各事业单位的行政管理部门工作	北京劳动保障职业学院、北京社会管理职业学院、邢台学院、保定学院、辽宁广告职业学院、上海政法学院、江苏城市职业学院、安徽绿海商务职业学院

续表

专业	教育目标	课程设置	就业发展方向	专业优势院校
行政管理	培养具备行政学、管理学、政治学、法学等方面知识，能在党政机关、企业或事业单位、社会团体从事管理工作以及科研工作的专门人才	管理学原理、行政学原理、政治学原理、当代中国政治制度、比较政治制度、法学导论、社会学概论、政府经济学、行政组织学、地方政府学、市政学、公共政策	可在党政机关的行政协理员或者中外大中型企业前台秘书、行政主管、行政总监、总经理助理等岗位工作，也可在学校、科研部门从事教学或科研工作	北京工业大学、北京汇佳职业学院、北京美国英语语言学院、河北民族师范学院、河北工程技术学院、山西经贸职业学院、辽宁经济职业技术学院、连云港师范高等专科学校、苏州港大思培科技学院
质量管理与认证	培养德、智、体、美全面发展，具有一定专业背景知识(电子、机械、建筑等)及良好的综合素质，掌握国际管理体系认证专业的基础理论知识、专业知识，有国际管理体系认证的实践能力，能从事与质量管理体系相关的工作，满足企业一线需要的高技能型人才	经济与企业管理、国际通用认证、传感与测量技术、产品质量检测技术、检测仪表、工程图学与机械 CAD、电子技术基础、机电产品概论、机电产品价值分析	可在企业或事业单位从事质量管理、质量审核、质量统计、质量控制、生产管理等工作，也可在认证咨询企业和认证公司从事咨询、行政、业务等工作	河南质量工程职业学院、武汉职业技术学院
知识产权管理	培养能在律师事务所、专利事务所、商标事务所等从事商标代理、专利代理等专门知识产权事务，同时也能在公、检、法等部门从事专门的知识产权司法审判及其他法律事务，或者在版权局、商标局、专利局、科技局等部门从事知识产权管理事务的知识产权专门人才	法理学、宪法学、民法学、刑法学、刑事诉讼法、行政法与行政诉讼法、国际私法、国际法、著作权法(版权法)、专利法、商标法、知识产权国际公约、专利文献检索、知识产权损害赔偿、合同法、知识产权法原理、网络环境下的知识产权保护、企业知识产权战略、反不正当竞争法、知识产权代理实务	可在知识产权管理机构、大型企业、科研院所等单位从事知识产权管理工作，也可在知识产权中介服务机构、律师事务所或人民法院等单位从事知识产权服务工作或审判工作，还可在研究单位从事知识产权或相关的研究工作	浙江工贸职业技术学院、广东科学技术职业学院

第三节　公共服务类

专业	教育目标	课程设置	就业发展方向	专业优势院校
老年服务与管理	培养具备老年社会工作、老年护理保健、老年服务管理等方面的知识和技能，熟悉老年方面的政策法规，能胜任老年人服务与管理工作岗位的高级技术应用型专门人才	养老护理员（初级、中级）、养老机构管理与服务、老年人康复治疗与训练、社区居家养老服务、老年社会工作、福利服务评估、老年产品市场开发、老年人际沟通与活动组织	可就职于各类公办养老福利机构、民办养老机构；也可就职于社区养老服务单位，包括各类社区居家养老服务站、社区集中养老服务机构等；还可就职于老龄产业相关机构，包括老年产品生产机构、老年产品销售机构、老年服务相关机构	北京青年政治学院、北京吉利学院、北京政法职业学院、北京汇佳职业学院、北京劳动保障职业学院、北京医药大学东方学院、北京社会管理职业学院、天津职业大学、邢台医学高等专科学校
家政服务与管理	培养掌握家庭礼仪、家庭保洁、家庭布置和装饰、家庭餐饮、家用电器和工具的操作技能，能够护理家庭的病人、老人、儿童、孕产妇和新生婴儿的高级技术应用型人才	家政学、家庭社会学、家庭心理学、家庭教育学、企业管理学、应用营养学、家庭餐制作、护理学、社交礼仪与人际沟通	可就职于家庭、社区、家政服务中介、管理服务、物业管理等部门	河北外国语职业学院、辽宁何氏医学院、辽宁林业职业技术学院、辽宁广告职业学院、吉林城市职业技术学院、常州纺织服装职业技术学院、宁波卫生职业技术学院、福建华南女子职业学院、聊城大学东昌学院
婚庆服务与管理	培养婚姻服务行业一线需要，德、智、体、美全面发展，具有良好的婚庆服务与管理理论素养，熟练掌握婚庆服务、婚姻登记服务、会务管理等专业技能，具有较强的婚庆服务实操技术和策划营销能力，职业素质和人文素养良好，能适应我国婚庆服务行业需要的高素质技能型人才	民政概论、管理学基础、人力资源管理、社工概论、公共关系学、婚姻庆典服务概论、婚礼策划实务、婚礼现场督导、婚礼主持技巧、婚礼摄影摄像、婚纱影楼摄影技术、婚礼视频编辑与制作、婚礼花艺与场地布置、婚礼化妆与服饰搭配、婚姻登记服务与管理、现代交际礼仪	可从事婚礼策划师、婚礼主持人、婚礼花艺师（初级）、婚礼化妆师（初级）、婚礼摄影师/婚纱摄影师（初级）、婚礼摄像师（初级）、婚礼灯光音响师、婚礼督导师、婚礼后期剪辑师、婚礼顾问、婚庆网站制作、项目负责人、办公室文员等技能、管理岗位的工作；也可就职于会务庆典公司、礼仪公司、文化传播公司、广告公司等的技能型岗位以及民政局婚姻登记处、婚姻服务中心等基层婚姻管理服务岗位	北京社会管理职业学院、天津青年职业学院、武汉民政职业学院、长沙民政职业技术学院

续表

专业	教育目标	课程设置	就业发展方向	专业优势院校
社区康复	培养掌握传统和现代康复理论与技术，可从事社区康复治疗与康复机构管理的高级技术应用型专门人才	内科、外科、神经科、骨科、儿科、老年病学、针灸推拿、康复医学概论、运动治疗、作业治疗、言语治疗、物理治疗、社区护理学、营养治疗、医学心理学、社会学原理、针灸推拿操作技术、康复护理技术、心理咨询与治疗技术、康复技术综合实训、常见疾病康复实训、毕业实习等，以及各校的主要特色课程和实践环节	可就职于社区康复机构的技术与管理岗位	北京吉利学院、北京京北职业技术学院、北京北大方正软件技术学院、吉林科技职业技术学院、钟山职业技术学院
现代殡葬技术与管理	培养熟悉国家殡葬和殡葬管理的政策法规，通晓殡葬文化，掌握殡仪专业基础知识和操作技能，具有良好心理素质，在殡葬岗位工作的高级技术应用型专门人才	殡葬文化、殡仪服务、殡葬卫生、挽联写作、殡葬应用文、火化炉原理、制冷原理、Office办公系统、社会学基础、管理学基础、民政概论、会计原理、公关礼仪、殡葬礼仪、中国传统文化、普通话、书法、课程实训、毕业实习、毕业论文等，以及各校的主要特色课程和实践环节	可就职于殡仪馆、公墓、礼仪公司的服务与管理岗位	北京社会管理职业学院、黑龙江工业学院、武汉民政职业学院、长沙民政职业技术学院、重庆城市管理职业学院

图书在版编目(CIP)数据

学科与专业选修指南：根据教育部高校本科、高职（高专）专业目录编注 / 封玲等主编. —济南：山东大学出版社,2016.12

ISBN 978-7-5607-5689-9

Ⅰ. ①学…
Ⅱ. ①封…
Ⅲ. ①高等学校－专业课－选修课－课程设置－指南
②高等职业教育－专业课－选修课－课程设置－指南
Ⅳ. ①G642.3-62

中国版本图书馆 CIP 数据核字(2016)第 306731 号

责任策划:刘旭东
责任编辑:李　港　王文珺
封面设计:张　荔

出版发行:山东大学出版社
社　　址:山东省济南市山大南路 20 号
邮　　编:250100
电　　话:市场部(0531)88364466
经　　销:山东省新华书店
印　　刷:山东金坐标印务有限公司
规　　格:880 毫米×1230 毫米　1/16
　　　　　25 印张　800 千字
版　　次:2016 年 12 月第 1 版
印　　次:2016 年 12 月第 1 次印刷
定　　价:58.00 元
